Dorothea Steinbacher

111 Wallfahrtsorte in Oberbayern, die man gesehen haben muss

111

emons:

Bibliographische Informationen der Deutschen Nationalbibliothek
Die Deutsche Nationalbibliothek verzeichnet diese Publikation in der Deutschen Nationalbibliografie; detaillierte bibliografische Daten sind im Internet über http://dnb.d-nb.e abrufbar.

FSC
www.fsc.org
MIX
Papier aus verantwortungsvollen Quellen
FSC® C043106

Gestaltung: Eva Kraskes, nach einem
Konzept von Lübbeke | Naumann | Thoben
Kartografie: altancicek.design, www.altancicek.de
Kartenbasisinformationen aus Openstreetmap,
© OpenStreetMap-Mitwirkende, ODbL
Druck und Bindung: Grafisches Centrum Cuno, Calbe
Printed in Germany 2022
ISBN 978-3-7408-1284-3

Vorwort

Wallfahrtsorte sind seit Jahrhunderten Ziele von Gläubigen mit der Bitte um himmlischen Beistand. Wallfahrtsorte waren aber auch schon immer Zentren von Gemeinschaft und Geselligkeit. Wallfahrten waren Möglichkeiten, sich zu treffen und miteinander zu feiern. Deshalb liegt in der Nähe von Wallfahrtskirchen auffallend häufig ein gutes, traditionelles Wirtshaus.

Heute werden Wallfahrtsorte auch von einer weiteren Gruppe von Menschen aufgesucht: kunst- und kulturhistorisch Interessierten. Denn durch alle Zeiten beauftragten die Kirchenmänner, wenn sie die Mittel hatten, die besten Künstler ihrer Zeit mit Bau und Ausstattung von Kirchen und Kapellen – je beliebter die Wallfahrt, desto mehr Geld opferten die Gläubigen und desto üppiger und prunkvoller konnte gebaut werden.

Von den versteckten Kirchlein mit originalen romanischen und gotischen Fresken – etwa in Urschalling und auf dem Streichen – bis zu den prachtvollen Rokokokirchen des 18. Jahrhunderts, von den rührend naiven Votivbildern in manchen Dorfkirchen bis zum meisterhaft geschnitzten Chorgestühl wie etwa im Moosburger Münster: In diesem Buch lassen sich 111 lohnende Ausflugsziele entdecken – für alle, die sich für bekannte, unbekannte und fast vergessene, immer aber spannende Orte im eigenen Land begeistern können.

111 Wallfahrtsorte

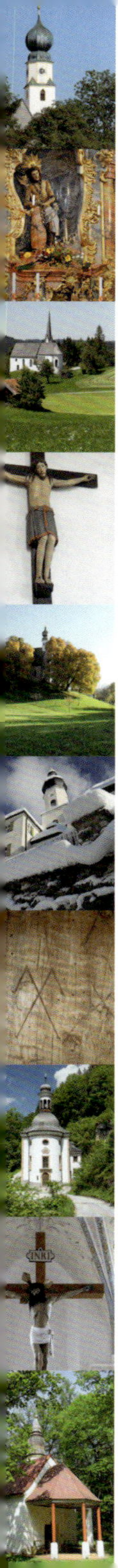

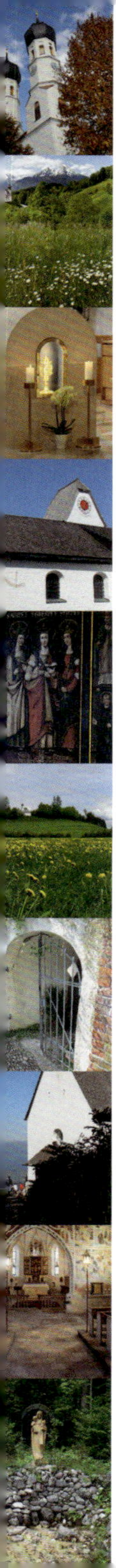

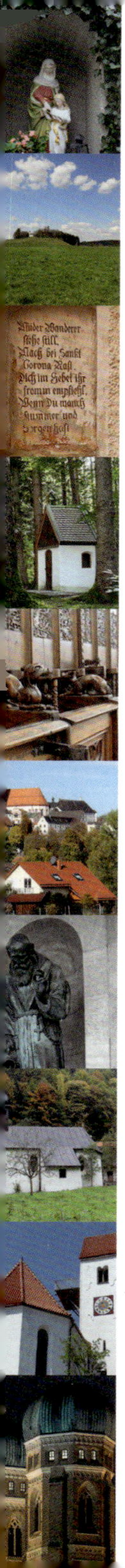

1 Altoquellen

Die drei Wunder des heiligen Alto

In Altomünster gibt es zwei Altoquellen, die seit vielen hundert Jahren als heilkräftig verehrt werden: eine im Wald und eine in der ehemaligen Klosterkirche. Die Waldquelle ist ungleich idyllischer gelegen, ist aber nicht die »echte«, vom heiligen Alto erweckte Quelle. Die in der Kirche sei die »echte«, von dem Heiligen anlässlich der Klostergründung erweckte Quelle, heißt es.

Der heilige Alto ist vermutlich eine historische Person. Er soll ein iroschottischer Wandermönch gewesen sein, der als Missionar in die Gegend kam und um 750 zunächst eine kleine Zelle, dann ein Kloster errichtete – zunächst ein Benediktinerinnen-Doppelkloster mit einer Männer- und einer Frauenabteilung. Dann zogen Birgittinnen ein, weshalb die heilige Birgitta neben Alto Kirchenpatronin ist. Neueren Forschungen zufolge war Alto ein Bajuware aus der Sippe der Huosi, die im westlichen Oberbayern ansässig waren. Dieser Alto soll tatsächlich in einer kleinen Klause im Wald gelebt haben, an deren Stelle heute die Altoquelle im Wald gefasst ist. Vom Vater Karls des Großen erhielt er dann umfangreiche Ländereien geschenkt, damit er ein Kloster errichten konnte.

Die Sage weiß, dass Alto mit seinem Messer die zu fällenden Bäume gekennzeichnet habe, worauf die Bäume von selbst umgefallen seien. Die Vögel des Waldes hätten dann in ihren Schnäbeln Zweige und Äste fortgetragen. Das angebliche Altomesser ist übrigens heute noch in der Kirche erhalten.

Später soll Wasser gefehlt haben, worauf Alto mit seinem Stab eine Quelle entspringen ließ, die dann über Jahrhunderte als Heilquelle verehrt wurde. Diese »echte« Altoquelle entspringt heute noch unter dem rechten Seitenaltar in der Klosterkirche und speist den Brunnen im Altohof und den Marktbrunnen.

Ein Fresko in der Kirche zeigt das dritte Wunder des heiligen Alto, das Kelchwunder: Während der Wandlung soll ihm das Jesuskind im Kelch erschienen sein.

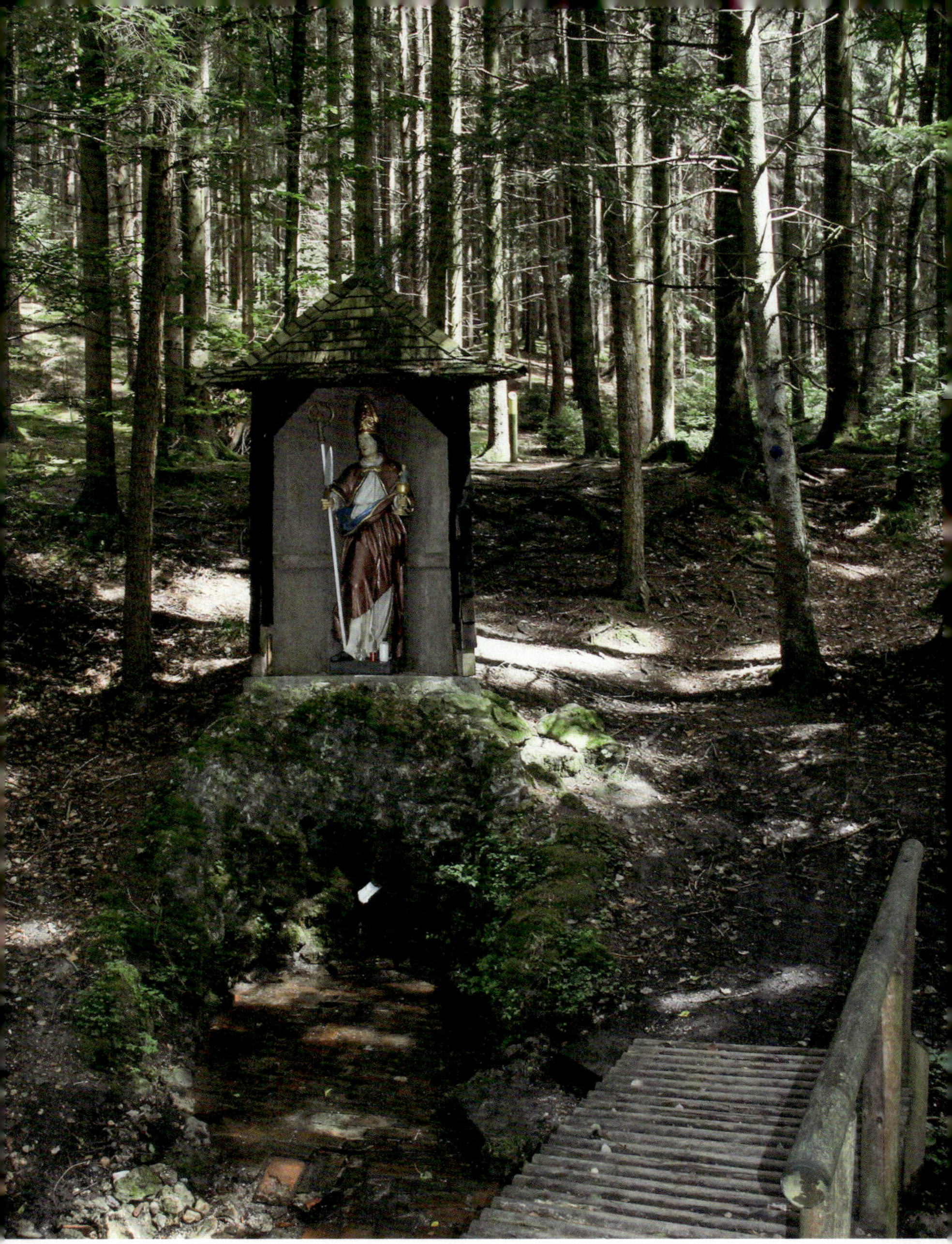

Adresse 85250 Altomünster | **Anfahrt** Autobahn A8 München – Stuttgart, Ausfahrt Sulzemoos, zunächst Richtung Markt Indersdorf fahren, dann über Welshofen, Unterweikertshofen und Kleinberghofen nach Altomünster | **Tipp** Zur Altoquelle im Altowald führt ein Wanderweg von Altomünster aus, der als Rundweg mit etwa 2,5 Stunden Gehzeit konzipiert ist. Die Wegbeschreibung kann man hier herunterladen: www.tourismus-dachauer-land.de/auf-den-spuren-des-hl-alto.

2 Bruder-Konrad-Brunnen

Wo das Heilwasser über eine Fingerreliquie fließt

Der heilige Bruder Konrad von Parzham (1818–1894) saß als Kapuzinermönch 41 Jahre lang an der Pforte des einstigen St.-Anna-Klosters in Altötting (Ort 3) – die Kapuziner waren Betreuer der Wallfahrt von Altötting. Konrad wurde schon zu Lebzeiten von den Menschen verehrt, und nach seinem Tod ereigneten sich wundersame Heilungen nach der Anrufung seines Namens.

Durch die Seligsprechung Konrads von Parzham 1930 stieg die Wallfahrt schlagartig an. Der Volkskundler Rudolf Kriss schreibt 1953: »Das Altöttinger Devotionalienwesen hat durch die Verehrung des einstigen Pförtners im Kapuzinerkloster gleichfalls einen lebhaften Aufschwung erfahren. Es gelangen die verschiedensten Medaillen und Heiligenbildchen … zum Verkauf.« In der Folge wurde sogar das Anna-Kloster in Bruder-Konrad-Kloster umbenannt.

Im Jahr der Seligsprechung installierte man auch den Bruder-Konrad-Brunnen vor dem Eingang. Hier machen bis heute viele Gläubige halt, um sich die Augen auszuwaschen oder das Wasser abgefüllt mitzunehmen. Es fließt angeblich über eine Fingerreliquie des Heiligen und soll schon verschiedentlich bei Krankheit geholfen haben.

Über den Brunnen berichtet Kriss: »Vor dem Eingang steht eine lebensgroße Bronzefigur des Heiligen über einem Brunnen. Obwohl letzterer nur von der gewöhnlichen Altöttinger Wasserleitung gespeist wird, ist er jedoch stets umlagert von Andächtigen… Ein Beweis dafür, dass der Quellenkult auch in der Gegenwart noch nicht unpopulär geworden ist. In den Krambuden konnte man bis vor dem Krieg auch Glasflaschen kaufen, die anfangs mit dem rund ausgeschnittenen Bild des Heiligen beklebt waren, später jedoch nach dem Muster der Wolfgangsfläschchen sein Bild in Glas eingegossen zeigten. Die Flaschen waren zur Füllung mit dem Wunderwasser bestimmt. Die Verknappung in der Glasflaschenerzeugung hat dem Brauch bis auf Weiteres ein unfreiwilliges Ende gesetzt.«

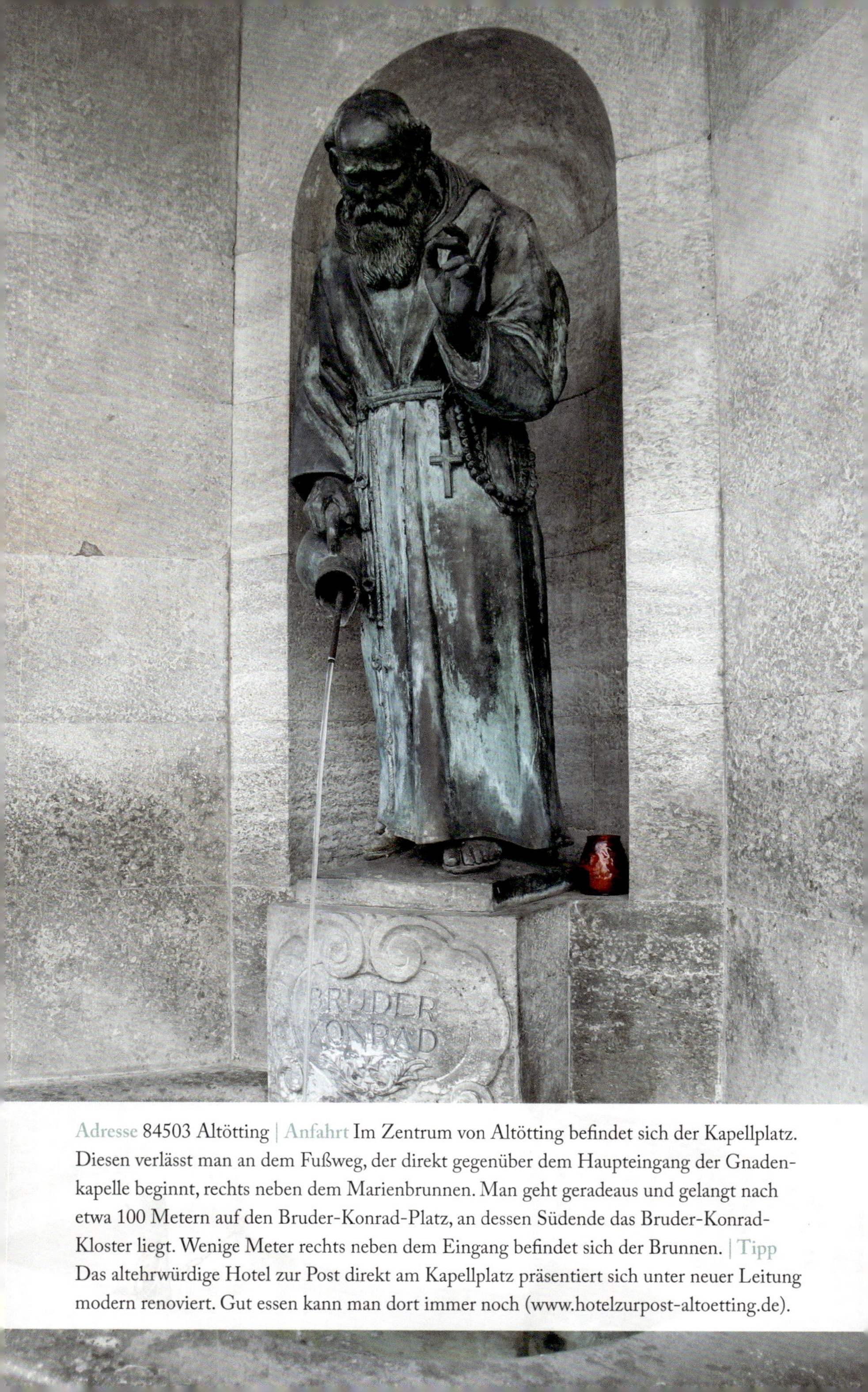

Adresse 84503 Altötting | Anfahrt Im Zentrum von Altötting befindet sich der Kapellplatz. Diesen verlässt man an dem Fußweg, der direkt gegenüber dem Haupteingang der Gnadenkapelle beginnt, rechts neben dem Marienbrunnen. Man geht geradeaus und gelangt nach etwa 100 Metern auf den Bruder-Konrad-Platz, an dessen Südende das Bruder-Konrad-Kloster liegt. Wenige Meter rechts neben dem Eingang befindet sich der Brunnen. | Tipp Das altehrwürdige Hotel zur Post direkt am Kapellplatz präsentiert sich unter neuer Leitung modern renoviert. Gut essen kann man dort immer noch (www.hotelzurpost-altoetting.de).

3 Bruder-Konrad-Kloster

Wo man Bitten an Bruder Konrad hinterlassen kann

Bruder Konrad von Parzham, mit bürgerlichem Namen Johann Birndorfer, trat 1849 in das Altöttinger Kapuzinerkloster St. Anna ein. Schon als Jugendlicher war er bescheiden, demütig und gläubig. Er verzichtete darauf, den großen elterlichen Bauernhof weiterzuführen und verschenkte den Anteil an seinem Erbe. Von 1852 bis 1893 saß er fast jeden Tag zwölf Stunden lang an der Klosterpforte, hatte für alle Anliegen ein offenes Ohr, betete mit den Kindern und sorgte dafür, dass jeder Bettler etwas zu essen bekam. 1894 starb er im Alter von 76 Jahren.

Bereits 1930 wurden seine Gebeine in einem gläsernen Sarg in die Klosterkirche überführt. Im gleichen Jahr sprach Papst Pius XI. ihn selig. Nach mehreren Wundern durch die Anrufung Konrads erfolgte 1934 die Heiligsprechung. In der Folge hat man das alte St.-Anna-Kloster in Bruder-Konrad-Kloster umbenannt. Altötting ist inzwischen zu einer Doppelwallfahrt geworden – nicht nur die Schwarze Madonna in der Heiligen Kapelle ist Ziel der Wallfahrerströme, sondern auch Konrad von Parzham.

Im Kloster sind die zahlreichen Votivtafeln zu sehen, die nach Gebetserhörungen und wundersamen Heilungen durch Konrads Fürsprache geopfert wurden, ebenso die Pforte, wie sie zu Konrads Zeiten ausgesehen hat, und seine Zelle. Das Zentrum der modernisierten Klosterkirche bildet heute der gläserne Schrein mit den Reliquien des Heiligen in einem silbernen Reliquiar, die kostbar dekorierte Schädel- und eine Fingerreliquie in separaten Kästen.

Seit der Seligsprechung schreiben die Gläubigen Briefe an Bruder Konrad mit den Anliegen und Bitten um Fürsprache und Hilfe und legen sie in eine Nische in Sichtweite des Glasschreins. Es handelt sich um eine Art Durchreiche, die in die Alexius-Zelle führt, in die Konrad sich öfter zur Andacht zurückgezogen haben soll. In diesen kleinen Raum kann man vom Umgang neben der Kirche aus sogar einen Blick werfen.

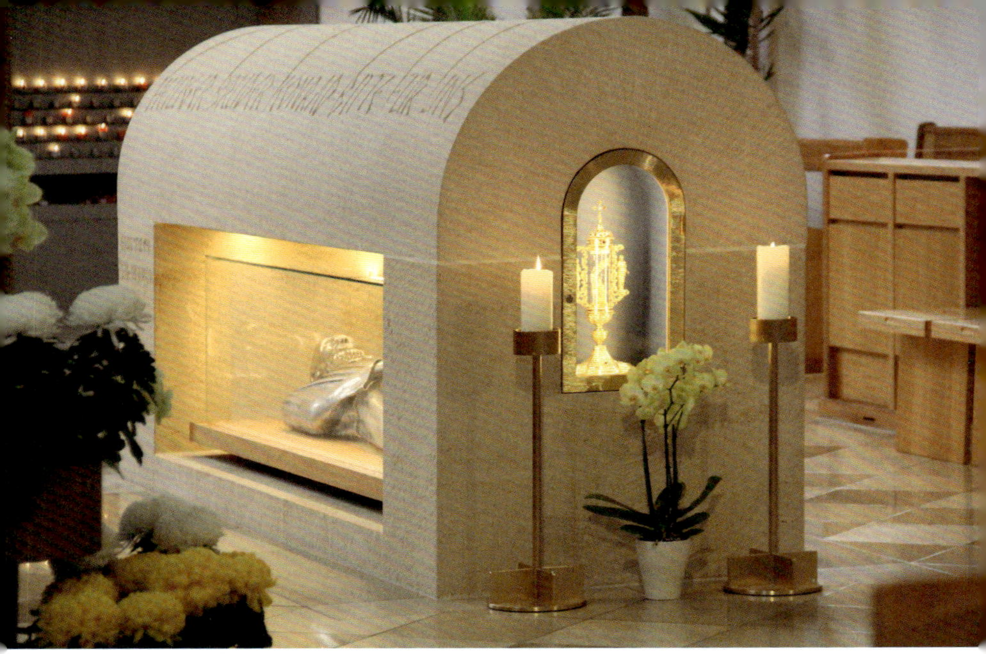

Adresse 84503 Altötting | Anfahrt Im Zentrum von Altötting befindet sich der Kapellplatz. Diesen verlässt man an dem Fußweg, der direkt gegenüber dem Haupteingang der Gnadenkapelle beginnt, rechts neben dem Marienbrunnen. Man geht geradeaus und gelangt nach etwa 100 Metern auf den Bruder-Konrad-Platz, an dessen Südende das Bruder-Konrad-Kloster liegt. | Tipp In der Weihrauchmanufaktur von Eva Kilwing kann man im Herzen von Altötting Weihrauch kaufen und sich im kleinen Weihrauchmuseum über die Herkunft des kostbaren Harzes informieren (Kapellplatz 2 in der Ladenzeile Hotel zur Post).

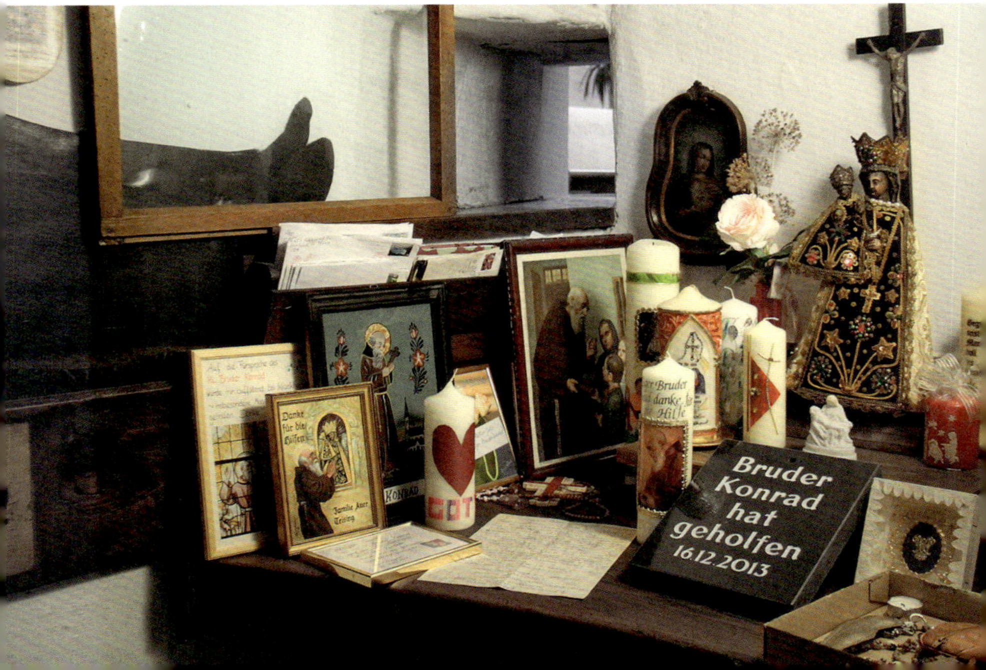

4 Die Gnadenkapelle

Das Herz des katholischen Bayern

Ein Tempel, »den sieben Planeten gewidmet«, stand der Überlieferung nach an der Stelle der heutigen Gnadenkapelle mitten in Altötting. »Der heilige Rupert, Bischof von Salzburg, hat den Götzentempel in eine christliche Kirche umgewidmet und das dort befindliche berühmte Gnadenbild mitgebracht.« Diese Geschichte verweisen Forscher ins Reich der Sagen, dennoch liegen die Anfänge der Heiligen Kapelle von Altötting, einer Rundkapelle, nach wie vor im Dunkeln. Die Agilolfingerherzöge residierten jedenfalls hier und ab 865 auch König Karlmann, der ein Marienkloster bauen ließ. Ein bajuwarischer Otto oder Auto gab dem Ort Ötting auch seinen Namen. Nach zwei Wundern im Jahr 1489 reißt der Strom der Wallfahrer bis heute nicht mehr ab.

Ein überdachter Umgang führt um die Kapelle herum, er ist quasi tapeziert mit Votivbildern – 50.000 sollen es einst gewesen sein. Rosenkränze, Wachsvotive und Krücken sind hier aufgehängt – von Pilgern, die gesund wurden und wie in der Bibel aufstanden und wieder gehen konnten. Das berühmte, zentnerschwere Stockerkreuz lehnt an der Außenwand der Kapelle – von Prien am Chiemsee nach Altötting getragen von Franz Stocker, der es seinem Flehen zur Gottesmutter zuschrieb, dass er nicht im Wundstarrkrampf für tot gehalten und lebendig begraben wurde. Holzkreuze liegen bereit, die von Wallfahrern auf den Schultern um die Kapelle getragen werden.

In dem winzigen Innenraum das Allerheiligste: die schwarze Madonna inmitten eines golden und silbern schimmernden Altaraufbaus. Votivgaben dicht an dicht bedecken die schwarzen Wände, alte Öllampen und Kerzenschein tauchen das Heiligste in ein dämmriges Licht. Gegenüber der Madonna, mit »Blick« auf den Altar, stehen hinter Glas die Herzurnen der bayerischen Könige. Die Wittelsbacher, große Förderer der Wallfahrt nach Altötting, ließen nach ihrem Tod ihre Herzen ganz nah bei der Gottesmutter aufbewahren.

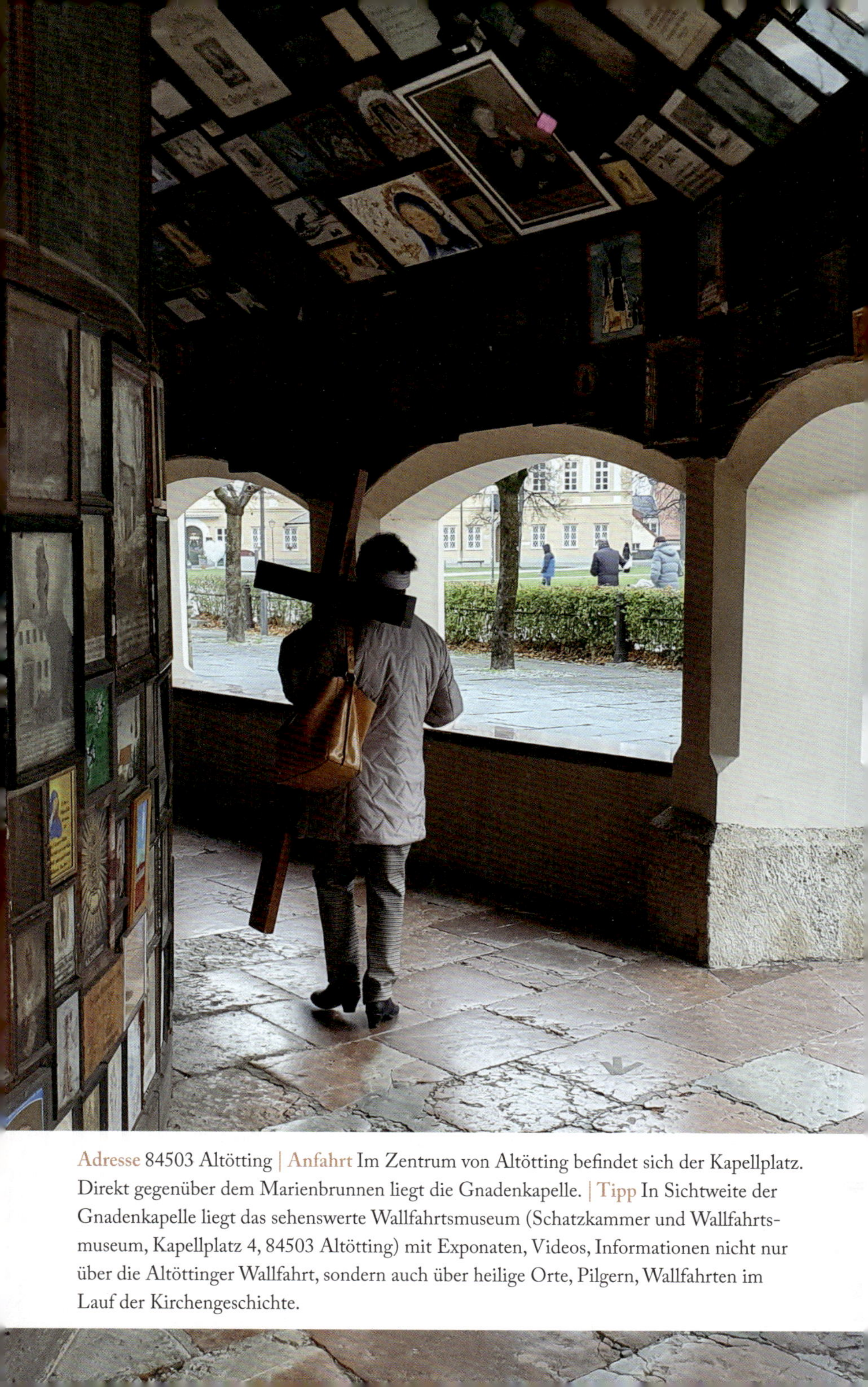

Adresse 84503 Altötting | Anfahrt Im Zentrum von Altötting befindet sich der Kapellplatz. Direkt gegenüber dem Marienbrunnen liegt die Gnadenkapelle. | Tipp In Sichtweite der Gnadenkapelle liegt das sehenswerte Wallfahrtsmuseum (Schatzkammer und Wallfahrtsmuseum, Kapellplatz 4, 84503 Altötting) mit Exponaten, Videos, Informationen nicht nur über die Altöttinger Wallfahrt, sondern auch über heilige Orte, Pilgern, Wallfahrten im Lauf der Kirchengeschichte.

5 Kloster Andechs

Älteste Wallfahrt Bayerns

Der »Heilige Berg Bayerns« wird Andechs auch genannt – bereits in der ersten Hälfte des 12. Jahrhunderts befiehlt Graf Berthold II. von Andechs seinen Untertanen, zu den Reliquien in die Nikolauskapelle auf der Burg zu pilgern. Andechs gilt deshalb als die älteste Wallfahrt Bayerns. Heute wird jährlich am letzten Wochenende im September das Dreihostienfest gefeiert, bei dem die Dreihostienmonstranz in feierlicher Prozession um die Wallfahrtskirche getragen wird.

Als Andechser Heiltumsschatz bezeichnet man die verehrten Reliquien, die seit über 800 Jahren die Wallfahrer anziehen: unter anderem ein Partikel aus der Dornenkrone Christi, Brautkleid und Brustkreuz der heiligen Elisabeth, eine Kopfreliquie der heiligen Hedwig und ein Stück des Gewandes vom heiligen Nikolaus.

Das Herzstück des Schatzes bilden die drei Heiligen Hostien. Zwei der konsekrierten Hostien werden Papst Gregor dem Großen († 604) zugeschrieben. Die dritte soll angeblich Papst Leo IX., der 1049 zum Papst gekrönt worden war, nach Bamberg gesandt haben. Auf ihr habe sich der Name Jesu gezeigt.

Auf dem Andechser Berg lebten damals die Grafen von Andechs. Der Grafensohn Otto wurde 1177 Bischof von Bamberg und schickte die drei Hostien nach Andechs an seinen Bruder, den Grafen Berthold. Dieser hatte die Reliquien erbeten, weil sein Andechser Stammland »von Hagel, Wassernot und Feuersbrünsten heimgesucht war«. Bis auf die Nikolauskapelle wurde die Burg bald darauf jedoch komplett zerstört, der Andechser Schatz schien verloren.

Am 26. Mai 1388 jedoch lief der Legende nach während der Messe in der Kapelle eine Maus durch den Altarraum mit einem Stück Pergament im Schnäuzchen. Man verfolgte die Maus bis zu ihrem Mauseloch und fand – den vergrabenen Heiltumsschatz. Vor dem Schleifen der Burg waren die Reliquien offenbar vergraben worden. Ströme von Pilgern kommen nun nach Andechs, und die Prozession mit den Hostien bildet den Höhepunkt des Wallfahrtsjahres.

Adresse 82346 Andechs | **Anfahrt** A95 München–Starnberg, dann auf der Landstraße weiter nach Andechs | **Tipp** Das Andechser Bräustüberl direkt am Kloster ist eine Institution: Vom Biergarten aus hat man eine wunderbare Sicht auf die Alpen, das Bier kommt aus der eigenen Brauerei – nur der Andrang ist an schönen Tagen oft immens (www.andechs.de).

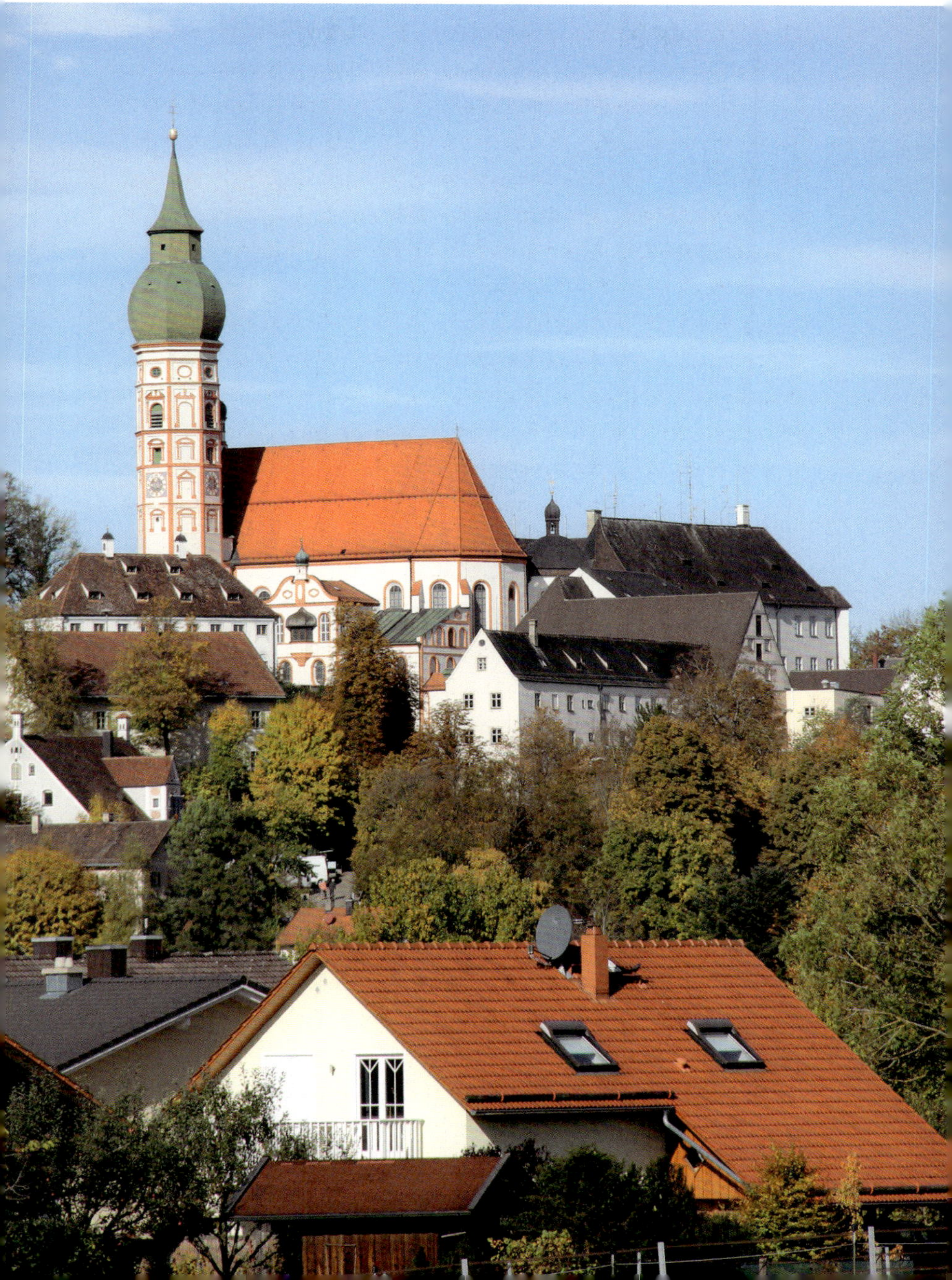

6 Die Quelle in Bucha

Heilkräftiges Wasser »beim Abendmahl«

»Wenn man recht ins Schnaufen kommt, ist die Wallfahrt wirksamer«, sagten die Alten. Und tatsächlich sind die letzten Meter zur Abendmahlkapelle hoch über dem Bärnsee ganz schön steil.

Ein Gemälde des Letzten Abendmahls gab der kleinen Waldkapelle ihren Namen, es wird mindestens seit dem 17. Jahrhundert verehrt. Einst soll es an einem Baum befestigt gewesen sein. Ein Schlossergeselle hat dann 1723 eine Holzkapelle gestiftet, nachdem er »durch göttliche Hilfe« von einem schweren Leiden genesen war. 1822 entstand die gemauerte Abendmahlkapelle aufgrund eines Verlöbnisses zweier Fuhrleute aus Bernau. Diese neue Kapelle scheint immer mehr Wallfahrer angezogen zu haben, sodass sich ein Zeitgenosse wundert, »wie denn eine so einfache, ärmliche und schmucklose Waldkapelle so weit und breit berühmt werden konnte«.

Wichtiger als das Bild war vor langer Zeit aber wohl die Quelle, die hier am Hang entspringt. Das Wasser rinnt aus einer kunstvollen roten Marmorfassung, die aus dem Jahr 1620 stammt – also lange vor der ersten Erwähnung des Abendmahlbildes nicht nur vorhanden, sondern schon kostbar gestaltet war. Es steht zu vermuten, dass die Quelle schon lange vor der Zeit der Einrahmung bekannt war und verehrt wurde. Im 19. Jahrhundert berichtete ein Chronist, dass bei einer Untersuchung des Wassers »fast keine fremdartigen Bestandteile« gefunden wurden, es sei »das reinste Naturwasser« und halte sich »in verschlossenen Flaschen oder Gläsern Jahre lang … Dieses Wasser wirkt vorzüglich wohlthätig und heilsam in Augenkrankheiten, und nicht selten, ja öfter einmal ist es geschehen, dass Blindgewordene durch den Gebrauch dieses Wassers das Augenlicht wieder erhalten haben!«

Heute noch holen viele Einheimische eine Flasche mit Quellwasser »vom Abendmahl«, und sie bestätigen, dass das Wasser tatsächlich »nicht schlecht« wird und seine Heilwirkung schon oft bewiesen hat.

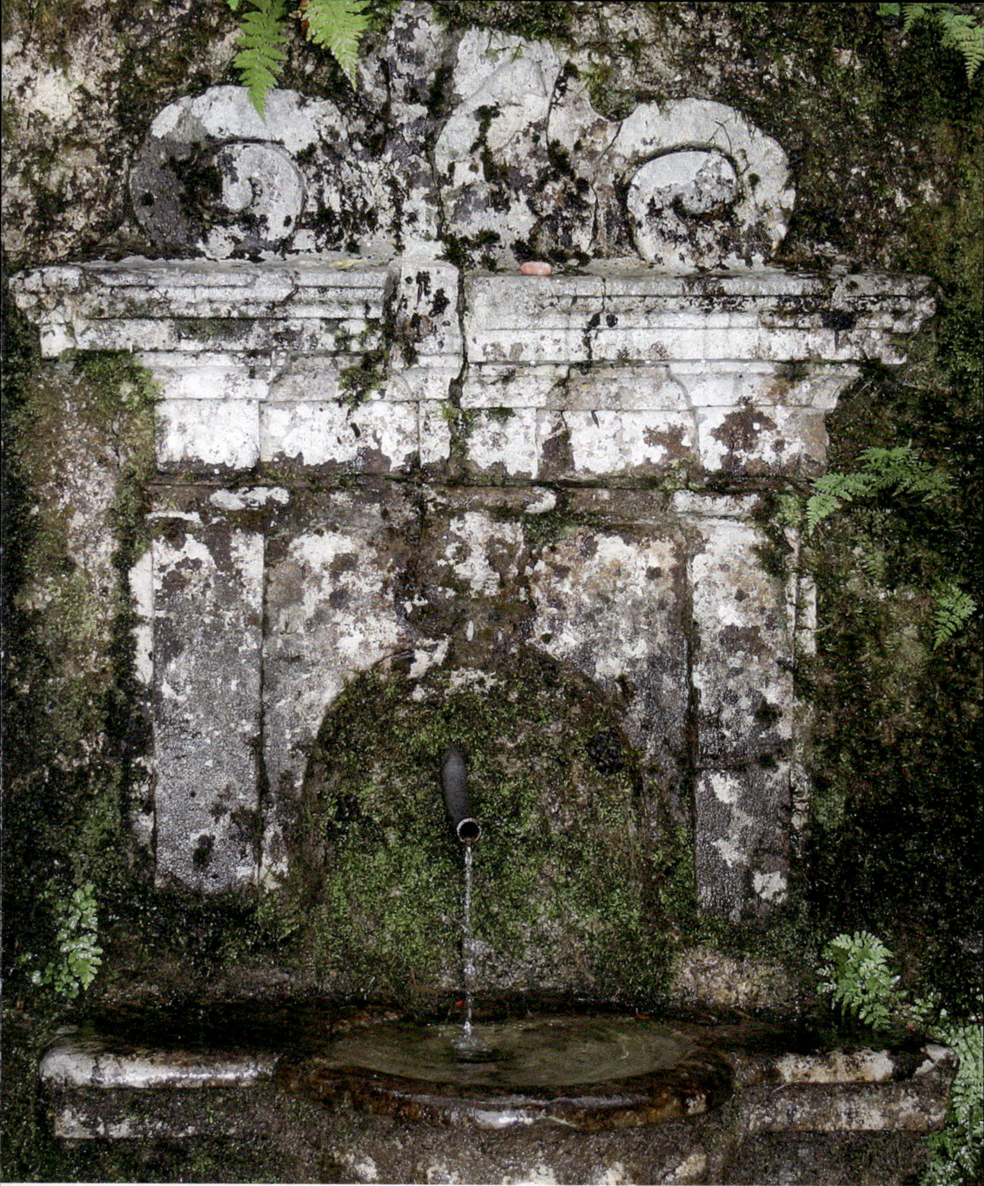

Adresse 83229 Aschau im Chiemgau | Anfahrt Autobahn A8 München–Salzburg, Ausfahrt Frasdorf, Richtung Aschau fahren, in der Ortsmitte links abbiegen Richtung Bernau, am Ortsrand noch rund 100 Meter weiter die Bernauer Straße entlang, bis zum Ortsteil Bucha, dort parken und dem Wegweiser »Abendmahlkapelle« folgend in etwa 15 Minuten einen breiten Waldweg bergauf zur Kapelle gehen | Tipp Wer Lust auf einen längeren Spaziergang hat, geht wieder hinunter zur Hauptstraße, überquert sie und wandert vorbei am Moorschwimmbad in etwa 20 Minuten zum Café Pauli (www.cafe-pauli.de). Das Café ist sehr kinderfreundlich mit einem (auch tierfreundlichen) kleinen »Zoo« mit Kaninchen, Ziegen und Eseln.

7 Kleinhelfendorf

Der magische Marterstein des heiligen Emmeram

Der heilige Emmeram, Bischof von Regensburg, erlitt angeblich in Kleinhelfendorf den Märtyrertod, deshalb wird er hier seit dem 7. Jahrhundert hoch verehrt.

Emmeram wirkte um 649 am Fürstenhof von Herzog Theodo. Dessen Tochter Ota erwartete ein uneheliches Kind und vertraute sich Emmeram an. Dieser gab sich als Vater des Kindes aus, um Ota und ihren Geliebten vor Strafe zu schützen. Die Häscher von Otas Bruder Lantfried ergriffen den vermeintlichen Kindsvater beim heutigen Kleinhelfendorf und marterten ihn aufs Grausamste. Schwerst verletzt wurde Emmeram auf einen Ochsenwagen gelegt und die Zugtiere sich selbst überlassen. So gelangte der Leichnam bis Oberföhring ans Ufer der Isar, wo man ihn auf ein Schiff legte, das von selbst auf Isar und Donau bis Regensburg fuhr – wo er dann heiliggesprochen und bestattet wurde.

Halb Kleinhelfendorf scheint heute aus dem Andenken an den heiligen Emmeram zu bestehen. Die Pfarrkirche ist ihm geweiht, wenige Meter weiter steht die Quellkapelle. Daneben gibt es noch ein zweites, kleineres Gotteshaus: die Marterkapelle. Sie wurde über einen riesigen Felsblock gebaut, angeblich der Marterstein. Der Fels und die Quelle waren vielleicht schon in vorchristlicher Zeit eine Kultstätte. Kleinhelfendorf lag direkt an der Römerstraße von Salzburg nach Augsburg. Vermutlich ist im Raum Kleinhelfendorf die römische Straßenstation Isinisca zu suchen, die bis heute nicht genau lokalisierbar ist.

Auf dem Marterstein hat man noch in der Barockzeit Kräuter getrocknet und sie dann krankem Vieh zu fressen gegeben, wie auf einer Votivtafel erzählt wird. Auch das Wasser der Quellkapelle wurde wohl eifrig benutzt, es soll heilkräftig geworden sein, nachdem der heilige Emmeram dort gerastet hat. Das Wasser – heute verschmutzt und nicht mehr nutzbar – soll nie versiegen, heißt es auf einer Tafel an der Quellkapelle, und es soll nie gefrieren.

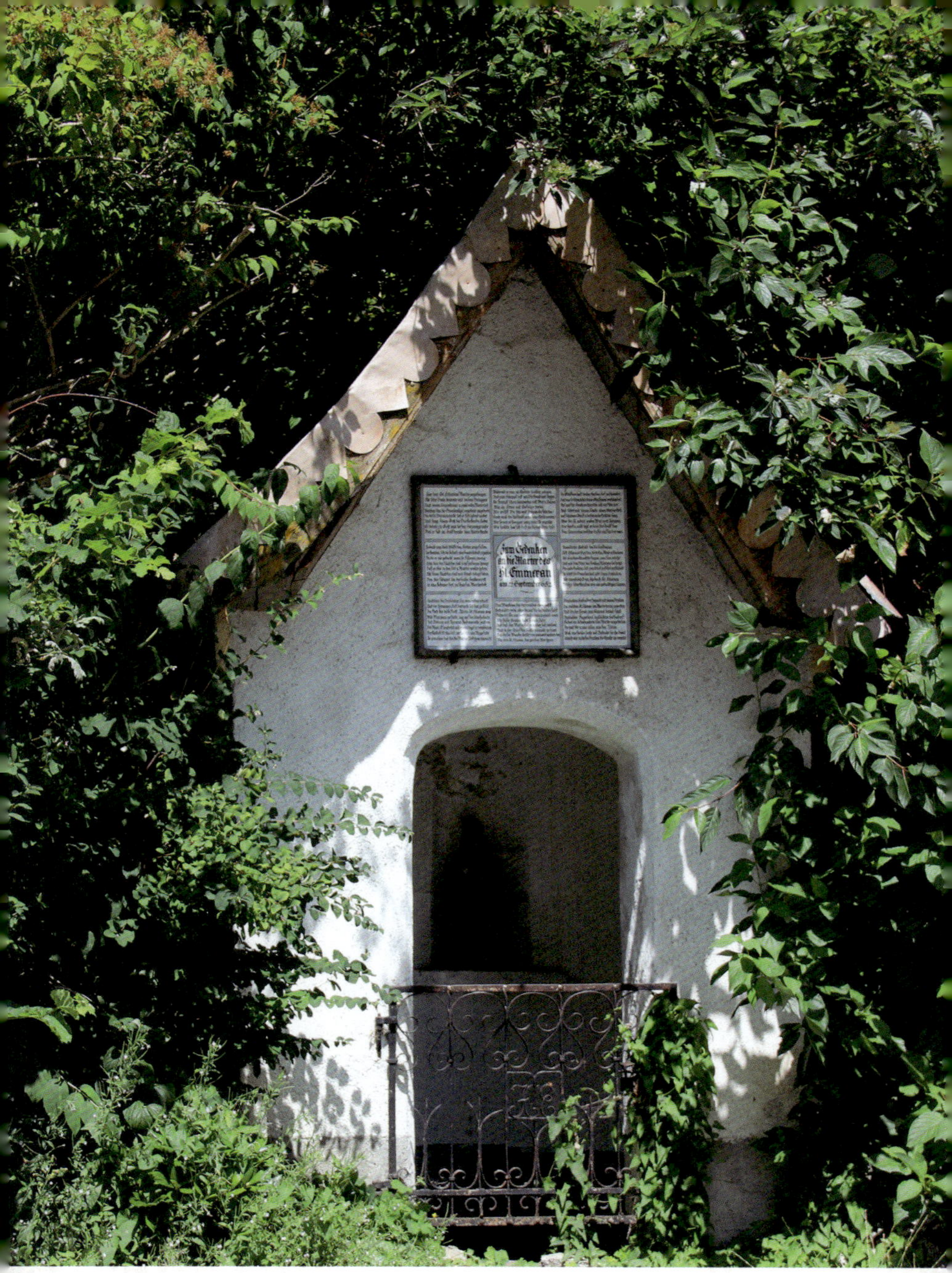

Adresse 85653 Aying (Kleinhelfendorf) | Anfahrt Autobahn A8 München – Salzburg, Ausfahrt Hofoldinger Forst, über Hofolding, Faistenhaar und Aying nach Großhelfendorf fahren, hier in der Dorfmitte links abbiegen nach Kleinhelfendorf | Tipp Das Gasthaus Oswald in unmittelbarer Nähe zu den Wallfahrtskirchen hat schon viele Generationen von Wallfahrern mit hervorragender bayerischer Küche beglückt (www.gasthaus-oswald.de).

8 Das Pankrazkirchlein

254 Treppenstufen gen Himmel

145 Meter hoch ist der Felsen, auf dem das Pankrazkirchlein steht, und man gelangt nur über eine Treppe mit 254 Stufen hinauf. Was uns heute beschwerlich erscheint, schätzte man in der Vergangenheit: Als Rückzugsmöglichkeit bei feindlichen Angriffen oder Hochwassern besiedelten wohl schon die Menschen der Jungsteinzeit die beiden auffälligen Felsen. Der zweite Felsen wurde einst gekrönt von der stolzen Burg Karlstein, heute nur noch eine Ruine. Am nördlichen Fuß dieser Felsen wurden die 4.000 Jahre alten Reste erster Siedlungen entdeckt.

Auf dem Pankrazfelsen gab es wohl schon in der Jungsteinzeit einen Kultplatz, in romanischer Zeit fasste das Christentum hier Fuß. Seit dem Mittelalter ist St. Pankraz eine Wallfahrtsstätte. Die heutige Kirche stammt aus der Barockzeit. Zahlreiche Votivbilder erzählen noch von der alten Wallfahrt. Pankraz galt als Patron der Ritter, er wurde wohl von den Burgherren nebenan geschätzt, später erbaten die Menschen günstiges Wetter von ihm, weil er wegen seines Namenstages am 12. Mai als einer der Eisheiligen gilt.

Noch um 1850, erzählte eine alte Bäuerin, wurde von St. Pankraz herunter das Alphorn geblasen – in besonders gefährlichen Nächten, in denen Dämonen und Geister aus der Anderswelt unterwegs waren: an Heiligabend, in der Walpurgisnacht und am Vorabend von Johannis, also zur Sommersonnenwende, »um den Armen Seelen zu helfen, die in der Weitwiese, aber auch woanders als Irrlichter, Huckauf und anderswie herumirren«. Um die Felsen war es nämlich nicht geheuer, weil immer wieder Knochen gefunden wurden, die – wie wir heute wissen – von einem bronzezeitlichen Brandopferplatz stammten.

Deshalb wohl hat man auch den Aufstiegsweg auf den Felsen mit christlichen Zeichen geschützt: der heilige Rochus mit Pestbeule und Hund, ein Wegkreuz mit der Schmerzhaften Muttergottes und eine Ölberggruppe geleiten gen Himmel.

Adresse 83435 Bad Reichenhall | Anfahrt A8 München – Salzburg, Ausfahrt Bad Reichenhall, auf der St2101 etwa 1,5 km, dann nach rechts in die Schmalschlägerstraße, zwei ausgeschilderte Parkplätze, Fußweg auf den Pankrazfelsen links, Burgruine Karlstein rechts | Tipp Der Aufstieg auf den daneben liegenden Felsen mit der Burgruine Karlstein lohnt sich: Die Aussicht auf Bad Reichenhall ist phänomenal. Man muss aber vom Pankrazfelsen absteigen und nebenan wieder aufsteigen. Es gibt keine Verbindung von Felsspitze zu Felsspitze.

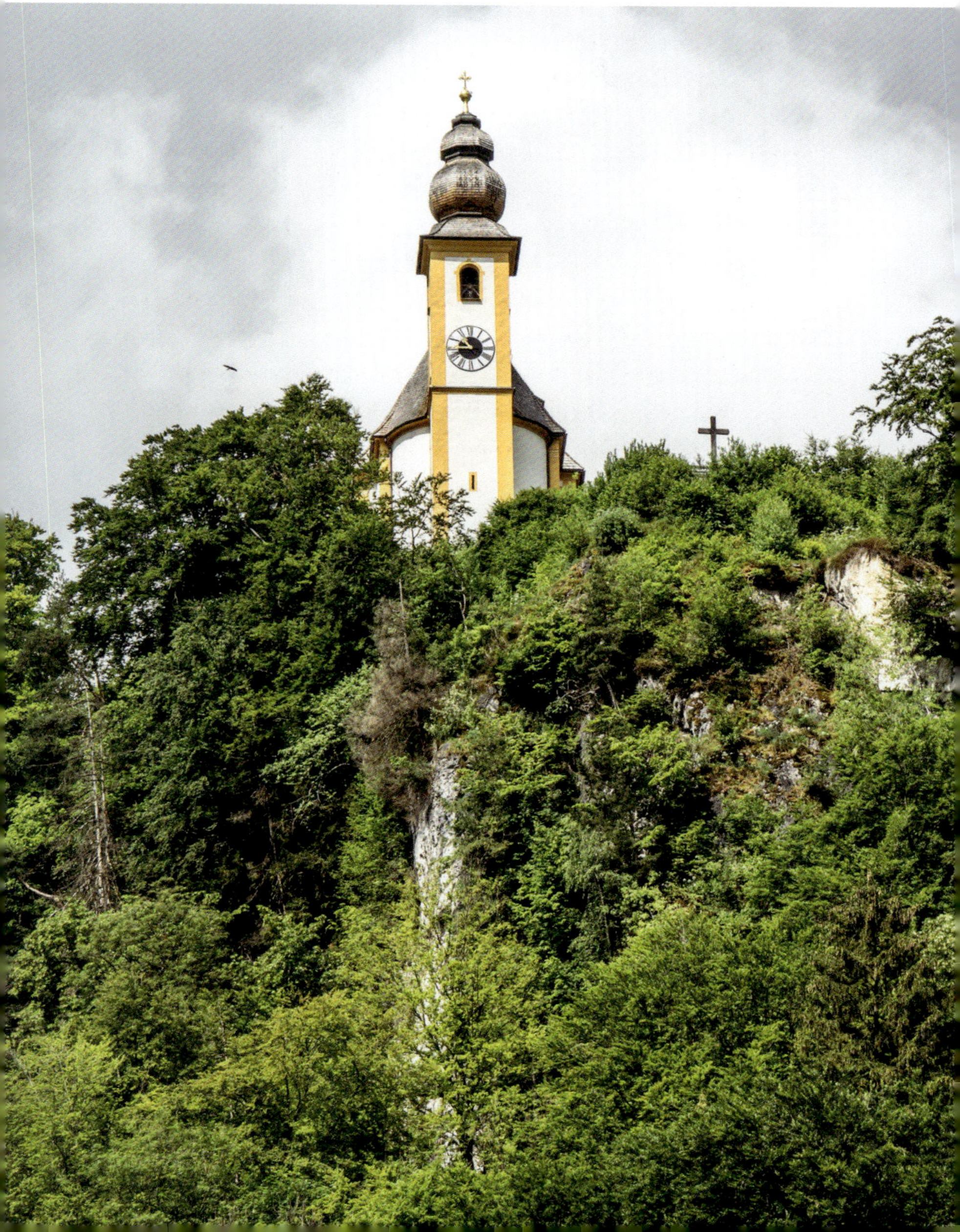

9 St. Valentin

Wenn schwarze Hennen weiß werden

Der wichtigste Patron gegen die Fallsucht, die Epilepsie, ist der heilige Valentin. Auch als Beschützer gegen die Fraisen bei Kindern und alle anderen Arten von Krampfanfällen war der Heilige zuständig. Nachdem dagegen keine wirksamen Behandlungsmethoden existierten, waren die Valentinskirchen häufig aufgesuchte Wallfahrtsziele.

790 wurde die Kirche in Marzoll erwähnt, der Ort geht aber mindestens auf die Römerzeit zurück: Ein Marcianus hat vielleicht in der feinen römischen Villa mit Mosaikfußboden gewohnt, die man hier ergraben hat, und gab der Siedlung seinen Namen. 1496 ereignete sich das erste »Wunder«. Auf einer Schrifttafel ist zu lesen, dass ein »Knab von 12 Jahren … mit der leidigen hinfallenden Sucht elendiglich behaftet gewesen«. Sein Vater »verlobte« ihn zum heiligen Valentin, und zwar »mit einem lebendigen Opfer, einer schwarzen Henn«. Der Knabe sei zeit seines Lebens von der Fallsucht geheilt gewesen, und die schwarze Henne sei nach erfolgtem Heilungswunder weiß geworden! Das hätten Pfarrer, Kirchenprobst und »viele andere fromme Christen« bestätigt. Im gleichen Jahr wurde angeblich sogar ein Pestkranker geheilt, der in Marzoll eine schwarze Henne opferte.

Nach Bekanntwerden dieser Wunderheilungen entwickelte sich eine florierende Wallfahrt. Besonders schwarze Hennen wurden als Opfergaben gebracht. Sie nähmen die Krankheit auf, hieß es, und wenn sie schließlich weiß würden, sei die Krankheit verschwunden. Für die vielen geopferten Hennen war hinter dem Hochaltar sogar ein vergitterter Verschlag angebracht – sie endeten vermutlich in den Kochtöpfen der Obrigkeit. Denn die Herren von Marzoll, die Familie Fröschl, förderten die Wallfahrt nach Kräften, St. Valentin in Marzoll wurde zur reichsten Wallfahrtskirche der Region.

Das Patronat beruhte wohl einzig auf dem Gleichklang der Wörter »Valentin« und »fallen« – es hieß: »Valentin, fall net hin!«

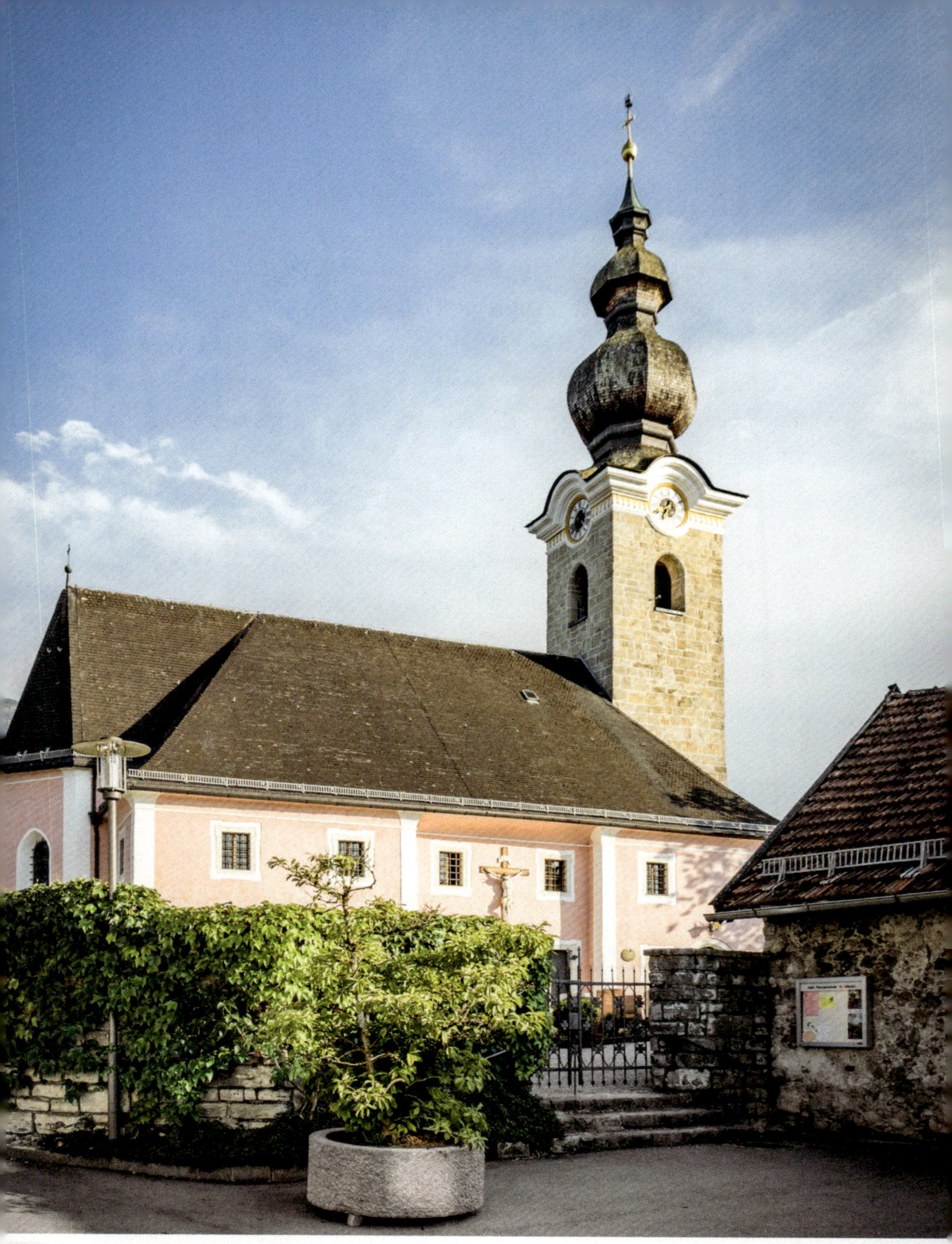

Adresse 83435 Bad Reichenhall (Marzoll) | Anfahrt A8 München–Salzburg, Ausfahrt Bad Reichenhall, B20 nach Bad Reichenhall, über Grenzlandstraße und Schlossberg nach Schloss Marzoll, gleich dahinter St. Valentin | Tipp Sehenswert für kunsthistorisch Interessierte ist in Bad Reichenhall das Kloster St. Zeno, das einem Heiligen geweiht ist, der eigentlich in Verona zu Hause ist. Die Klosterkirche St. Zeno gilt als der älteste romanische Kirchenbau Oberbayerns.

10 Kalvarienberg

Der »heilige Berg« der Tölzer

Auf dem Tölzer Kalvarienberg hoch über der Isar befinden sich heute mehrere Kultstätten: die Kalvarienbergkirche, das ist die katholische Heilig-Kreuz-Kirche, die Leonhardikapelle und der Kalvarienberg mit Ölberg und Golgathahügel.

Sie alle entstanden im 18. Jahrhundert, und während schon 1711 ein erstes Kreuz für den Kalvarienberg errichtet wurde, während 1718 schon die Leonhardikapelle und kurz darauf die Heilige Stiege und die Kreuzkirche erbaut wurden, stand auf dem damals »Höhenberg« genannten Hügel noch der Galgen von Tölz. Erst 1761 verlegte man ihn an eine andere Stelle. Golgatha heißt übersetzt »Schädelstätte«, insofern lagen die Initiatoren dieser Gedenkstätte nicht so falsch. Gestiftet hatte die Bauten der Geschäftsmann Friedrich Nockher nach dem Vorbild von Lenggries. Dort war schon zwei Jahrzehnte vorher eine Scala Santa erbaut worden, eine Heilige Stiege nach dem Vorbild in Rom, mit 28 Stufen, die nur kniend erklommen werden dürfen – auch in Bad Tölz. Für die Fußgänger gibt es zu beiden Seiten normale Treppen. Diese Heilige Stiege wurde dann mit der Kreuzkirche vereint zu einer Doppelkirche.

Die Leonhardikapelle, die neben der Fassade der Kreuzkirche die Ansicht von unten bestimmt, haben Tölzer Zimmerleute errichten lassen, die als Überlebende der Sendlinger Mordweihnacht gelobten, eine Kapelle zu errichten.

Schon bald nach der Weihe der neuen Kirchen auf dem Höhenberg fand in Tölz die erste Leonhardifahrt statt, die sich bis heute zur größten derartigen Pferdewallfahrt in ganz Bayern entwickelt hat. Jedes Jahr am Namenstag des heiligen Leonhard, des bayerischen Pferdepatrons, ziehen die Tölzer mit Pferden und Truhenwagen auf den Kalvarienberg. Die Kirche wird dreimal umrundet, dann erfolgt der Pferdesegen. Danach geht's zurück ins Tal – mit dem Segen des heiligen Leonhard für ein weiteres Jahr ohne Krankheit bei Mensch und Tier, in Haus und Hof.

Adresse 83646 Bad Tölz | **Anfahrt** A8 München – Salzburg, Ausfahrt Irschenberg, Landstraße über Miesbach nach Bad Tölz | **Tipp** Volkskundlich Interessierten sei unbedingt ein Spaziergang durch die Marktstraße in Bad Tölz empfohlen. Hier gibt es architektonisch interessante und kunstvoll bemalte Hausfassaden zu entdecken.

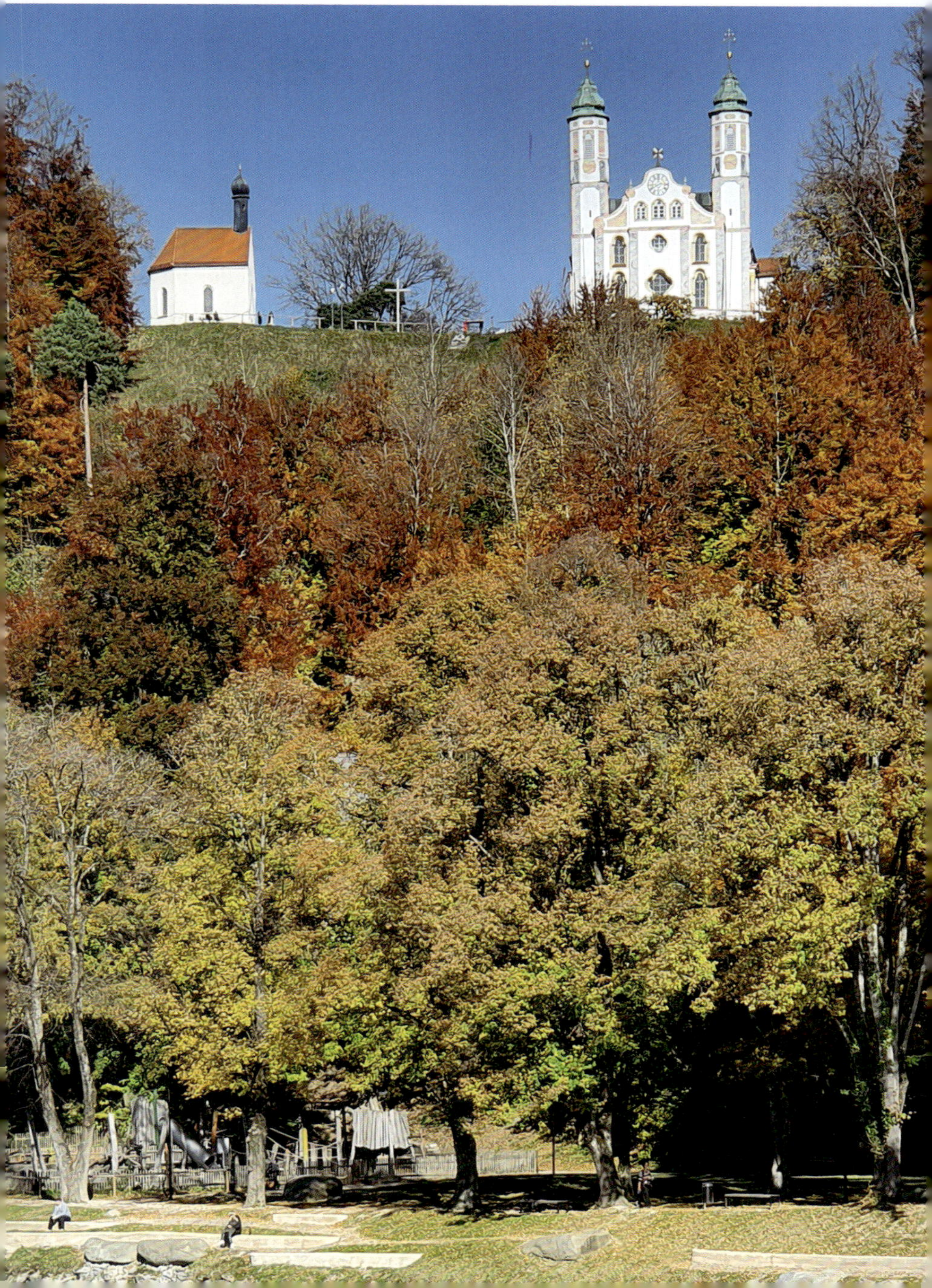

11 Maria Hilf

Die Mühlfeldkirche mit dem Pest-Hund

Auf dem Mühlfeld in Bad Tölz, das wegen der früher oberhalb stehenden Mühlen so genannt wurde, gab es schon im 16. Jahrhundert eine Maria-Hilf-Kapelle. Im 17. Jahrhundert wurde Maria von sehr vielen Gläubigen um Hilfe angerufen, weshalb die Kirche erweitert werden musste. In der ersten Hälfte des Jahrhunderts war das, mitten im Dreißigjährigen Krieg, der Not, Armut und Verzweiflung brachte. Eine Pestepidemie plagte das geschwächte Land zusätzlich. Die Wallfahrt dagegen erblühte in diesen Zeiten. Alle halfen zusammen; im Buch von Heidrun Franz über die Mühlfeldkirche ist ausführlich nachzulesen, dass die Kirche im Prinzip in tatkräftiger Eigenleistung der Einheimischen entstand.

Ein paar Jahrzehnte später, 1735, war schon so viel Geld vorhanden, dass man eine neue Kirche bauen lassen konnte, diesmal von einem der fähigsten Baumeister der Zeit, dem Wessobrunner Joseph Schmuzer. Das Deckenfresko im Chor mit dem Thema »Maria Helferin der Kranken« malte einer der berühmtesten zeitgenössischen Freskanten, nämlich Matthäus Günther. Und dieses Fresko lohnt eine genauere Betrachtung: Es zeigt in Erinnerung an das verheerende Pestjahr 1634 den Bittgang der Tölzer Bürger nach Gaißach, wo sie um Errettung aus der schrecklichen Seuche beten wollten. Weil die Gaißacher sich aber nicht anstecken wollten, scheuchten sie die Tölzer zurück, sodass diese dann aufs Mühlfeld zogen. Ein Hund soll aber nach Gaißach gelaufen sein und die Pest dorthin getragen haben. Viele Gaißacher raffte die Seuche dahin, was als Strafe Gottes ausgelegt wurde, weil sie so hartherzig gegenüber den Tölzern gewesen waren. Der Hund, der die Pest nach Gaißach trug, ist auf dem Deckenfresko von Matthäus Günther als ziemlich zentrale Figur festgehalten, links direkt über dem Hochaltar. Und der betende Pilger rechts unterhalb des Hundes – da soll sich Matthäus Günther angeblich selbst verewigt haben.

Adresse Salzstraße 35, 83646 Bad Tölz | Anfahrt A8 München–Salzburg, Ausfahrt Irschenberg, Landstraße über Miesbach nach Bad Tölz | Tipp Richtig gut isst man im »Gasthaus Bad Tölz«, nur einen kurzen Spaziergang von der Mühlfeldkirche entfernt. Hier wird das erst seit Kurzem in Bad Tölz gebraute Bier mit dem schönen Namen Tölzer Mühlfeldbräu ausgeschenkt, weil die Braustätte tatsächlich auf dem Mühlfeld liegt. Die Brauerei kann man auch besichtigen: www.tmb.de.

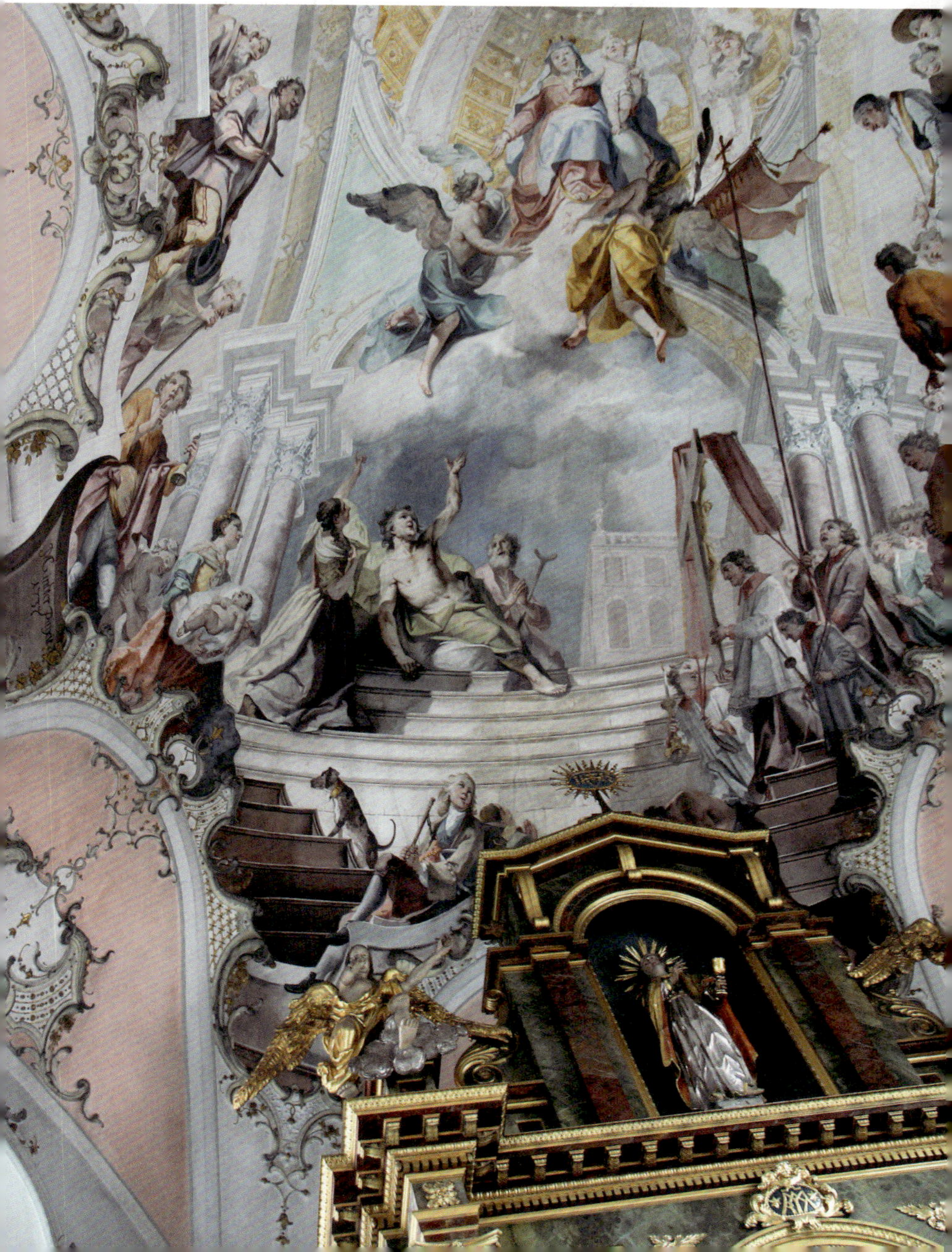

12 Kloster St. Benedikt

Als Anastasia den Föhnwind schickte

Im Spanischen Erbfolgekrieg standen sich 1704 die Bayern und die Österreicher feindlich gegenüber, und Ende Januar war es so weit, dass die Österreicher sich rüsteten, von Süden her das blühende Kloster Benediktbeuern zu überfallen. Der Kochelsee und die umliegenden Moore waren beinhart gefroren, sodass sie den eindringenden Soldaten einen festen Untergrund bieten würden. Am 28. Januar, dem Tag vor dem Gedenktag der heiligen Anastasia, deren Reliquien im Kloster bewahrt wurden, flehten Abt und Mönche zu ihrer Heiligen und warteten bange ab. Und tatsächlich brach bald ein Föhnsturm los, der innerhalb von drei Stunden, wie es heißt, das Eis dahinschmelzen ließ. Die feindlichen Soldaten realisierten, dass sie keine Chance mehr hatten, durch das aufgetaute Moor das Kloster zu erreichen und gaben auf. Als »Kochelseewunder« ging dieses Ereignis in die Geschichte ein, bei dem die heilige Anastasia nach fester Überzeugung der Bewohner ihre helfende Hand im Spiel gehabt hatte.

Das Kloster zum heiligen Benedikt war schon im 8. Jahrhundert gegründet worden, die Doppelturmfassade der Kloster- und heutigen Pfarrkirche prägt bis heute die Region.

Der heiligen Anastasia dankte man überschwänglich für ihre Hilfe: 1751 bis 1753 errichtete man ihr an der Nordostecke der Klosterkirche eine eigene Rundkapelle. Erbaut und ausgestattet von den besten bayerischen Rokokokünstlern, birgt sie bis heute die Silberbüste mit der Schädelplatte der Märtyrerin. Die Reliquie kam 1053 aus Verona nach Benediktbeuern, wo Anastasia seither von den Wallfahrern als Patronin bei Kopf- und Nervenleiden verehrt wurde.

Ihr Gedenken wird heute am 25. Dezember mit einer feierlichen Andacht begangen. Dabei ist es wie in alten Zeiten möglich, sich mit dem Reliquiar der heiligen Anastasia segnen und es sich »aufsetzen« zu lassen – in früheren Zeiten ein begehrtes Mittel bei Kopferkrankungen.

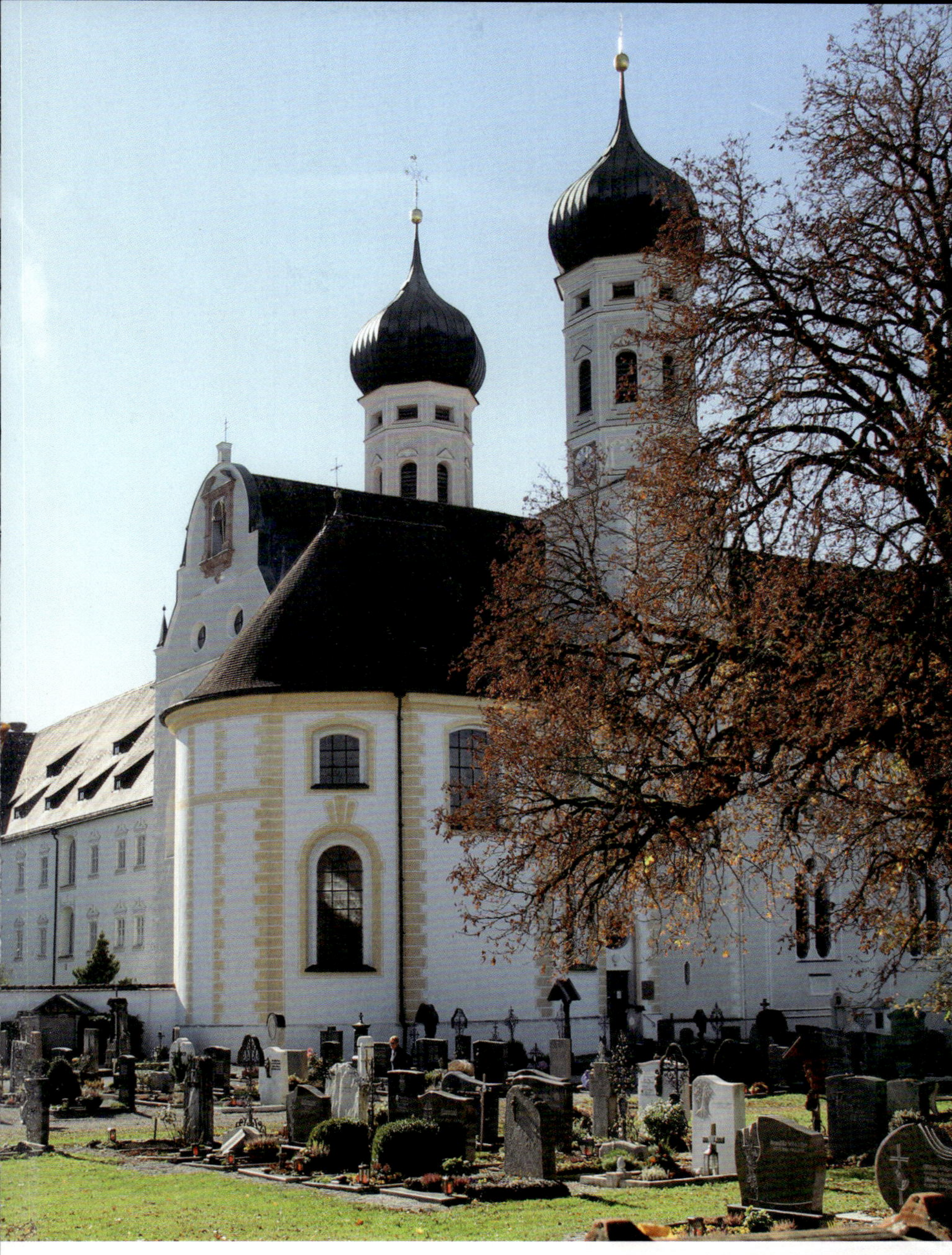

Adresse 83671 Benediktbeuern | Anfahrt A95 München–Garmisch, Ausfahrt Sindelsdorf, weiter auf der B472 Richtung Bad Tölz, nach circa 5 Kilometern rechts ab nach Benediktbeuern | Tipp Ein Geheimtipp ist das Klostercafé im »Gotischen Saal«, dem ehemaligen Refektorium mit einer historisch bedeutenden Holzdecke von 1493. Hier gibt es hausgemachten Kuchen und feinen Kaffee, im Sommer sitzt man im Garten des Kreuzgangs oder auf der Sonnenterrasse. Geöffnet nur Freitag–Sonntag.

13 Maria Gern

Der Drache mit dem Frauenbein

Seit 1708 thront die barocke Kirche in dem engen Tal, doch schon lange vorher wallfahrteten die Gerer zu ihrer Madonna. Um 1600 gab es schon ein erstes geschnitztes Marienbild in einem Bildstock. Das heutige Gnadenbild wurde 1666 von Wolfgang Hueber, einem heimwehkranken gebürtigen Gerer, der in Tirol arbeitete, geschnitzt und in einer Holzkapelle angebracht – an dem Platz, an dem 1708 die heutige Kirche errichtet wurde.

Auf einem der zahlreichen Votivbilder im Chor, es stammt von 1690, kann man schon das Eremitenhäuschen neben der Kirche sehen, dessen Bewohner bis 1773 für die Betreuung von Kirche und Wallfahrern zuständig war. Danach gab es einen eigenen Mesner und das ehemalige Eremitenhäusl wurde zum Wirts- und Schulhaus (in einem!) erweitert.

Nicht nur durch die exponierte Lage zieht einen diese, wie sie schon genannt wurde, »originellste Wallfahrtskirche Süddeutschlands« in ihren Bann. Wer in Ruhe die vielen Votivgaben betrachtet, der spürt die Hoffnung der bitterarmen Gerer früherer Jahrhunderte. Sie setzten ihre Sehnsucht nach einem besseren Leben auf die Gottesmutter in ihrer Kirche. So findet man Krötenvotive, die die Gebärmutter symbolisieren: Das kann ein dringender Kinderwunsch gewesen sein oder auch eine Unterleibserkrankung. Silbervotive in Kinderform deuten auf ein krankes Kind hin, Abbilder von Gliedmaßen auf Erkrankungen von Arm, Bein, Hand oder Fuß, Bilder von Haustieren auf das Wichtigste im Stall, die Nutztiere.

Ein kurioses Detail gibt es beim heiligen Michael im Auszug des Hochaltars zu entdecken – also ganz oben zwischen den beiden Engeln. Der Drache, den Michael so heldisch bekämpft als Symbol für das Böse – dieser Drache hat ein menschliches, ein verführerisches weibliches linkes Bein. So werden die armen Gerer seit der Barockzeit – 1716 ist der Altar entstanden – daran erinnert, was für die katholische Kirche böse und teuflisch ist.

Adresse Maria Gern, 83471 Berchtesgaden | **Anfahrt** Autobahn A8 München–Salzburg, Ausfahrt Bad Reichenhall. Richtung Berchtesgaden fahren, am Ortsende von Bischofswiesen links abbiegen Richtung Maria Gern | **Tipp** Zwischen Wallfahrtskirche und Gasthaus beginnt der recht einfache Wanderweg auf die Kneifelspitze mit wunderbarer Sicht auf den Watzmann.

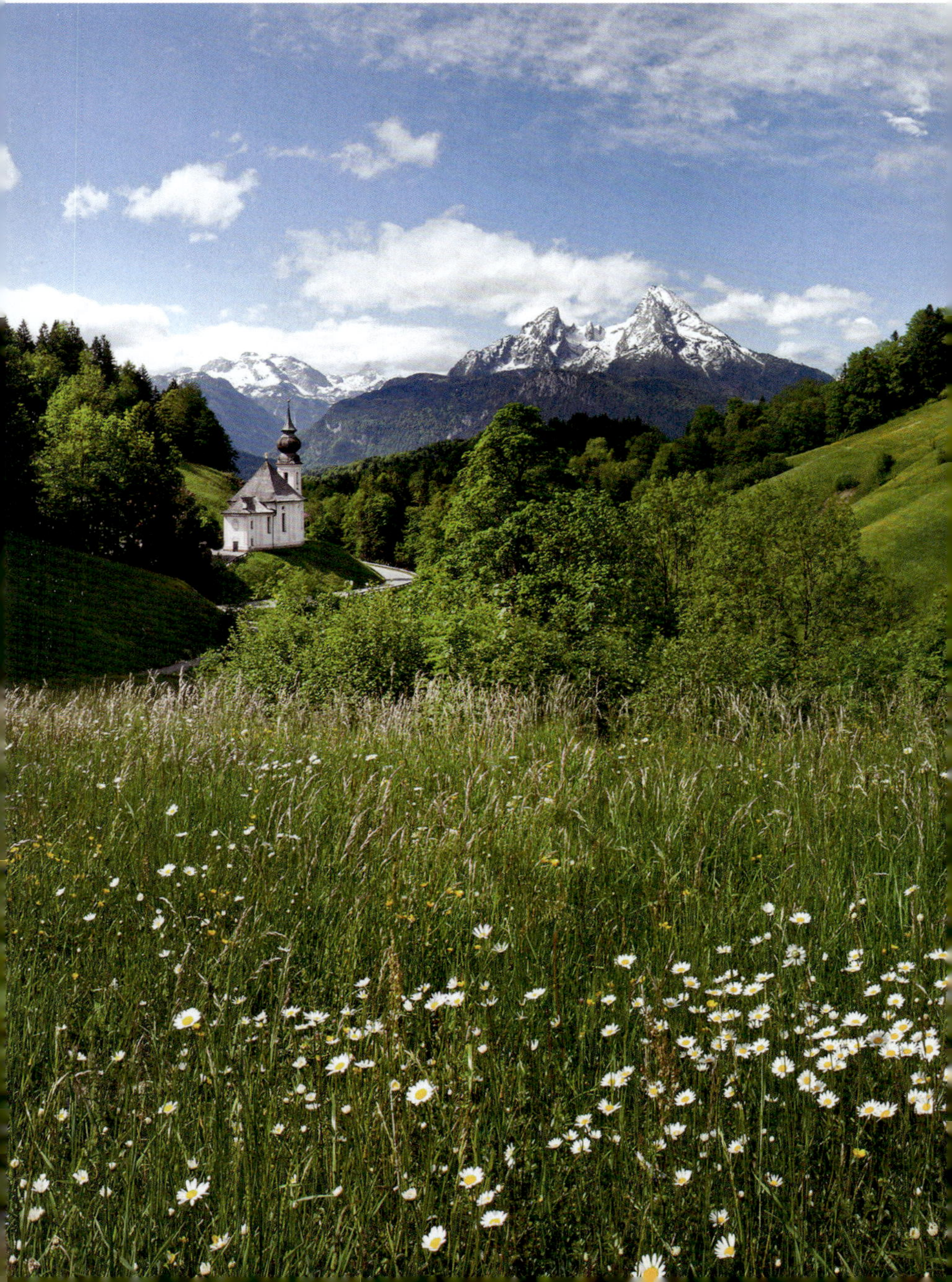

14 Willibaldsruh

Wo des Heiligen Pferd den Felsen erweichte

Im Wald bei Attenfeld soll der heilige Willibald einst gerastet haben. Er war im 8. Jahrhundert der erste Bischof von Eichstätt. Bei der Rast soll sein Pferd mit den Hufen die Vertiefungen in den großen, flachen Felsblock geschlagen haben, den man heute neben der Kapelle »Willibaldsruh« findet. Diese Vertiefungen sind stets mit Wasser gefüllt, das angeblich nie versiegt. Man hält das Wasser deshalb seit Menschengedenken für wunderwirksam und heilkräftig.

Jedes Jahr an einem Sonntag um den Namenstag des Heiligen am 7. Juli ziehen Hunderte von Gläubigen in einer langen Prozession in den Wald, wo die Patroziniumsmesse zelebriert wird. Der Priester segnet das Wasser, und die Gläubigen benetzen sich damit Gesicht und Augen. Das Wasser soll gegen Krankheiten vorbeugend und heilend wirken und allgemein Unglück verhindern.

In den hiesigen Wäldern hat man vorgeschichtliche Siedlungsspuren gefunden, später führte eine Römerstraße durch Attenfeld. Womöglich wurde der löchrige Felsen bei Willibaldsruh – es soll im Wald noch mehrere geben – wie so viele auffällig geformte Steine schon in vorchristlicher Zeit verehrt? Ähnliche Legenden gibt es nämlich über die Könige Baldur und Widukind, über Karl den Großen – sein Pferd soll der Überlieferung nach sogar die Aachener Thermalquellen entdeckt haben – und die Heiligen Bonifaz und Martin.

Die Geologen erklären das Phänomen so: Der Stein ist ein etwa 100 Millionen Jahre alter Kreidequarzit. Das in den Löchern befindliche Wasser enthält leichte Säuren vom Laubfall, die das Bindemittel im Stein auflösen. Unten in den Löchern ist das Milieu sauerstoffarm, dort entsteht schwefelige Säure, die eine weitere Vertiefung der Löcher bewirkt. Eines soll über 50 Zentimeter tief sein. Auch dafür, dass das Wasser nicht verdunstet, gibt es eine plausible Erklärung: Im Kleinklima im Wald beträgt die Luftfeuchtigkeit 90 Prozent, im Schatten ist es kühl und feucht. Und durch die geringe Oberfläche der Löcher ist auch die Verdunstung geringer.

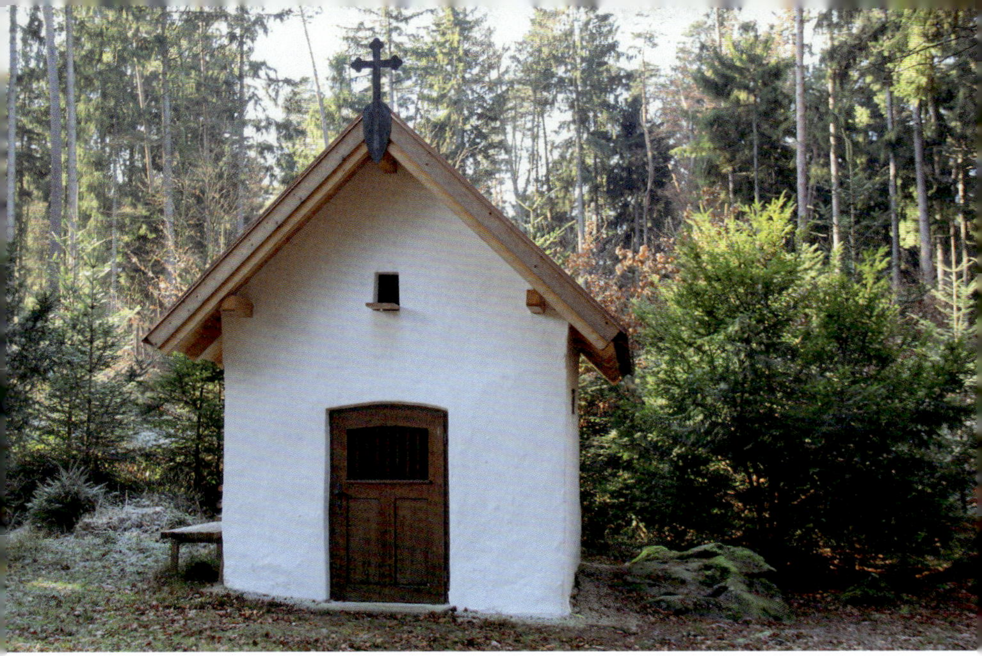

Adresse 86673 Bergheim | Anfahrt A9 München – Nürnberg, Ausfahrt Manching, B16 bis Bergheim, St 2214 (Bergheimer Straße) bis Unterstall, weiter auf der St 2214 (Attenfelder Straße) bis Attenfeld, dort die Dorfstraße geradeaus Richtung Westen fahren, bis im Wald eine Abzweigung links zur Willibaldkapelle führt | Tipp Nur rund zwei Kilometer nördlich von Attenfeld befindet sich die Burgruine Nassenfels aus dem 13. und 14. Jahrhundert. Die Einbauten aus dem 19. Jahrhundert im Burginneren sind bewohnt, die Burg kann nur von außen besichtigt werden.

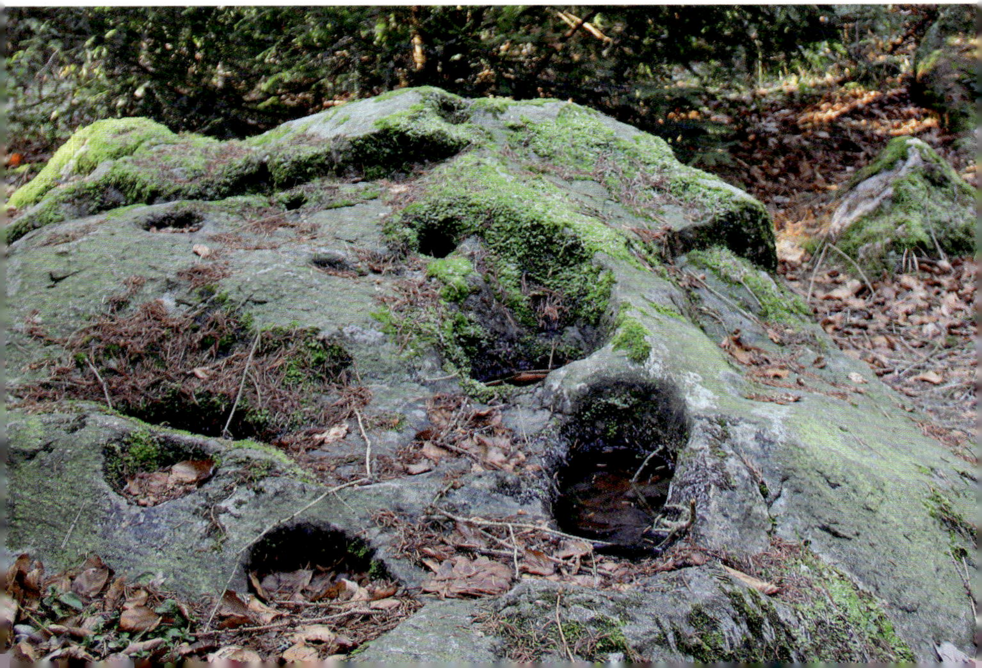

15 St. Georg auf dem Auerberg

Lag hier das keltische Damasia?

Der heilige Georg selbst soll es gewesen sein, der in grauer Vorzeit nachts die Kirche errichtet hat, die da malerisch in beherrschender Lage auf dem Auerberg bei Bernbeuren thront. »Mit der Vollendung des Werkes aber war der wackere Bauhelfer verschwunden«, weiß die Legende, »und nichts als die Erinnerung ist dem Volk geblieben, dass es der heilige Rittersmann Georg gewesen ist«. Zum Dank haben ihm die Bewohner des schwäbisch-oberbayerischen Landstrichs die Kirche geweiht.

Wie bei vielen Sagen, so verhält es sich auch hier: Sie stimmt nicht, aber irgendwas ist immer dran. Vermutlich ist der Auerberg wirklich seit Menschengedenken ein Kultort. Eindeutig nachgewiesen ist der Beginn der römischen Siedlungstätigkeit mit dem Winter 12/13 n. Chr., es handelt sich dabei also um die älteste römische Flächensiedlung im süddeutschen Raum. Unumstritten ist bis heute auch, dass schon vor der römischen Siedlung eine keltische auf der markanten Hügelkuppe bestanden hat. Ob es allerdings die keltische Stadt Damasia war, von der der römische Geschichtsschreiber Strabo berichtet, ist nicht sicher. Doch wie auch immer diese Siedlung geheißen haben mag – es gab dort sicher auch einen Kultort, einen frühen Vorläufer der heutigen Georgskirche.

Jedes Jahr am Sonntag nach dem Namensfest des heiligen Georg, dem 23. April, findet hier der Georgiritt auf den Auerberg statt. Die Georgsreiter mit dem heiligen Ritter Georg, Trachtengruppen, Musikkapellen und die katholischen Würdenträger bieten ein prächtiges Bild beim Zug auf den Auerberg. Als römische Soldaten verkleidete Reiter erinnern an die römische Vergangenheit des Auerbergs. Krönender Abschluss der Feldmesse ist der Georgsschwur, der alljährlich vom Männerdreigesang Bernbeuren gesungen wird. Mit der Geistlichkeit hoch zu Ross ziehen die Reiter anschließend um die Auerbergkirche herum, wie es alter Brauch ist.

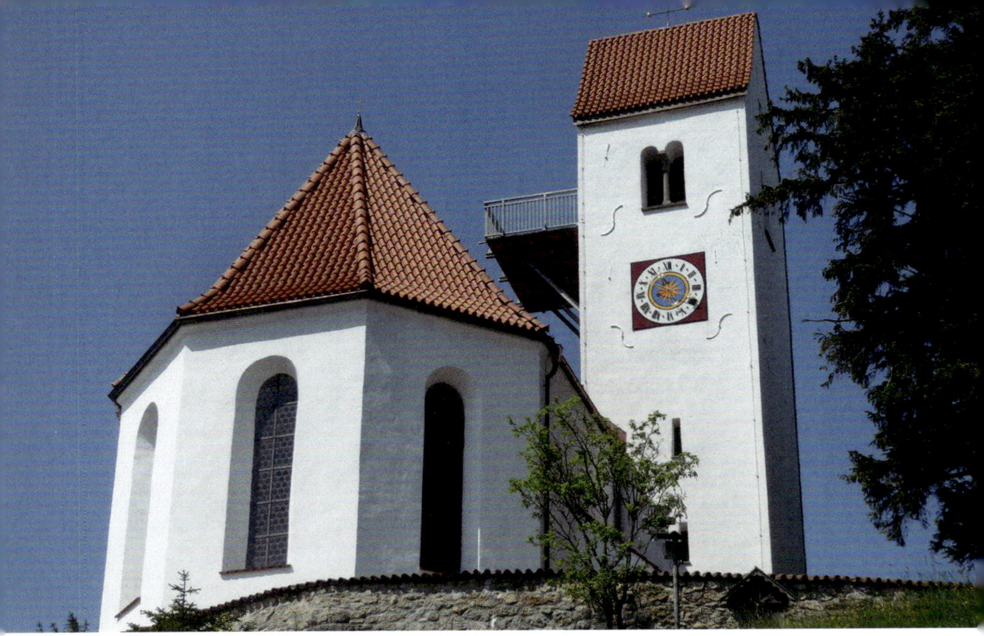

Adresse 86975 Bernbeuren | Anfahrt A96 München – Lindau, Ausfahrt Landsberg am Lech-West, B17 bis Bernbeuren, in Bernbeuren die Auerbergstraße nach Westen fahren bis zum Auerberg | Tipp Wer außerhalb der Georgifeierlichkeiten zum Auerberg kommt, tut gut daran, das Auerbergmuseum in Bernbeuren zu besuchen. Es wurde in einem alten Allgäuer Haus aus dem 18. Jahrhundert eingerichtet und zeigt auf drei Etagen Ausstellungen zur Dorfgeschichte und zur alten Landwirtschaft ebenso wie die Grabungsergebnisse zur römischen Vergangenheit und natürlich alles zum Höhepunkt des Bernbeurer Festkalenders, dem Georgiritt (www.auerbergmuseum.de).

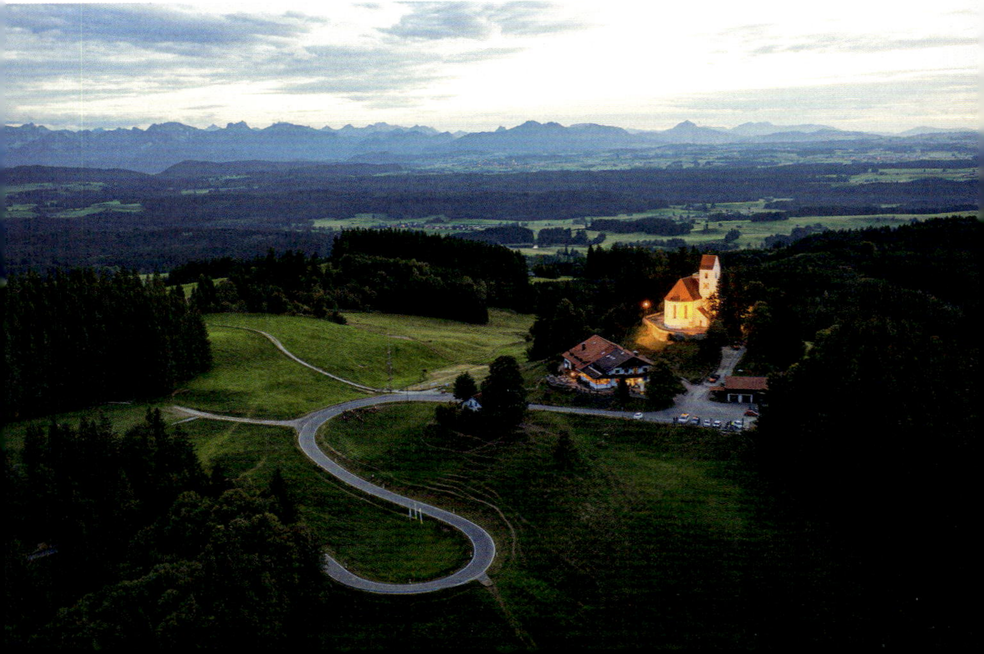

16 Schwarzlack

Wo Kirche und Wirtshaus zusammengehören

Im 17. Jahrhundert, genauer 1659, soll sich hier ein Eremit niedergelassen haben: Georg Thanner stellte angeblich ein Marienbild in seiner Klause auf, zu dem sich bald eine Wallfahrt entwickelte. Das Bild, heute noch als Gnadenbild der Schwarzlacker Kirche Mariahilf und St. Johann Nepomuk verehrt, ist eine Kopie eines berühmten Gemäldes von Lucas Cranach im Hochaltar des Innsbrucker Doms, das unzählige Male kopiert und in vielen – auch oberbayerischen – Orten zu einem eigenen Wallfahrtsziel wurde. Man errichtete eine hölzerne Kapelle, 1716 eine aus Stein gebaute Kirche und 1763 einen noch größeren Bau, um dem Andrang der Pilger Herr zu werden.

Bis heute erfreut sich das äußerlich schlichte Kirchlein mit dem Rokoko-Innenleben großer Beliebtheit bei den Wallfahrern. Das liegt sicher auch an seiner leichten Erreichbarkeit: Eine halbe Stunde Fußweg ist für die meisten Menschen machbar, mit der Aussicht auf spirituelle Nahrung in der Kirche und gleich daneben eine wunderbare Einkehr im Gasthof Schwarzlack, der umgebauten Eremitenklause. Traditionell versieht der Wirt von Schwarzlack auch den Mesnerdienst – erst vor Kurzem hat der Seniorwirt diese Aufgabe an seine Tochter weitergegeben. Im Wirtshaus und im wunderbaren Biergarten sitzt man mit Aussicht in die Berge, kann, weil kein Autoverkehr herrscht, Kinder nach Herzenslust spielen und laufen lassen – es ist eine wahrhafte Erquickung für Leib und Seele an diesem alten Wallfahrtsort.

Die Votivtafeln in der Kirche führen dem Besucher vor Augen, was die Nöte der Vorfahren in den vergangenen dreihundert Jahren waren: verunglückte Tiere, Arbeitsunfälle, Krankheiten. Die schwarze Lacke, von der der Ort bis heute seinen Namen hat, wurde schon kurz nach Ankunft des Eremiten beseitigt: Die feuchte Senke in der Bergwiese um die Kirche wurde schon 1663 mit Schutt aufgefüllt, von ihr ist seither nichts mehr zu sehen.

Adresse Schwarzlack, 83098 Brannenburg | Anfahrt A93 Richtung Kufstein, Ausfahrt Brannenburg, in Brannenburg an der Kreuzung rechts, dann links in die Bahnhofstraße und der Beschilderung folgen | Tipp Am dritten Sonntag im August findet die Trachtenwallfahrt des Inngau-Trachtenverbandes von Brannenburg nach Schwarzlack statt – ein Höhepunkt im Wallfahrtsjahr der Schwarzlack.

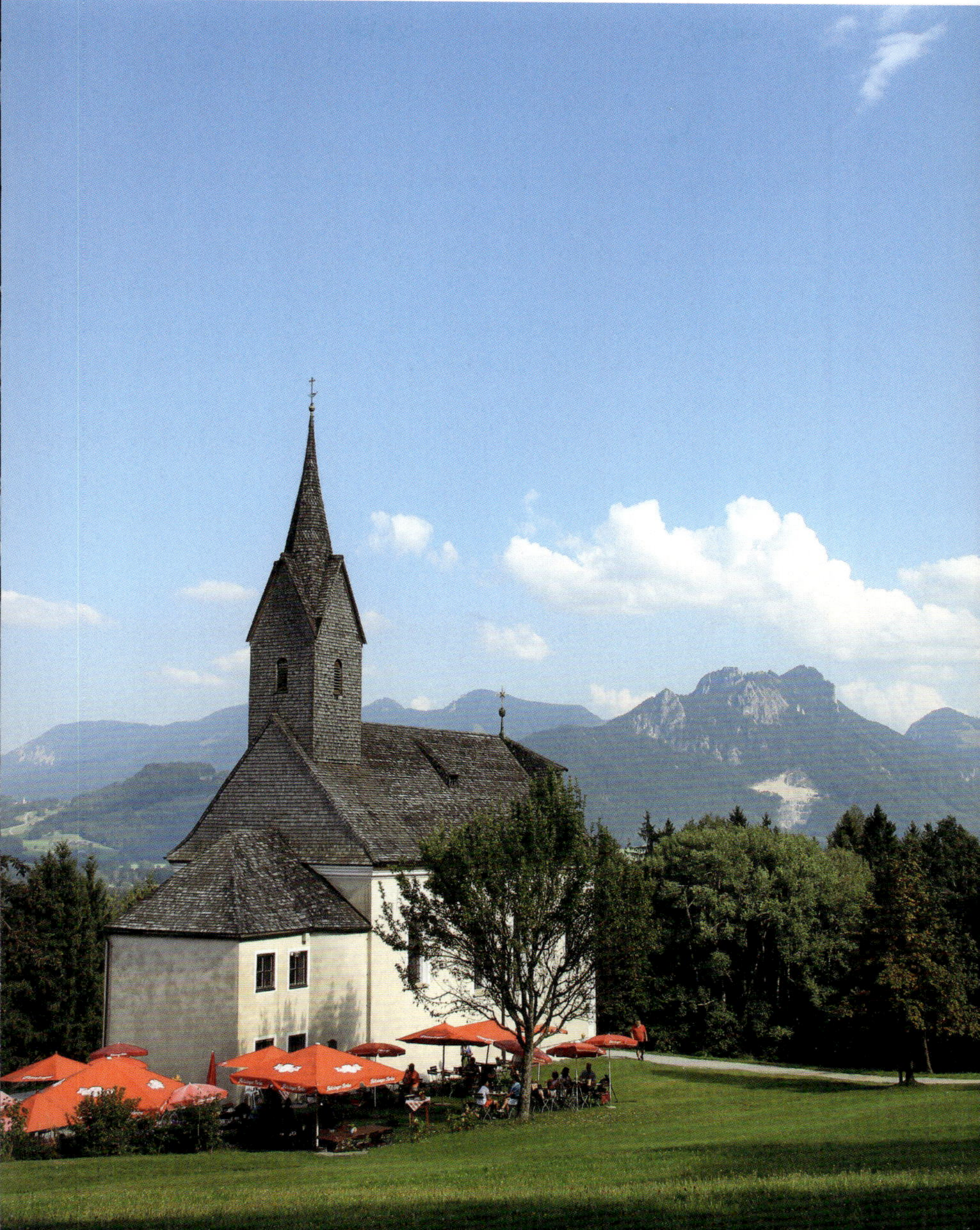

17 Weihenlinden

Heilige Quelle bei den Linden

Die Geschichte der berühmten Wallfahrtskirche Weihenlinden beginnt im nahen Högling. Diese wurde bereits 804 erstmals erwähnt, und neben ihr steht bis heute eine der ältesten Linden in Bayern. Beide Orte liegen direkt an der alten Römerstraße von Salzburg nach Augsburg, weshalb man hier vorchristliche Kultorte vermutet.

Wo heute die Basilika von Weihenlinden steht, befand sich wohl seit alter Zeit ein heiliger Bezirk, vielleicht eine Opfer- und Gerichtsstätte. Alte Quellen sprechen von drei Hügeln, unter denen man drei wichtige Männer begraben wähnte. Zwei geweihte Linden standen hier und eine Martersäule – denn es soll hier nicht geheuer gewesen sein. Der Mesner von Högling betreute das Areal »wie einen Gottesacker« und stellte sicher, dass kein Weidevieh eindrang. Wenn dies doch passierte, sei das Vieh an einer bösen Seuche erkrankt und »umgefallen«. Luftbildaufnahmen zeigen 18 Hügelgräber in der Gegend – vielleicht kommt sogar der Ortsname Högling von diesen Hügeln?

Im 17. Jahrhundert hat man dann ein Marienbild auf der Martersäule aufgestellt, das jetzige Gnadenbild in Weihenlinden. Aufgrund eines Gelübdes im Pestjahr 1634 bauten die Höglinger eine Kirche für die Muttergottes, und auf der Suche nach Wasser für den Kirchenbau grub man bei den »drei Bicheln« – zunächst vergebens. Da kamen »drei Pilgrime« des Wegs, »und sie versicherten, dass sich in kurzer Zeit ein Ring finden werde, der ihnen die Spur des heilsamen Wassers zeigen würde«. Tatsächlich fand sich der Ring, und eine Quelle mit heilkräftigem Wasser sprudelte aus der Erde. Die drei Männer jedoch waren verschwunden – man hielt sie deshalb für Engel, »zum Zeichen des Dreieinigen Gottes gesandt, weswegen auch die neue Kirche der Hl. Dreifaltigkeit gewidmet wurde«. Der aufgefundene Ring wurde flugs zum Vermählungsring Mariens erklärt und lange Jahre den Wallfahrern zur Verehrung und zum Kuss dargeboten.

Adresse 83052 Bruckmühl, Weihenlinden | Anfahrt A8 München – Salzburg, Ausfahrt Weyarn, weiter Richtung Bad Aibling, etwa 5 Kilometer vor Bad Aibling links abbiegen Richtung Högling/Weihenlinden. Nach 500 Metern ist die Kreuzung erreicht, an der die Straße links nach Högling und rechts zum Parkplatz neben der Wallfahrtskirche Weihenlinden führt. | Tipp Die traditionelle Wallfahrtseinkehr von Weihenlinden, der Gasthof unweit der Kirche, ist seit 2019 unter neuer Führung als Landhaus Weihenlinden mit sehr guter Küche am Start. Man sitzt in schönen alten Wirtsstuben oder im gemütlichen Biergarten (www.landhaus-weihenlinden.de).

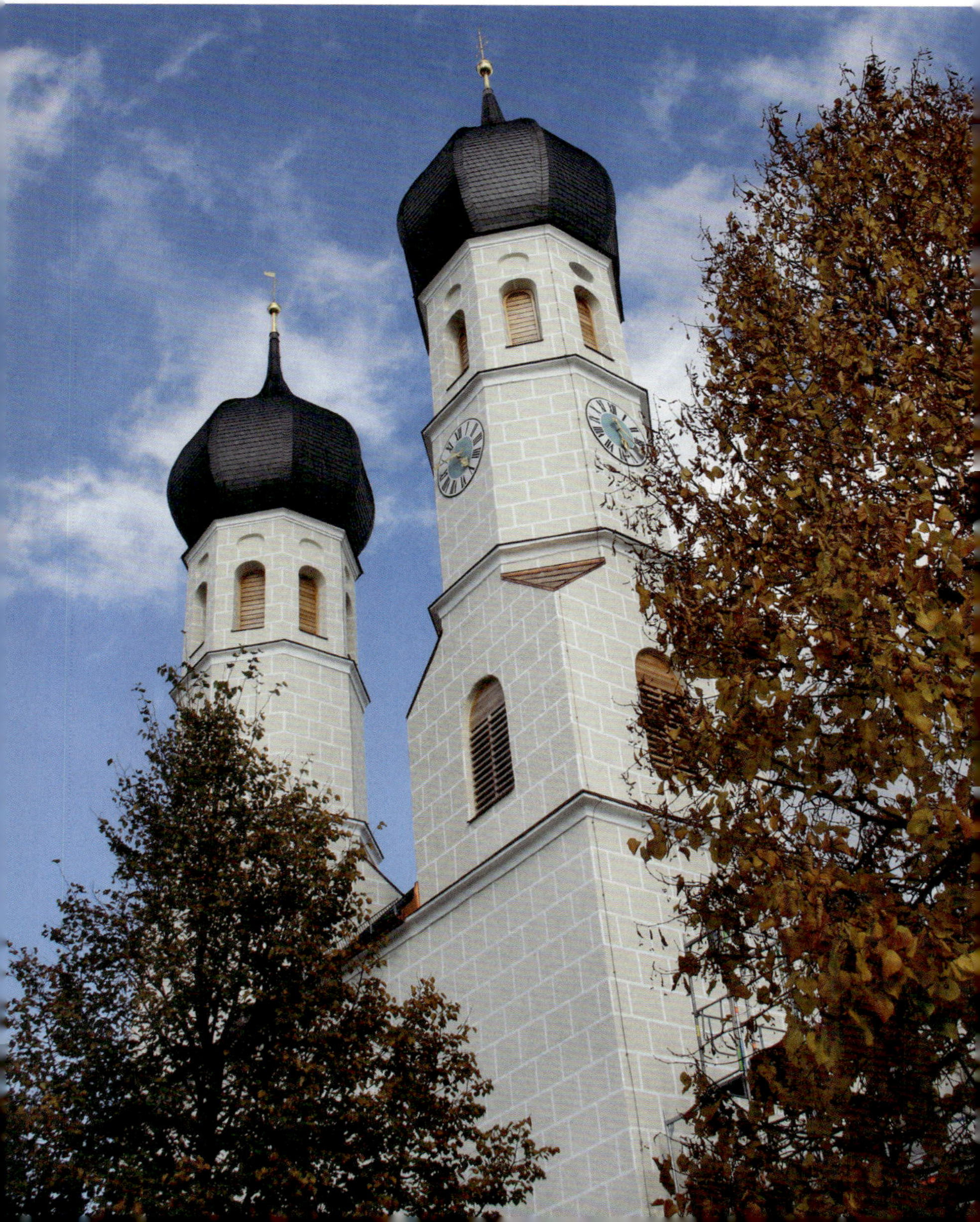

18 Mariä Himmelfahrt

Wallfahrt der Chiemseedörfer

»Dorthin wallfahrteten früher namentlich Leute, die auf dem Chiemsee in Wassernot geraten waren«, schreibt der Volkskundler Rudolf Kriss über die Wallfahrtskirche in Ising.

Hoch auf einem Moränenhügel mit Blick auf den Chiemsee gelegen, entstand das Dorf aus einem Meierhof, dem heutigen Gut Ising. Bei Umbauarbeiten wurden römische Siedlungsreste gefunden – kein Wunder, führte doch die Römerstraße Salzburg–Augsburg direkt vorbei. Zwischen 737 und 748 ist Ising das erste Mal schriftlich erwähnt, als der Agilolfinger Odilo das Gut »Usinga« an St. Peter in Salzburg schenkte. 1384 wird die Isinger Marienkirche als bereits bestehend oder im Bau erwähnt, 1389 soll sie fertiggestellt gewesen sein. Der Legende nach hat ein Vogel den Bauplatz für die Kirche bestimmt: Im nahen Fehling sollte eine Holzkapelle durch eine Steinkirche ersetzt werden, wobei sich ein Arbeiter verletzte. Ein Vogel trug einen blutigen Span an den heutigen Platz der Kirche in Ising.

Die Wallfahrt zur spätgotischen Mondsichelmadonna nahm besonders im 18. Jahrhundert einen großen Aufschwung. Bald konnte man es sich leisten, die Kirche im angesagten Stil des Rokoko umgestalten zu lassen. Nur die gotische Gnadenmadonna blieb, man integrierte sie in den neuen Hochaltar. Die erhaltenen Votivbilder zeigen tatsächlich vor allem die Rettung aus dem Chiemsee bei gekenterten Booten und Eiseinbrüchen. Etwa ein Bild, das die verunglückten Boote mit 27 Personen auf der Rückkehr von der Wallfahrt nach Ising vor Chieming darstellt, von denen laut Inschrift nur zwei überlebt haben, den anderen aber von zwei zufällig am Ufer stehenden Kapuzinern zumindest noch die Absolution erteilt wurde.

Bis weit ins 20. Jahrhundert wallfahrtete über ein Dutzend Gemeinden jedes Jahr nach Ising. Auch heute ist die Wallfahrt nicht erloschen, doch sind es vor allem Einzelpilger und Kunstinteressierte, die es ins alte »Usinga« zieht.

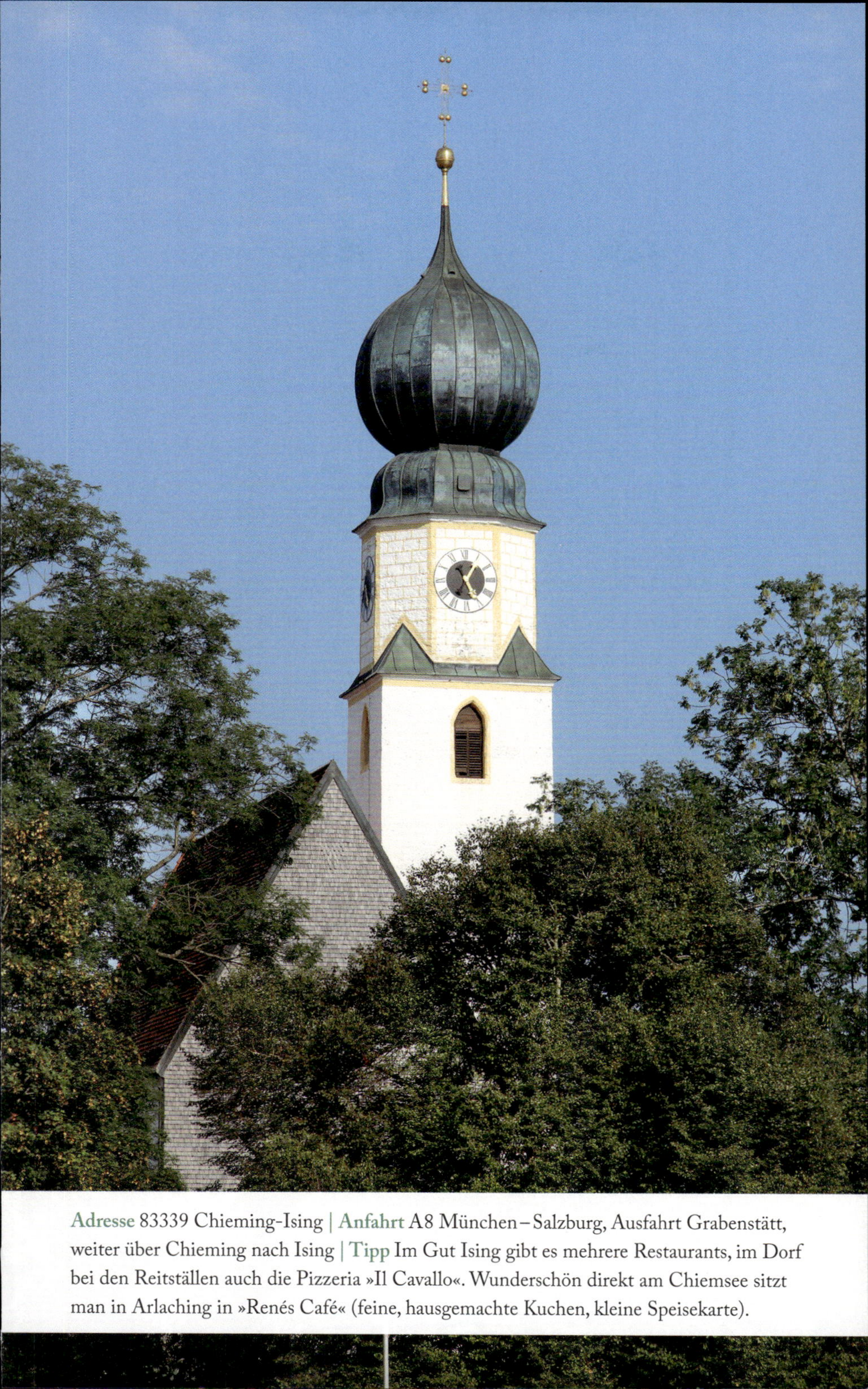

Adresse 83339 Chieming-Ising | **Anfahrt** A8 München–Salzburg, Ausfahrt Grabenstätt, weiter über Chieming nach Ising | **Tipp** Im Gut Ising gibt es mehrere Restaurants, im Dorf bei den Reitställen auch die Pizzeria »Il Cavallo«. Wunderschön direkt am Chiemsee sitzt man in Arlaching in »Renés Café« (feine, hausgemachte Kuchen, kleine Speisekarte).

19 Münster und Mechthildisbrünnl

Zur »Brotmutter von Dießen«

Seit fast neun Jahrhunderten wird die selige Mechthildis als Schutzpatronin ihres Heimatortes verehrt. Ihre kostbar gefassten Gebeine ruhen in einem gläsernen Schrein im Marienmünster, und ein Spaziergang führt auf den Burghügel, wo Mechthild auf dem Stammsitz der Grafen von Dießen und Andechs-Meranien geboren wurde. Dabei passiert man das Mechthildisbrünnlein, eine verehrte Heilquelle, von der sie oft getrunken haben soll, und die heute noch mit ihrem heilkräftigen Wasser denen hilft, die auf Mechthildis und ihre Fürsprache vertrauen.

Um 1125 geboren, wurde sie von ihren Eltern bereits als Fünfjährige dem Frauenstift St. Stephan zur Ausbildung übergeben. Dieses Ereignis ist auf dem großen Deckenfresko im Langhaus des Marienmünsters abgebildet. Bald wurde sie zur Vorsteherin des Klosters gewählt, später wirkte sie als Äbtissin im Kloster Edelstetten. Kurz vor ihrem Tod kehrte die schon zu Lebzeiten wie eine Heilige Verehrte nach Dießen zurück, wo sie mit vermutlich 35 Jahren am 31. Mai 1160 starb.

Sie kasteite sich selbst, um absoluten Gehorsam und totale Demut zu erreichen. Als heute noch greifbarer »Beweis« ihrer Selbstzucht ist ein Stein überliefert, den sie als Kopfkissen gewählt haben soll. Er ist in der Eingangshalle links vom Haupteingang in die Wand eingelassen. Das Berühren des Steines soll bei Kopfschmerzen helfen. Die abgeschnittenen Haare der Mechthildis hingen zur Gewitter-Abwehr bis 1827 im Turm der Stiftskirche an der Wetterglocke, der »Mechthildis-Glocke« – bis ein Blitzschlag sie zerstörte.

Man nennt sie auch die »wahre Brotmutter von Dießen«: Eine Legende erzählt, sie habe sich von ihrem Vater ein Feld erbeten, auf dem nur Weizen für das Hostienmehl angebaut werden sollte. Kurz darauf vernichtete ein Hagelschlag alle Felder bis auf eines – das mit dem Hostienweizen. In ihrem gläsernen Sarg hält sie deshalb ein Büschel Weizenähren in der Hand.

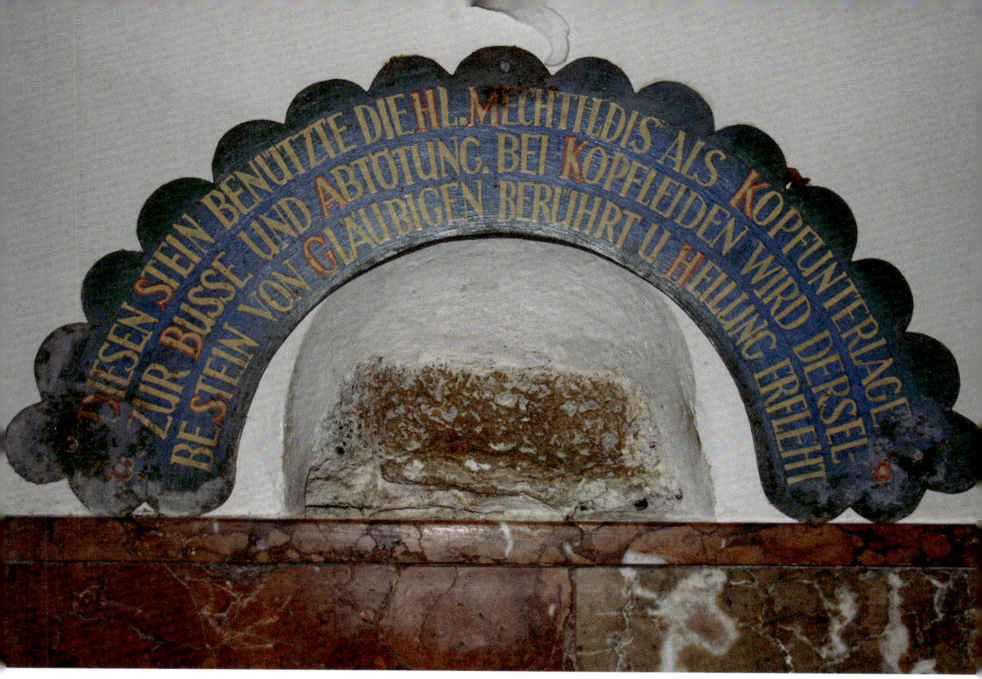

Adresse 86911 Dießen am Ammersee | **Anfahrt** A96 München–Lindau, Ausfahrt Greifenberg, weiter über Schondorf immer in südlicher Richtung bis Dießen | **Tipp** Alljährlich am 31. Mai, dem Todes- und Namenstag der Mechthildis, feiert man in Dießen das Mechthildisfest mit einer Prozession und der Weihe von Blumenkränzchen und Mechthildisbroten. Sie werden gesegnet und von den Gläubigen zu Hause aufbewahrt als Schutz für Haus und Hof.

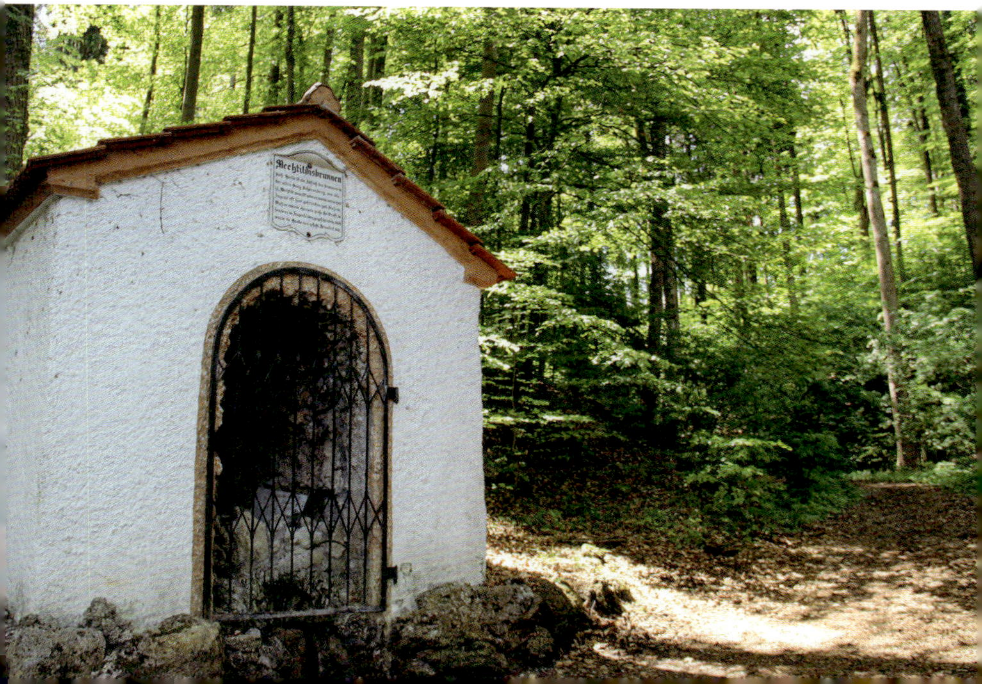

20 Schimmelkapelle St. Georg

Wo die Bianhex umgeht

Alljährlich am Ostermontag ist das geheimnisvolle Kirchlein bei Ascholding Ziel eines Georgirittes. Die Schimmelkapelle steht in Sichtweite des Dorfes auf einem Hügel, inmitten eines Wäldchens. Hinauf auf den »Bian«, wie der Hügel, der Bühel, genannt wird, ziehen die Reiter auf ihren geschmückten Pferden. Der Bian ist Ort vieler Sagen, die man sich in der Gegend bis heute erzählt. Im breiten, flachen Tal, das der Isargletscher einst hinterlassen hat, ragt dieser Hügel als einzige Erhebung auffällig in die Höhe. Wie ein dicker Walfisch liegt er in den Wiesen – die Geologen nennen eine solche Formation Drumlin, vom Gletscher weich geformt. Die Kelten haben ihre Kultorte bevorzugt auf solchen markanten Punkten in der Landschaft eingerichtet – gut möglich, dass auch hier ein solcher lag. Die eigenartig geformten Steine, auf denen das Biankircherl ruht, sollen keltische Opfersteine sein.

Auch die Geschichten um den Ort machen einen vorchristlichen Kultort wahrscheinlich. Ein Schimmel soll sich einst in das Kirchlein verirrt haben und dort – je nach Version – kläglich verhungert sein, weil die Tür zuschlug, oder gerettet worden sein, weil er das Glockenseil zwischen die Zähne nahm und läutete. Schimmelkapellen gibt es mehrere in Bayern, und sie alle deuten auf Orte heidnischer Kulte hin, in denen das Pferd als verehrtes Opfertier galt.

Im Zuge der Christianisierung wurde diese Deutung ins Gegenteil verkehrt, das Pferd musste in der Kirche zugrunde gehen. Weitere Sagen erzählen vom gespenstischen Reiter und von der Bianhex und einem Drachen, die seinerzeit die Isarflößer erschreckten. Und so wurde die christliche Kirche an der Stelle des keltischen Kultorts dem heiligen Georg geweiht: einem Ritter, der den Drachen, also das Böse, Heidnische, besiegte. Seinen Gedenktag legte die Kirche auf den 23. April, rund ums Osterfest, das christliche Fest der Fruchtbarkeit.

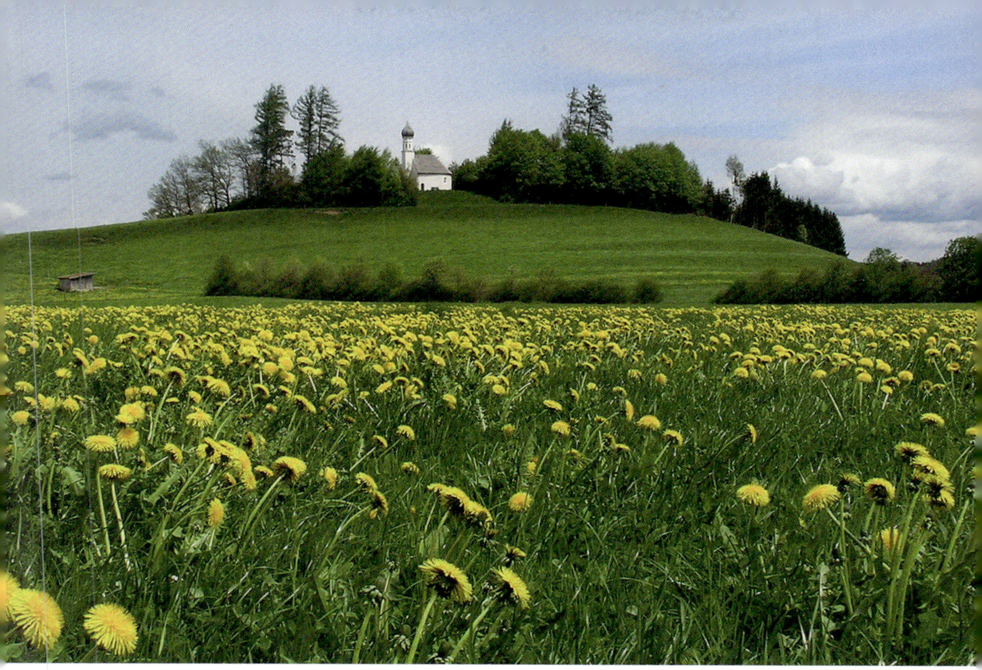

Adresse 83623 Dietramszell (Ascholding) | Anfahrt A8 München – Salzburg, Ausfahrt Hofoldinger Forst, Richtung Dietramszell/Sauerlach fahren, über Sauerlach und Egling nach Ascholding; oder A95 München – Garmisch, Ausfahrt Wolfratshausen, weiter bis Ascholding | Tipp In der Nähe von Ascholding liegt der Harmatinger Weiher, im Sommer ein beliebter Badesee. Parken am Südufer, hier liegt auch der empfehlenswerte Landgasthof Lacherdinger (www.gasthof-lacherdinger.de).

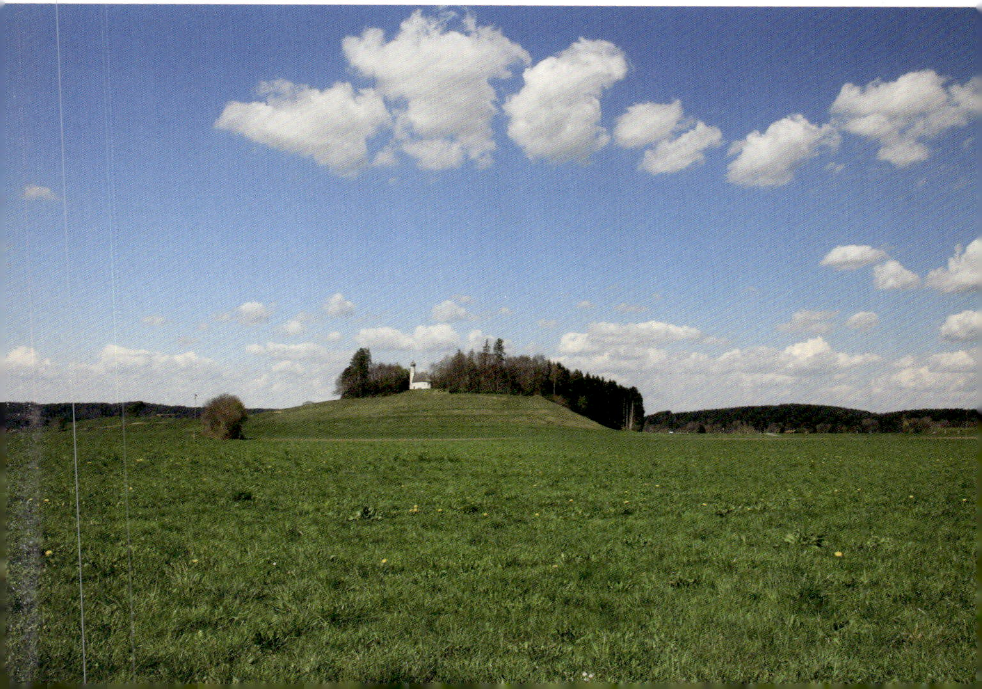

21 Maria Elend

Einsame »Feldkapelle« am Waldrand

Einen Kilometer südlich von Dietramszell steht die kleine Kirche Maria Elend, ein achteckiger Zentralbau, versteckt im sogenannten Zeller Wald. Eine zeitgenössische Chronik spricht von einer »nächst des Closters gemauerten Feldkapelle« – eine gehörige Untertreibung. Doch die heutige Kirche wurde erst 1690 geweiht, sie ersetzte die Kapelle, zu der es schon mindestens seit dem Jahr 1600 Wallfahrten gegeben haben soll. Die ältesten der zahlreich erhaltenen Votivtafeln stammen aus dem Beginn des 17. Jahrhunderts. Die Gläubigen pilgerten zu Bildern des Christus in der Passion und der Schmerzhaften Muttergottes, und zwar offenbar in so großer Zahl, dass die Kirche neu und größer gebaut wurde. Schon vor dem Dreißigjährigen Krieg liebten die Menschen den abseits im Wald verborgenen Ort, doch besonders während der schrecklichen Jahrzehnte von Not und Hunger fand das verzweifelte Volk hier Trost.

Der Überlieferung nach seien an der Stelle des Kapellenbaus einst zwei Schnitzfiguren ausgegraben worden: ein »Christus im Kerker« und eine Schmerzhafte Muttergottes. In das beim Graben entstandene Loch hinter dem Altar sollen Kranke und Leidende früher in der Hoffnung auf Heilung hinabgestiegen sein. Die bis heute erhaltene Grube ist nach einem Unfall inzwischen abgedeckt. Eine zweite verbreitete Sage weiß über das Erdloch zu berichten, dass ein während des Dreißigjährigen Krieges von bewaffneten Häschern Verfolgter die Muttergottes anrief und sich daraufhin die Grube auftat, in der er sich verbergen konnte.

»Maria Elend« mochte ursprünglich bedeuten »am Rand der Hofmark gelegen«, von der mittelhochdeutschen »ellende« für »fremdes Land« (abgeleitet vom lateinischen »alius« = anders, fremd) – von den Gläubigen wurde es schließlich aber als Bezeichnung des Schmerzes der Muttergottes gedeutet, die ihren Sohn leiden und sterben sehen musste.

Adresse 83623 Dietramszell | Anfahrt A8 München – Salzburg, Ausfahrt Hofoldinger Forst, Richtung Dietramszell/Sauerlach fahren, in Sauerlach B13 Richtung Holzkirchen, kurz nach Lochhofen rechts abbiegen nach Dietramszell | Tipp Ganz in der Nähe liegt der Dietramszeller Waldweiher, im Sommer ein idyllischer Badesee.

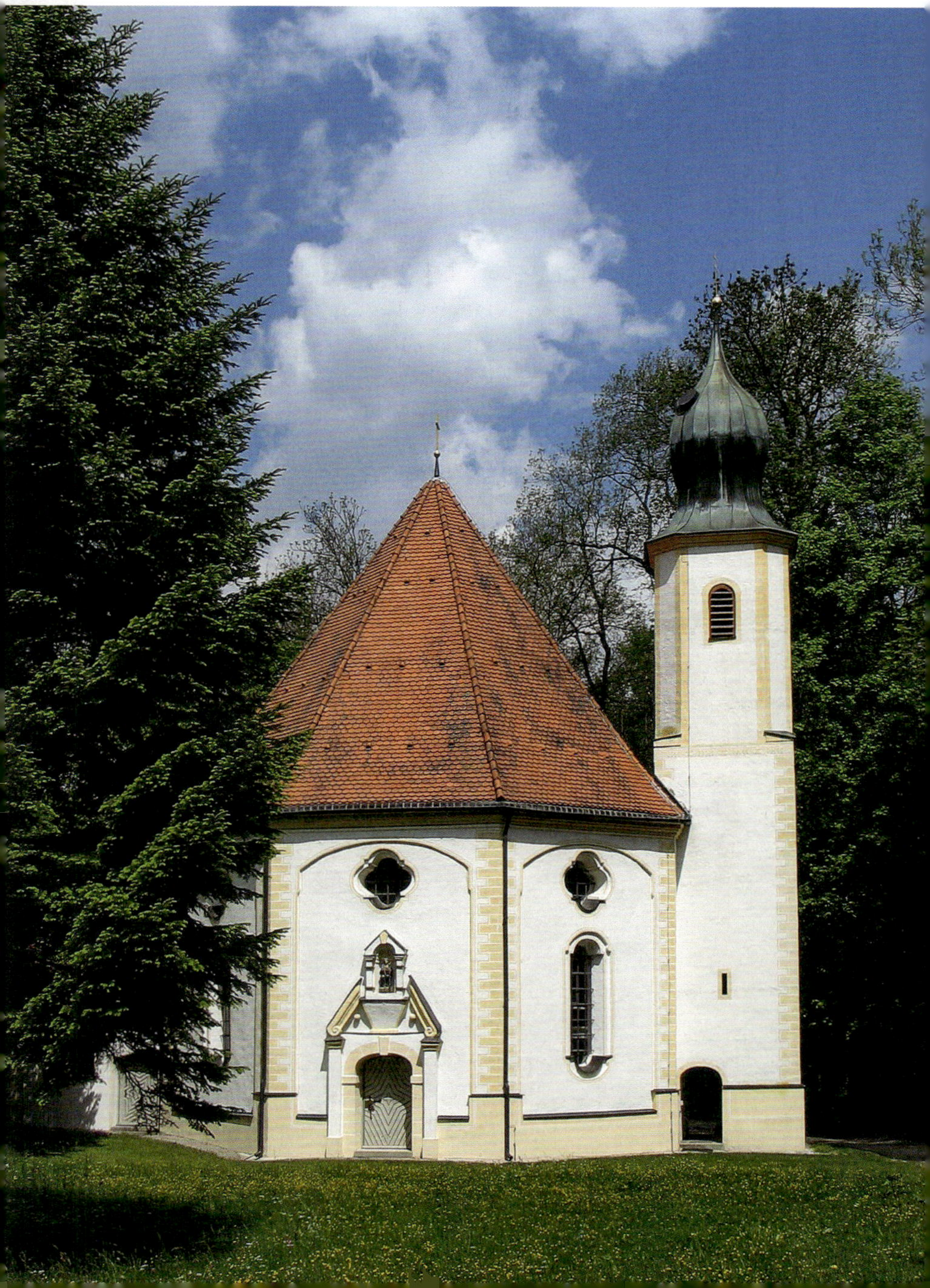

22 St. Leonhard

Wallfahrten und Heiraten beim heiligen Leonhard

Im Norden von Dietramszell mit seinem alten Kloster liegt an der Straße nach Linden die Leonhardskirche – bis heute eine sehr lebendige Wallfahrt mit alter Tradition: Schon 1578 soll im Monat Juli ein Ordensbruder aus dem Kloster »gen Saint Lienhart« gezogen sein. 1686 wurde vermutlich eine neue Kapelle gebaut, nachdem im Jahr zuvor in der Klosterhofmark eine Viehseuche gewütet hatte. Damals soll der Propst des Klosters den Kapellenbau zu Ehren des Pferdeheiligen gelobt haben, wenn seine Pferde verschont blieben, und seine Bitte erfüllte sich. Die heutige Leonhardskirche wurde 1774 eingeweiht – ein barocker Bau mit einer Ausstattung im schönsten Rokoko. Das große Kuppelfresko hat St. Leonhard als Patron zum Thema, mit vielen Pferden, Kühen und Schafen um ihn als Beschützer der Nutztiere im Stall, in den Zwickeln die Wetterheiligen Johannes und Paulus und die Bauernheiligen Isidor und Wendelin, am Hochaltar neben Leonhard die Pest- und Seuchenheiligen Sebastian und Rochus – insgesamt eine Versammlung so ziemlich aller wichtigen Patrone gegen die schlimmsten Gefahren des ländlichen Alltags.

Bis heute findet die Leonhardifahrt von Dietramszell, der »Zeller Lehards«, hierher statt, jedes Jahr am dritten Samstag im Juli: Der Festtag beginnt mit einem Gottesdienst um 9 Uhr, und um 13 Uhr ziehen die Leonhardifahrer mit geschmückten Pferden und Wagen in Dietramszell los nach St. Leonhard, wo sie etwa eine halbe Stunde später eintreffen und der Tradition entsprechend dreimal die Kirche umrunden.

Ein rühriger Verein kümmert sich um Erhaltung und Belebung der alten Kirche – sehr erfolgreich: Die idyllisch auf einer Waldlichtung gelegene Leonhardskirche ist heute insbesondere als Hochzeitskirche beliebt. Der über der Sakristei gelegene ehemals sehr karge Wohnraum eines Klausners wurde modern ausgestattet und ist inzwischen sogar als Standesamt zugelassen.

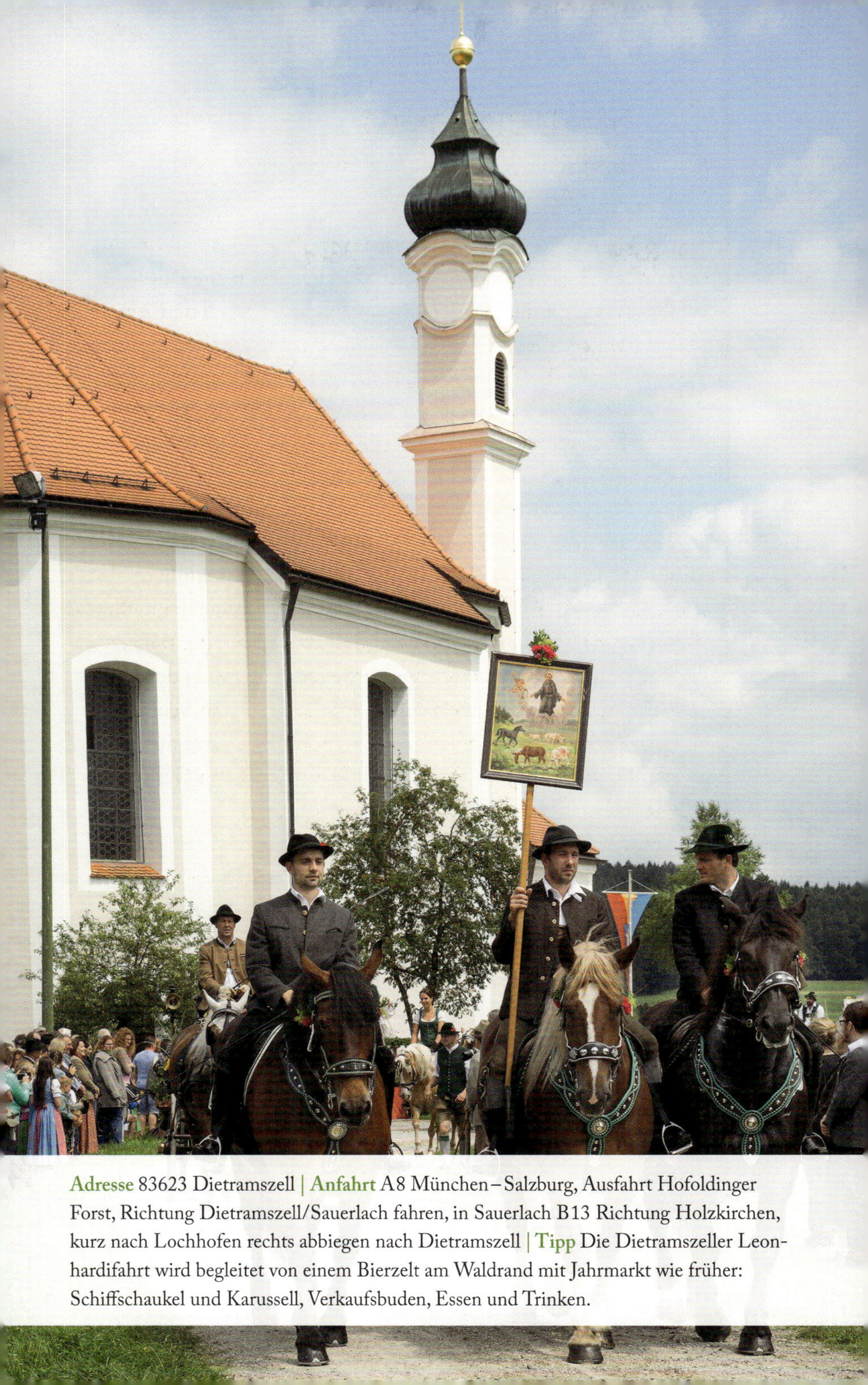

Adresse 83623 Dietramszell | **Anfahrt** A8 München – Salzburg, Ausfahrt Hofoldinger Forst, Richtung Dietramszell/Sauerlach fahren, in Sauerlach B13 Richtung Holzkirchen, kurz nach Lochhofen rechts abbiegen nach Dietramszell | **Tipp** Die Dietramszeller Leonhardifahrt wird begleitet von einem Bierzelt am Waldrand mit Jahrmarkt wie früher: Schiffschaukel und Karussell, Verkaufsbuden, Essen und Trinken.

23 Mariä Himmelfahrt

Eine der beliebtesten Wallfahrten Bayerns

Mehrere Hunderttausend Pilger kamen bis ins 20. Jahrhundert jedes Jahr nach Dorfen. Die Wallfahrt nach Maria Dorfen war neben Altötting jahrhundertelang die beliebteste Wallfahrt in Süddeutschland.

Die Wallfahrtskirche steht auf dem Ruprechtsberg in der Stadt, der nach dem legendären Gründer der Wallfahrt benannt ist: Der heilige Rupert, erster Bischof von Salzburg, soll hier neben einer Kapelle gewohnt und ein Marienbild gestiftet haben. Das Gnadenbild, eine liebliche Maria mit Kind, stammt aber tatsächlich von etwa 1470 und wurde später, Mitte des 18. Jahrhunderts, von den Gebrüdern Asam in einen prächtigen Hochaltar integriert. Sicherlich bestand auch im 15. Jahrhundert schon eine Wallfahrt, richtig groß wurde sie aber nach dem Dreißigjährigen Krieg. In den letzten Kriegsjahren plünderten und brandschatzten die Schweden den Ort, anschließend forderte die Pest zahlreiche Opfer. Die verzweifelten Menschen suchten, wie so oft in dieser Zeit, Zuflucht bei der Gottesmutter. 1707 bestätigte der Bischof das Dorfener Gnadenbild als wundertätig und in den folgenden zwei Jahrhunderten zogen Ströme von Wallfahrern auf den Ruprechtsberg. Damals entstand wohl auch der Spruch: »Wen Gott hat verworfen, den schickt er nach Dorfen.« Es soll nämlich viele Beichtväter gegeben haben, die ihren Schäflein eine Pilgerfahrt nach Dorfen auferlegten – inklusive eines mehrfachen Ganges auf den Ruprechtsberg, den man von der unteren Stadt aus über eine 150 Stufen umfassende steile Treppe erklimmen muss.

Bis heute kommen noch sechs Pilgergruppen jedes Jahr nach Dorfen – von den Gläubigen aus dem nahen St. Wolfgang (Ort 92) über die aus Maria Thalheim (Ort 34) bis zu Pilgern aus der Oberpfalz. Das ganze Jahr über ist Dorfen bei Einzelbesuchern beliebt – unter anderem wegen der berühmten Barockkrippe, die von Weihnachten bis Fronleichnam in der Kirche aufgestellt ist.

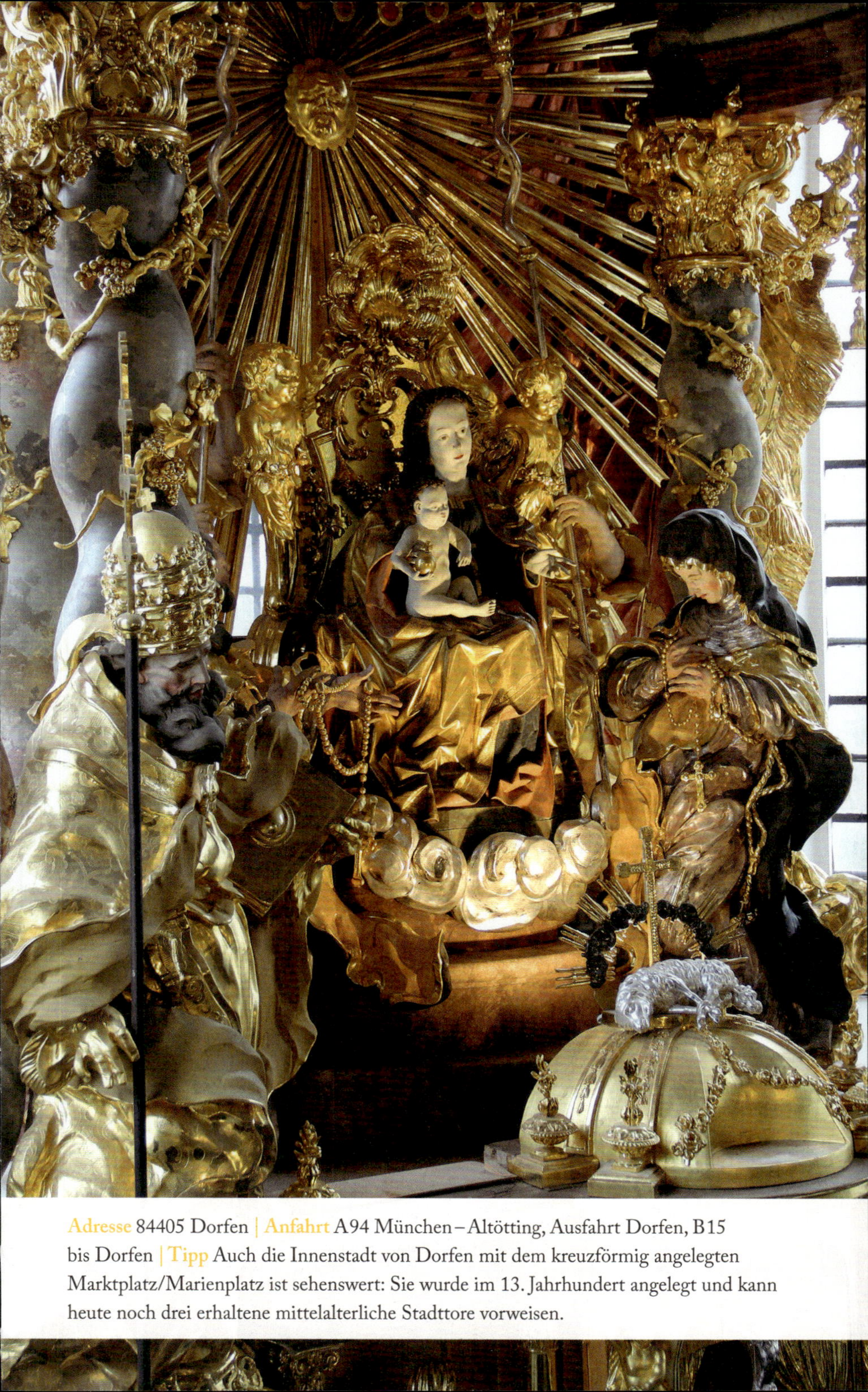

Adresse 84405 Dorfen | Anfahrt A94 München–Altötting, Ausfahrt Dorfen, B15 bis Dorfen | Tipp Auch die Innenstadt von Dorfen mit dem kreuzförmig angelegten Marktplatz/Marienplatz ist sehenswert: Sie wurde im 13. Jahrhundert angelegt und kann heute noch drei erhaltene mittelalterliche Stadttore vorweisen.

24 St. Sebastian

Wein aus der Schädelschale des Heiligen

Einst war sie eine der bedeutendsten altbayerischen Wallfahrten – die Ebersberger Sebastianiwallfahrt. Denn Ebersberg besitzt nicht nur irgendeine Reliquie des heiligen Märtyrers, sondern eine ganz besondere: seine Hirnschale. Im Jahr 931 kehrte der Augustinerpropst Hunfried aus Rom mit der wertvollen Kopfreliquie in die Heimat zurück. Sie wird heute in einem silbernen Büstenreliquiar aufbewahrt.

Ebersberg ist ein beschauliches Städtchen vor den Toren der Großstadt München. Vor gut tausend Jahren war es andersherum: Als Ebersberg 934 schon eine stolze Burg, Kirche und Kloster besaß, gab es München noch gar nicht. Wahre Pilgerströme zogen zum heiligen Sebastian nach Ebersberg. Sie brachten nicht nur Votivgaben wie Wachs, Bilder, Tieropfer und Geldspenden, sondern gaben ihr Geld auch für weltliche Dinge aus: für Unterkunft, Verpflegung und Wallfahrtsmitbringsel. Ebersberg wurde reich.

Nicht zuletzt wegen seiner vielen Patronate war der heilige Sebastian so beliebt: Er wurde der Legende nach während der Christenverfolgung an einen Baum gebunden und mit Pfeilen beschossen, die ihm aber keinen Schaden zufügten. Nachdem man sich die Pest als Strafe Gottes vorstellte, die dieser – wie einst Göttervater Zeus – als Pfeile aus dem Himmel schleuderte, galt Sebastian als der wichtigste Pestheilige. Die Pfeile konnten ihm ja nichts anhaben. Unwetter mit Blitz und Hagel fielen deshalb auch in seine Zuständigkeit. Daneben gibt es Berichte über zahlreiche Wundertaten, die der Heilige in Ebersberg bewirkt hat: Das reicht vom Sieg in der Schlacht auf dem Lechfeld bis zur Heilung des kranken Grafensohns. Bis ins 17. Jahrhundert hat man für die Wallfahrer das Reliquiar geöffnet und den Messwein aus der Hirnschale des Heiligen getrunken.

Die kleinen Wallfahrtsandenken, an der Reliquie berührte Sebastianspfeile, die man als Amulett immer bei sich tragen sollte – die gibt es bis heute.

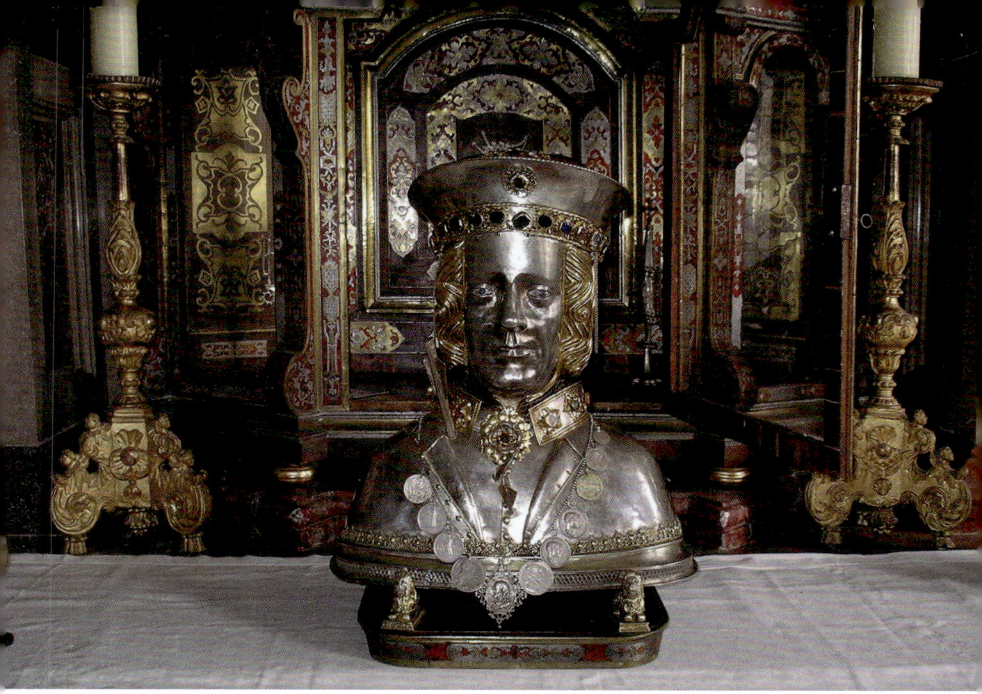

Adresse 85560 Ebersberg | Anfahrt A94 München–Altötting, Ausfahrt Forstinning, St 2080 bis Ebersberg | Tipp Eine wunderschöne Lindenallee mit 84 Bäumen führt vom Klostersee am nördlichen Stadtrand zur Ludwigshöhe hinauf – der Hintergrund ist traurig: Jeder Baum steht für einen gefallenen Soldaten aus dem Ort im Ersten Weltkrieg und ist mit einem Namensschild bezeichnet.

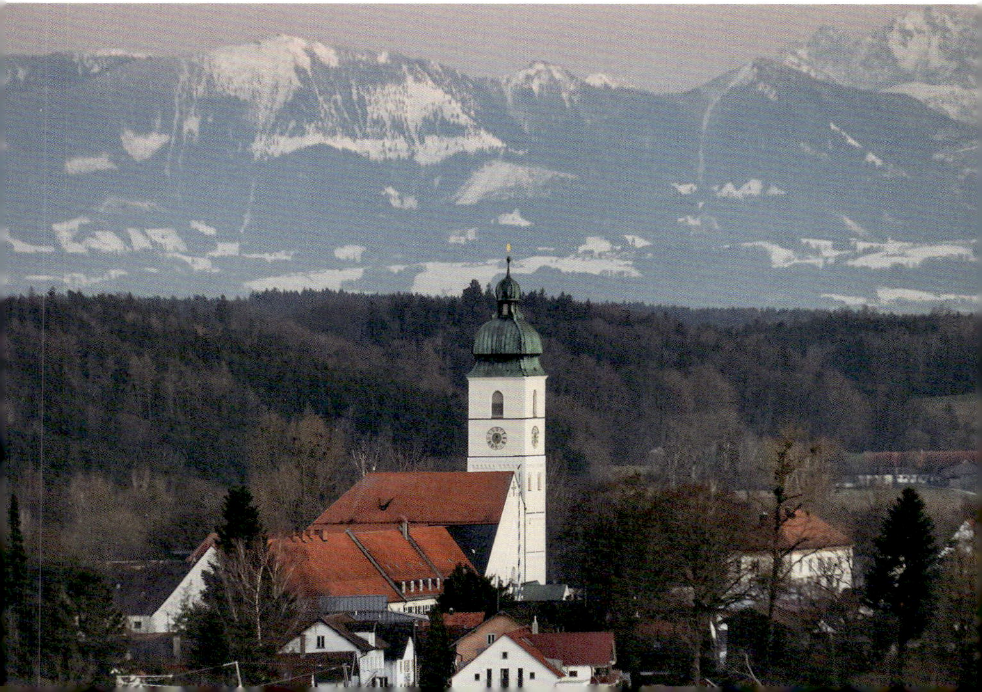

25 St. Walburg

Heilkräftiges Öl aus dem Sarkophag

Die heilige Walburga ist auf Bildern gut zu erkennen, trägt sie doch ihr Habit der Benediktinerinnen, den Äbtissinnenstab in der einen und ein Ölfläschchen in der anderen Hand. Dieses »Öl« und die eigentümliche Art seiner Gewinnung hat zu einer viele Jahrhunderte langen Verehrung der Heiligen und der Wallfahrt zu ihrem Grab geführt.

Die Gruft mit dem Sarkophag Walburgas ist durch die Kirche des Klosters St. Walburg erreichbar und besitzt ein Ober- und ein Untergeschoss, das überquillt vor Votivgaben. Unter dem Sarkophag bilden sich Wassertropfen, die von den Schwestern in einer silbernen Schale aufgefangen und in kleine Fläschchen abgefüllt werden. An der Pforte im Klosterladen bekommen die Gläubigen auf Nachfrage ein solches Fläschchen gegen eine Spende ausgehändigt. Es wird immer noch in alle Welt verschickt, gilt es doch seit seinem ersten Auftreten im Jahr 1042 als wunderwirksam. Der sogenannte Ölfluss tritt nur in den Wintermonaten auf, und zwar zwischen dem Tag der Übertragung der Gebeine Walburgas am 12. Oktober bis zu ihrem Todestag am 25. Februar.

Walburga, geboren um 710 im englischen Devon, soll mit ihren Brüdern Wunibald und Willibald als Missionarin aufs Festland gezogen sein. Schon zu Lebzeiten wirkte sie Wunder und wurde Äbtissin des von ihrem Bruder Wunibald gegründeten Klosters Heidenheim, wo sie 779 oder 780 starb. Später wurden ihre Gebeine nach St. Walburg in Eichstätt umgebettet, wohin nach dem Auftreten des Walburgisöls ein wahrer Strom von Wallfahrern einsetzte, nahm man doch an, dass das »Öl«, wie es in einer alten Sage heißt, direkt »aus den Gebeinen der heiligen Walburga fließt«.

Mit der Walpurgisnacht hat die Heilige übrigens nur den Namen gemein. Im Mittelalter wurde der 1. Mai, der Tag ihrer Heiligsprechung, als Walburga-Gedenktag gefeiert, sodass die magische Nacht auf diesen Beginn des Sommerhalbjahrs nach ihr benannt wurde.

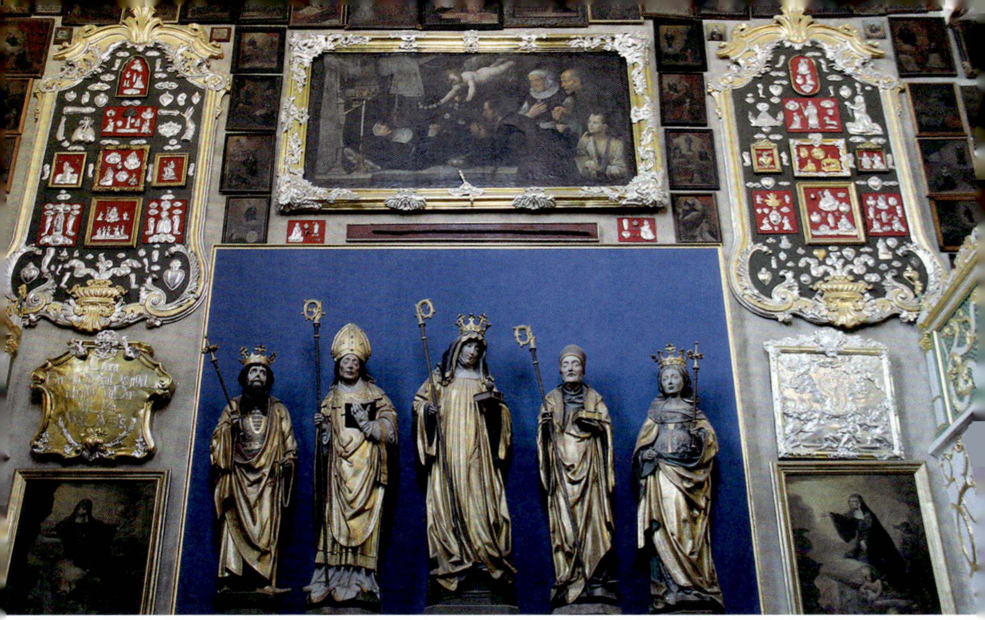

Adresse 85072 Eichstätt | **Anfahrt** Auf der B13 von Ingolstadt nach Eichstätt fahren, in Eichstätt am Bahnhofplatz rechts abbiegen und auf der Spitalbrücke die Altmühl überqueren, links abbiegen in die Pfahlstraße, immer geradeaus in die Westenstraße, rechts abbiegen und den Walburgiberg hoch fahren bis zum Kloster | **Tipp** Im Inneren des an eine Felswand gebauten Klosters gibt es einen Felsspalt vor einer Karsthöhle, aus dem nach Regenfällen und in der Schneeschmelze das Wasser teils sturzbachartig in ein natürliches Becken im Kloster und unterirdisch weiter in die Altmühl fließt. Dieser geheimnisvolle sogenannte Edelbach ist Gegenstand zahlreicher Sagen. Auf Nachfrage darf man den Felsspalt vielleicht besichtigen.

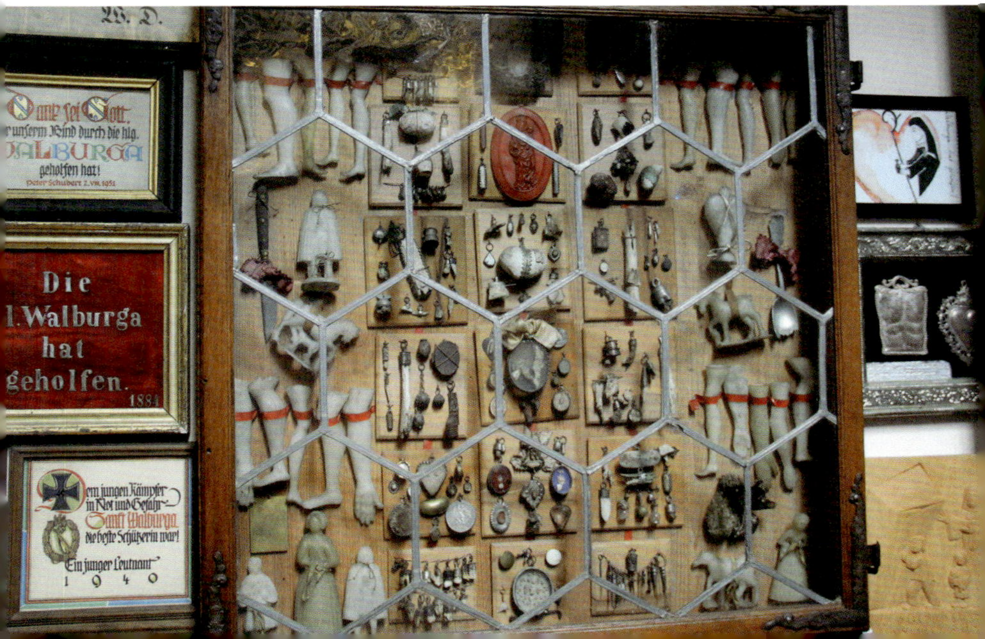

26 St. Ulrich

Der Heilige, der die Ungarn in die Flucht schlug

Der heilige Ulrich, Bischof von Augsburg, wird in weitem Umkreis um den Lech seit über tausend Jahren als Ungarnbezwinger verehrt. Er soll bei der Schlacht am Lechfeld 955 rettend eingegriffen haben, indem er unbewaffnet den Feinden entgegenritt und sie nur mit der Kraft des Gebets bezwang. Der Sieg am Lechfeld war das Ende der fürchterlichen Ungarneinfälle dieser Zeit. Auf dem Rückweg von der Schlacht kam der heilige Ulrich in Eresing vorbei, wie die Legende erzählt. Dabei hielt er Rast und trank von einem neben ihm entsprungenen Quell.

Das Brünnlein gibt es heute noch – es steht vor einer Kapelle einsam am Waldrand, nur einen kurzen Spaziergang von Eresing entfernt. 1618 hat sich hier ein Wasserwunder ereignet: Aus der Schnitzfigur des Ulrich floss reichlich gutes und klares Wasser – dem Ereignis sollen mehrere hundert Personen beigewohnt haben, wie ein zeitgenössischer Bericht erzählt. Und weiter heißt es, dass die Quelle damals schon als Heilmittel für allerlei »kränkliche Anliegen« gebraucht wurde. Wundersame Heilungen durch das Ulrichswasser werden bis in jüngste Zeit berichtet.

Auch die Pfarrkirche in der Dorfmitte, ein Juwel des Rokoko von Dominikus Zimmermann, ist dem heiligen Bischof geweiht; das Freskenprogramm veranschaulicht die zentralen Begebenheiten im Leben des Heiligen, neben der Schlacht auf dem Lechfeld auch das Fischwunder: Ulrich soll sich einmal an einem Donnerstag beim Bischof von Konstanz aufgehalten haben, zum Abendessen gab es Gänsebraten. Nach Mitternacht überbrachte ein Bote des Herzogs eine Nachricht. Ulrich übergab dem Boten ein übriges Gänsebein als Botenlohn. Als der intrigante Bote seinem Herzog das Gänsebein zeigen wollte als Beweis dafür, dass sich der Bischof nicht an das freitägliche Fleischverbot halte, hatte es sich in einen Fisch verwandelt. Deshalb gehört zu Ulrichs Attributen der Fisch neben Bischofsstab und Buch.

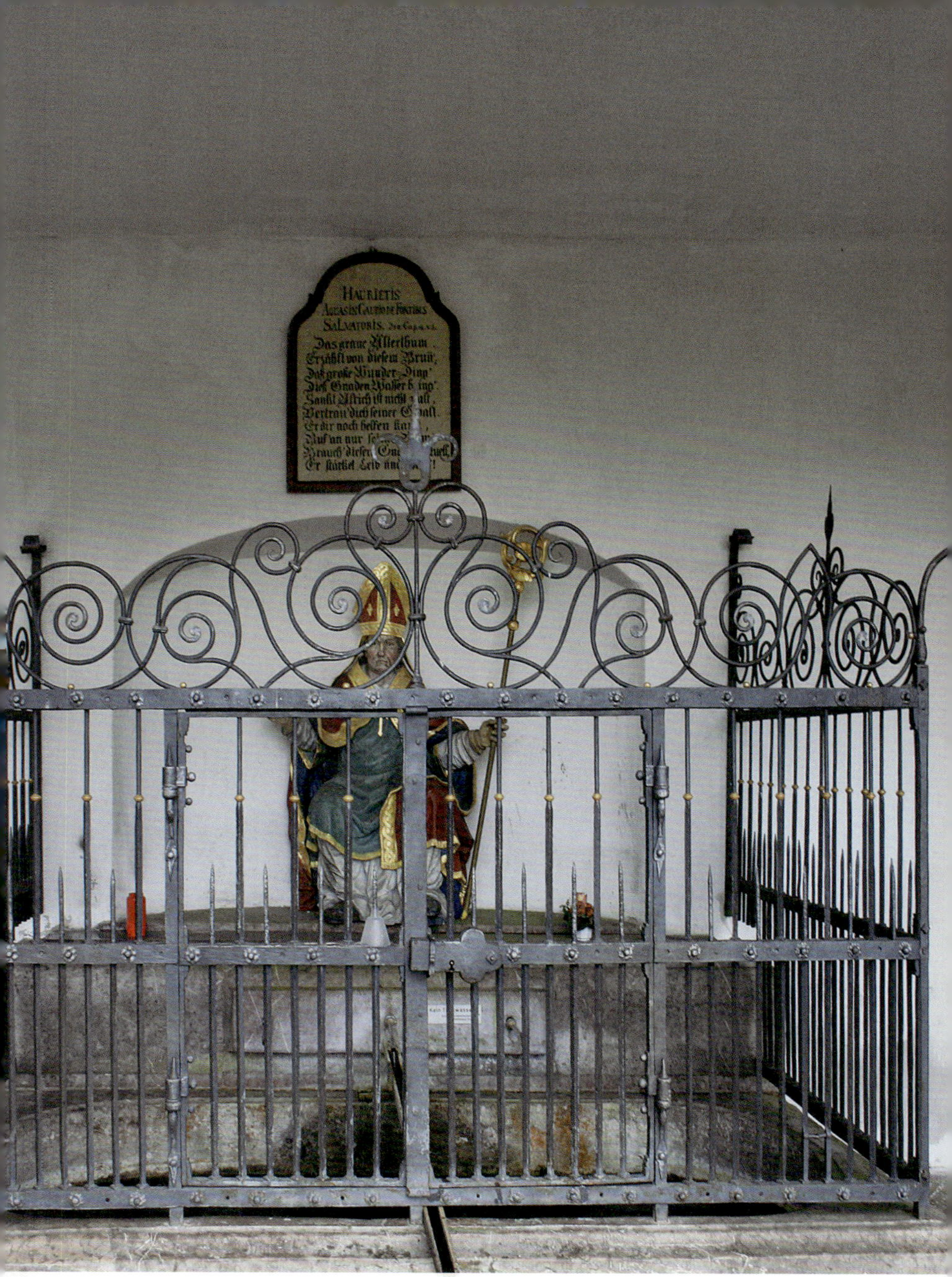

Adresse 86922 Eresing | **Anfahrt** Autobahn A96 München – Lindau, Ausfahrt Windach, in nördliche Richtung nach Eresing fahren. Kurz vor dem Ortseingang Eresing führt die Straße durch einen kleinen Wald, nachdem der Wald passiert ist, sieht man links am Waldrand das Ulrichsbrünnlein. | **Tipp** Für die Einkehr empfiehlt sich der Alte Wirt in Eresing, ein ehrwürdiges Gasthaus von 1638, mit holzgetäfelter Stube und Kachelofen.

27 St. Peter und Paul

Der Stephaniritt von Frixing

Erharting ist ein »alter Kirchort«, der im 8. Jahrhundert zum Petersstift Salzburg gehörte. In der barocken Pfarrkirche St. Peter und Paul erinnert allerdings nichts an einen Wallfahrtsort. Zu einem solchen wird Erharting nur alle zwei Jahre (in ungeraden Jahren), dann aber wallfahrten Hunderte von Gläubigen auf Pferden, Wagen und zu Fuß in den kleinen Ort zum Stephaniritt. Der wird in Erharting quasi stellvertretend durchgeführt: Im nahen Weiler Frixing stand einst eine dem heiligen Stephan geweihte Kirche. Dort gab es einen Stephaniritt, sogar mit Pferderennen, bis im Zuge der Säkularisation die Frixinger Kirche abgerissen wurde. Weil sich aber die Bauern ihren Ritt zu Ehren des heiligen Stephanus nicht nehmen lassen wollten, verlegten sie ihn kurzerhand nach Erharting.

Hier ziehen die Gläubigen nun am 26. Dezember um die Kirche, mit den Reitern etwa 25 Motivwagen, auf denen lebende Personen Szenen aus den Heiligenlegenden nachstellen: neben Stephanus die wichtigsten Schutzpatrone, darunter Rupert, Sebastian und Elisabeth.

Die Kirche hat den heiligen Stephanus, als erster christlicher Märtyrer auch Erzmärtyrer genannt, mit einem Gedenktag am 26. Dezember, unmittelbar nach Christi Geburt, geehrt. Trotzdem ist der Heilige etwas in Vergessenheit geraten. Er war in alter Zeit der Pferdepatron schlechthin, wurde im Mittelalter aber vom heiligen Leonhard verdrängt. Manche Forscher vermuten, dass in die Figur des Stephanus vorchristliche Götter hoch zu Ross eingeflossen sind, die sein Patronat begründeten. Nach alten Quellen soll man am Stephanstag seine Pferde gut bewegen und möglichst lange mit ihnen ausreiten, um sie vor Hexen und Krankheiten zu schützen – kein Wunder, fällt der Stephanitag doch in die Zeit der Raunächte. Mancherorts war es üblich, Stephanusbilder an den Stalltüren anzubringen, es gab zahlreiche Stephaniritte in Bayern, bis 1876 auch in München.

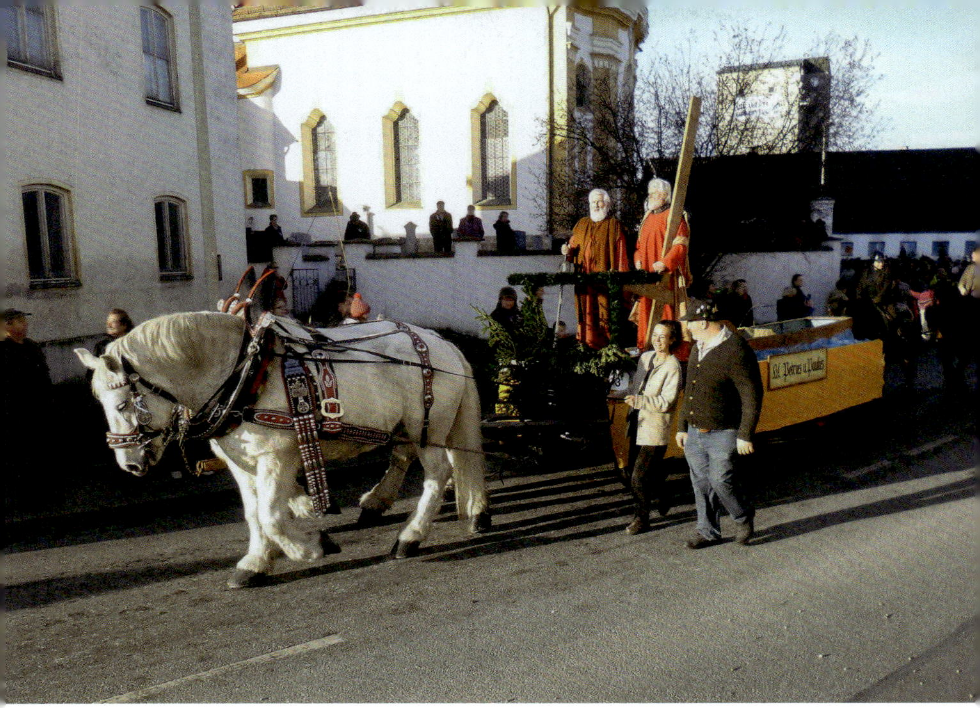

Adresse 84513 Erharting | Anfahrt A94 München – Altötting, Ausfahrt Mühldorf-Nord, auf AÖ 35 bis Erharting | Tipp In Erharting gibt es einen ganz besonderen Biergarten: den Erhartinger Sommerkeller. Hier wird das Bier wie in alten Zeiten im Sommer mit Eis gekühlt, das man im Winter sammelt und im Keller einlagert (www.sommerkeller-erharting.info).

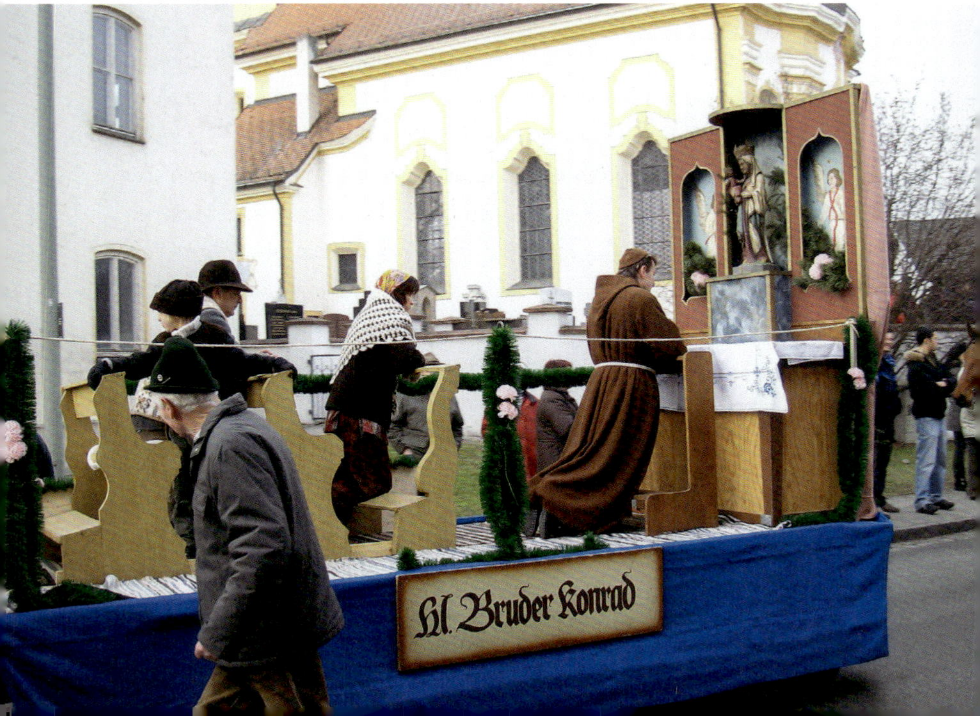

28 Benediktinerabtei

Madonna aus Carrara-Marmor

Die Gründung des Benediktinerklosters Ettal geht auf ein Gelübde Kaiser Ludwigs des Bayern am 28. April 1330 zurück: »Ze unser frawen etal« nannte er die Stiftung, das bedeutet »Gelöbnis-Tal« von »Ehe« (= Gelöbnis) und »Tal« wegen der Geländeform. Der für ein gotisches Bauwerk höchst ungewöhnliche Grundriss der Rundkirche wurde oft als Anspielung auf die Gralssage gedeutet. Heute ist das Erscheinungsbild barock geprägt, nach einem Brand 1744 wurde das Kloster quasi neu errichtet, und ein zweites Mal 1900, nachdem es in der Säkularisation weitgehend abgebrochen worden war.

Mit der Stiftung des Konvents nahe der uralten Fernhandelsstraße von Augsburg nach Italien wollte der Kaiser vermutlich nicht nur sein Seelenheil, sondern auch die Kontrolle des Handelswegs nach Italien sichern. Gleichzeitig kam auch das Gnadenbild nach Ettal: eine kleine Madonna mit dem Kind aus weißem Carrara-Marmor. Sie ist heute in den Hochaltar der Basilika integriert und wurde seit dem 15. Jahrhundert von den Wallfahrern verehrt – auch ein Bauer aus dem weit entfernten Waging zählte dazu (Ort 106). Ursprünglich farbig gefasst, erst seit der Barockzeit bekleidet, war die um 1300 entstandene Marmorstatuette vermutlich ein Geschenk der kaisertreuen Stadt Pisa an Ludwig den Bayern.

Vor allem im 17. und 18. Jahrhundert zog Ettal Massen von Wallfahrern an – gefördert von den Wittelsbachern: Der bayerische Kurfürst Max Emanuel ließ während des Spanischen Erbfolgekriegs das Gnadenbild am 12. April 1704 zur Verehrung in die Hofkapelle der Residenz in München bringen. Anschließend wanderte es durch verschiedene Münchner Kirchen und den Freisinger Dom, bis es 1705 wieder nach Ettal gebracht wurde.

Heute ist ein Ausflug nach Ettal eine Reise in einen Ort voller kunsthistorischer Sehenswürdigkeiten – von den Kuppelfresken in der Rundkirche bis zur »schönsten Rokokosakristei Süddeutschlands«.

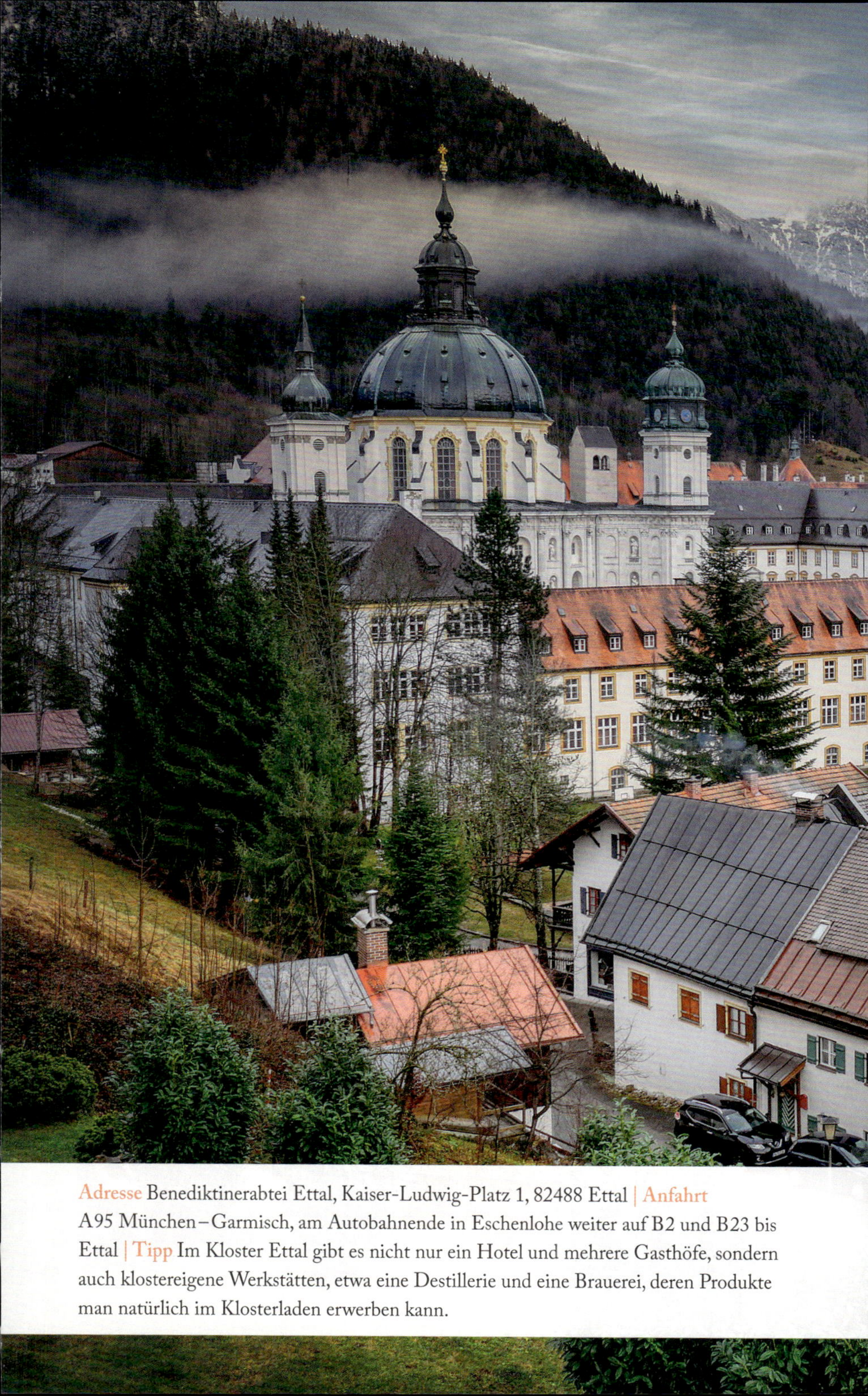

Adresse Benediktinerabtei Ettal, Kaiser-Ludwig-Platz 1, 82488 Ettal | Anfahrt A95 München – Garmisch, am Autobahnende in Eschenlohe weiter auf B2 und B23 bis Ettal | Tipp Im Kloster Ettal gibt es nicht nur ein Hotel und mehrere Gasthöfe, sondern auch klostereigene Werkstätten, etwa eine Destillerie und eine Brauerei, deren Produkte man natürlich im Klosterladen erwerben kann.

29_Maria Birkenstein

Zweistöckige Santa Casa mit heiliger Quelle

Maria Birkenstein gehört bis heute zu den lebhaftesten Wallfahrtsorten in Bayern. So ziehen alljährlich an Christi Himmelfahrt mehr als vierzig Trachtengruppen aus dem südlichen Oberbayern nach Birkenstein. Die rund zweitausend Teilnehmer feiern dann die heilige Messe am Freialtar, und nicht wenige waschen sich am Brünnlein die Augen aus.

Die Wallfahrtskirche ist vergleichsweise jung. Bis heute erzählt man sich, dass auf dem Plateau sieben Quellen zusammenfließen, und bis heute glucksen und plätschern hier rundherum Bächlein von den Hängen herunter. 1663 erlebte der Pfarrvikar Mayr an einem Marterl hier eine Traumvision: Die Jungfrau Maria erschien ihm und sprach: »Hier an diesem Orte will ich verehrt werden, und denen, die mich hier anrufen, meine Gnade mitteilen.« Eine Kapelle wurde errichtet, und das Gnadenbild, eine gotische Muttergottesfigur, zog von Beginn an viele Wallfahrer auf den Birkenstein.

1709/10 wurde dann die jetzige Wallfahrtskirche errichtet, eine Loretokirche, wie sie damals gerade in Mode kamen. Der Legende nach sollen Engel das Haus der Maria von Nazareth nach Loreto bei Ancona in Italien getragen haben. Dieses heilige Haus, die »Santa Casa«, wurde in Italien bald zu einem beliebten Pilgerziel, das durch deutsche Rompilger dann auch bei uns bekannt wurde. Der Wallfahrerströme in Birkenstein wegen – bis 1761 wurden schon über 6.000 Gebetserhörungen aufgezeichnet – baute man gleich zweistöckig. Im unteren Geschoss das heilige Grab, im oberen Stockwerk die Loretokapelle mit dem Gnadenbild. Hier steht die Madonna inmitten eines prächtigen himmlischen Rokokotheaters unter dem schier endlos scheinenden Sternenhimmel. 92 Engel gruppieren sich um die Madonna, die gesamte Altarseite glänzt vor Gold und Silber.

Das Birkensteiner Quellwasser fließt aus einem Marmorbrunnen an der Außenseite der Wallfahrtskapelle neben dem Eingang zur Unterkirche.

Adresse Wallfahrtskirche Birkenstein, 83730 Fischbachau | **Anfahrt** A8 München–Salzburg, Ausfahrt Bad Aibling. Richtung Bad Feilnbach/Fischbachau fahren, in Fischbachau links abbiegen Richtung Birkenstein. Nach etwa 1 Kilometer ist die Wallfahrtskirche erreicht. Parkplatz direkt unterhalb der Kirche, kurzer, steiler Fußweg von 5 Minuten bis zur Kirche. | **Tipp** Eine Wallfahrt nach Birkenstein sollte unbedingt im Café Seidl enden – direkt unterhalb der Wallfahrtskirche Birkenstein, in einem Haus von 1491 – älter als die Wallfahrtskirche. Hier gibt es Frühstück, Brotzeiten und hausgemachte Torten, besonders zu empfehlen: die Bayerisch-Creme-Torte. Sehr beliebt ist auch das Café Winklstüberl direkt an der Straße von Fischbachau nach Elbach.

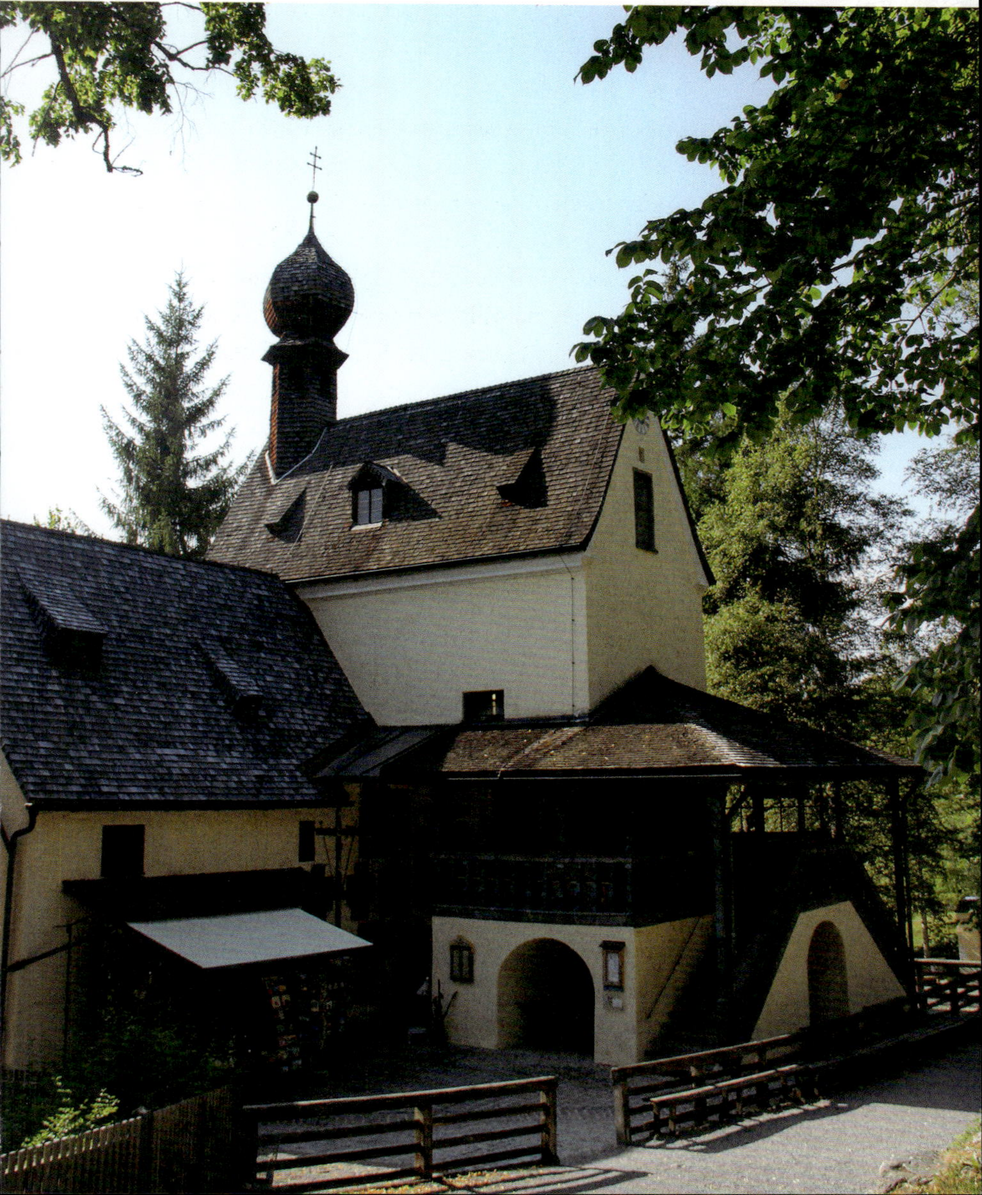

30 Petersberg

Wallfahrt mit Biergarten und grandioser Aussicht

Schon von der Autobahn aus ist oberhalb der Burgruine Falkenstein die Kirche mit dem Wirtshaus daneben nicht zu übersehen: Sie thront hoch über dem Inntal auf der Spitze des 847 Meter hohen Petersbergls, früher »Kleiner Madron« genannt – einem Namen, der auf die Siedler vor zweitausend Jahren hinweist: *Mons maderanus* nannten die Römer den Berg. Auch die Kelten waren schon hier. Grabungen belegen eine Besiedlung des Petersbergs seit der Bronzezeit – kein Wunder: Auf diesem exponierten Felsen überblickt man einen langen Abschnitt des Inntals, seit jeher eine wichtige Nord-Süd-Verbindung. Der römisch-keltische Kultort wurde schon im frühen Mittelalter mit einer christlichen Kirche überbaut. Die jetzige stammt von 1139 und weist noch originale romanische Bauteile auf: Widder und Bär zu beiden Seiten der Schwelle bewachen den Eingang, vom Westgiebel grüßt der heilige Petrus als Sandsteinrelief. Er ist der Patron des Kirchleins: Petrus heißt »der Fels«, er war der erste Bischof in der Nachfolge Jesu, so weisen Petruskirchen auf sehr frühe Gründungen hin.

Im frühen Mittelalter stand hier sogar ein Kloster, von vermutlich bis zu 15 Benediktinermönchen bewohnt, wie man aus den Gräbern schließt, die neben der Kirche gefunden wurden. Nach dem Ende des Klosters 1296 blieb nur die Kirche stehen, daneben baute man ein Holzhaus für den Unterpropst, der die Wallfahrt betreute, und ersetzte es im Barock durch ein stattliches Steinhaus. Bis zum Zweiten Weltkrieg unterrichtete der Geistliche hier sogar die Schulkinder. Heute ist es ein beliebtes Berggasthaus – erreichbar in einer einfachen, etwa einstündigen Wanderung –, davor ein paar Bierbänke, von denen sich die wunderbare Aussicht genießen lässt.

Besonders viel los ist am Sonntag vor oder nach dem 29. Juni, Peter und Paul, wenn das Patrozinium gefeiert wird, und im August bei der Rochuswallfahrt zu Ehren des Pest- und Seuchenheiligen, die seit über 400 Jahren stattfindet.

Adresse 83126 Flintsbach am Inn (Petersberg) | **Anfahrt** A94 München–Innsbruck (Inntalautobahn), Ausfahrt Brannenburg, Richtung Brannenburg, links Richtung Flintsbach abbiegen, in Flintsbach nach der Freiwilligen Feuerwehr rechts in den Astenweg (Richtung Burg Falkenstein/Hohe Asten) und nach 300 Metern rechts zum Wanderparkplatz im Petersbergweg | **Tipp** Vom Petersberg mit seinem Gasthaus (www.berggasthaus-petersberg.de) führt der Wanderweg weiter zu den Hohen Asten mit zwei Bauernhöfen, von denen einer ein weitum beliebtes Gasthaus ist (www.hoheasten.de).

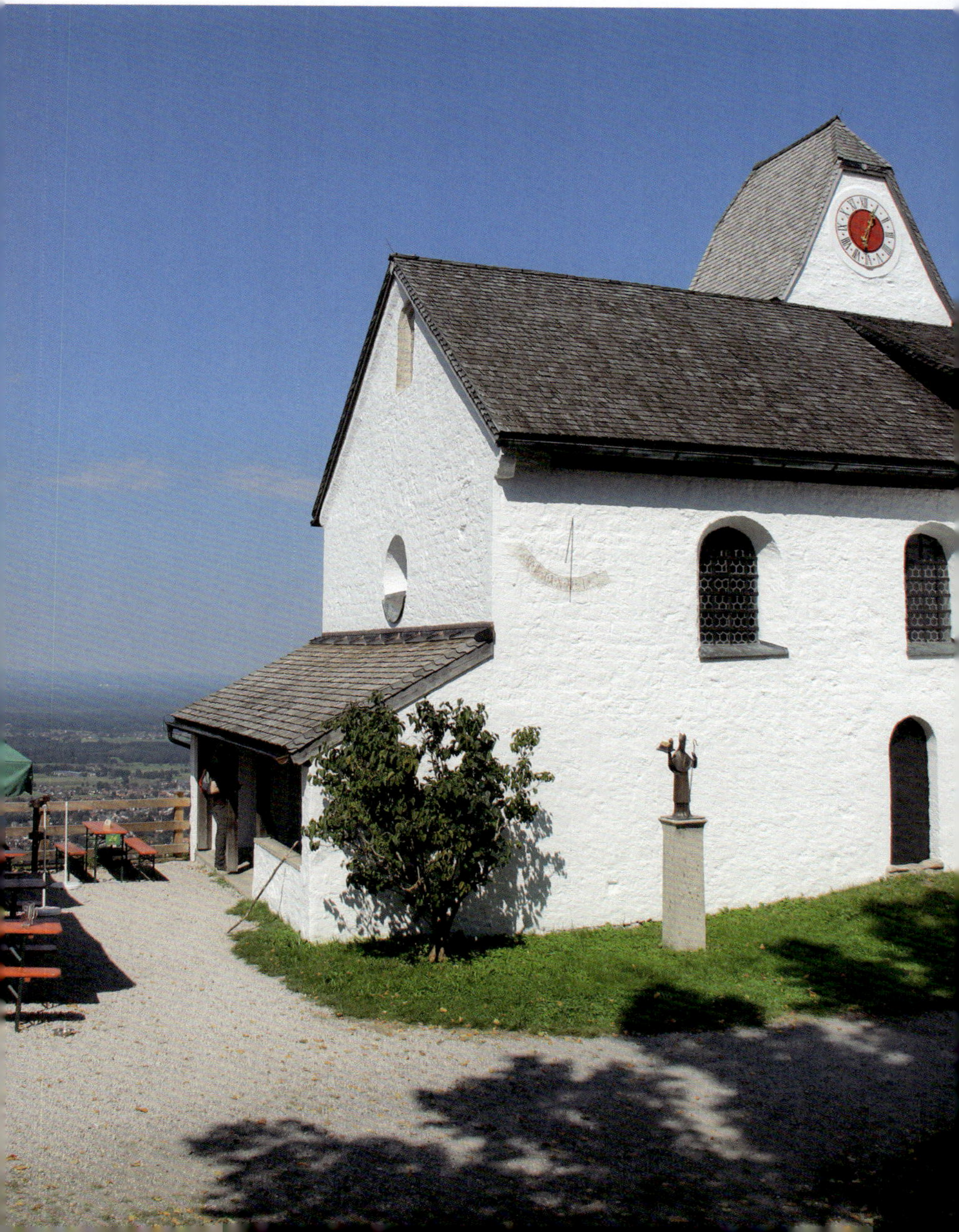

31 Mariä Himmelfahrt

Maria auf der Schlange

Das Besondere am Marien-Gnadenbild in Tading ist die riesige goldene Weltkugel, auf der die Muttergottes steht – ein Globus, vollständig umwunden von einer Schlange. Bei genauerem Hinsehen ist noch zu erkennen, dass zu Füßen der Madonna die Mondsichel liegt, darauf der Schlangenkopf mit einem roten Apfel im Maul. Nun – die Madonna im Strahlenkranz auf der Mondsichel ist ein häufiges Motiv. Gerade ab dem 15. Jahrhundert wird die Vision des Johannes in der Offenbarung beliebt auf katholischen Altären: »Dann erschien ein großes Zeichen am Himmel: eine Frau, mit der Sonne bekleidet, der Mond unter ihren Füßen, ein Kranz von zwölf Sternen um ihr Haupt ...« Diese typische Mondsichelmadonna wird in Tading vervollständigt von dem ebenfalls aus der Bibel stammenden Bild der Schlange als Symbol für das Böse. Sie hat die ganze Welt umschlungen, ihr Kopf aber wird von Maria zertreten. Der Apfel ist ein Hinweis auf den Bezug zum Alten Testament: Die Maria des Neuen Testaments nimmt die Erbsünde aus der Welt, die die Eva des Alten Testaments dank der Schlange in die Welt gebracht hat – Maria als die »neue Eva«. Für die des Lesens unkundigen Betrachter früherer Zeiten eine einfache Formel, bildlich dargestellt: Was die »böse Frau« des Alten Testaments angerichtet hat, tilgt die »gute Frau« des Neuen.

Warum ausgerechnet in diesem kleinen Dorf neben der alten Landstraße zwischen Ebersberg und Erding diese prächtige Wallfahrtskirche entstanden ist, weiß niemand mehr. 1315 gab es hier schon zumindest eine Kapelle, die wohl stets erweitert wurde. Im 15. Jahrhundert nahmen die Wallfahrerströme zur »Muttergottes von Tading« so zu, dass im 16. Jahrhundert zunächst eine gotische und schließlich 1719 die heutige barocke Wallfahrtskirche errichtet wurde. Bis ins 18. Jahrhundert pilgerten nachweislich 52 Pfarreien regelmäßig nach Tading, sie kamen bis aus München und Wasserburg.

Adresse 85659 Forstern (Tading) | **Anfahrt** A94 München – Altötting, Ausfahrt Pastetten, auf Erdinger Straße und Hohenlindener Straße bis Tading | **Tipp** Nur knapp zwei Kilometer entfernt liegt im Nachbardorf Wetting die Kirche St. Pankratius auf einer kleinen Anhöhe. Sie beherbergt einen originellen Altar der Vierzehn Nothelfer als Hauptaltar. Der beliebte Wirt, der jahrzehntelang die Tadinger Wallfahrer verköstigt hat, ist zwei Dörfer weitergezogen nach Harthofen (www.derkramerwirt.de).

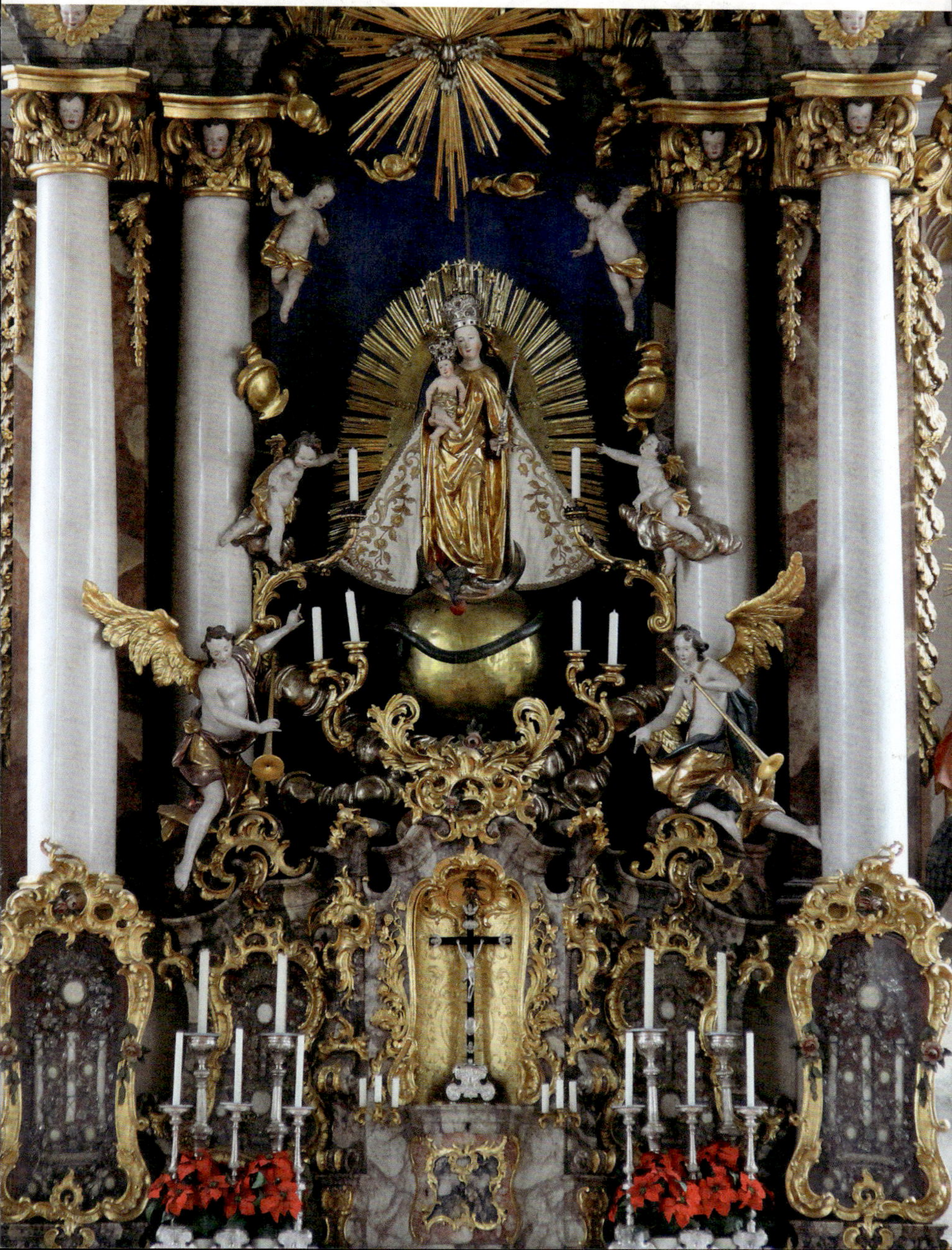

32 St. Florian

Der Heilige gegen Brandgefahr

»O heiliger Sankt Florian, verschon unser Haus, zünd andere an!« – den Spruch kannte früher jedes Kind. Die offenen Feuerstellen in jedem Haus, die Beleuchtung mit Kerzen und Kienspänen machte verheerende Brände zu einer ständigen Bedrohung.

Florian war der erste österreichische Märtyrer und soll um 300 als gläubiger Christ verhaftet und mit einem Mühlstein um den Hals in die Enns geworfen worden sein. Als Jugendlicher, so heißt es, habe er durch sein Gebet ein brennendes Haus gelöscht.

Die gotische Kirche St. Florian mit der achteckigen Brunnenkapelle daneben ist heute als malerisches Fotomotiv bekannt. Im Sommer wird in der Kirche auf der Anhöhe auch gern geheiratet. Das als heilkräftig verehrte Quellwasser – einst der Grund für den Kirchenbau – spielt keine Rolle mehr. Die Quelle im Brunnenhaus ist erst im letzten Jahrhundert versiegt, sie hat sich wohl auf natürliche Weise etwas verlagert. Direkt unterhalb der Quellkapelle findet sich nämlich inzwischen eine nasse Stelle, vermutlich der Quellaustritt.

Hier nach St. Florian bei Frasdorf pilgerten viele Gläubige wegen Feuersgefahr, auch die Grafen von Preysing und Hohenaschau ließen, quasi »vorbeugend«, jedes Jahr Messen zur Bewahrung des Schlosses vor Feuersgefahr lesen. Eine einzige alte Votivtafel aus Frasdorf hat sich in der Pfarrkirche von Rimsting erhalten.

Der wertvolle gotische Hauptaltar ist an seinem Platz erhalten, auf seinen Flügeln die Florianslegende. Die beiden Seitenaltäre galten nach der Säkularisation seit 1858 als verschollen. Doch einer kam zurück: 1985 entdeckte ein Frasdorfer Ehepaar im Diözesanmuseum in Freising den Wolfgangsaltar, der sich nach langen Recherchen tatsächlich als der abgegangene Frasdorfer Altar entpuppte. Er war 1980 von einem Brüsseler Kunsthändler in den USA erworben und 1982 vom Diözesanmuseum angekauft worden. Gut zehn Jahre später kam der Altar nach St. Florian zurück.

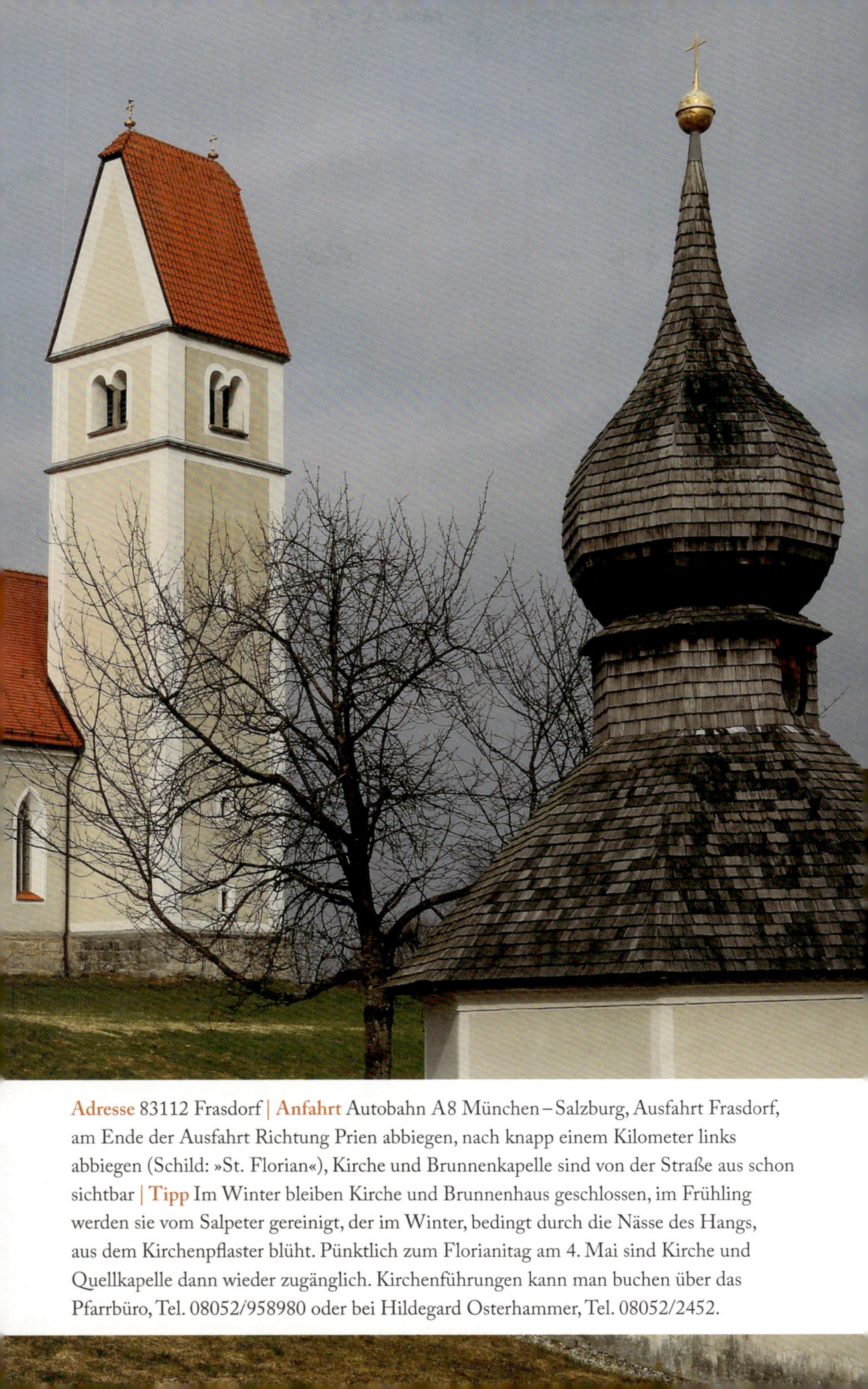

Adresse 83112 Frasdorf | **Anfahrt** Autobahn A8 München – Salzburg, Ausfahrt Frasdorf, am Ende der Ausfahrt Richtung Prien abbiegen, nach knapp einem Kilometer links abbiegen (Schild: »St. Florian«), Kirche und Brunnenkapelle sind von der Straße aus schon sichtbar | **Tipp** Im Winter bleiben Kirche und Brunnenhaus geschlossen, im Frühling werden sie vom Salpeter gereinigt, der im Winter, bedingt durch die Nässe des Hangs, aus dem Kirchenpflaster blüht. Pünktlich zum Florianitag am 4. Mai sind Kirche und Quellkapelle dann wieder zugänglich. Kirchenführungen kann man buchen über das Pfarrbüro, Tel. 08052/958980 oder bei Hildegard Osterhammer, Tel. 08052/2452.

33 Die Irmengardkapelle

Ein Kraftort für Hilfesuchende

Wer durch das prächtige romanische Portal in das Münster Frauenchiemsee eintritt, sollte seinen Blick zunächst nach unten richten. Die rotmarmorne Schwelle ist tief ausgetreten. Viele Zentimeter des harten Steins sind durch die Schritte der Kirchenbesucher einfach verschwunden, und man ahnt, wie schwer und beladen von Sorgen und Nöten diese Menschen gewesen sein mögen in den vergangenen Jahrhunderten. Sie haben Zuflucht gesucht nicht nur bei der Gottesmutter, der das Münster geweiht ist, sondern in erster Linie bei der seligen Irmengard, der Schutzpatronin des Chiemgaus, deren Reliquien hier bewahrt werden. Die Irmengardkapelle mit dem gläsernen Reliquienschrein befindet sich in der Chorkapelle. Fast immer brennen dort Kerzen, fast immer trifft man Betende und Hilfesuchende, die ihre Anliegen in das große Buch vor dem Gitter eintragen. Unzählige Votivbilder und Wachsopfer bedecken nicht nur die Wand gegenüber dem Kapelleneingang – auch in der Kapelle vor dem Reliquienschrein hängen Rosenkränze und Votivgaben – und zeugen vom festen Glauben: »Irmengard hat geholfen.« Die erste Äbtissin des Klosters, Urenkelin Karls des Großen, starb 866 mit 34 Jahren und wurde schon zu Lebzeiten hoch verehrt. Damals, sagen die Legenden, gab es rund um den Chiemsee keine Armen. Irmengard kümmerte sich um die Hilfesuchenden und rettete mehrere Male in Seenot geratene Fischer auf wunderbare Art und Weise vor dem Tod.

Beim Verlassen der Kirche kommt man an ihrer Tumba, dem steinernen Grab, vorbei, das gegenüber dem Portal am Mittelschiffpfeiler steht. Es ist mit einem Gemälde bedeckt und enthielt den Bleisarg mit den sterblichen Überresten Irmengards. Das im Sarg gefundene Täfelchen, das die Echtheit der Gebeine und das Todesjahr offenbarte, kann man übrigens in der Ausstellung in der karolingischen Torhalle sehen, gleich gegenüber von Portal und Inselfriedhof.

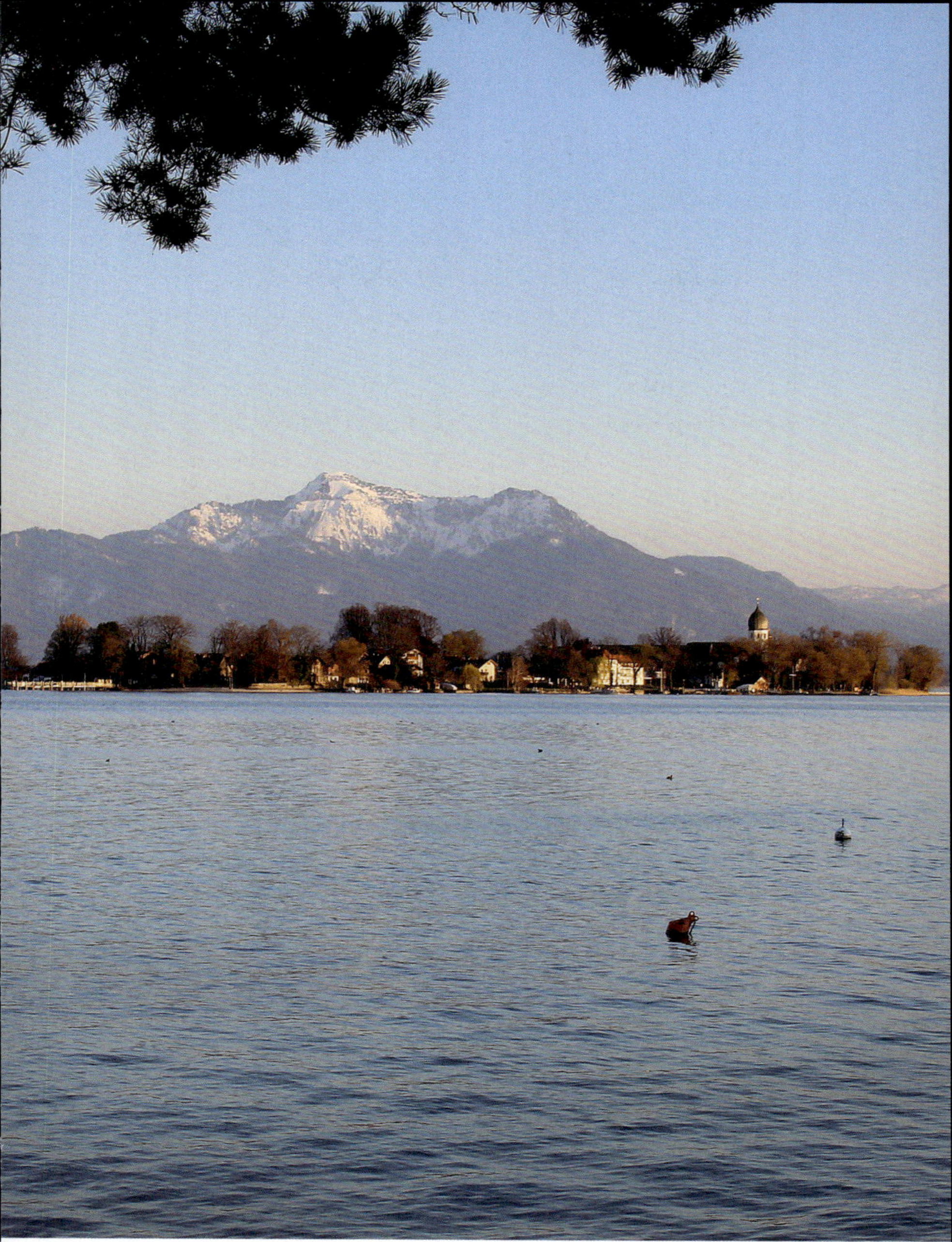

Adresse 83256 Frauenchiemsee | **Anfahrt** A8 München–Salzburg, Ausfahrt Prien, vom Hafen Prien-Stock aus mit der Chiemsee-Schifffahrt auf die Fraueninsel. Die kürzeste Verbindung auf die Insel ist aber die von Gstadt, am nördlichen Chiemseeufer direkt oberhalb der Fraueninsel, Fahrzeit 5 bis 10 Minuten. | **Tipp** Der Klosterladen, den man auf dem Weg zurück zum Schiff passiert, hat unter anderem von den Klosterschwestern selbst hergestelltes Fraueninsler Marzipan im Angebot – eines der beliebtesten Mitbringsel von der Insel.

34_Wallfahrtskirche Mariä Himmelfahrt

Maria im Hollerbusch

Die Muttergottes wollte unten im Tal bleiben und widersetzte sich deshalb allen Versuchen, ihr auf der nahen Anhöhe eine Kirche zu bauen. Diese Legende findet man häufig, vor allem, wenn die Auffindung des Gnadenbildes auch noch von Sagen umrankt ist. Hier soll eines Tages ein Muttergottesbild in einem Hollerbusch aufgetaucht sein, und als die Menschen es verehrten und oben auf dem Berg eine Kirche bauen wollten, sei es immer wieder in den Busch zurückgekehrt, bis man die Kirche bei dem Holunderbusch errichtete. Dieser steht übrigens immer noch auf der Nordseite der Kirche, inzwischen mit einer neueren Marienstatue versehen. Seit mindestens dem 14. Jahrhundert muss er wohl hier schon wachsen, denn so lange ist die Wallfahrt nachweisbar. 1736 wurde die spätgotische Kirche vergrößert, nur das Gnadenbild des Hochaltars überlebte die Renovierung. Die im 18. Jahrhundert besonders beliebte Wallfahrt brachte so viel Opfergeld ein, dass alle sechs spätgotischen Altäre entfernt und die Kirche vollständig im Geschmack des späten Rokoko umgestaltet wurde. Das alte Gnadenbild – die Muttergottes mit Kind und Zepter – hat man ebenfalls in einen üppigen goldglänzenden Rokokoaufbau eingesetzt. Wer von außen kommt, ahnt nicht, welche überbordende Ornamentfülle ihn erwartet. An den Langhauswänden sind auch die alten wächsernen und silbernen Votivgaben untergebracht, darunter viele Augenpaare. Das könnte auf den ehemaligen Heilbrunnen neben der Kirche hindeuten, dessen Rundbau heute nur noch als Kriegerdenkmal benutzt wird.

Auch wenn das Gitter meist verschlossen ist – im Vorraum befindet sich eine Nische, in der Kerzen entzündet werden können und in der viele Votivbilder Platz finden, die bis heute der Maria von Thalheim für Hilfe bei vielerlei Nöten danken – von Genesung nach Krankheit bis zu einer glücklich absolvierten Abiturprüfung.

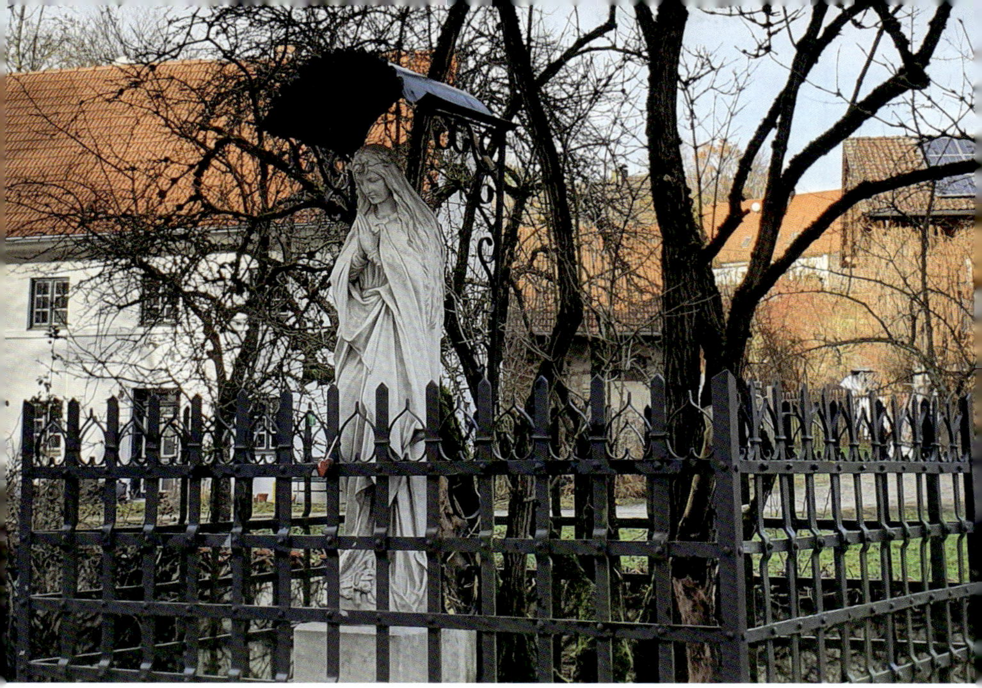

Adresse 85447 Fraunberg (Maria Thalheim) | Anfahrt A94 München – Altötting, Ausfahrt Lengdorf, über Brandlengdorf, Maierklopfen, Eschlbach bis Maria Thalheim | Tipp Um Maria Thalheim herum führt ein ausgeschilderter »Marienweg«, der spirituell Interessierten Anregungen bietet, aber auch einfach ein wunderschöner Wanderweg für Naturbegeisterte ist, über den Höhen um Thalheim.

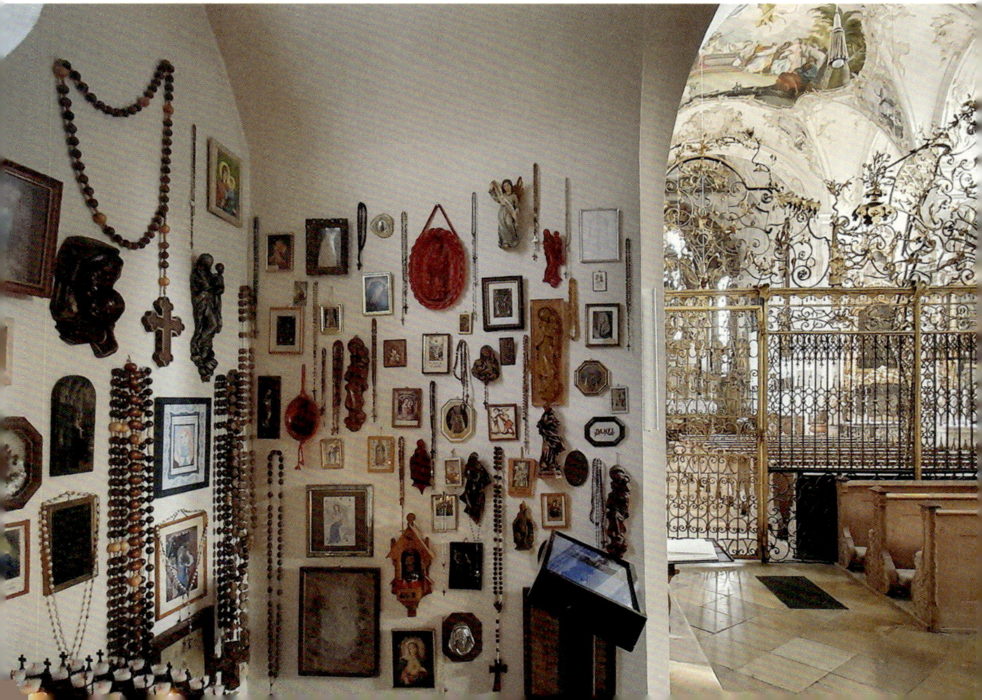

35 Dom

In die Krypta für gute Noten

Der prächtige Freisinger Dom mit seiner Doppelturmfassade war bis zur Säkularisation Bischofssitz des Bistums Freising, seit der Installierung des Erzbistums München Freising ist er Konkathedrale nach der Frauenkirche in München. Wallfahrtsziel war der Dom selbst nie. In seiner Krypta birgt er allerdings besondere Schätze, darunter das Reliquiar des Bistumspatrons Korbinian, die sogenannte Bestiensäule und als kleines Wallfahrtsziel den Steinsarkophag des heiligen Nonnosus.

Dieser ist so angebracht, dass sich direkt unter dem Sarg eine Öffnung auftut, die groß genug ist zum Durchschlüpfen. Seit jeher wird von dieser Möglichkeit reger Gebrauch gemacht. Allen voran Rückenleidende kriechen unter dem Sarkophag durch und erhoffen sich dadurch Genesung. »Noch 1910«, schreibt der Volkskundler Rudolf Kriss, gab es die »Sitte, kranke Kinder dreimal hindurchzuziehen; durchschnittlich zehn würden in jedem Monat hierher gebracht«. Ein paar Jahre später dann sei »der Brauch fast ganz erloschen, man müsste es denn als ein Wiederaufleben desselben betrachten, dass mitunter die Schulbuben vom Domberg, wenn gefürchtete Schulaufgaben drohen, halb im Scherz, halb im Ernst durch das bewusste Loch hindurchschlüpfen«.

Seit dem 11. Jahrhundert befinden sich die Reliquien des heiligen Nonnosus in Freising. Er soll auf dem Monte Soratte bei Rom gelebt und mindestens drei Wundertaten vollbracht haben – so soll eine zerbrochene Öllampe durch sein Gebet wieder heil geworden sein, ein »Ölwunder« vermehrte den Ertrag der klösterlichen Ölbäume. Deshalb wird er mit Ölzweig und -lampe dargestellt.

Der Sarkophag mit den Reliquien war seit 1161 zunächst in einem Bogen als Durchschlupf, seit der Barockzeit dann in der heutigen Anordnung eingemauert. Opferlichter und Votivgaben zeugen von einer anhaltenden Verehrung des Nonnosus, auch das Öl aus seinem Grablicht hielt man zeitweise für heilkräftig.

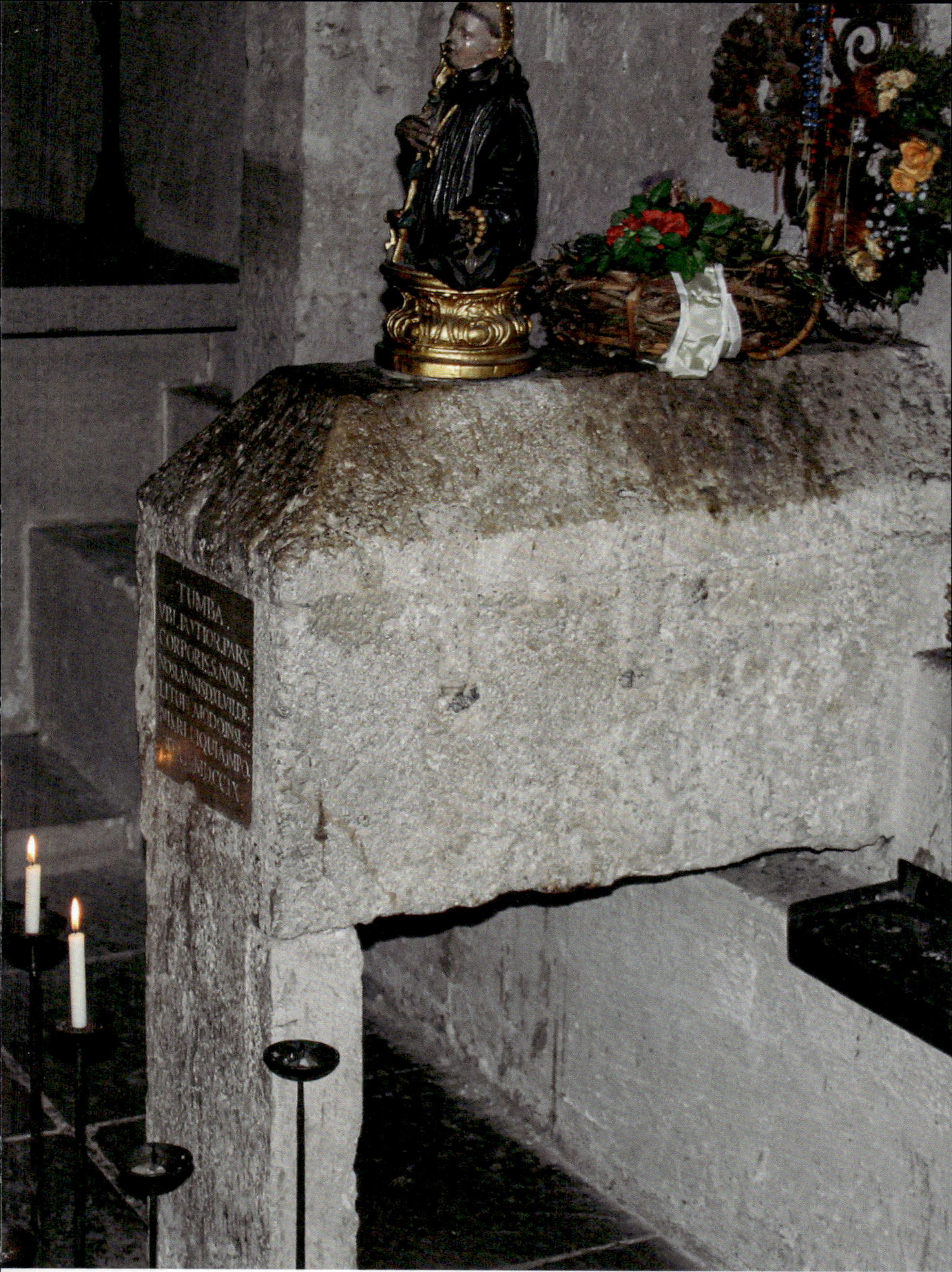

Adresse 85354 Freising | **Anfahrt** A9 München – Nürnberg, dann A92 bis Ausfahrt Freising-Mitte, auf B301 bis Freising | **Tipp** Einzigartig ist die Bestiensäule in der Freisinger Domkrypta, es gibt in Deutschland keine weitere. Fast rundherum sind Dämonen und Bestien dargestellt, nur auf der Ostseite der Säule nicht, wo eine schöne Jungfrau die Ankunft des Erlösers, des Lichtes aus dem Osten, erwartet.

36 St. Michael

Erde vom Grab des heiligen Eberhard

In der St.-Michaels-Kirche des kleinen Kirchdorfs Tüntenhausen bei Freising verbirgt sich eine lokale Wallfahrt, die vom 15. bis ins 20. Jahrhundert vor allem die Bauern der Umgebung anzog. Eberhard von Tüntenhausen wurde zwar nie offiziell heiliggesprochen, aber verehrt wie ein Heiliger. Er soll Hirte gewesen sein und Wunderkräfte besessen haben. Überall, wo er seinen Hirtenstab in die Erde steckte, sei ein Baum gewachsen. Nach seinem Tod gegen Ende des 14. Jahrhunderts wurde er in Tüntenhausen begraben. Bis heute befindet sich sein Grab in der Kirche unter dem Eberhard-Altar an der Nordwand des Langhauses. Die Erde von seinem Grab war früher ein begehrtes Gut, das die Wallfahrer zu erlangen suchten: Sie befreie Tiere von Krankheit und Seuche. Seit dem 15. Jahrhundert lässt sich die Wallfahrt zum Eberhard-Grab nachweisen. Teilweise »haben die Leith das Vich herdtweis nach Dintenhausen in der Contagionszeit [Seuchenzeit] getrieben und ist ihnen geholfen worden«, berichtet ein Chronist im 18. Jahrhundert. Bis zu 70 Kälber wurden jährlich geopfert.

Als einfachen Hirten verehrte ihn das Volk, in Wirklichkeit war Eberhard wohl eine hochstehende Persönlichkeit, sonst wäre er nicht in der Kirche begraben worden. Die wunderbare Heilkraft der Erde von seinem Grab erklärt die Wissenschaft heute damit, dass der Boden am Kirchberg von Tüntenhausen einen hohen Anteil eines Tonminerals enthält, aus dem man Heilerde gewinnt. Und die hilft noch heute bei Kälberruhr und anderen Darmerkrankungen der Tiere. Dennoch ist die Wallfahrt zum »heiligen« Eberhard bis heute nicht vergessen. 1984 feierte man die 250. Wiederkehr der Heiligsprechung, dabei hatte der Bischof 1734 nur die »seit unvordenklicher Zeit« bestehende Verehrung bestätigt. Das Grab wurde in den 1930er Jahren geschlossen, sodass keine Erde mehr entnommen werden kann. Der alte Zustand ist jedoch auf sechs Bildtafeln in der Kirche festgehalten.

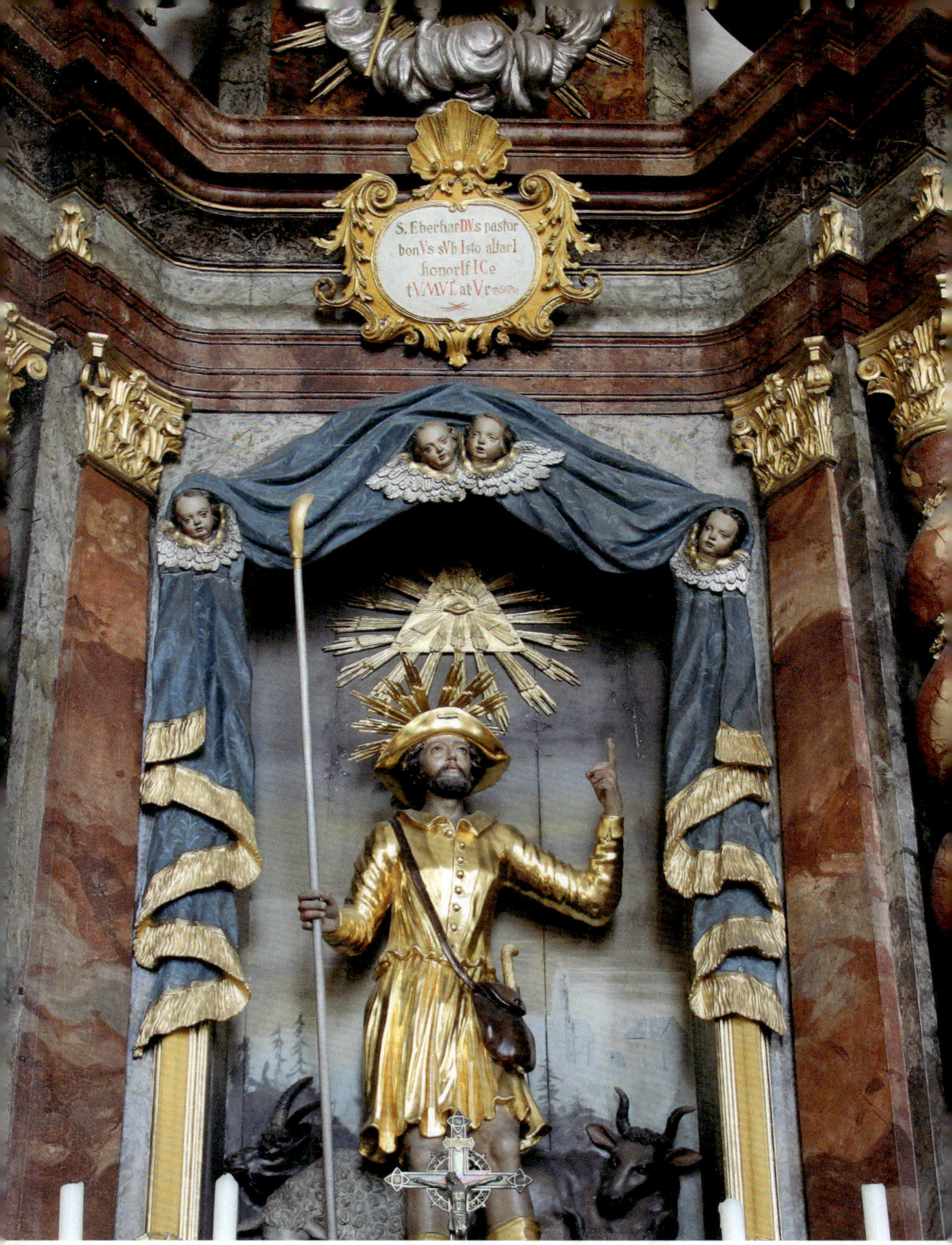

Adresse 85356 Freising (Tüntenhausen) | Anfahrt A9 München – Nürnberg, dann A92 bis Ausfahrt Freising-Ost, auf B301 bis Tüntenhausen | Tipp Eine lohnende Wanderung führt in die nahen Amperauen. Man nimmt in Tüntenhausen den Eberhardsweg Richtung Norden, wendet sich, sobald man die Amper erreicht hat, nach Westen und zweigt in Moos links ab Richtung Süden. Über Itzling wieder zurück nach Tüntenhausen. Die Rundtour lässt sich auch erweitern bis Freising.

37 Korbiniansquelle

Ältestes Bauwerk in Freising?

Der heilige Korbinian, um 710 in Rom zum Bischof geweiht, ließ sich in Freising am Herzogshof nieder. Auf einem Hügel neben dem Freisinger Domberg gründete er das Kloster St. Stephan, Beginn und Namensgeber der späteren Abtei Weihenstephan. Auf diesem Hügel sollen sich schon in vorchristlicher Zeit Kultstätten befunden haben. Womöglich war Korbinian vom Herzog damit beauftragt worden, diese mit einem christlichen Gotteshaus zu überbauen.

Am Weihenstephaner Berg soll Korbinian selbst die Quelle erweckt haben. Als seine Mönche sich beklagten, wie mühsam sie das Wasser für das Kloster den Berg hinauftragen müssten, stieg der Heilige einige Schritte hinab, »betete dort innig und glaubensvoll und stieß mit dem Stab, welchen er in der Hand trug, in die Erde. Augenblicklich sprudelte eine reichhaltige Quelle hervor, welche nicht bloß den Bedürfnissen des Klosters abhalf, sondern auch noch vielen Kranken, besonders den von Fieber behafteten, die Gesundheit wiederbrachte«. Korbinian hat wohl richtig gegraben, denn das Brünnlein entspringt zehn Meter tief in einem gemauerten Stollen, der dunkel und feucht in den Hang hineinführt. Man vermutet, dass das Mauerwerk das älteste erhaltene Bauwerk Freisings ist. Das Wasser rinnt und tröpfelt seit 13 Jahrhunderten aus dem Brünnlein, das von Anfang an hoch verehrt wurde. Es zählt zu den ältesten bayerischen Quellheiligtümern. Im 17. Jahrhundert soll die Wallfahrt zum Korbiniansbrünnlein stark zugenommen haben, fast täglich gab es neue Heilungen. Für das 18. Jahrhundert ist belegt, dass das Wasser an die Tafel des Freisinger Hofs geliefert wurde.

1718 beauftragte der Abt die berühmten Gebrüder Asam, eine neue Quell-Kapelle zu bauen – einen prächtigen Rundtempel, dessen Aussehen auf einem Kupferstich überliefert ist. Heute stehen davon nur noch Ruinen. Ein Gitter schützt Quelle und Stollen, lässt aber immerhin einen Blick in die Tiefe zu.

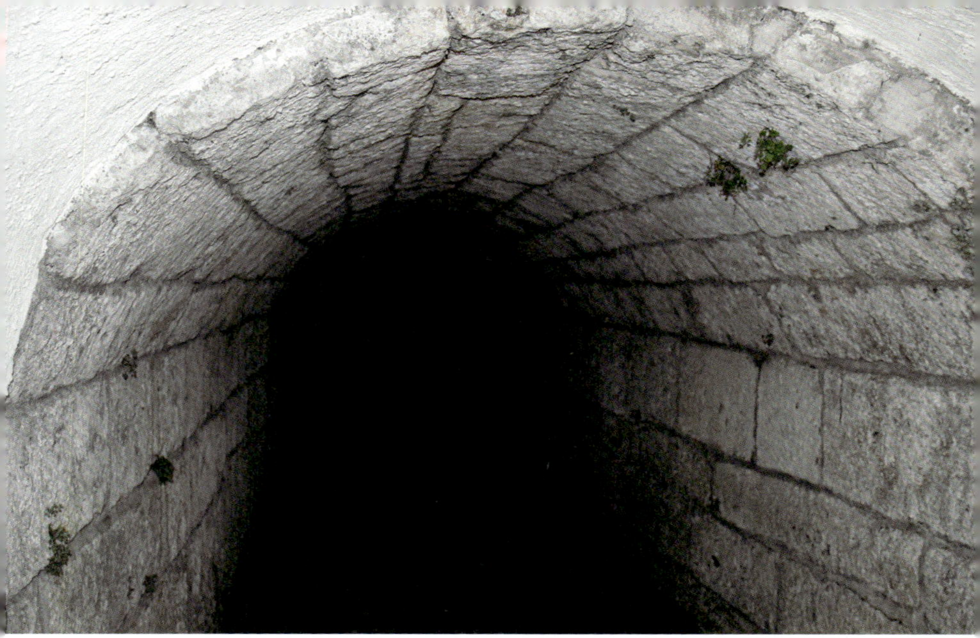

Adresse 85354 Weihenstephan | Anfahrt A9 München–Nürnberg, dann A92 bis Ausfahrt Freising-Mitte fahren. Richtung Weihenstephan (TUM, Wissenschaftszentrum WZW), dann Richtung Bräustüberl Weihenstephan, Parkplatz unterhalb des Bräustüberls. Vom Bräustüberl nach oben Richtung Weihenstephaner Gärten gehen. Bei einer Aussichtsterrasse am Eingang zum Hofgarten führt rechts eine Treppe nach unten zur Korbiniansquelle. | Tipp Im Bräustüberl Weihenstephan isst man gut, das Bier kommt aus der eigenen Brauerei, drinnen sitzt man in schönen alten Stuben und draußen auf der Terrasse hat man einen weiten Blick ins Land.

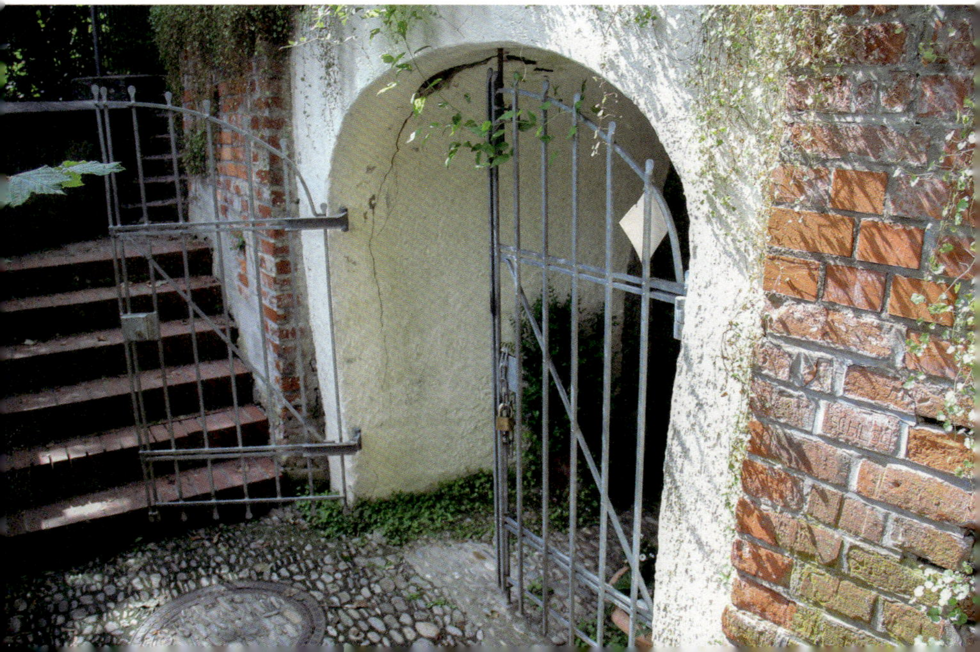

38 Die zweite Wies

Der gegeißelte Heiland auf der Wies

Für die einsame Lage weitab von jeder Ansiedlung ist das eine erstaunlich große Kirche, in der ein Gnadenbild des gegeißelten Heilands verehrt wird. Das ist uns in der Wies bei Steingaden schon einmal begegnet – und tatsächlich hängen die beiden Wallfahrtsorte zusammen. Der in Steingaden, so viel sei verraten, war zuerst da. Dort wird bekanntlich (Ort 95) bis heute ein aus verschiedenen Versatzstücken zusammengezimmertes Bildnis von Christus an der Geißelsäule verehrt, nachdem es angeblich Tränen geweint hatte. Freisinger Wallfahrer brachten aus Steingaden Kupferstiche des Bildes mit und einer von ihnen, der Forstaufseher Sylvester Hupf, ließ ein Tafelbild nach einem solchen Stich malen und hängte es an einem Baum in seinem Wald an der Straße von Freising nach Zolling auf. Man wallfahrte nun statt ins weit entfernte Steingaden zum nahen Wiesheiland vor der Haustür. Bald hingen Votivgaben und andere Opfer an dem Baum, und schon 1746 entstand eine Kapelle an dem Ort. 1748 wurde die erste Kirche geweiht. Sie bestand nur aus dem Oval, das den heutigen Chorraum bildet. Das Holztafelbild wurde prächtig gerahmt und als Gnadenbild aufgehängt, wo wir es heute noch sehen können. Wegen des starken Zustroms von Wallfahrern musste die Kirche ständig erweitert werden.

Eine Ahnung von den großen Mengen an Votivgaben geben die in der Kirche noch erhaltenen Votivbilder, Wachs- und Silbervotive, letztere in zwei Vitrinen an beiden Seiten des Langhauses: Wächserne Fatschenkindl, einzelne Gliedmaßen wie Beine und Arme, Augenpaare, Nutztiere wie Rinder und Pferde wurden in Wachs nachgebildet und der Kirche geopfert. Zurückgelassene Krücken weisen ebenfalls auf erbetene und offenbar erfolgte Hilfe durch den Heiland in der Wies hin. Das Deckenfresko im Langhaus zeigt noch den Anfang dieser Wallfahrt: das an einem Baum angebrachte Gnadenbild, auf das Gott seine Strahlen herabsendet.

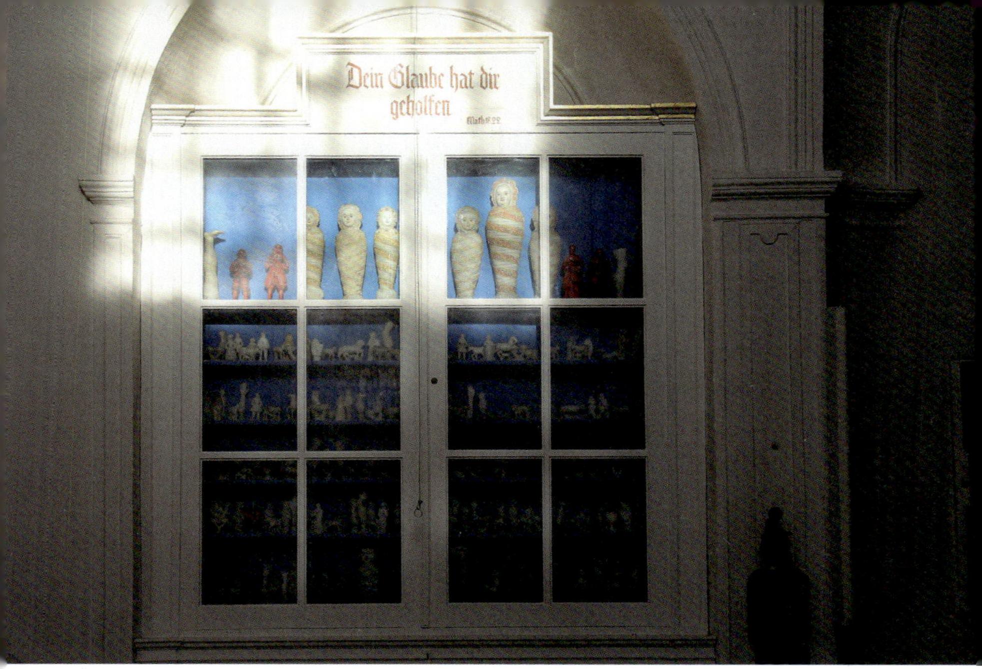

Adresse Wies 4, 85356 Freising | Anfahrt A9 München–Nürnberg, dann A92 bis Ausfahrt Freising-Mitte, auf B301/Ismaninger Straße und Mainburger Straße durch Freising, am nördlichen Stadtende die Wieskirche links direkt an der Straße | Tipp Vier Wallfahrtsziele auf einen Streich: Die Wieskirche liegt nur 500 Meter von der sehenswerten Wallfahrtskirche in Tüntenhausen (Ort 36) entfernt und ebenso nah am Freisinger Dom (Ort 35) und dem Weihenstephaner Korbiniansbrünnlein (Ort 37).

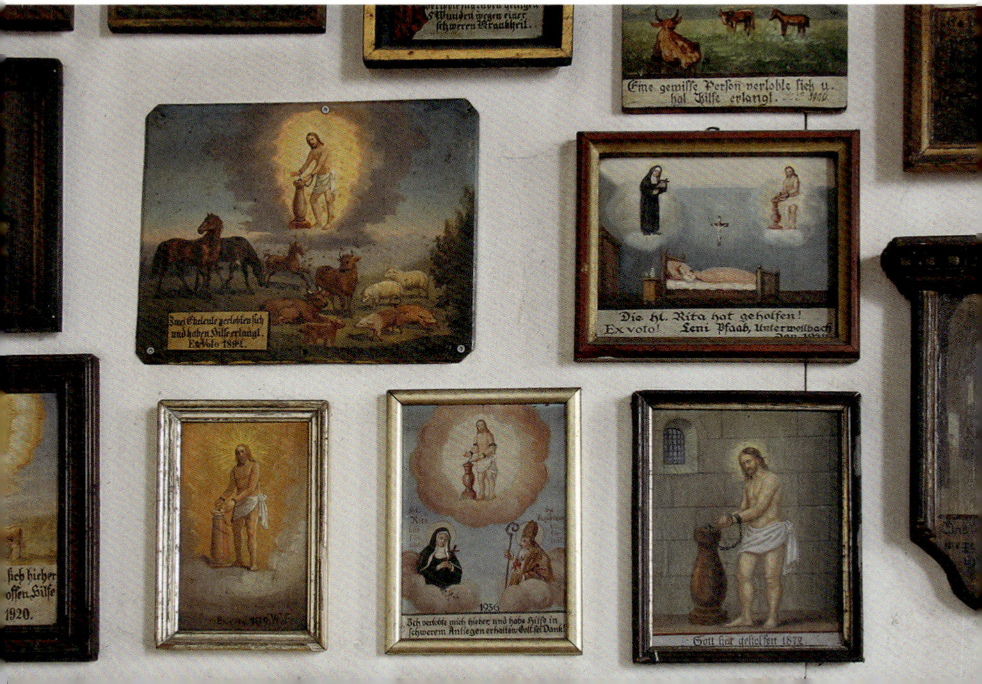

39_St. Koloman in der Lebenau

Geheimnisvoller Heiliger, den es wohl nie gab

»Kolomanskirchen«, schrieb der Historiker Hans Roth, »zeichnen sich in der Regel durch ihre einsame Lage, fern von größeren Siedlungen, aus (…) Dass sich mit diesen Koloman-Kirchen meist auch eine als heilkräftig angesehene Quelle verband, spricht für die Entstehung dieser wohl von Anfang an wallfahrtsmäßig aufgesuchten Kirchen, die vielleicht in einem bereits bestehenden Quellkult ihren eigentlichen Ursprung gehabt haben dürften.« Für den Keltenforscher Georg Rohrecker ist Koloman ein erfundener Heiliger an ehemals keltischen Kultorten mit Quell- und Baumheiligtum.

Koloman soll ein irischer Pilger gewesen sein, der 1012 auf dem Weg ins Heilige Land war. In Österreich hängte man ihn als Spion an einem dürren Holunderbaum. Doch man erkannte den Irrtum, überführte den Leichnam ins Kloster Melk und ernannte Koloman zum Reichs- und Landespatron des neuen Ost-Reiches, des heutigen Österreichs – eine abenteuerliche Geschichte.

Unsere Kolomankirche liegt einsam auf einem kleinen Plateau mitten im Wald, geweiht am 18. Juli 1518. Anlass für den Kirchenbau waren wohl die zahlreichen Quellen in diesem Waldgebiet. 1743 vermerkte ein Chronist, dass unter dem Altar ein Bächlein heraus rinnt, das von den Gläubigen zur Abwendung von Krankheiten getrunken wurde. Die heute in einem Brunnenhaus unterhalb der Kirche gefasste Quelle wird meist für *die* Kolomanquelle gehalten, viele Menschen holen sich das Wasser für daheim. Allerdings fließt ein zweites Brünnlein im Wald, wenige Schritte von der Kirche entfernt, angeblich das echte »Fieberbrünnl«. Die Wallfahrt zum heiligen Koloman in der Lebenau scheint im 17. Jahrhundert lebhaft gewesen zu sein. Hinter dem Altar war ein Käfig aufgestellt, in den bis ins 20. Jahrhundert geopferte schwarze Hühner gesperrt wurden. In die schwere Kirchentür haben die Gläubigen Symbole ihrer Anliegen geritzt.

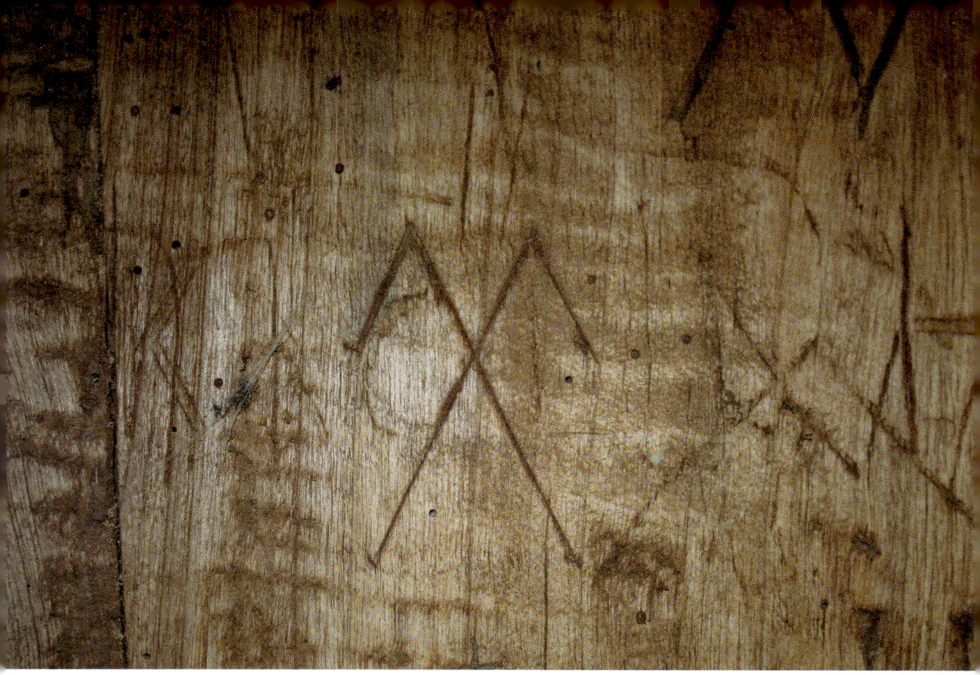

Adresse St. Koloman in der Lebenau, 83413 Fridolfing | **Anfahrt** B20 Tittmoning-Laufen, etwa 6 Kilometer nach Fridolfing kurz nach dem Weiler Berg rechts abbiegen Richtung Eberding/Kirchanschöring, nach knapp 100 Metern links abbiegen zur Kirche St. Koloman | **Tipp** Wenn man das Sträßchen neben der Kirche weiter in den Wald hineingeht, erreicht man in kurzer Zeit den Weiler Hof mit dem sehenswerten Bauernhausmuseum von Franz Huber (geöffnet Juni–Aug., Tel. 08685/469).

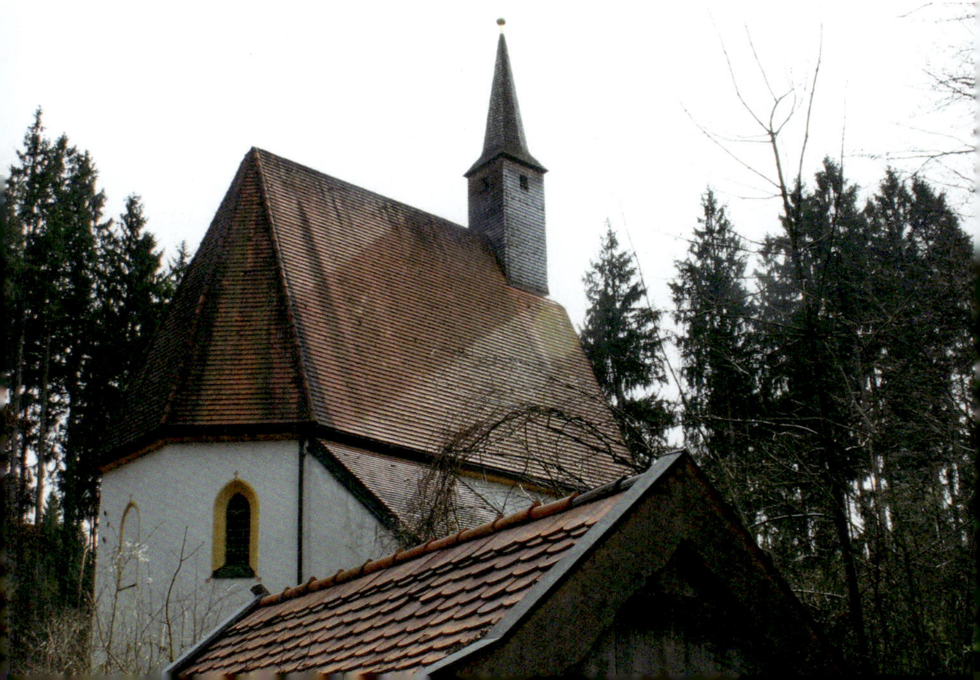

40 St. Sebastian

Zur hohlen Linde der seligen Edigna

Um das Jahr 1074 soll Edigna nach Puch gekommen sein. Dort lebte sie vierzig Jahre lang in der hohlen Linde, die heute noch vor der Kirche steht, kümmerte sich um die Armen und die Kranken und unterrichtete die Kinder. Am 26. Februar 1109 starb sie der Überlieferung nach und wurde in Puch beerdigt.

Edigna war angeblich die Tochter König Heinrichs I. von Frankreich und seiner Frau Anna, der Tochter des Fürsten Jaroslav von Kiew. Sie sollte verheiratet werden, floh aber, indem sie eine Pilgerreise ins Heilige Land unternahm. Ein Bauer soll sie auf seinem Ochsenkarren mitgenommen haben. Als das Gefährt sich unterhalb des Dorfes Puch befand, soll der Hahn auf dem Karren gekräht und eine mitgeführte Glocke von selbst angefangen haben zu läuten. Edigna nahm das als Zeichen Gottes, diesen Ort als ihre neue Heimat zu wählen.

Dieser herausragende Ort auf einem Altmoränenhügel schien schon in der Frühzeit den Menschen als Siedlungsort geeignet. Bronze- und hallstattzeitliche Funde lassen vermuten, dass der Hügel über Jahrtausende durchgehend besiedelt oder mit einer Kultstätte besetzt war. Spätestens seit 758 befindet sich dann eine christliche Kirche dort. Dann kam eine »würdige Frau« – »digna« heißt »die Würdige« – und ließ sich an dem heiligen Ort nieder.

Wer sie war, weiß man nicht. Es gab keine französische Königstochter Edigna. In der ursprünglichen Kirche muss das Grab dicht hinter dem Hochaltar gewesen sein – ein Ort, der hochgestellten Persönlichkeiten als Begräbnisort vorbehalten war. Um 1600 hat man ihre Gebeine erhoben und sie kostbar gefasst zur Verehrung ausgestellt – heute im linken Seitenaltar. Schon damals wurde Edigna demnach sehr verehrt. Die Kirche ist heute dem Pestpatron Sebastian geweiht. Doch Edigna konnte man offenbar nicht so einfach übergehen, ihr sind das gesamte Bildprogramm der Kirche und der prächtige Altar auf der Frauenseite gewidmet.

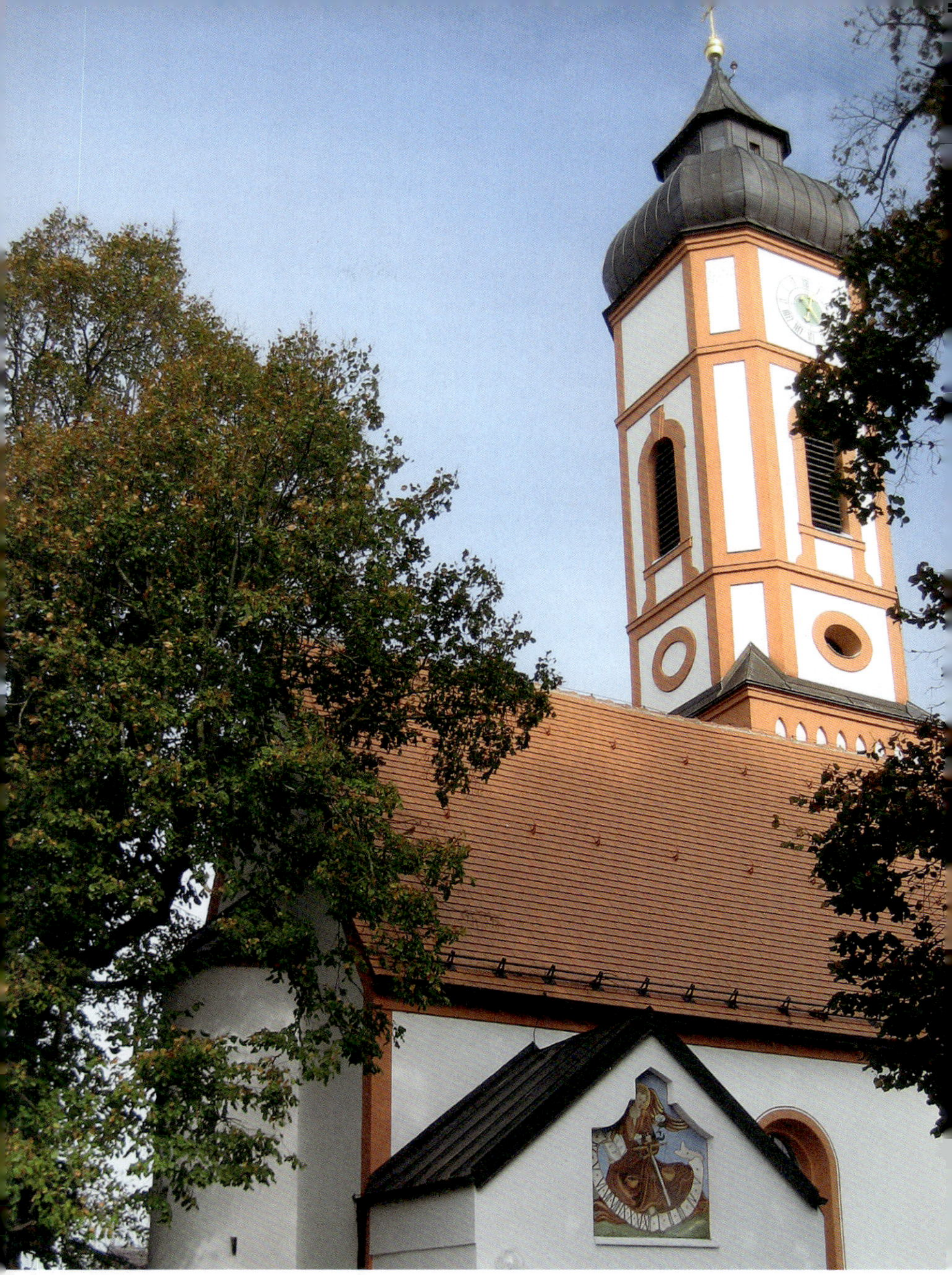

Adresse 82256 Fürstenfeldbruck (Puch) | Anfahrt A99 Autobahnring München, dann A8 Richtung Stuttgart, Ausfahrt Dachau/Fürstenfeldbruck, B471 bis Puch | Tipp Die Bevölkerung von Puch führt seit 1959 alle zehn Jahre ein Edigna-Spiel auf, in dem Leben und Wirken der Edigna dargestellt und jeweils zeitgemäß interpretiert werden, nächster Termin: 2029.

41 St. Anton

Aussichtsreiche Bergkirche mit einzigartigen Fresken

Partenkirchener Bürger haben einst für diesen wunderbaren Platz am Abhang des Wank mit Aussicht auf die Zugspitze eine kleine Antoniuskapelle gestiftet, aus Dankbarkeit dafür, dass der Ort im Spanischen Erbfolgekrieg verschont geblieben ist.

Ein Kreuzweg führt heute die Wanderer aus dem Tal herauf, und was sich ihnen präsentiert, ist ein Bauwerk, das in den Jahrzehnten nach dem Ursprungsbau die Kapelle erweiterte – ein Zwiebelturm, ein Priesterhaus und eine Grotte wurden angebaut. Immer mehr Wallfahrer zogen zum heiligen Antonius, sodass mehr Platz für die Pilger nötig war.

Neben der grandiosen Lage sind jedoch die Deckenfresken im Inneren der Höhepunkt an dieser Kirche: Sie stammen von Johann Evangelist Holzer und sind die einzigen Fresken, die von dem Maler noch bekannt sind. 1709 in Burgeis in Südtirol geboren, schuf er hier in Partenkirchen 1736 sein erstes großes Werk – spätere Arbeiten, etwa in Münsterschwarzach, wurden leider in der Säkularisation zerstört. Zumindest das musste der Künstler nicht miterleben, er starb schon mit 30 Jahren an einem »hizig und gyfftigen Flekken Fieber«. Das Kuppelfresko in St. Anton hat den Kirchenpatron Antonius von Padua zum Thema, der im Himmel für die zu ihm betenden Menschen Fürsprache leistet: Dem Heiligen erscheint das Jesuskind, auf die Weltkugel gestützt, darunter hat Holzer eine umlaufende Säulengalerie gemalt, in der sich 13 Szenen abspielen, in denen der Heilige helfen soll. Medaillons am unteren Ende des Freskos nennen diese sogenannten Privilegien des heiligen Antonius: etwa bei der Station »Mors, Error« (= Tod, Irrtum) der Tod als Gerippe, das vor einem Engel mit einem Hammer flieht, der den Tod vertreibt und Blumen streut. Kunsthistoriker schwärmen über die »Atmosphäre der venezianischen Kunstlandschaft«, welche »die Fresken Holzers eingefangen und an die kalten und schneereichen Hänge des Wank übertragen« haben.

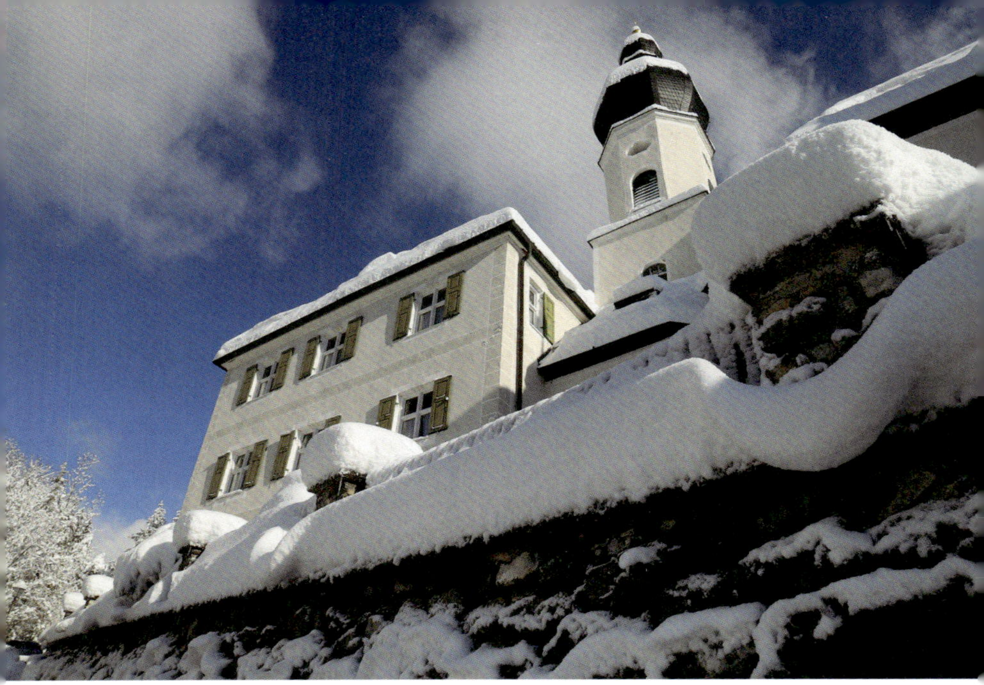

Adresse 82467 Garmisch-Partenkirchen | Anfahrt A95 München–Garmisch, am Autobahnende bei Eschenlohe auf B2 bis Garmisch-Partenkirchen | Tipp Direkt bei St. Anton beginnt der Wanderweg auf den Gipfel des Wank (1.780 Meter), den man zu einer Rundwanderung über die Esterbergalm und Daxkapelle zurück zum Ausgangspunkt erweitern oder mit einer Abfahrt mit der Wankbahn beschließen kann.

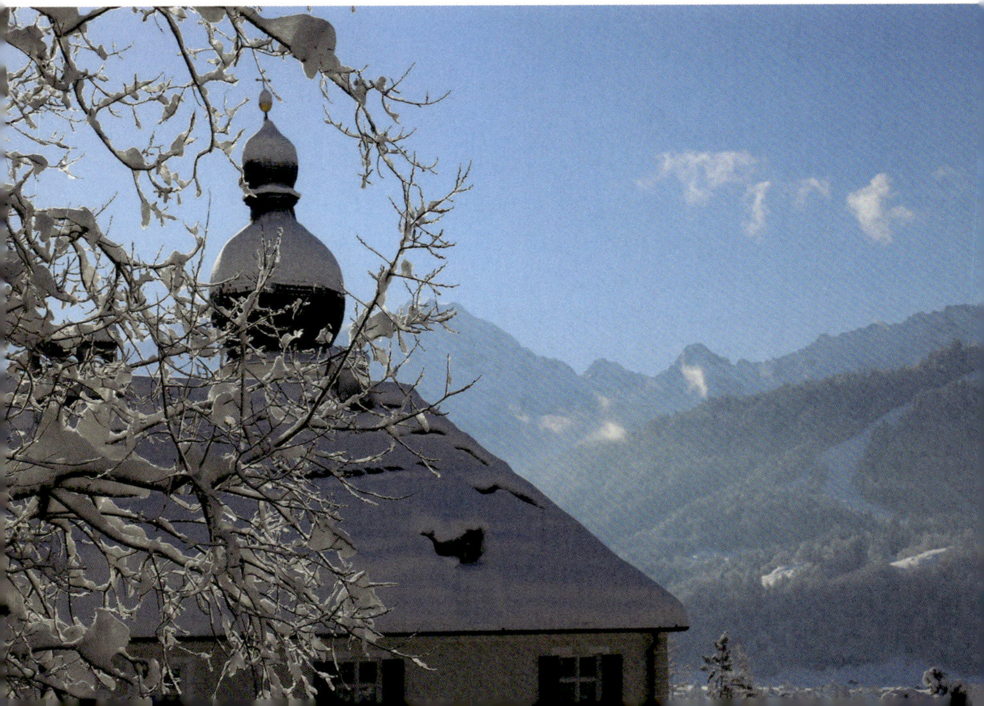

42 Frauenbründl

Heilsames Wasser seit Hunderten von Jahren

Das Frauenbründl bei Glonn gehört zu den am häufigsten besuchten Quellheiligtümern in Oberbayern. Selten nur ist man allein an der Kapelle, meist stehen die Menschen Schlange, um sich das heilkräftige Wasser in mitgebrachte Flaschen und Kanister abzufüllen. Doch wo es bis vor zwei Jahren beständig sprudelte, trifft man heute nur noch ein Rinnsal an.

Das Gebiet um Glonn gilt als sehr wasserreich. Auch der Name des Marktes ist ein »Wassername«: Er ist keltischen Ursprungs, die Bezeichnung eines Flusses, und kommt von »Glana« – die Klare. In der Gegend um Glonn hat man vorchristliche Siedlungsspuren entdeckt. Als »Glan« wurde Glonn 774 zum ersten Mal schriftlich erwähnt. Der Volkskundler Rudolf Kriss (1956) sieht das Glonner Frauenbründl sogar als Quellheiligtum in Verbindung mit einem Baumkult, weil das Brünnlein direkt am Waldrand steht und das Zusammenspiel Baum – Quelle sehr eng ist.

Vor etwa vierhundert Jahren entstand hier wohl die erste Kapelle, im Dreißigjährigen Krieg, der vielen Andachtsstätten regen Zulauf bescherte. Damals wussten die Menschen keinen Ausweg aus dem irdischen Dilemma und suchten Zuflucht bei den himmlischen Fürsprechern.

Die ersten Votivbilder stammen aus den 1630er Jahren. Leider wurden die meisten der alten Tafeln gestohlen, doch es gibt Dokumente, die die Anlässe der »Verlöbnisse« verzeichnen: Nöte des Alltags, alle nur vorstellbaren Krankheiten, vor allem auch Augenleiden.

Auch heute noch vertrauen die Menschen der Umgebung nicht nur dem Wasser, sondern auch der »Muttergottes vom Frauenbründl«. Die Wände der Kapelle sind dicht bedeckt mit Votivtafeln, die gestickt, gezeichnet und sogar von Kindern gemalt sind. Fotos, Rosenkränze, traditionelle Silbervotive und Wachsopfer, handgetöpferte Bilder, Kreuze, Hinterglasbilder und Klosterarbeiten – das Frauenbründl ist ein sehr lebendiger Ort der Kontaktaufnahme mit der Muttergottes.

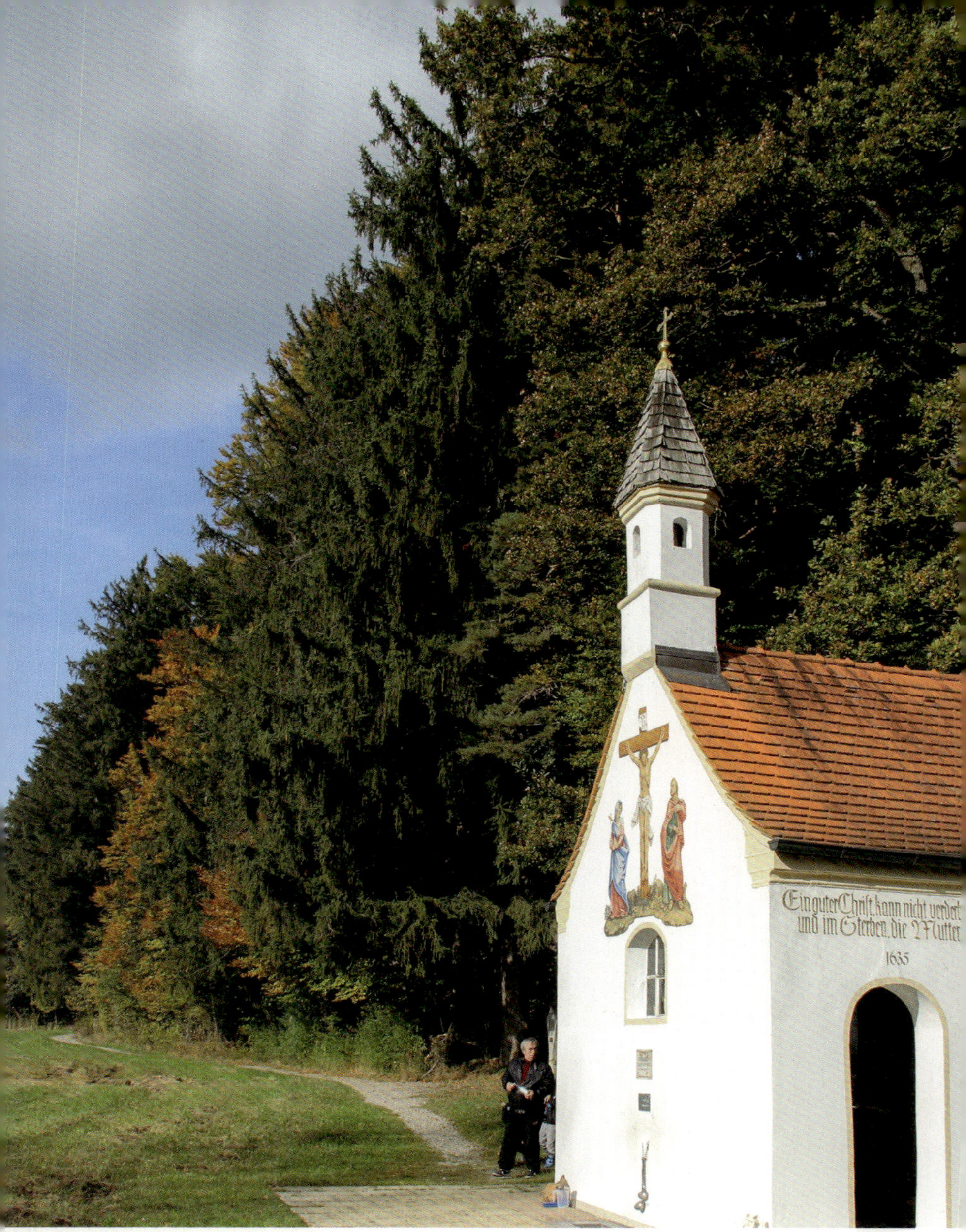

Adresse 85625 Baiern, Frauenbründl | **Anfahrt** Auf der Straße von Glonn Richtung Aßling etwa einen Kilometer außerhalb von Glonn rechts abbiegen Richtung Bruckmühl, nach etwa einem Kilometer rechts abbiegen nach Weiterskirchen, in der Dorfmitte links abbiegen (Schild: »Frauenbründl«), etwa 500 Meter abwärts fahren und unten am Waldrand links von der Straße parken, zu Fuß etwa 5 Minuten durch den Wald (Kreuzwegstationen) bis zum Frauenbründl | **Tipp** Am ersten Sonntag im Juli findet traditionell eine Marienandacht in der Frauenbründl-Kapelle statt.

43_St. Quirin

Quellerweckung am Rastplatz des Heiligen

Die Ursprungslegende der Quirinsquelle gehört zu den sogenannten Rastsagen: Als der Zug mit den Reliquien des heiligen Quirinus auf seinem Weg ins Kloster Tegernsee hier Rast machte, entsprang genau an der Stelle, an der die Träger die sterblichen Überreste des Heiligen abgesetzt hatten, eine wundertätige Quelle. An anderen Kultorten kennen wir ähnliche Entstehungssagen, auch an Quellorten in Oberbayern, etwa in Eresing, wo der heilige Ulrich gerastet haben soll (Ort 26) oder in St. Wolfgang, wo der heilige Wolfgang haltmachte (Ort 92). Während Letztere aber zu Lebzeiten höchstpersönlich unterwegs waren, sind es bei Quirin die Reliquien, die das Wunder bewirken.

Quririnus war ein Märtyrer, der während der Christenverfolgung enthauptet worden war. Als die Brüder Adalbert und Ottokar (oder Otgar) das Kloster Tegernsee gegründet hatten – die Weihe soll 746 stattgefunden haben – erhielten sie vom Papst die Reliquien des heiligen Quirin. Über der Wunderquelle errichtete man schon früh eine Holzkapelle, das Wasser stand stets in hohem Ansehen, früher soll es viele Votivtafeln hier gegeben haben.

Die Quirinsquelle gehört zu den wenigen heiligen Quellen, die seit Jahrhunderten in ihrer alten Erscheinungsform »funktionieren«: In dem Brunnen aus rotem Tegernseer Marmor befindet sich immer noch das Wasser aus einer Quelle, die von unten stets frisch aus der Erde sprudelt. Mittels eines Schöpfeimers wird es entnommen. Wenn es eine Weile im Eimer steht, bildet sich an der Oberfläche ein schimmernder, öliger Belag, weshalb man es nicht trinken soll.

Zur äußerlichen Anwendung holen es die Menschen bis heute in der festen Überzeugung an die Wirksamkeit. Der Mesner berichtet insbesondere von erfolgreichen Anwendungen des Wassers bei Augen- und bei Rückenleiden. Immer wieder werden auch kleine Quirine hier getauft, mit dem Quirinuswasser als Taufwasser.

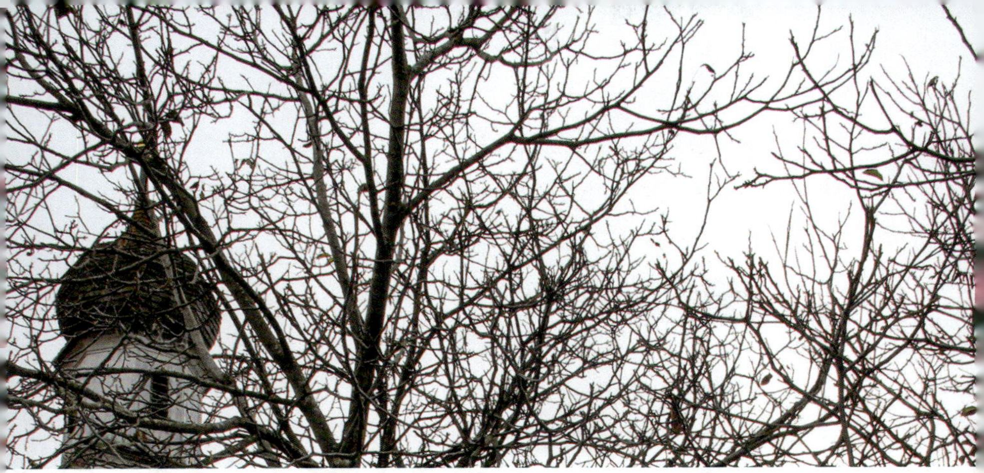

Adresse St. Quirin, 83703 Gmund am Tegernsee | **Anfahrt** von Norden kommend: A8 München – Salzburg, Ausfahrt Holzkirchen, B318/B307 an den Tegernsee; von Süden kommend die Ausfahrt Irschenberg nehmen. Etwa auf halber Strecke zwischen Gmund und Tegernsee steht am Tegernsee-Ostufer direkt an der Straße links die kleine Kirche St. Quirin im gleichnamigen Ortsteil. | **Tipp** Kunstinteressierte sollten das Olaf-Gulbransson-Museum in Tegernsee nicht verpassen. Der berühmte Zeichner lebte bis zu seinem Tod in einem alten Bergbauernhof, dem Schererhof, hoch über dem Tegernsee.

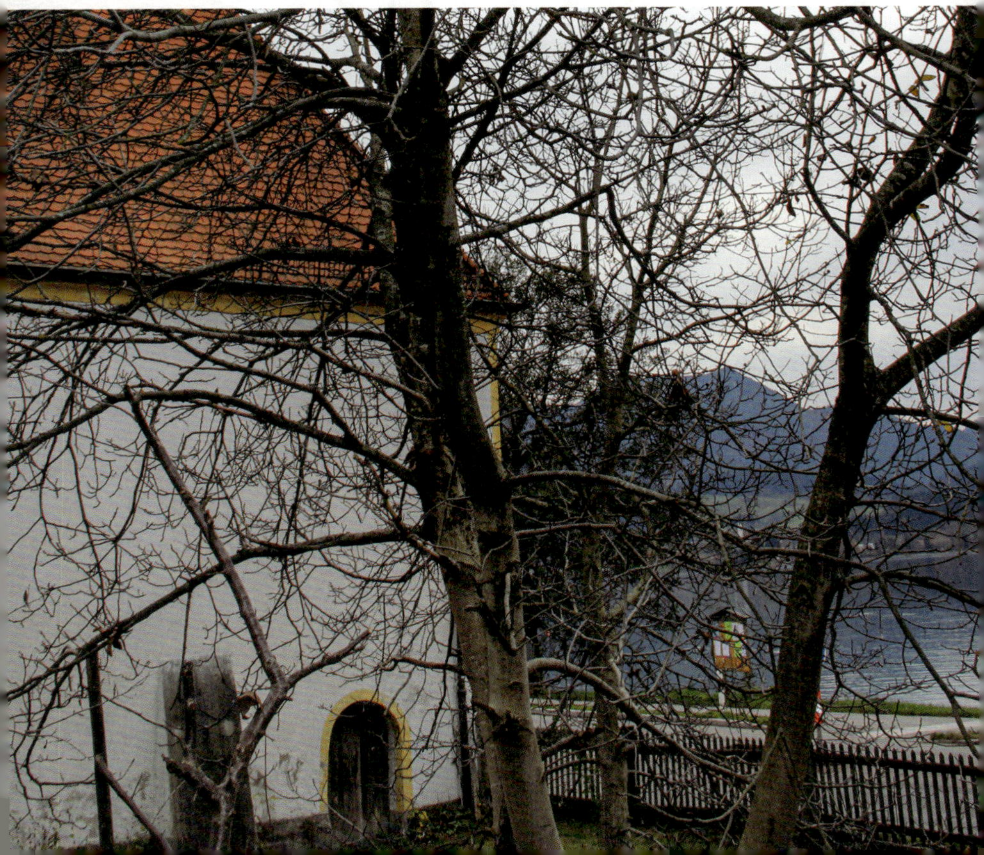

44 St. Rasso

Die Wallfahrt zum Grafen Rath

Der heilige Rasso ist heute nur noch wenigen Menschen ein Begriff. Dabei pilgerten einst Wallfahrer von weit her zu seinem Grab. Die drei erhaltenen Mirakelbücher verzeichnen fast 13.000 Wundertaten an der Grabstätte.

Grafrath heißt der Ort, an dem sich bis heute dieses Pilgerziel befindet. Rasso ist zwar eine historische Figur, seine Lebensgeschichte basiert aber in weiten Teilen auf Vermutungen. Er stammte angeblich aus adeliger Familie und gründete im 9. Jahrhundert auf der Amperinsel Wörth nördlich des Ammersees ein Kloster. Dafür erwarb er wertvolle Reliquien auf einer Pilgerreise nach Jerusalem, Konstantinopel, Rom und Mailand. Als Laienbruder trat er in das von ihm gestiftete Kloster ein, starb dort vermutlich im Jahr 854 und wurde mit seinen Heiltümern in der Kirche beigesetzt. Schon bald setzte wohl seine Verehrung ein, denn mittelalterliche Quellen berichten schon von Wundern an seinem Grab und nennen die Insel Wörth »bei sand Graf Rath«.

Im 12. Jahrhundert verlegten die Dießener Grafen ihren Stammsitz nach Andechs. Um der Neugründung Gewicht zu verleihen, holten sie die von Rasso gesammelten Reliquien nach Andechs – sie bilden bis heute den Grundstock des berühmten Andechser Heiltumsschatzes. Das Kloster Grafrath wurde aufgelöst.

Der heilige Rasso aber liegt bis heute in der Rassokirche in Grafrath. Obwohl er nicht, wie es wohl seine Absicht gewesen ist, bis zum Jüngsten Tag neben seinen gesammelten Heiltümern ruht, war er zu keiner Zeit vergessen. Das Volk pilgerte zu ihm, besonders bei »heimlichen und schambaren Gebrechen«, also Unterleibsleiden. Bis zum heutigen Tag werden wunderbare Heilungen bezeugt. Die Geschichtsschreiber ließen ihn gar aus dem Geschlecht Dießen-Andechs stammen, sodass er in Bildwerken als Verwandter der seligen Mechthild von Dießen dargestellt wird – etwa im »Dießener Himmel«, dem Hauptfresko im dortigen Marienmünster.

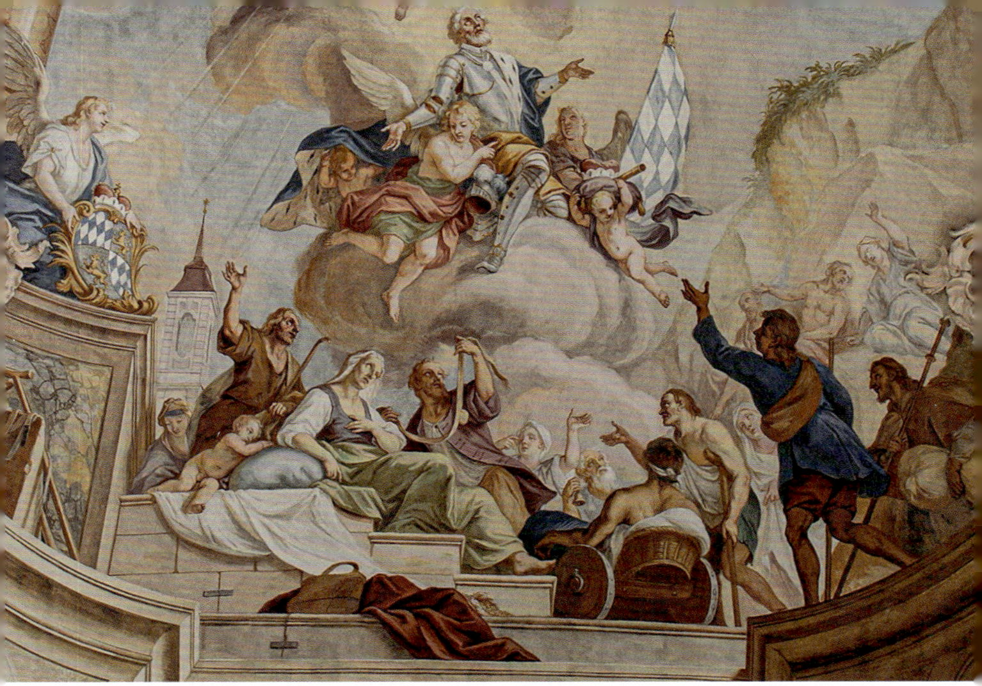

Adresse 82284 Grafrath | **Anfahrt** A96 München–Lindau, Ausfahrt Inning, B471 bis Grafrath | **Tipp** Rund um den Ammersee führt der Rasso-Pilgerweg. Er verbindet viele Orte, die an den heiligen Rasso erinnern und lädt zu einer meditativen Wallfahrt ein, die gleichzeitig eine viertägige Wanderung in der schönsten Natur des Voralpenlandes ist. Eine Infobroschüre kann gegen eine Gebühr angefordert werden: info@kulturverein-strasso.de.

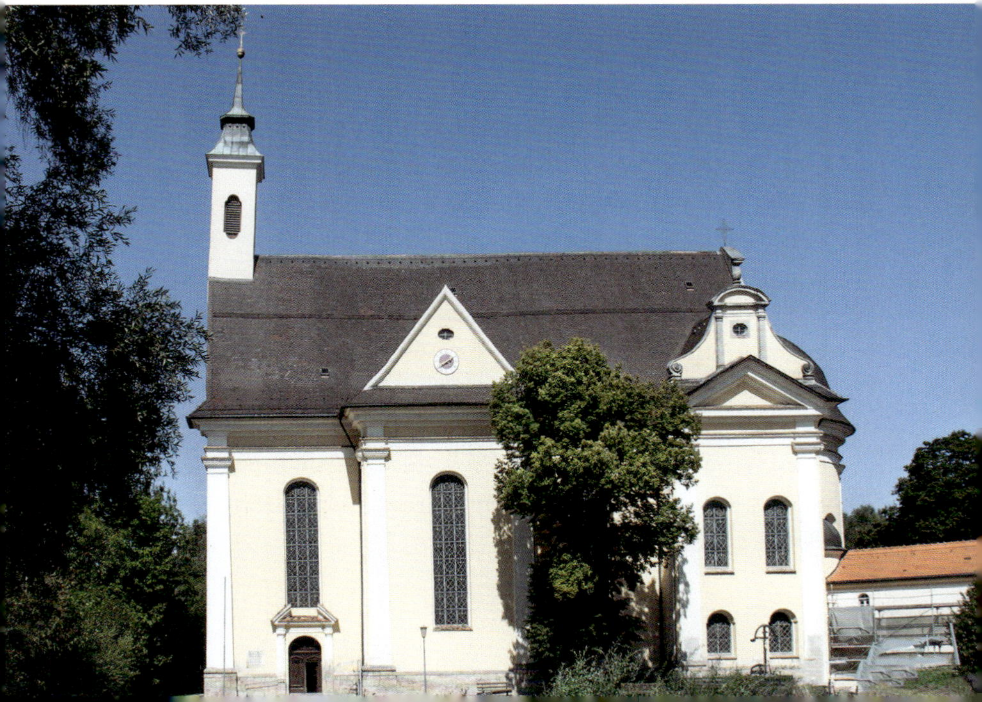

45 Möschenfeld

Wallfahrt zur Augenpatronin Ottilie

Im kleinen Weiler Möschenfeld würde man eine so beeindruckend große Kirche nicht vermuten: mit zwei kleinen Türmen und einem großen, mit einem geschweiften, verspielten Giebel und einer Umfassungsmauer. Eine Klosterschwaige war der Ort im 11. Jahrhundert, mit einer Ottilienkapelle, zu der sich bald eine Wallfahrt entwickelte.

Ottilie war – neben der heiligen Lucia – bis ins 20. Jahrhundert *die* Augenpatronin. Beider Gedenktag ist der 13. Dezember, bis zur Einführung des Gregorianischen Kalenders 1582 der Tag der Wintersonnenwende. Dieser dunkelste Tag des Jahres wurde schon in vorchristlicher Zeit gefeiert, die Kirche legte ganz bewusst den Tag einer heiligen »Lichtbringerin«, der Lucia, (lateinisch *lux* = das Licht) auf den 13. Dezember, ebenso wie den Gedenktag von Ottilie, der Patronin gegen Blindheit. Die beiden heiligen Frauen sollten diesen Sonnwendtag voller abergläubischer Rituale christlich besetzen.

Die Legende der Ottilie ist in der Kirche auf mehreren Tafeln bildlich dargestellt: Odile, wie sie in Frankreich heißt, wurde der Legende nach blind geboren. Der Vater wollte sie deshalb töten, ihre Mutter brachte sie heimlich in ein Kloster. Dort erhielt sie von Bischof Erhard von Regensburg die Taufe und dadurch das Augenlicht. Ihr Bruder holte sie zurück, worauf der Vater im Zorn den Bruder totschlug und Ottilie ihn wieder zum Leben erweckte. Sie gründete auf dem heiligen keltischen Berg Hohenberg das Kloster Odilienberg, wo sie begraben liegt. Dieser Berg am Ostrand der Vogesen gilt als heiliger Berg des Elsass und zählt heute noch zu den bedeutendsten Wallfahrtsorten Frankreichs.

Auch die Wallfahrt zur Ottilie nach Möschenfeld ist nicht vergessen: Zahlreiche Votivbilder zeugen von der Verehrung, die Ottilienfiguren werden in Fronleichnamsprozessionen auch der Umgebung mitgetragen und bis heute gibt es Bittgänge der Nachbarpfarreien nach Möschenfeld.

Adresse 85630 Grasbrunn, Möschenfeld | Anfahrt B304 München – Salzburg, kurz hinter München in Baldham rechts ab nach Möschenfeld | Tipp Die Kirche St. Ägidius im nahen Keferloh wurde in den Jahren 1170 bis 1173 erbaut und enthält noch romanische Fresken aus der Erbauungszeit. Leider wurden die gotischen und barocken Ein- und Umbauten, ebenso wie die liturgische Ausstattung in den 1960er Jahren entfernt.

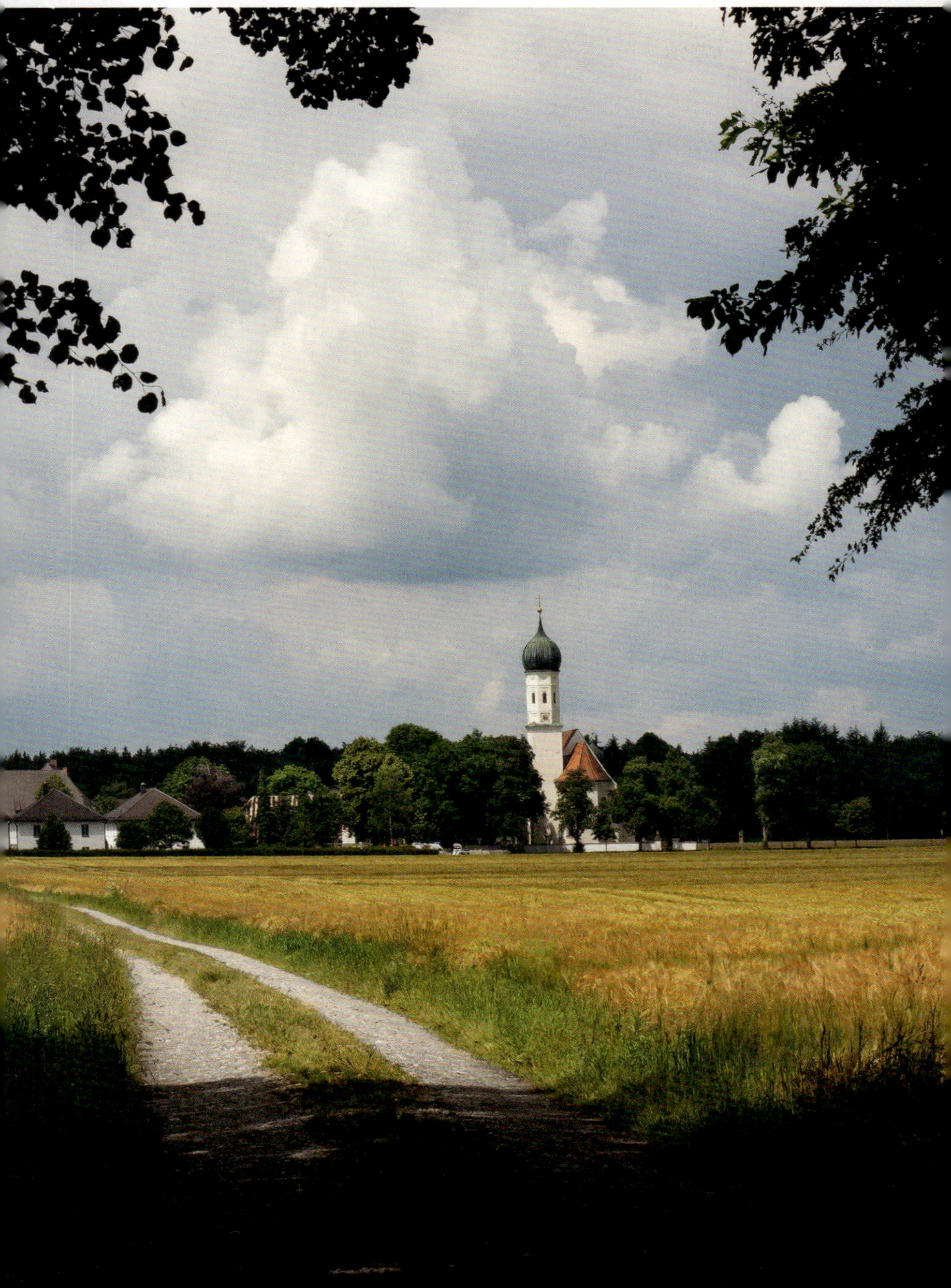

46 Altenhohenau

Das Kolumba-Jesulein mit eigenem Kleiderschrank

Seit die letzten Dominikanerinnen 2013 ausgezogen sind, ist das Kloster verwaist. Zurückgeblieben ist eine Klosteranlage mit einer der schönsten Rokokokirchen Bayerns voller Kunstschätze.

Zurückgeblieben ist auch das Kolumba-Jesulein in einem Glasschrein an der südlichen Langhauswand. Besonders verehrt wurde es von der Ordensschwester Kolumba Weigl (1713–1783), sodass man bis heute dieses »Christkindl« nach ihr nennt. Die Schwestern nähten und strickten für ihr Jesulein, sie liebten es wie ein eigenes Kind. Bis heute hat es einen eigenen kleinen Kleiderschrank im Kloster, darin neben Kleidern und Umhängen kunstvoll bestickte Häubchen und mit winzigen Nadeln gestrickte Strümpfe. Zu besonderen Festtagen wird das Kindlein entsprechend den liturgischen Farben umgezogen, einige Kleider sind zu beiden Seiten des Jesuleins ausgestellt.

Eines der acht im 18. Jahrhundert meistverehrten Gnadenbilder in Bayern war aber eine andere Figur: das Altenhohenauer Jesulein, eine nur handspannengroße Christkindfigur, die sich heute in einem Glasschrein auf dem rechten Seitenaltar befindet.

Das Kolumba-Jesulein dagegen passte auf die Schwestern auf: Eines Tages, heißt es, bemerkte die Oberin, dass die Schuhe des Jesuleins durchgewetzt waren. Man konnte sich das zwar nicht erklären, doch Schwester Agnes sollte eilig neue Schuhe anfertigen. Während sie nachts noch daran arbeitete, hörte sie leise Schritte auf dem Gang. Eine Zellentür nach der anderen wurde geöffnet und geschlossen. An ihrer Tür gingen die Schritte vorbei. Da schaute Agnes in den Gang und sah das Jesulein entlangtapsen, das jede Zellentür öffnete und sich vergewisserte, dass jede Schwester ruhig schlief. Nur an Agnes' Tür ging das Kindlein vorbei, weil sie ja noch bei der Arbeit war. Die Schühchen waren nun schnell fertig, Agnes legte sich schlafen – und merkte gar nicht, dass das Christkindlein auch bei ihr noch nach dem Rechten sah.

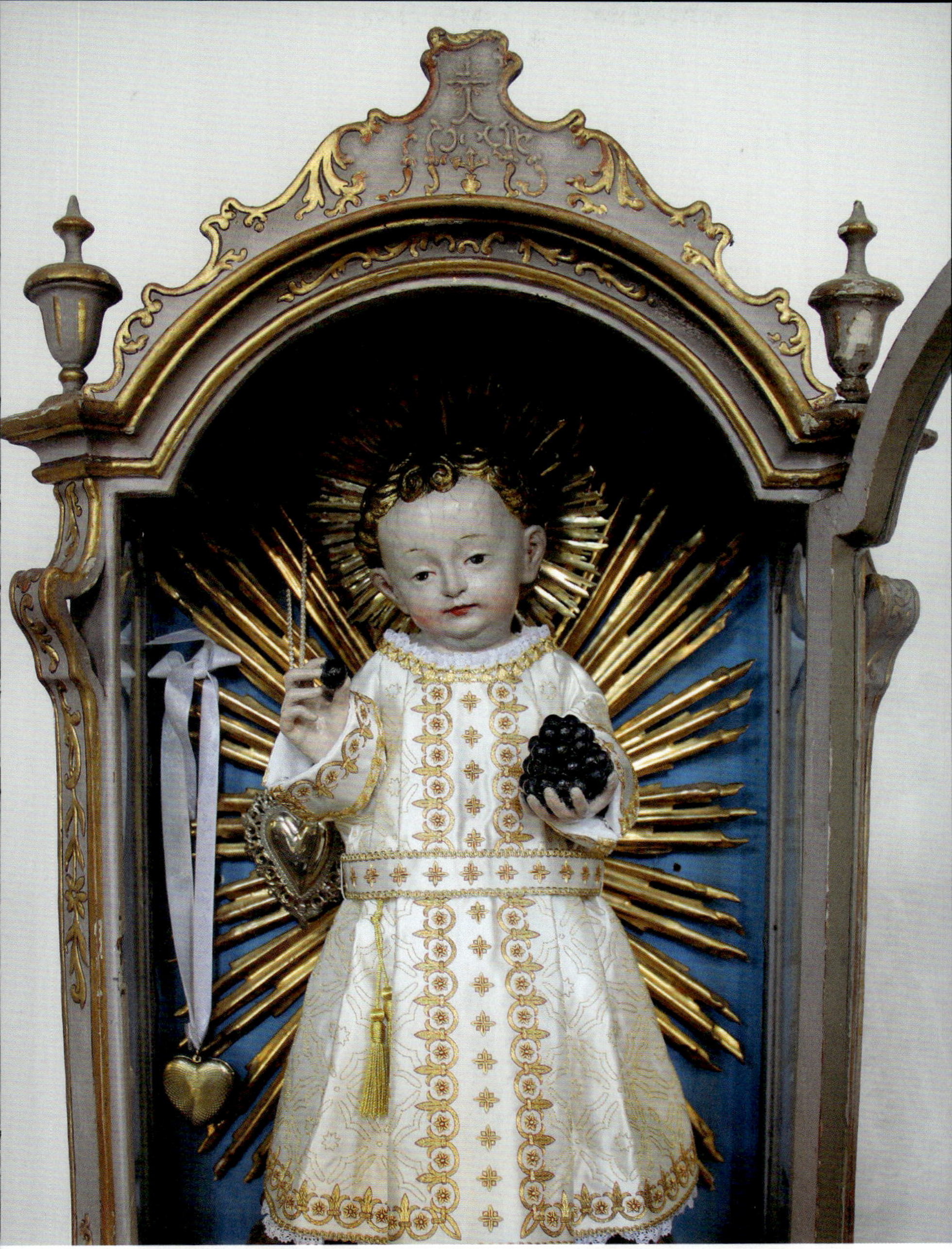

Adresse Altenhohenau 8, 83556 Griesstätt | **Anfahrt** A94 München–Altötting, Ausfahrt Hohenlinden, B12 bis Edling, kurz auf B304 bis die B15 Richtung Rott am Inn abzweigt, auf dieser bis kurz vor Rott am Inn, links abbiegen auf St2079 nach Griesstätt, links abbiegen auf St2359, bis Abzweig nach links (Altenhohenau) beschildert ist | **Tipp** Der Gedenktag von Schwester Kolumba ist ihr Todestag am 31.8.; groß gefeiert wird das Kolumbafest am zweiten Sonntag im September.

47 Mariä Himmelfahrt

Auf das Wahrzeichen des Pfaffenwinkels

Einen herrlichen Blick auf die Alpen und das Alpenvorland zwischen Lech und Starnberger See hat man vom Gipfelplateau des Hohenpeißenbergs. Auf 988 Meter Höhe bauten hier die Bauern der Umgebung 1514 eine Marienkapelle, der herzogliche Pfleger stiftete eine Marienstatue aus der Schlosskapelle Schongau – es ist heute noch das verehrte Gnadenbild, das sich in der ursprünglichen, der Gnadenkapelle, befindet. Es war auch hier oben, vor ihrer Kapelle, dass sich 1525 die Bauern zum Widerstand gegen die schwäbischen Eindringlinge versammelten, und, als diese erfolgreich zurückgedrängt worden waren, den Sieg der Hilfe der Muttergottes zuschrieben. Zu Beginn des 17. Jahrhunderts baute man wegen des großen Andrangs eine größere Kirche einfach an die Gnadenkapelle an.

Wie an anderen Wallfahrtsorten auch, wurde im Spanischen Erbfolgekrieg das Gnadenbild nach München verbracht, von wo es erst nach der Rückkehr von Kurfürst Max Emanuel 1705 wieder zum Hohenpeißenberg zurückkehrte. Die Wallfahrt erfreute sich daraufhin wieder eines so großen Zulaufs, dass 1747 die Gnadenkapelle im Rokokostil umgestaltet werden konnte, mit Fresken des genialen Malers Matthäus Günther, der am Hohenpeißenberg zu Hause war. Der Zustand von 1747 wurde nach den Umgestaltungen des 19. Jahrhunderts bei der kürzlichen Renovierung wiederhergestellt.

Heute zählt die Doppelkirche auf dem »bayerischen Rigi«, wie der Hohenpeißenberg in Anlehnung an den berühmten Schweizer Berg am Vierwaldstätter See genannt wird, zu den frequentiertesten Wallfahrtszielen Oberbayerns. Am ersten Sonntag im September findet jedes Jahr die Trachtenwallfahrt des Lechgauverbandes statt, und vor allem am Patroziniumstag, dem 15. August, kommen viele Wallfahrer – fast wie in alten Zeiten, als Mitte des 18. Jahrhunderts mindestens 40.000 Wallfahrer jährlich auf den Hohenpeißenberg pilgerten.

Adresse 82383 Hohenpeißenberg | Anfahrt A95 München–Garmisch-Partenkirchen, Ausfahrt Sindelsdorf, B472 bis Peißenberg, von hier bis Hohenpeißenberg | Tipp Die Gaststätte Bayerischer Rigi mit Aussichtsterrasse liegt nur wenige Schritte von der Wallfahrtskirche entfernt in traumhafter Lage auf dem Hohenpeißenberg (www.bayerischer-rigi.de).

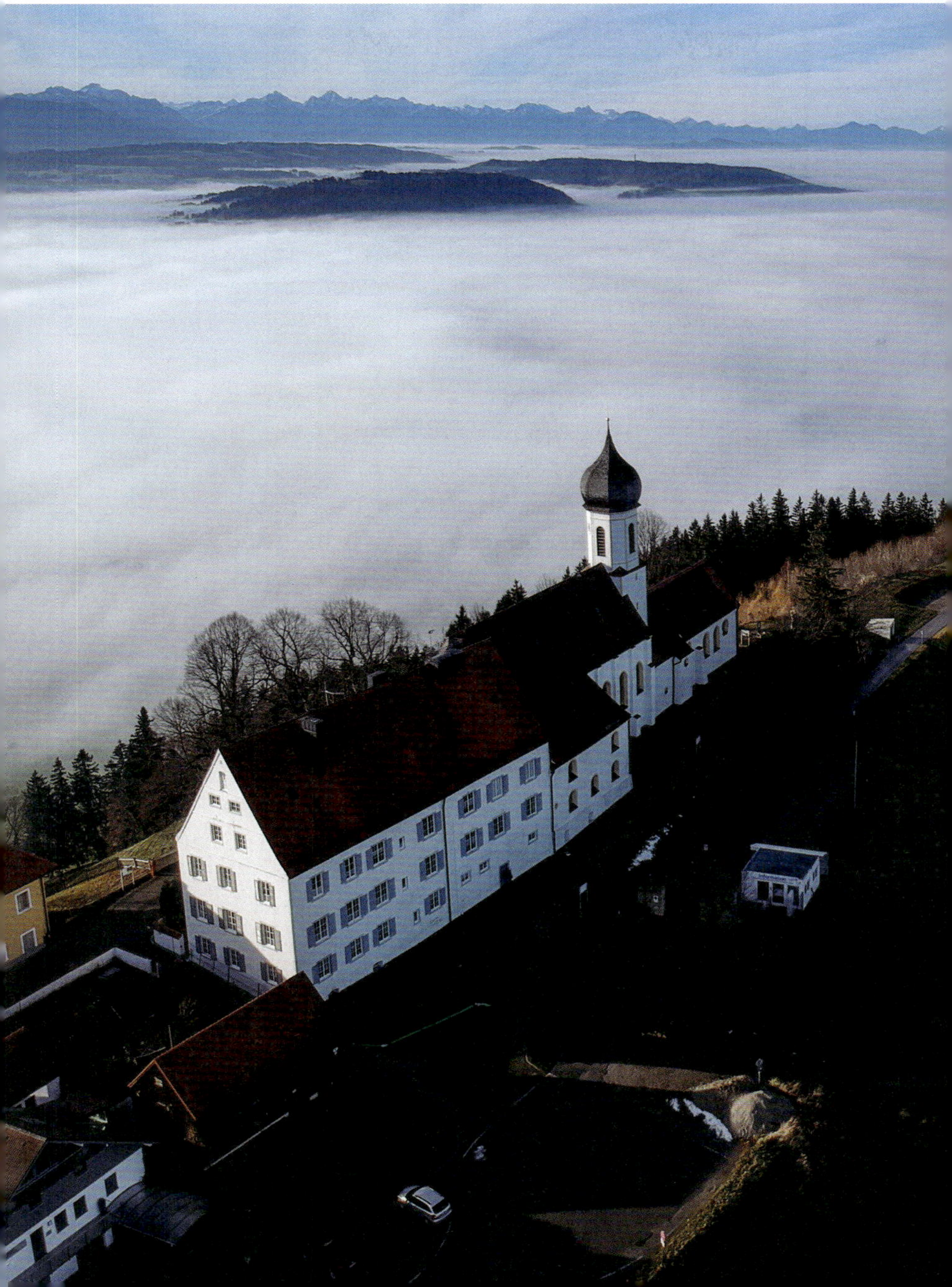

48 Sufferloh

Das magische Frauenbergerl

Ein Relikt der letzten Eiszeit ist das Frauenbergerl im Süden des Weilers Sufferloh für die Geologen. Die abschmelzenden Gletscher haben den mitgeführten Schutt zu Hügeln aufgetürmt zurückgelassen. Ein magischer Kraftort ist das Frauenbergerl mit seiner kleinen, turmlosen Marienkirche für Spaziergänger und spirituell Suchende, ein sagenhafter Ort für Volkskundler. Denn die Marienkirche steht an einem Ort, von dem es heißt, die Anwohner hätten früher Flachs und Milch als Opfer hierhergebracht, und drei geheimnisvolle »Fräulein« würden die Opfergaben dann abholen. Es handelt sich dabei um eine Variante der Drei-Bethen-Verehrung, wie etwa in Leutstetten (Ort 94). Gerade im Zusammenhang mit der Ernte sind solche Bräuche bekannt, dass nämlich ein symbolischer Anteil des Ernteguts zum Dank an die Götter gegeben wurde – meist weibliche Gottheiten, die traditionell für Fruchtbarkeit und Gedeihen zuständig waren und sind: Ceres und Demeter in der römischen und griechischen Antike, Freya bei den Germanen. Im Christentum nahm die Gottesmutter Maria diese Rollen ein – nicht umsonst ist das Kirchlein in Sufferloh Maria geweiht, der Hügel heißt Frauenberg. In vielen Kulten gab es auch die Dreiergruppe von Göttinnen: die Moiren, Parzen und Nornen, später die eigenartige Dreiergruppe der Bethen, die uns in vielen Sagen auch als drei »salige Fräulein«, »Edelfräulein«, »Schicksalsgöttinnen« begegnen. Sie sind den Menschen eigentlich wohlgesonnen, sie helfen und unterstützen, können bei Fehlverhalten aber auch zürnen und bestrafen.

Heute führt ein Meditationsweg von Holzkirchen über Oberwarngau nach Bad Aibling über das Frauenbergerl. Aber wer auf das Frauenbergerl wandert, ist auch ohne Meditationsanleitung bald versucht, den Platz mit seiner weißen Kapelle und der grandiosen Aussicht auf die Berge als Kraftort zu bezeichnen. Man fühlt sich einfach wohl hier und kann zur Ruhe kommen.

Adresse Sufferloh, 83607 Holzkirchen | **Anfahrt** B13 von Holzkirchen nach Süden fahren, nach etwa zwei Kilometern links abzweigen nach Sufferloh. Das Frauenbergerl am südöstlichen Ortsrand von Sufferloh ist erreichbar über einen kleinen Trampelpfad, der an den letzten Häusern des Ortes beginnt. | **Tipp** Wer den Meditations-Wanderweg von Holzkirchen nach Oberwarngau oder umgekehrt gehen möchte, muss etwa 2,5 Stunden dafür einplanen. Den Rückweg kann man mit der Bahn zurücklegen. Die Karte mit der Beschreibung des Weges gibt es beispielsweise bei den Touristinformationen und den Bahn-Kundencentern in Holzkirchen und Bad Aibling.

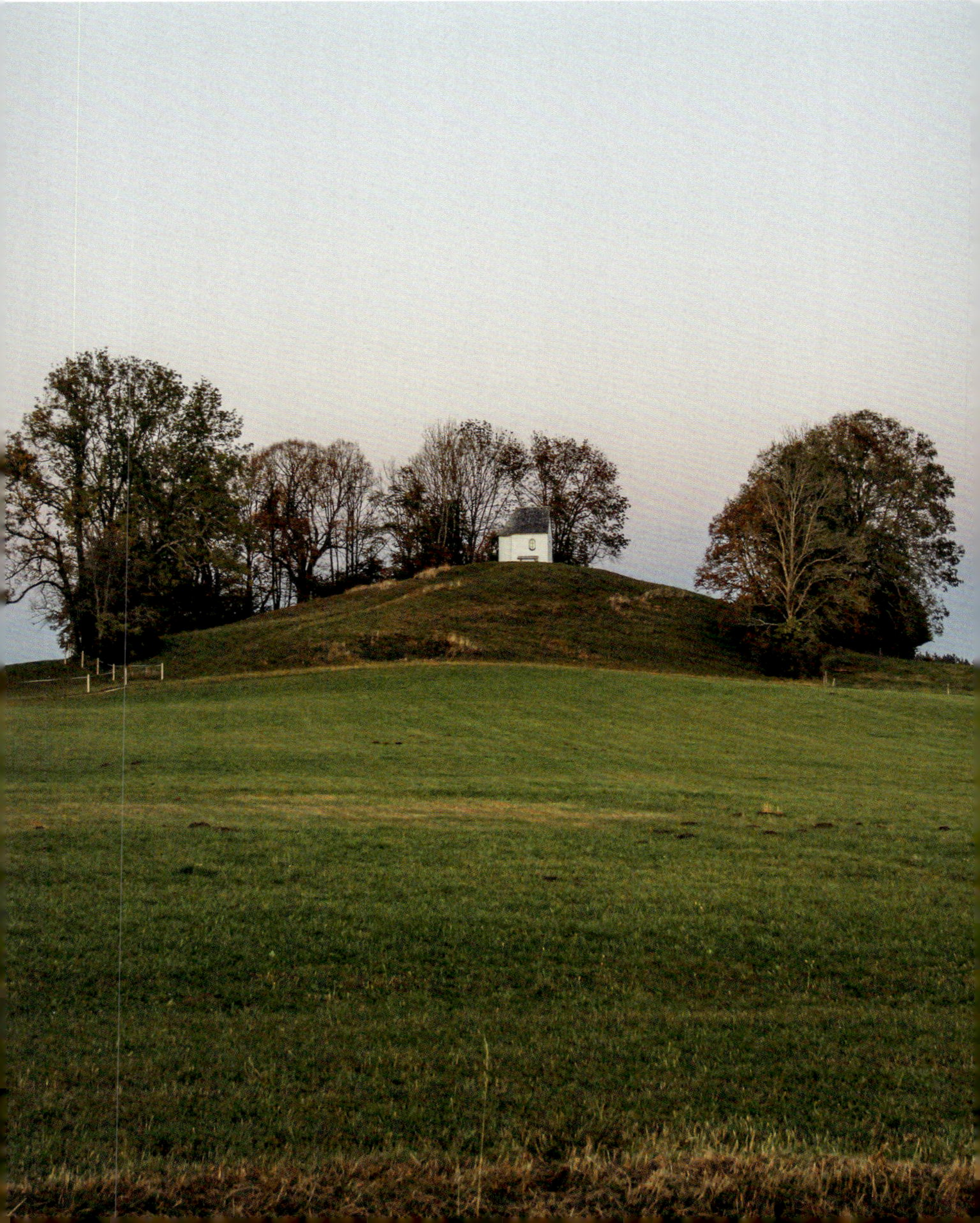

49__St. Marinus und Anianus

Das Postkartenmotiv neben der Autobahn

Ein paar hundert Meter südlich der Autobahn München–Salzburg thront das Ensemble aus Kirche, Taufkapelle und Meierhof wie auf einer Theaterbühne vor der Kulisse des Mangfallgebirges. Die wenigsten der Vorbeifahrenden nehmen sich die Zeit, diese Bauten einmal zu erkunden. Den Heiligen Marinus und Anianus ist die Wilpartinger Kirche geweiht – zwei Missionaren, die der Überlieferung nach hier gelebt haben: Bischof Marinus in einer Zelle in Wilparting, sein Neffe Anianus auf der anderen Seite der tiefen Schlucht in Alb. Am 15. November 697 dringen Vandalen in Marinus' Klause ein und verbrennen ihn auf dem Scheiterhaufen. Anian stirbt zur gleichen Stunde in Alb.

Die Gebeine der frommen Märtyrer werden in einem Hochgrab in der Wilpartinger Kirche bewahrt. Es steht angeblich an der Stelle, an der Marinus den Feuertod erlitten haben soll. Die beiden spätgotischen Grabplatten, die früher die letzte Ruhestätte der Heiligen bedeckten, sind an der Ausgangswand des Kirchleins zu sehen: links die des Marinus im Bischofsgewand, rechts die des Anianus. Die achteckige Veitskapelle östlich der Wallfahrtskirche steht am Platz der ehemaligen Zelle des Marinus.

Die Wallfahrt scheint bald nach dem Tod der beiden eingesetzt zu haben: Bereits im 11. Jahrhundert wählte die ganz in der Nähe gegründete Benediktinerabtei Rott am Inn die Wilpartinger Ortsheiligen als Kirchenpatrone. Doch erst aus der zweiten Hochblüte der Wallfahrt im Barock gibt es Mirakelbücher, die mehrere tausend Wunderheilungen beschreiben. Begonnen hat sie mit dem Glockenwunder von Wilparting: Als die Wallfahrt nach der Reformation unterzugehen drohte, fingen am Mittag des 25. Oktober 1672 die Kirchenglocken von Wilparting von selbst an zu läuten – was als Zeichen des Himmels gedeutet wurde, die beiden Heiligen nicht zu vergessen. Bis heute wird ihr gemeinsamer Todestag als höchster Festtag in Wilparting begangen.

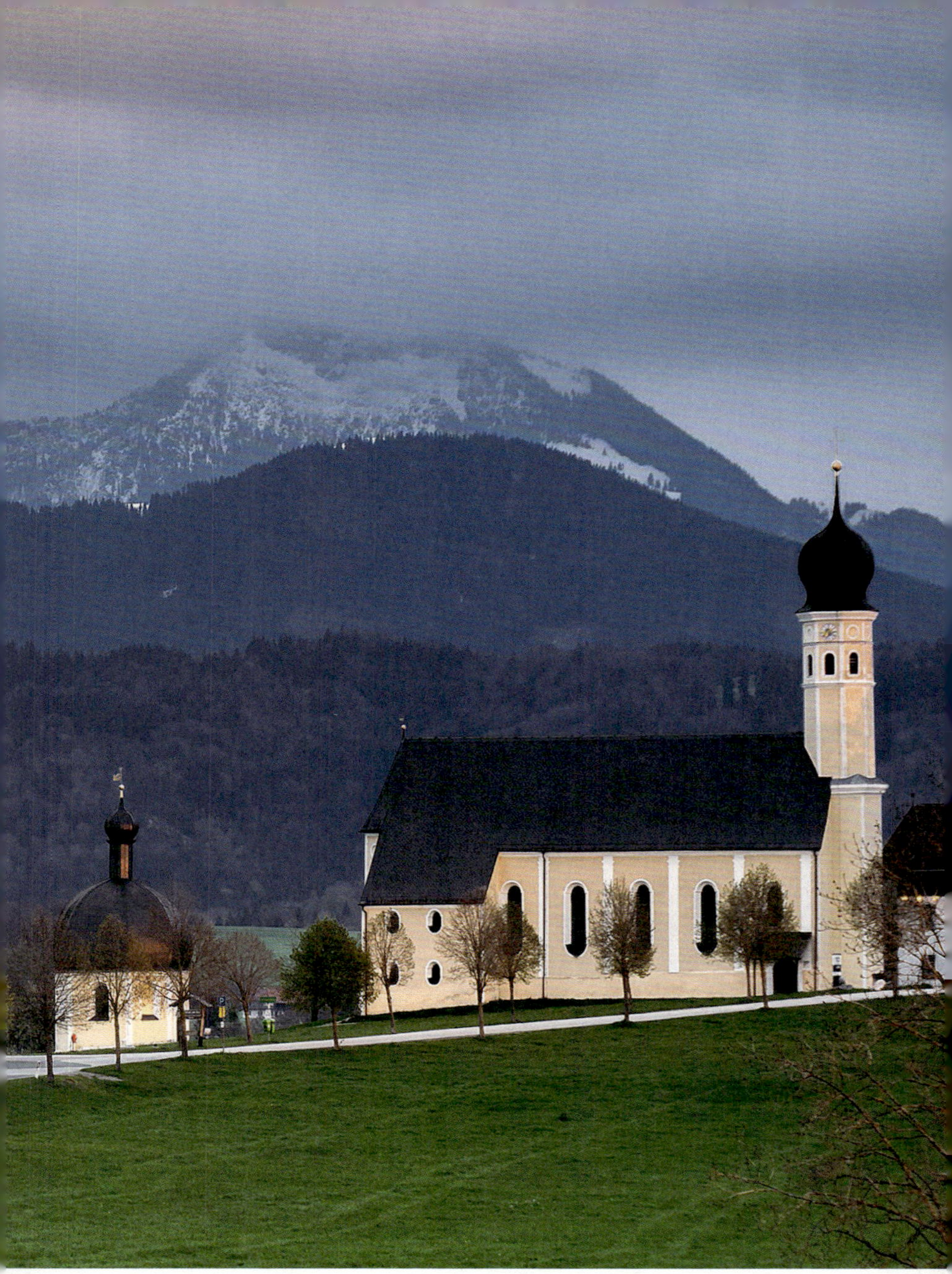

Adresse 83737 Irschenberg | Anfahrt A8 München – Salzburg, Ausfahrt Irschenberg, kurz auf der B472 Richtung Miesbach, nach wenigen Metern links abzweigen (beschildert) nach Wilparting | Tipp Wer hinter dem Gasthof den Hang hinunter einem Fußpfad folgt, gelangt erst zum Aniansbründl mit heilkräftigem Wasser und dann zur Anianskapelle. Der aktuell geschlossene alte Gasthof zum Moar soll angeblich bald wiedereröffnet werden.

50 St. Willibald

Wo die Pferde durch die Kirche ziehen

In Jesenwang bei Fürstenfeldbruck gibt es einen Umritt, der einmalig in Bayern und in ganz Europa ist: Die Jesenwanger reiten nicht um die Kirche herum, sondern durch sie hindurch. Beim Nordportal hinein und beim Südportal wieder hinaus.

In Jesenwang verehrt man neben dem heiligen Leonhard als Patron der Pferde auch den heiligen Willibald, wohl durch das nahegelegene Kloster Fürstenfeld vermittelt. Willibald wurde wie seine Geschwister Walburga und Wunibald auf einem Herrenhof in Südengland geboren – vermutlich um 700. Alle drei Geschwister entschlossen sich, trotz ihrer adligen Herkunft, ihr Leben Christus zu weihen. 741 baute Willibald den ersten Dom in Eichstätt und wurde dort am 7. Juli 781 beigesetzt. Er ist nicht nur Patron der Diözese Eichstätt, sondern auch ein verehrter Viehheiliger – aber nur in Jesenwang. Nirgendwo anders stellt man die Pferde unter seinen Schutz.

Die Willibaldskirche wurde 1414 erbaut und 1478 erweitert. Auch sie ist etwas ganz Besonderes: Sie enthält die größte original erhaltene gotische Flachdecke Altbayerns – über und über bemalt mit Blumen- und Sternornamenten. Außerdem steht sie, wie man inzwischen weiß, direkt auf der alten Römerstraße.

Im Jahr 1712 verlobten sich die Jesenwanger zum heiligen Willibald, als eine schreckliche Viehseuche die Gegend heimsuchte. Jedes Jahr ziehen seither an einem Sonntag um den Patroziniumstag Hunderte von Reitern und Gespannen mit Festwagen prächtig aufgeputzt hinaus zur Willibaldskirche – über dreihundert Pferde sind es jedes Jahr. Voran der Pfarrer, gefolgt von den Darstellern der Geschwister Willibalds: die heilige Walburga und der heilige Wunibald, ebenfalls zu Pferde. Vor dem Durchritt durch die Kirche segnet der Pfarrer Rösser und Reiter. Danach sitzt man noch bei einer Brotzeit zusammen im Schatten der Kastanien neben der Kirche – für die irdische Stärkung nach der himmlischen.

Adresse 82287 Jesenwang | **Anfahrt** A99 Autobahnring München, Ausfahrt Dachau/Fürstenfeldbruck, B471 an Fürstenfeldbruck vorbei bis Jesenwang | **Tipp** Der Willibaldritt findet jedes Jahr am 7. Juli in Jesenwang statt.

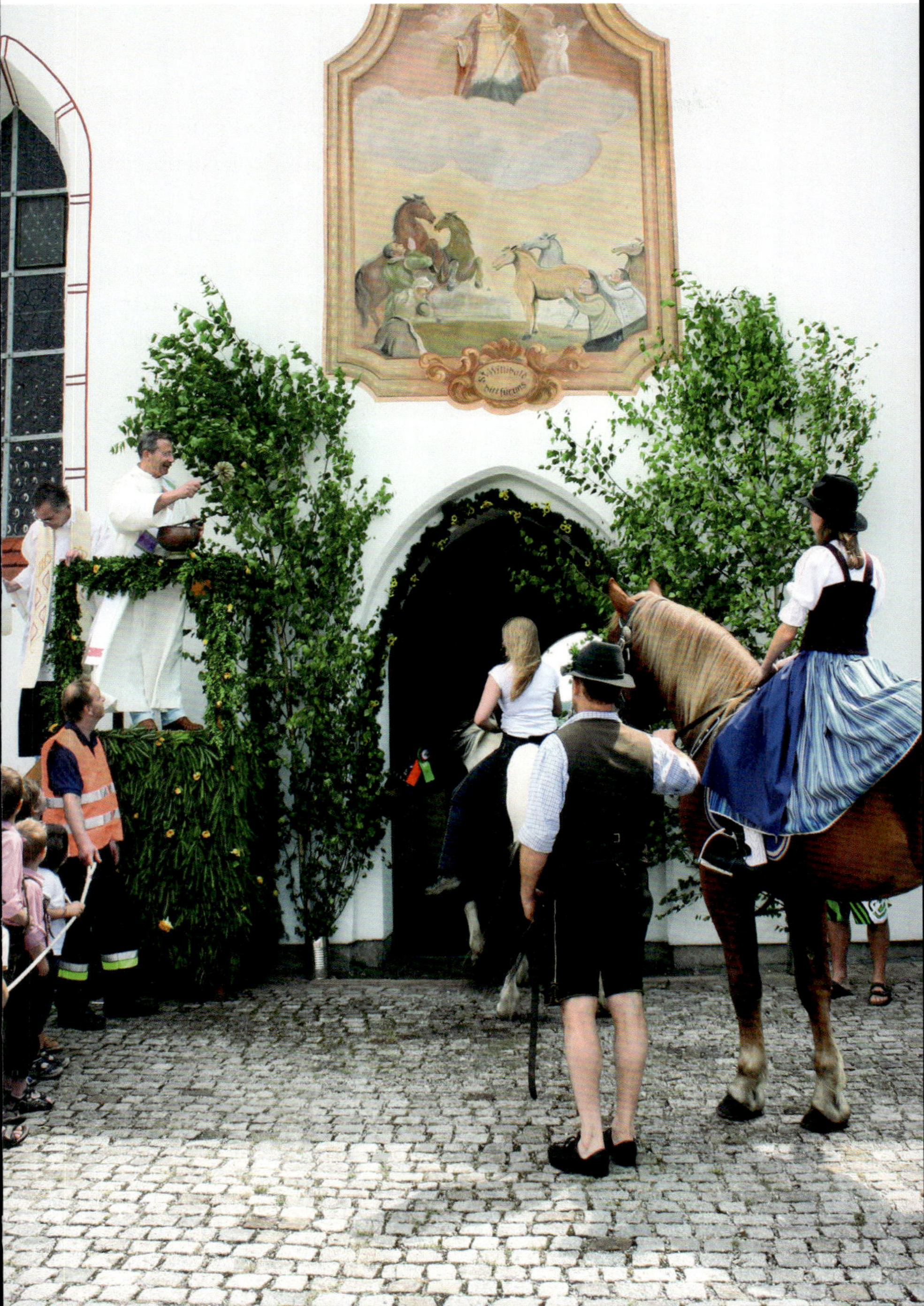

51_St. Leonhard

Kettenkirche zu Ehren des Viehheiligen

Der heilige Leonhard, der Viehpatron schlechthin im ländlichen Oberbayern, wird auch in Altkaufering mit einem Umritt zu seinem Gedenktag, dem 6. November, geehrt. Der Heilige setzte sich beim Merowingerkönig Chlodwig besonders für die Freilassung zu Unrecht Gefangener ein, weshalb er mit einer Kette als Symbol für die im Kerker Eingesperrten dargestellt wurde. Diese Kette hat man später als Viehkette gedeutet und ihn zum Patron der Stalltiere erklärt.

Die Kopie des Gnadenbildes am Nordportal steht für die Erbauungslegende: Die Leonhardsstatue soll im 17. Jahrhundert von einem Hochwasser des Lech auf eine Wiese gespült worden sein. Man stellte das Gnadenbild in einer hohlen Eiche auf, doch tags darauf lag es wieder auf der Wiese. Wieder stellte man das Bild in die Eiche und wieder wanderte es auf wundersame Art zurück. Der Vorgang wiederholte sich mehrere Male, bis man eine Kapelle auf der Wiese errichtete. Eine lebhafte Wallfahrt entwickelte sich, die Kapelle stürzte ein und man errichtete die heutige Kirche, die mit vielen Besonderheiten aufwarten kann: riesige Votivkerzen, die an beiden Seiten des Chores aufgestellt sind und massive Eisenketten, mit denen sie umspannt ist. Sie sollen aus geopferten, eisernen Votivgaben hergestellt sein.

In einem lateinischen Spruch über dem Chorbogen verstecken sich drei wichtige Daten der Baugeschichte. Solche Spielereien hat man besonders im Spätbarock geliebt. Dabei sind die Buchstaben, die gleichzeitig als römische Ziffern gedeutet werden können, deutlich hervorgehoben. Der Spruch lautet: SAN**C**TO **L**EONAR**D**O **LI**BERA PRO**MI**S**I**T P**I**ETAS [=1704] / **D**E**V**OTA KA**V**FR**I**NGANA CON**DI**DIT **LI**BERA**LI**TAS [=1715] / **MV**N**I**FI**C**A **C**ORONA**VI**T PRO**DI**GA**LI**TAS [=1765] (etwa: Ungezwungene Frömmigkeit hat es dem heiligen Leonhard versprochen / Kauferinger Freigebigkeit hat es wie versprochen gebaut / und großzügige Ausstattungsfreudigkeit hat es gekrönt).

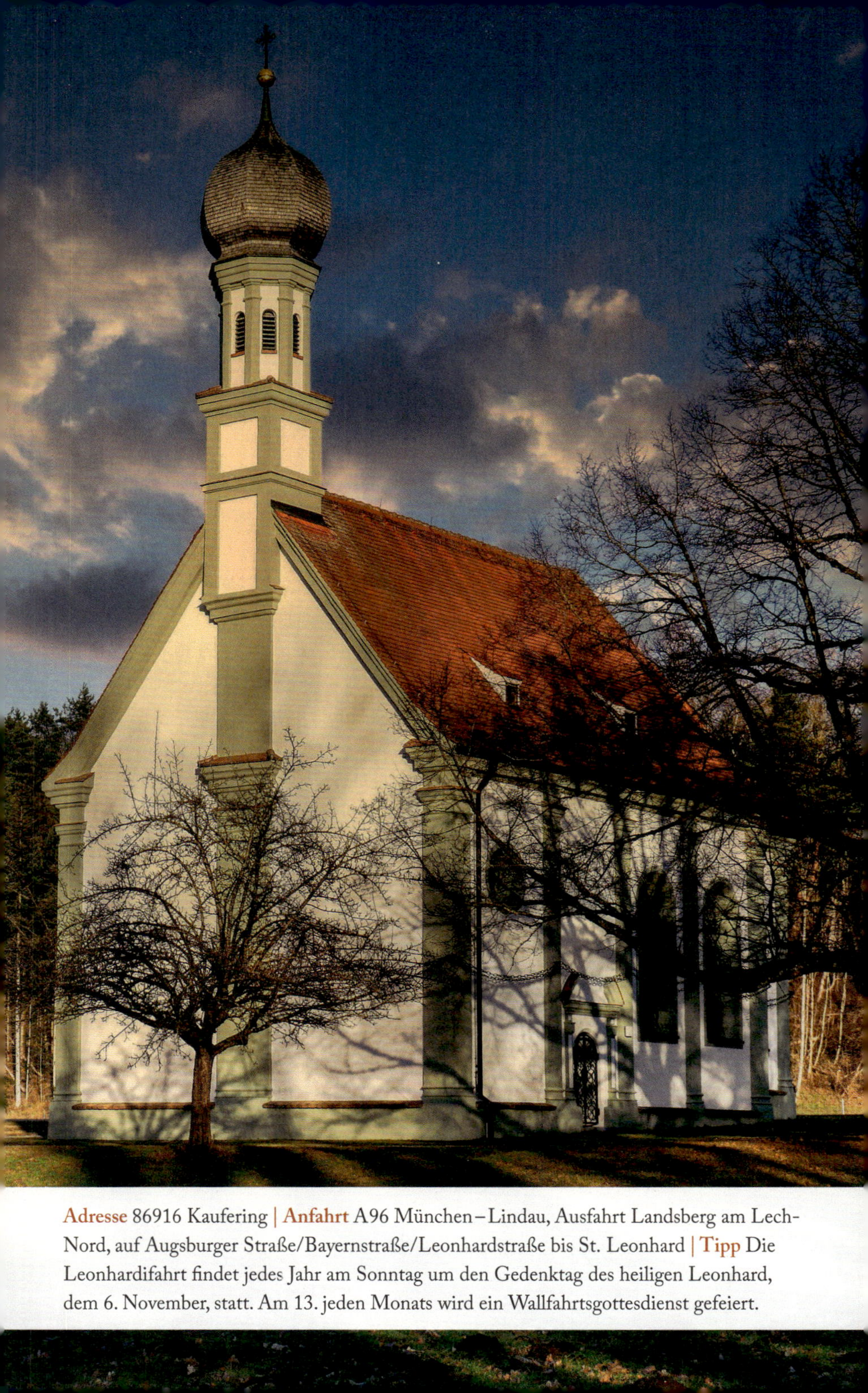

Adresse 86916 Kaufering | **Anfahrt** A96 München – Lindau, Ausfahrt Landsberg am Lech-Nord, auf Augsburger Straße/Bayernstraße/Leonhardstraße bis St. Leonhard | **Tipp** Die Leonhardifahrt findet jedes Jahr am Sonntag um den Gedenktag des heiligen Leonhard, dem 6. November, statt. Am 13. jeden Monats wird ein Wallfahrtsgottesdienst gefeiert.

52 St. Salvator

Älteste Hostienwallfahrt Bayerns

Eine geweihte Hostie bei der Kommunion zu empfangen und nicht zu schlucken, sondern sie heimlich mitzunehmen, galt als Hostienfrevel und konnte mit der Exkommunizierung bestraft werden.

Es kam trotzdem immer wieder vor, galt eine konsekrierte Hostie doch als wirkmächtiges Zaubermittel: Wer einen Tag eine Hostie anschaue, würde nicht erblinden, hieß es. »Gegen räuberische Wölfe schützt sich der Hirt«, berichtet ein Chronist noch 1904, »wenn er eine geweihte Hostie in seinen Hirtenstab einschließt«. Genau das tat ein Hirte der Legende nach im Jahr 1125. In Oberdolling unweit von Ingolstadt soll das gewesen sein. Er bewahrte das Zaubermittel in einer Höhlung seines Stabes auf und zog damit auf die Weide. Als nun eines Tages die Tiere bei einem Gewitter wild auseinanderliefen, soll der Hirte den Stab mit der Hostie nach dem Vieh geworfen haben. Das heilige Brot fiel zu Boden, und der Wind wehte es auf einen Felsen. Weder dem Hirten noch dem herbeigerufenen Pfarrer gelang es, die Hostie wieder aufzuheben. Doch erst nachdem der Bischof von Regensburg gelobt hatte, eine Kapelle über der Stelle errichten zu lassen, gelang es, die Hostie aufzuheben. Für die eilends errichtete Kapelle stiftete der Bischof eine Figur des heiligen Salvator. 1329 brannte das hölzerne Kirchlein ab und mit ihm die Wunderhostie, die im Hochaltar verwahrt worden war – nur die hölzerne Salvatorfigur blieb übrig. Die Gläubigen verehrten sie seit dem Brand umso mehr.

Ihre große Blüte erlebte die Wallfahrt ab dem späten 16. Jahrhundert. 1757 wurden 37.000 Wallfahrtskommunionen gezählt. Das Wallfahrtsverbot der Säkularisation bedeutete aber nur ein vorübergehendes Aus: Heute pilgern jährlich etwa 60 Pfarreien und Wallfahrergruppen zur Salvatorkirche. Eine Besonderheit in Bettbrunn sind die zahlreichen Votivkerzen, darunter die älteste in ganz Europa. Sie wurde im Jahr 1378 von Wallfahrern aus Ingolstadt geopfert.

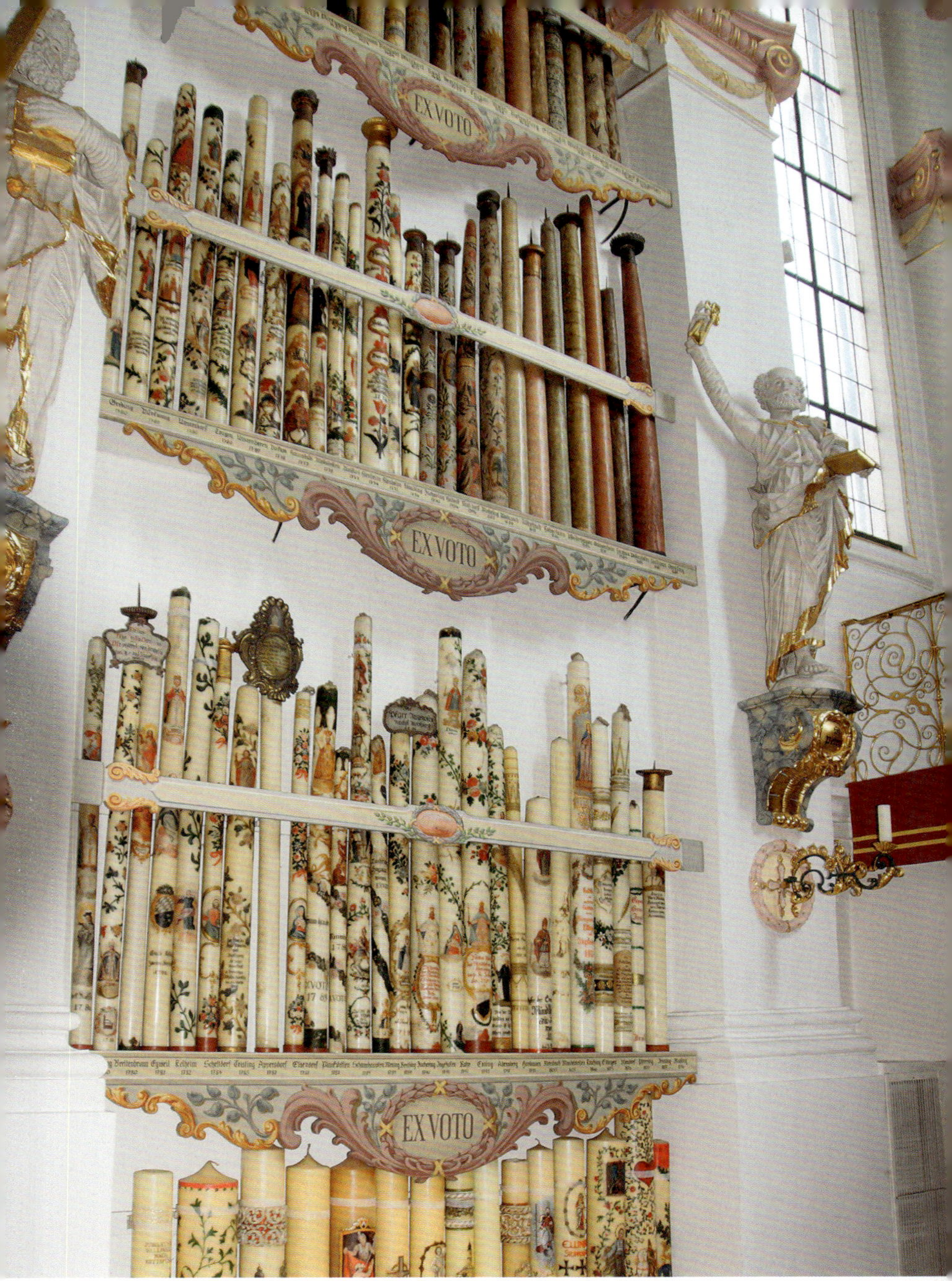

Adresse Salvator-Ring 5, 85092 Kösching | Anfahrt A9 München–Nürnberg, Ausfahrt Lenting, auf der Nordtangente bis Kösching, weiter auf der Köschinger Straße bis Bettbrunn | Tipp Ingolstadt sieht von der Autobahn aus nicht sehr einladend aus, lohnt aber unbedingt einen Besuch: etwa das medizinhistorische Museum, untergebracht in einem barocken Gebäude, das eine der ersten medizinischen Fakultäten beherbergte.

53 St. Leonhard

Die älteste Leonhardskirche Bayerns

Bereits für das Jahr 1184 lässt sich die Leonhardskirche von Kreuth nachweisen. Um diese Zeit erst fand der heilige Leonhard auch Eingang in den Festkalender. Bis dahin waren Georg, Martin und Stephanus die meistverehrten Pferdepatrone, und ihre Gedenktage hatte man schon früher zu Feiertagen erklärt, ihre Verehrung war wesentlich von der Kirche gefördert worden. Den heiligen Leonhard dagegen verehrte zuerst das gemeine Volk: Der Heilige hatte sich der Legende nach ja schon am Hof des Frankenkönigs für die Freilassung Gefangener eingesetzt, und auch nach seinem Tod am 6. November 559 berichtete man von Gefangenen, die ihn angerufen hatten und deren Ketten auf wundersame Weise zerbrochen waren. Mit einer Kette als Attribut wurde er deshalb immer häufiger abgebildet, und diese Kette wurde mit der Zeit zur Viehkette umgedeutet – der wichtigste Viehpatron Bayerns war entstanden.

Als erste Kirche in Bayern weihte man die Kreuther Kirche dem Heiligen. In der Laibung eines der Chorfenster hat man ein Fresko aus dem Jahr 1491 entdeckt, als die romanische einer neuen gotischen Kirche weichen musste. Es zeigt Leonhard mit der Kette in der Hand und dem Stifter. Über dem Altar thront Leonhard auf einer Wolke, die Leonhardslegende wurde im 18. Jahrhundert in Deckenfresken festgehalten.

Der erste Nachweis eines Ritts zur Kirche stammt aus dem Jahr 1442, und schon 1469 kritisierte im »Thesaurus pauperum« ein Tegernseer Mönch den Umritt: »Eine Sünde des Aberglaubens ist es, wenn man meine, ein Umritt nütze den Pferden.« Zwar wird der Umritt auch im 19. Jahrhundert schon als Leonhardifahrt bezeichnet, doch gibt es sie in ihrer heutigen Form erst seit 1910. Die bunt bemalten Truhenwagen kamen erst im Lauf des 20. Jahrhunderts dazu. Heute ziehen jedes Jahr am 6. November an die 100 Pferde mit Reitern und viele Truhen- und Leiterwägen mit Trachtlerinnen zur Leonhardskirche.

Adresse Am Kirchberg 1, 83708 Kreuth | Anfahrt A8 München – Salzburg, Ausfahrt Holzkirchen, weiter Richtung Tegernsee, über Tegernsee und Rottach-Egern nach Kreuth und dort die erste Straße rechts | Tipp Sogar der auffällige Bergzacken, der hinter der Leonhardskirche zu sehen ist, trägt den Namen des Heiligen: Der Leonhardstein ist 1.452 Meter hoch und in einer relativ einfachen Tour zu besteigen. Nur im Gipfelaufbau braucht es ein wenig leichte Kletterei. Der Weg beginnt bei der Kirche.

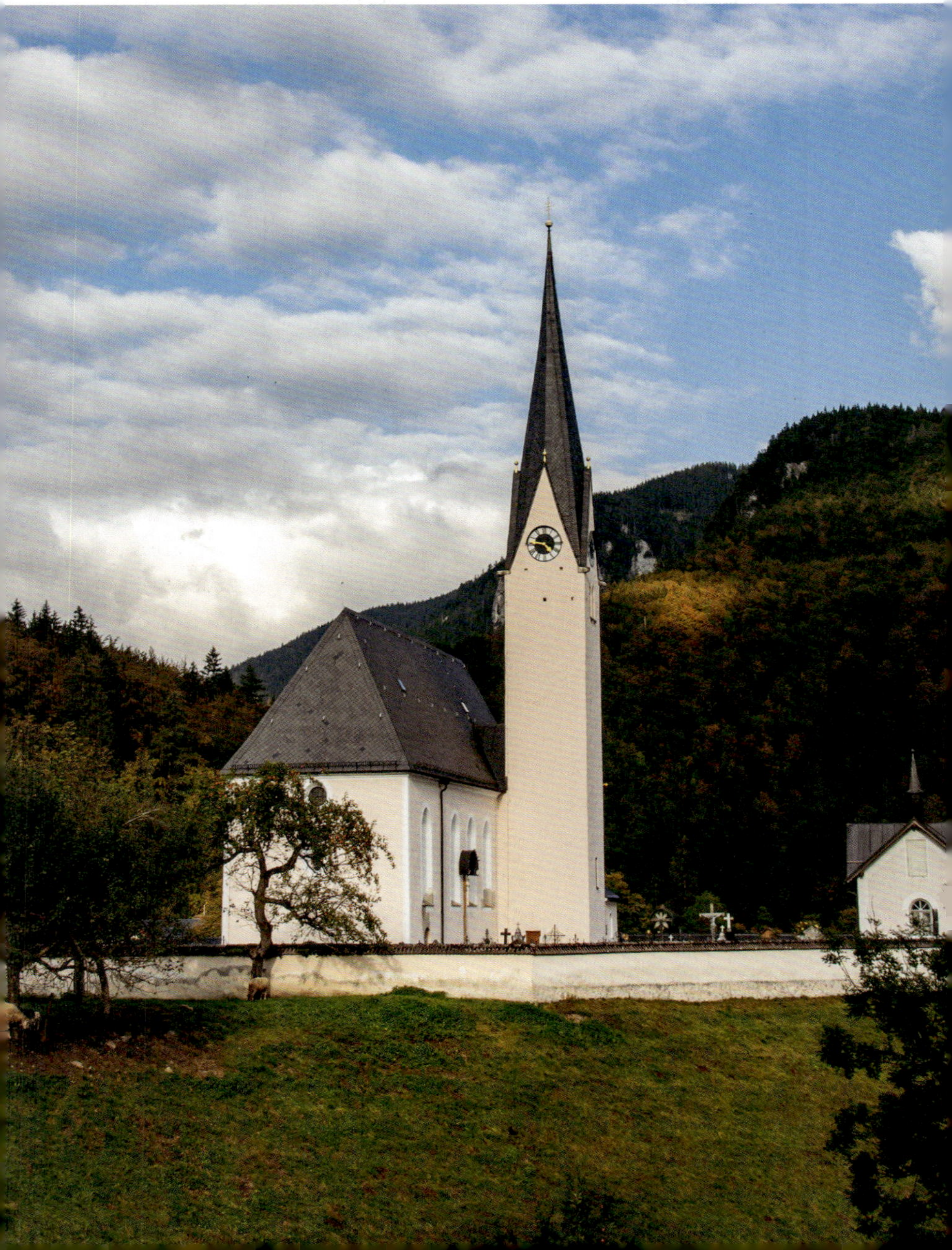

54 Leonhardsquelle

Wo das Vollmondwasser herkommt

Schon die Römer überquerten einst hier vor den Toren Rosenheims den Inn. Der Fluss trennte die Provinzen Noricum im Osten und Rätien im Westen des Flusses. Pons Aeni hieß die römische Station an der strategisch so wichtigen Innbrücke – »Brücke über den Inn«. Der Ortsname trägt bis heute den römischen Ursprung in sich: »Pfunzen« kommt von »Pons«, also »Brücke«. Mindestens seit dieser Zeit ist auch unsere Quelle am wasserreichen östlichen Innufer bekannt. Sie geriet allerdings irgendwann in Vergessenheit.

Heute wird das Quellwasser als »St.-Leonhards-Quelle« von dem direkt neben der Quelle gelegenen Abfüllbetrieb verkauft. Der neben einer kleinen Leonhardskapelle stehende Brunnen ist aber jederzeit frei zugänglich, und meist herrscht hier Hochbetrieb: Zahlreiche Quellwasserfans stehen mit Flaschen und Kanistern an, um sich kostenlos das gute Wasser abzufüllen.

Die Quelle wurde der Überlieferung nach erst in der Barockzeit neu entdeckt: Laut einer Votivtafel von 1734 in der Kapelle erschien einem Rosenheimer Bürger namens Christoph Riele im Traum der heilige Leonhard und wies ihn an, von dem Wasser zu trinken, »welches bei der Leonhardskirche sei«, dann werde er gesund. Der Mann grub »ein Brindl«, trank morgens und abends das Wasser und wurde gesund.

In der Kapelle finden sich zahlreiche Votivbilder und -gaben, abgelegt von Menschen, die durch die Quelle und den heiligen Leonhard Hilfe erfahren haben – auch wächserne Rinder und Pferdefiguren, in den Fällen, in denen der bayerische Pferdepatron Leonhard den Tieren geholfen hat.

Das Wasserbecken des Brunnens wurde erst vor einigen Jahrzehnten als der Sockel eines römischen Altars erkannt. Der Altarstein wurde einfach auf den Kopf gestellt, etwas ausgehöhlt und mit einer Ablaufrinne versehen. Womöglich stammt er noch aus dem alten römischen Pons Aeni, das ziemlich genau hier gelegen haben muss.

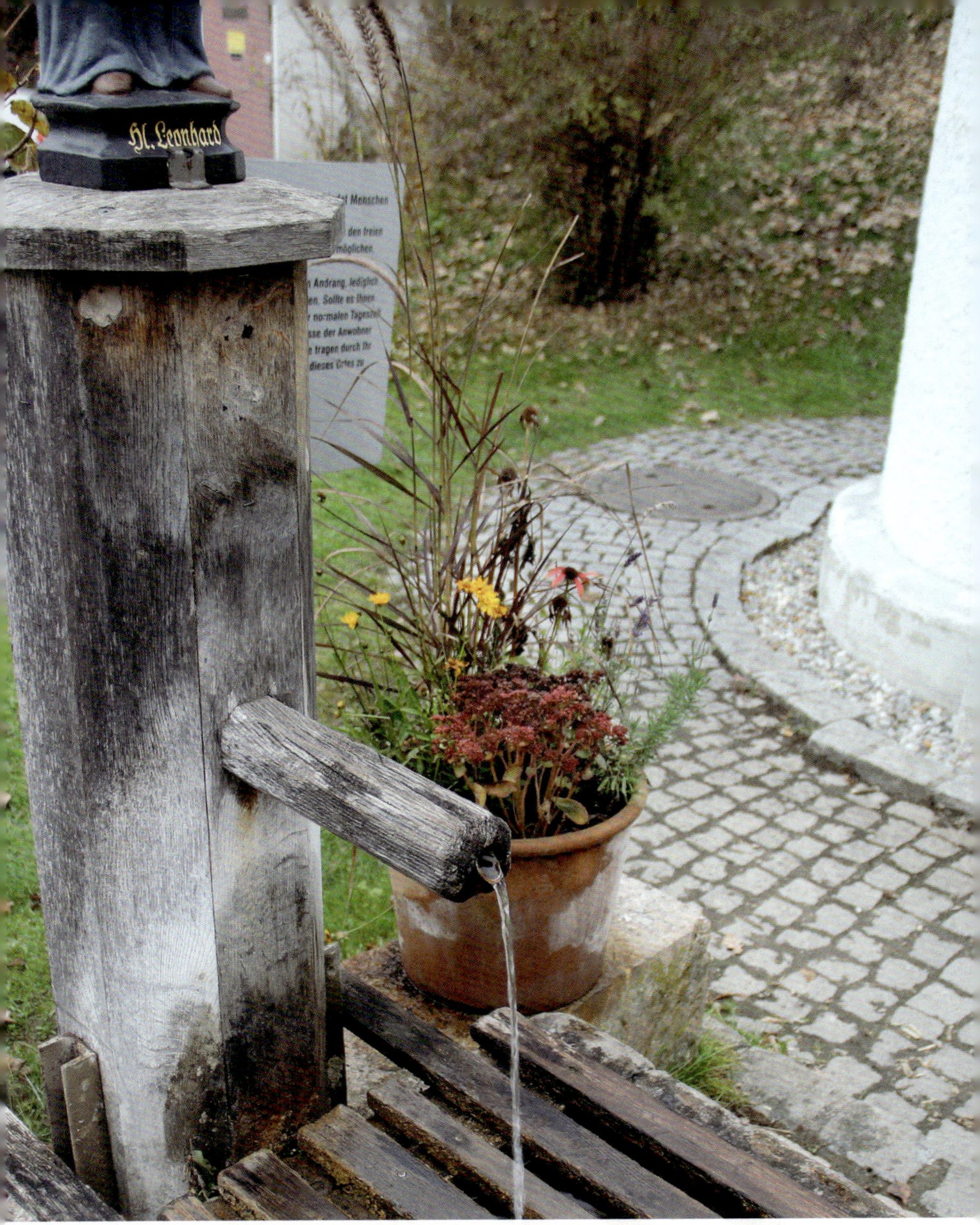

Adresse 83071 Stephanskirchen | Anfahrt A8 München–Salzburg, Ausfahrt Rosenheim, B15, in Rosenheim abbiegen auf die Königstraße, dann auf die Innstraße, unmittelbar nach der Innbrücke links in die Hofaustraße, von dieser rechts ab in den Innleitenweg, der dann in den Mühltalweg übergeht. Bald tauchen an der Straße die ersten Gebäude des Mineralwasserabfüllers »Leonhardsquelle« auf. Auf der linken Straßenseite befinden sich der Brunnen und direkt daneben die Leonhardsquelle. | Tipp Auf dem sonnigen Hügel oberhalb des Quellhangs liegt das Dorf Leonhardspfunzen mit seiner Leonhardskirche, zu der alljährlich am letzten Sonntag im Oktober einer der ältesten bayerischen Leonhardiritte stattfindet.

55 Mariä Heimsuchung

Wo »auf ewig« die heilige Mutter Anna verehrt wird

Die heilige Anna ist Patronin der Frauen, der Mütter und Großmütter, der Witwen und der Bergleute. Diese Patronate haben die Stifterin des Ettenberger Annafestes offenbar überzeugt, dass die Heilige ihre beste Fürsprecherin im Himmel sei. Im Jahr 1742 hat Euphrosia Knoblachin, eine blinde Salzburger Bürgerin, 1.000 Gulden gestiftet, damit in der Kirche in Ettenberg »auf ewig« am Annatag, dem 26. Juli, vierzig Stunden gebetet werde.

Seither feiert man das Annafest in dem Wallfahrtskirchlein zwei Tage lang. Inzwischen hat man die Feier auf das letzte Wochenende im Juli verlegt. Am Samstagabend beginnt das Fest um 20 Uhr mit einer Messe in der Kirche. Danach findet, wenn die Dämmerung gerade einsetzt, eine Lichterprozession statt, vorbei an den Bauernhäusern der Nachbarschaft, vor denen überall kleine Lichter brennen, und wieder zurück zur Kirche. Die Ettenberger Weihnachtsschützen schießen Salut. Am Sonntag begrüßen die Böllerschützen die Kirchgänger schon von ferne mit dem Weckruf. Um 9 Uhr findet das Hochamt statt und anschließend gehen die meisten zum Mesnerwirt gleich nebenan und genießen im Biergarten das gute Essen. Der Höhepunkt des Annatages ist erreicht, wenn nach einer kurzen Andacht um 14 Uhr in der Kirche eine Prozession zu vier im Freien aufgestellten Evangelienaltären stattfindet.

Gegen 1670 entstand die Wallfahrt auf der damals schwer zugänglichen Hochfläche. In einem hohlen Baum wurde das Gnadenbild aufgestellt, bis der Fürstpropst 1724 die heutige Kirche stiftete. Der hohle Baum musste damals wohl dem Kirchenbau weichen, deshalb pflanzte man einen neuen, ebenfalls »heiligen« Baum, wieder eine Linde. Tief unter der Hochfläche von Ettenberg verläuft die Almbachklamm, heute ein gut erschlossener beliebter Wandersteig entlang eines mal mehr, mal weniger wilden Bergbachs. Vom Klammweg aus führen ebenfalls mehrere Wege in die Höhe nach Ettenberg.

Adresse 83487 Marktschellenberg | **Anfahrt** A8 München–Salzburg, Ausfahrt Bad Reichenhall, dann über B20 und B305 auf kurvenreichen Landstraßen bis Marktschellenberg; oder A8 über die Grenze nach Österreich, weiter auf der A1 Richtung Villach, Ausfahrt Salzburg-Süd/Grödig, auf B160/305 bis Marktschellenberg, die erste Abbiegung südlich der Brücke über die Berchtesgadener Ache nach Ettenberg (beschildert) nehmen. | **Tipp** Einen Besuch in Maria Ettenberg kann man verbinden mit einer Wanderung zur Irlmaier-Quelle (Ort 56).

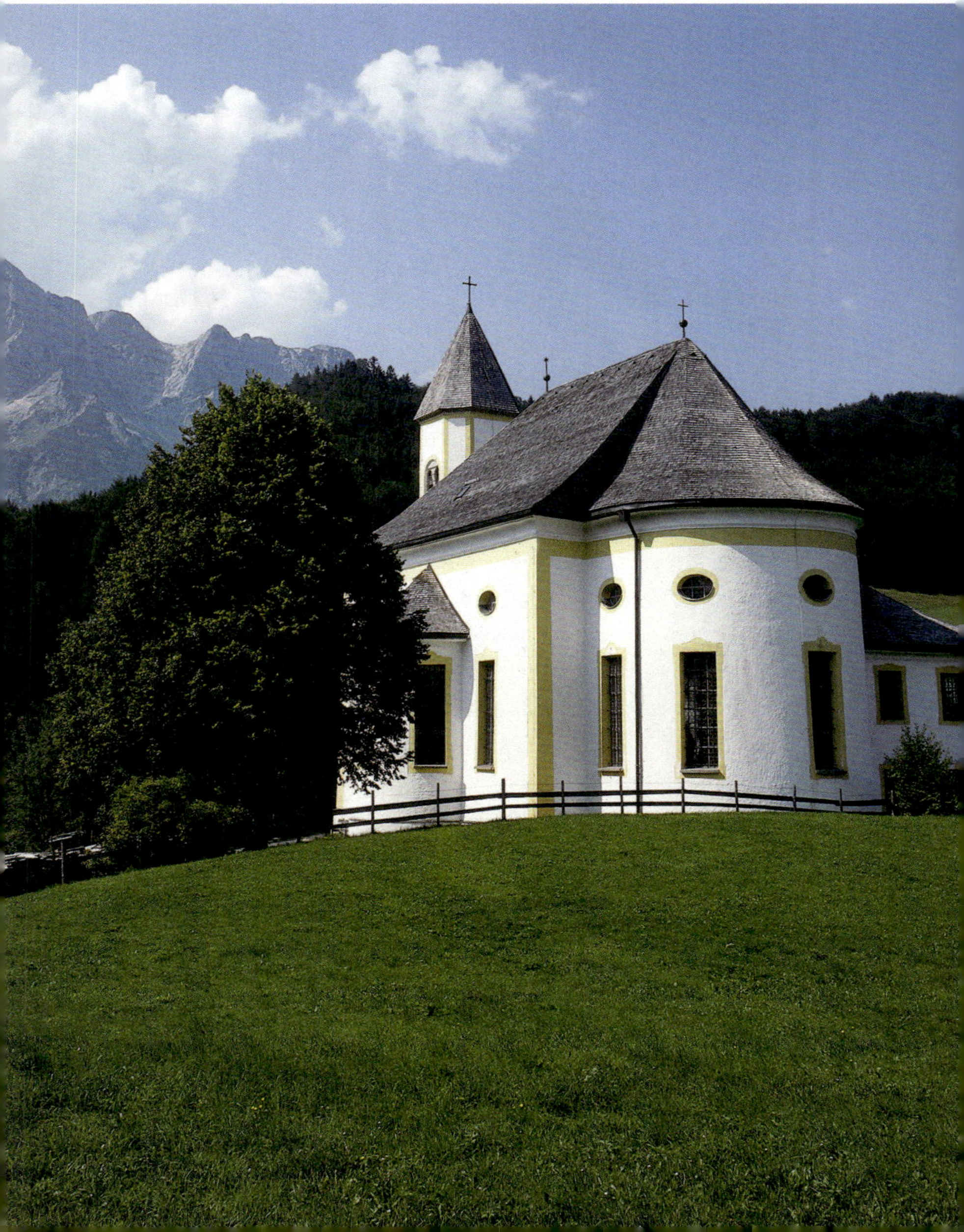

56 Irlmaier-Quelle

Über schwierigen Steig zum heilkräftigen Wasser

Je geheimnisvoller die Entstehung eines Wallfahrtsortes, desto beliebter scheint er zu werden. Auch die Irlmaier-Quelle im Berchtesgadener Land gehört dazu. Es handelt sich dabei um einen Quellaustritt in der Nähe des Almbaches, der vom ebenfalls sagenumwobenen Untersberg herabfließt. Die Klamm am Unterlauf das Almbachs wird von einem beliebten Wanderweg erschlossen, er endet an der Theresienklause, die bis 1963 zur Holztrift genutzt wurde. Hier beginnt der Weg zur Quelle, am Hochufer des Baches entlang – ziemlich schmal, bei Nässe rutschig und gefährlich. Wer trittsicher ist, erreicht dann nach etwa 30 Minuten die Quelle mit der Madonna. Und deren Geschichte geht so:

Der Berchtesgadener Zahnarzt Eugen Köberle erhielt im Jahr 1975 beim Meditieren eine Botschaft: »Komm auf den Berg, ich zeig dir ein Wasser!« Nach langem Wandern versank er tatsächlich plötzlich knöcheltief in einem Erdloch, aus dem »kreisend kristallklares Wasser« floss. »Ich kostete, mit der rechten Hohlhand Wasser schöpfend, und empfand es weich und gut schmeckend. Zudem verschwanden meine bis zu dieser Stunde vorhandenen Magen- und Harnschmerzen schlagartig. O Gott, was war das für eine Entdeckung – die Quelle war gefunden.« »ER wolle mir ein Wasser zeigen«, war er überzeugt. Zusammen mit seinem Freund Hagen Boehnisch fasste er in mühevoller Arbeit die Quelle und stellte 1978 eine Madonnenstatue auf, die von dem berühmten Seher Alois Irlmaier aus Freilassing stammen soll. Zwanzig Jahre nach Aufstellung der Madonna, am 26. Juni 1998, überstanden Madonna und Quelle auch noch ein gewaltiges Unwetter, das den Almbach gehörig verwüstete.

Diese Quelle ist vielen ein Wunder, auch schon vor dem Bergsturz. Sie kommen zum Wasserholen, berichten von wundersamen Heilungen, Blumen und Rosenkränze werden niedergelegt. Neben allen Heilwirkungen soll das Wasser übrigens auch einen fröhlichen Geist machen.

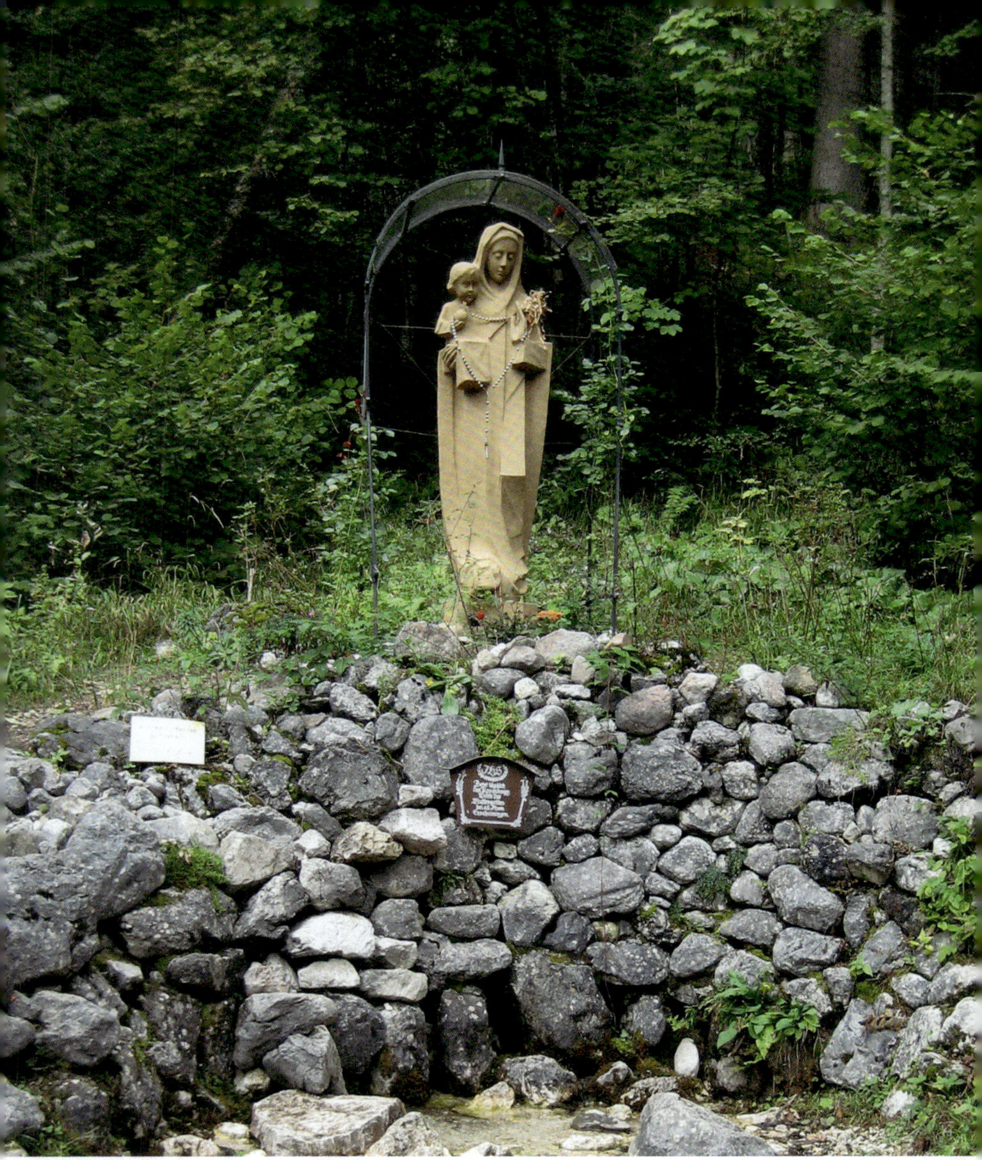

Adresse 83487 Marktschellenberg | **Anfahrt** A8 München – Salzburg, Ausfahrt Bad Reichenhall, dann über B20 und B305 auf kurvenreichen Landstraßen bis Marktschellenberg; oder A8 über die Grenze nach Österreich, weiter auf der A1 Richtung Villach, Ausfahrt Salzburg-Süd/Grödig, auf B160/305 bis Marktschellenberg, Parken am Parkplatz Almbachklamm/Kugelmühle, von dort den Wanderweg durch die Almbachklamm bachaufwärts gehen, ab Theresienklause auf der rechten Seite des Almbaches (orografisch das linke Bachufer) dem Pfad folgen bis zur Quelle | **Tipp** Der Gasthof Kugelmühle in Marktschellenberg am Einstieg in die Almbachklamm bietet gutes Essen und als Attraktion die letzte Kugelmühle, in der Marmorbrocken vom Untersberg mit Wasserkraft zu Schussern (Murmeln) geschliffen werden.

57 Das Schnappenkircherl

Aussichtsplatz mit heiliger Quelle

Den gesamten Chiemsee überblickt man von hier oben, ebenso das ganze Gebiet rundherum, also den inneren Chiemgau – wenn das Wetter mitspielt. Zahlreiche Wanderer kommen wegen dieses Blicks: Der Weg führt von hier über zwei bewirtschaftete Almen bis auf den Hochgern. Die Staudacher Alm und die Vorderalm sind in einer halben bis einer Stunde erreicht, auf den Hochgern dauert es noch einmal eine Stunde.

Wer sich aber bei der Schnappenkirche noch etwas umsieht, der entdeckt etwa 20 Meter von der Kirche entfernt, unterhalb des Wegs nach Staudach, eine Quelle: klares Wasser, das aus einem in vermoosten Steinen verborgenen Rohr rinnt. Kaum jemand beachtet die Quelle heute noch, obwohl ein windschiefes Holzkreuz auf die Stelle hinweist. Dabei war wohl ursprünglich die Quelle der eigentliche Kultort. Früher stand eine hölzerne Brunnenkapelle über dem Wasser, und es bestand eine lebhafte Wallfahrt hinauf auf den Berg zum heilkräftigen Wasser. Die Holzkapelle verfiel und 1637 befahlen die Pröpste von Herrenchiemsee, einen Steinbau zu errichten – die heutige Kirche. Obwohl sie dem beliebten heiligen Wolfgang geweiht ist, kamen bald keine Wallfahrer mehr – die neue Kirche stand zu weit von der Quelle weg.

Eine Sage lässt vermuten, dass die Quelle schon in vorchristlicher Zeit eine Kultstätte war: Ein Hirsch soll sich einst in die Kirche geflüchtet haben, doch der Sturm habe die Tür zuschlagen lassen. Das gefangene Tier ernährte sich der Legende nach vom Glockenseil oder von der Hostie im Tabernakel und überlebte.

Solche Sagen gibt es auch um andere Quellkapellen – der Hirsch als Tier der Brunnengöttin Diana mag auf einen alten Kult hindeuten. Ähnliche Sagen kennen wir von den Schimmelkapellen, in denen ein Pferd, ebenso altes Göttertier, in einer Kirche eingeschlossen wird – beispielsweise von der Schimmelkapelle St. Georg in Ascholding (Ort 20).

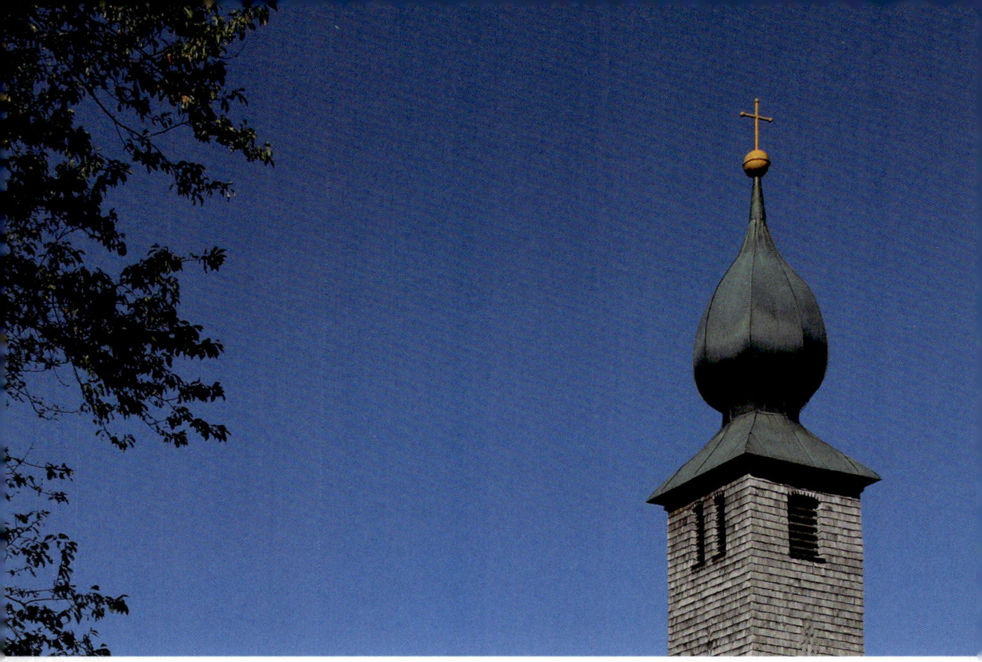

Adresse 83250 Marquartstein | Anfahrt A8 München – Salzburg, Ausfahrt Bernau, auf B305 bis Marquartstein, in der Ortsmitte links abbiegen auf die Burgstraße bis Wanderparkplatz Hochgern, zu Fuß in etwa einer Stunde zum Schnappenkircherl | Tipp Wer die Tour noch verlängern will, kann von der Schnappenkirche aus weitergehen über die Staudacher Alm auf den Hochgern mit wunderbarer Aussicht. Die Wanderung ist nicht schwierig (nur bei Nässe im mittleren Teil rutschig), aber lang (ab Schnappenkirche noch etwa 2,5 – 3 Stunden Aufstieg).

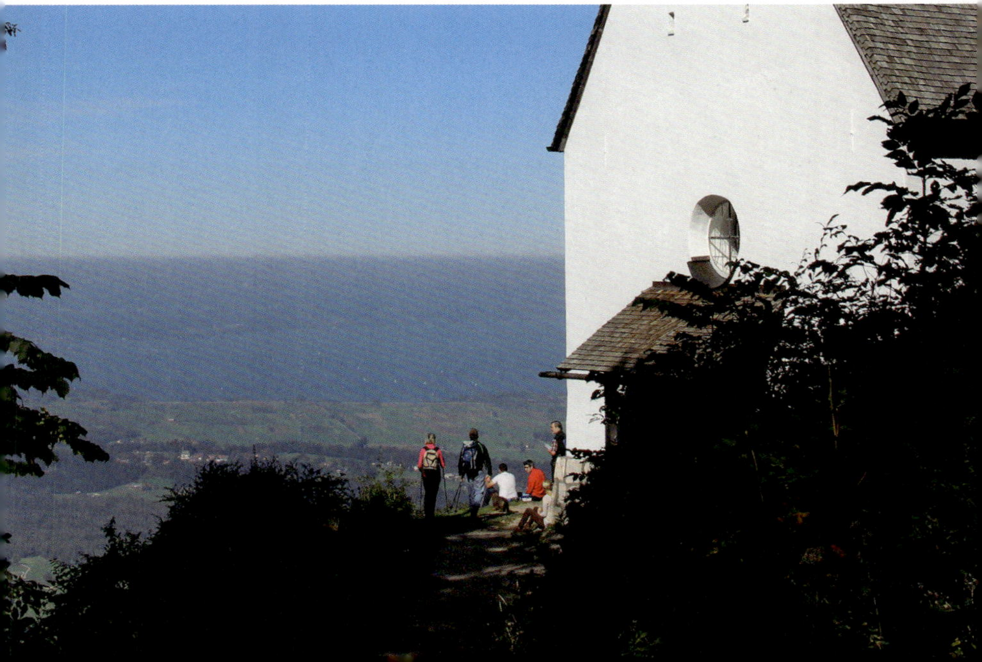

58 St. Nikolaus

Anna Schäffer – Heilige aus jüngster Vergangenheit

Tausende von Pilgern zieht das kleine Dorf Mindelstetten seit gut hundert Jahren an: Sie wallfahrten zur heiligen Anna Schäffer, die nach einem schrecklichen Unfall ein Leben in Armut und mit dauerhaften Schmerzen führte und schon zu Lebzeiten für Wunderheilungen bekannt war.

Anna wurde am 18. Februar 1882 als Tochter eines Schreiners geboren. Sie war stets ein braves, frommes Kind und wollte unbedingt Missionsschwester werden. Um Geld für die Mitgift zu verdienen, nahm sie schon als 13-Jährige eine Stelle als Dienstmagd an und hatte eine erste Vision: Christus offenbarte ihr im Traum, sie müsse noch vor ihrem zwanzigsten Lebensjahr »vieles, vieles leiden«. Panisch flieht sie aus der Arbeitsstelle und nimmt eine andere an, in der es dann 1901 passiert: Sie rutscht beim Versuch, ein verschobenes Ofenrohr zu reparieren, in einen Kessel mit kochender Waschlauge. Die Verbrühungen an den Beinen sind so schlimm, dass die Wunden nie wieder heilen und Anna nie wieder gehen kann.

Ab dem Jahr 1910 zeigen sich bei der Bettlägerigen die Wundmale Christi. Schon damals schreiben ihr Menschen aus aller Welt, und sie schließt alle in ihre Gebete ein. Der Pfarrer bringt ihr täglich die Kommunion, viele Menschen pilgern an ihr Krankenbett. Am 5. Oktober 1925 stirbt Anna Schäffer. Seitdem ziehen Tausende zu ihren sterblichen Überresten, die vom Friedhof in die Pfarrkirche St. Nikolaus übertragen wurden. Über 23.000 Gebetserhörungen wurden seither verzeichnet. Schon 1999 wird sie selig-, 2012 heiliggesprochen. Das für die Heiligsprechung nötige Wunder ereignete sich bei der Seligsprechung: Seit eine Frau vor dem Fernseher die Feier in Rom verfolgte, betete sie zu Anna Schäffer und wurde von ihrer Bauchwassersucht geheilt.

Der Hauptwallfahrtstag ist der Namenstag der heiligen Anna am 26. Juli, der Gedenktag der Anna Schäffer im Heiligenkalender der Todestag, der 5. Oktober.

Adresse 93349 Mindelstetten | **Anfahrt** A9 München–Nürnberg, weiter auf der A93 Richtung Regensburg, Ausfahrt Aiglsbach, über B300 und 299 bis Mindelstetten | **Tipp** Auch das Geburtshaus der Anna Schäffer kann in Mindelstetten besichtigt werden. Es wurde zu einem kleinen Anna-Schäffer-Museum umgebaut.

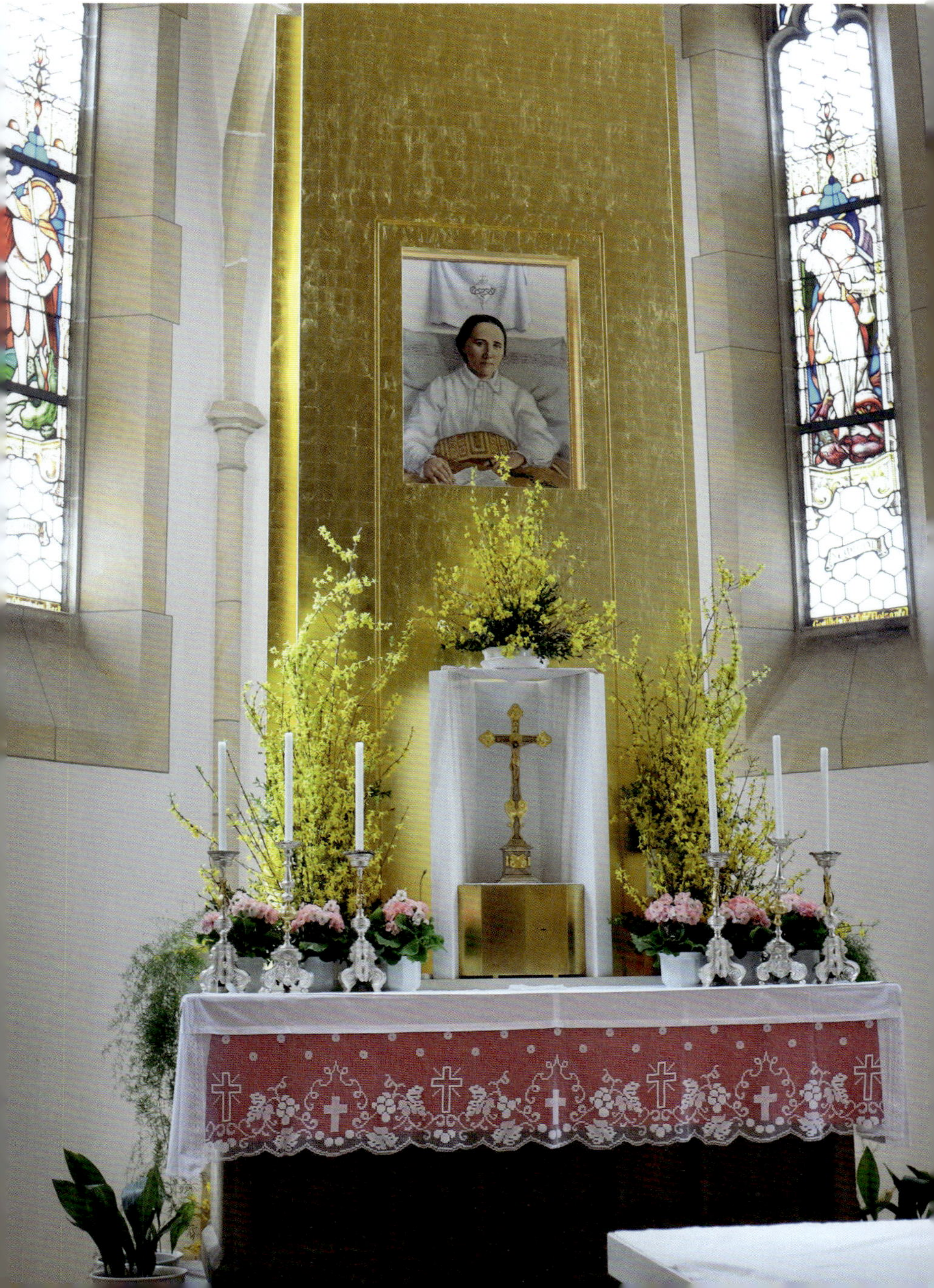

59 St. Kastulus

Der Patron der Hallertau

Schon im 8. Jahrhundert sind die Reliquien des heiligen Kastulus nach Moosburg gekommen. Er soll um das Jahr 300 herum Verwalter am Hof des römischen Christenverfolgers Diokletian gewesen sein. Nachdem er als Christ verraten wurde, sei er mit dem Kopf nach unten in einer Sandgrube verscharrt worden. Sein Attribut ist deshalb die Schaufel, die ihm auf vielen Bildern beigegeben ist. In Moosburg ist er aber als Ritter dargestellt – etwa in der Monumentalfigur im südlichen Seitenschiff. Im gotischen Hochaltar von Hans Leinberger steht er links, in der Mitte die Muttergottes und rechts Kaiser Heinrich II., der das Kollegiatstift Moosburg seinerzeit reformiert hat. Neben dem Hochaltar zieht eine einsame Sebastiansfigur den Blick auf sich, sie wird dem Meister von Rabenden zugeschrieben. Kastulus' Ehefrau Irene soll der Legende nach den durch die Pfeile verletzten Sebastian gesundgepflegt haben.

Kastulus trägt Ritterrüstung und Schwert, in der anderen Hand die Märtyrerpalme. Sie bezieht sich auf die Offenbarung des Johannes, wo es heißt: »Sie standen vor dem Thron … und trugen Palmzweige in den Händen.« Die Wallfahrer verehrten Kastulus indes als Hirten, er wurde nicht nur zum Patron der Hallertau, sondern auch der Bauern. Selbst als 1604 die Kastulus-Reliquien nach Landshut transferiert wurden, ließ die Verehrung nicht nach. Sein Name kommt vom lateinischen »castus« für keusch und bedeutet also: der kleine Keusche – ob die Bauern das wussten? Sogar die Pferdediebe wählten ihn als Patron. Überliefert ist der Vers: »O heiliger Sankt Kastulus und unsere liebe Frau / ihr werdet uns schon kennen, seind von der Holledau. / Sollten unser neune sein und sind nur unser drei / die andern sind beim Schimmelstehln, Maria steh uns bei.«

Heute faszinieren die kunsthistorischen Besonderheiten des Münsters: neben dem romanischen Portal vor allem das prächtige Chorgestühl von 1476.

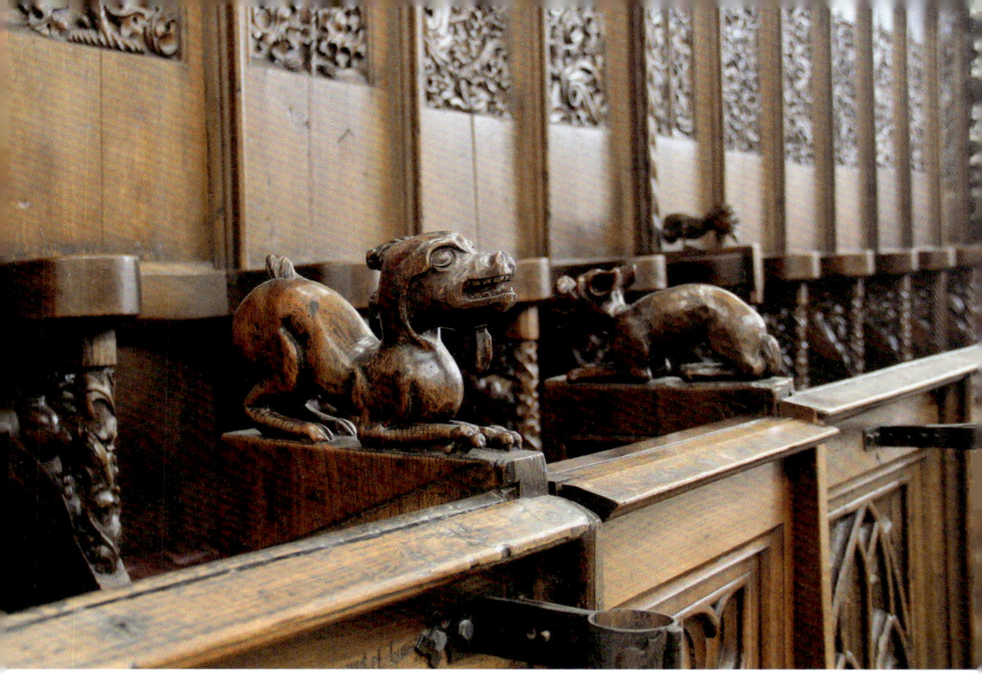

Adresse 85368 Moosburg an der Isar | Anfahrt A9 München – Nürnberg und A92 Richtung Landshut, Ausfahrt Langenpreising, Erdinger Straße bis Moosburg | Tipp In der Nähe von Reichertshofen bei Pfaffenhofen an der Ilm gibt es einen Wallfahrtsort, der sogar seinen Namen von dem Heiligen hat: St. Kastl mit Wallfahrtskirche und -kapelle. Dort soll der Heilige einem Hirten in einem hohlen Baum erschienen sein und seine kranken Tiere geheilt haben.

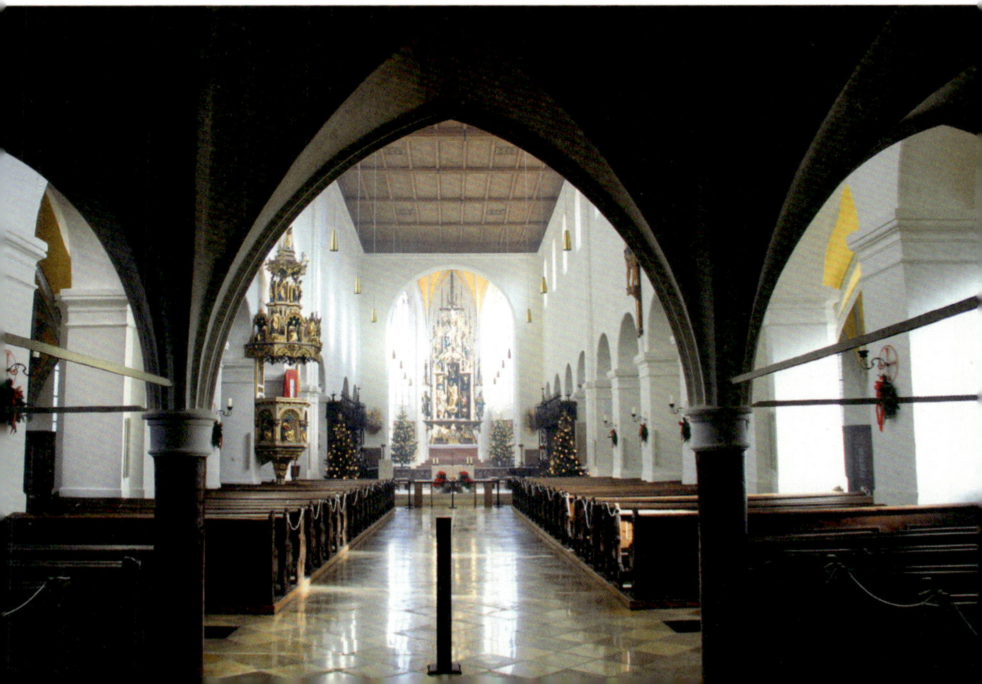

60_Bürgersaalkirche

Gedenken an Pater Rupert Mayer

Direkt in der Fußgängerzone liegt der Eingang zur Bürgersaalkirche – eigentlich der Bet- und Versammlungssaal der Marianischen Männerkongregation »Mariä Verkündigung am Bürgersaal zu München«. Nach einem Fliegerangriff 1944 stark beschädigt, wurde die über eine Ober- und eine Unterkirche verfügende Bürgersaalkirche nach dem Krieg wiederaufgebaut.

Wenn man die Tür zu dieser Kirche hinter sich schließt, betritt man eine komplett andere Welt. Eine Welt der Kontemplation, der inbrünstigen Verehrung eines erst im 20. Jahrhundert verstorbenen Seligen: Pater Rupert Mayer. Er ist hier in der sogenannten Unterkirche im Erdgeschoss bestattet, direkt vor dem Altar bezeichnet eine Platte den Ort seiner letzten Ruhestätte. Auf den Bänken sitzen tief versunkene Beter, andere wollen ihr Anliegen auf der rechten Seite des Raumes an der Porträtbüste des Verehrten loswerden. Von den vielen Berührungen ist die Herzseite der Metallbüste blank poliert.

Der Jesuitenpater Rupert Mayer, Präses der Männerkongregation, erklärte nach der Machtübernahme der Nazis mehrfach, ein Katholik könne nicht Nationalsozialist werden, und missachtete das gegen ihn verhängte Redeverbot. Es folgten Verhaftung, KZ und schließlich steckte ihn sein eigener Kardinal in Klosterhaft. 1945 starb er während der Predigt. 1987 beeilte sich ebendiese katholische Kirche, ihn seligzusprechen.

Sein Grab in Pullach auf dem Ordensfriedhof wurde von so vielen Gläubigen besucht, dass seine Gebeine schon 1948 in die Unterkirche des Bürgersaals umgebettet wurden. Rupert Mayer wird wegen seines Widerstandskampfes und seiner Sorge um Arme und Benachteiligte auch als »Apostel Münchens« bezeichnet – und nicht zuletzt das »Wunder« um seinen Tod machte ihn zu einem heiligmäßigen Menschen: Trotz des schweren Schlaganfalls während der Predigt am 1. November fiel er nicht um, sondern blieb bewusstlos, aber aufrecht stehen.

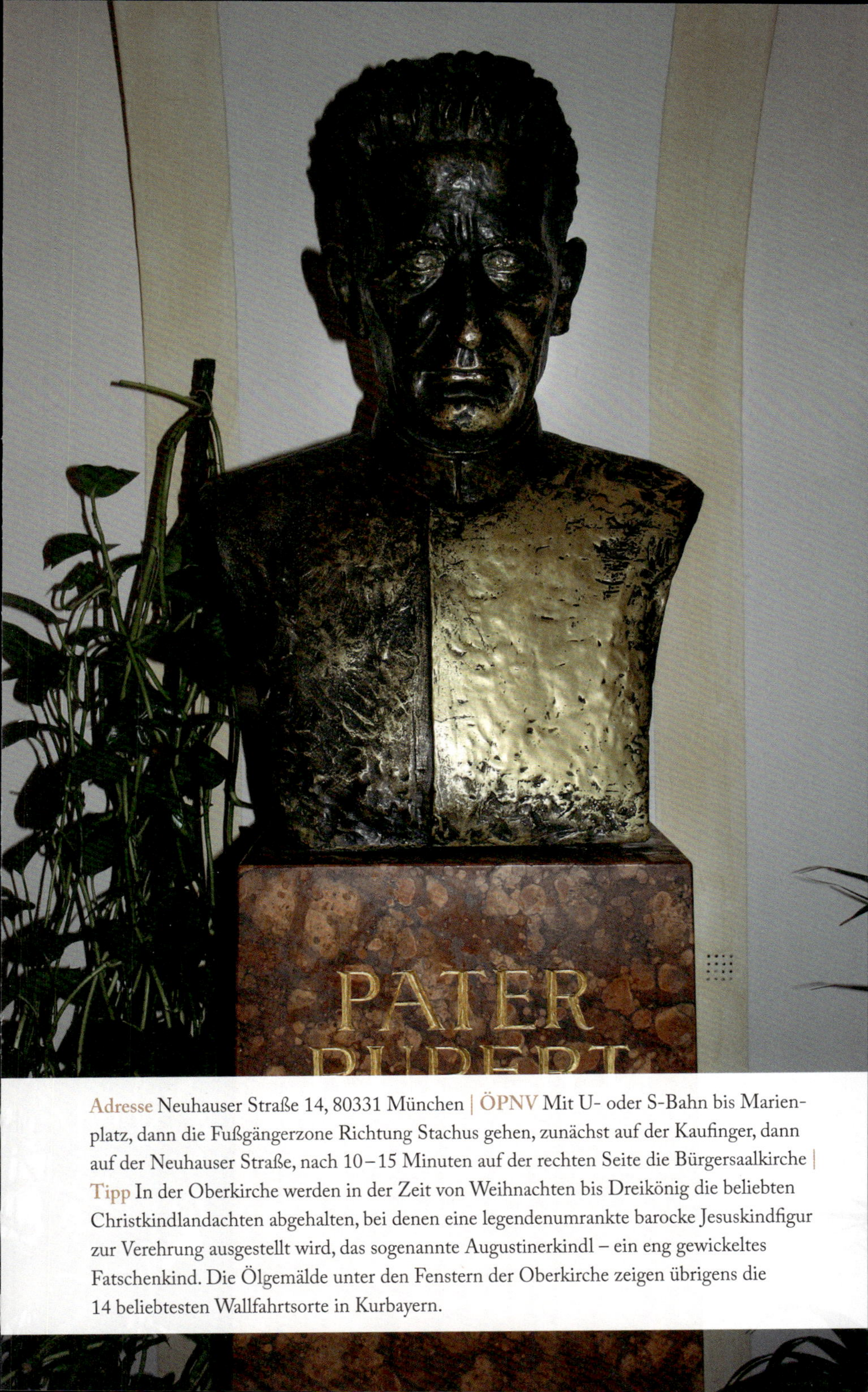

Adresse Neuhauser Straße 14, 80331 München | ÖPNV Mit U- oder S-Bahn bis Marienplatz, dann die Fußgängerzone Richtung Stachus gehen, zunächst auf der Kaufinger, dann auf der Neuhauser Straße, nach 10–15 Minuten auf der rechten Seite die Bürgersaalkirche | Tipp In der Oberkirche werden in der Zeit von Weihnachten bis Dreikönig die beliebten Christkindlandachten abgehalten, bei denen eine legendenumrankte barocke Jesuskindfigur zur Verehrung ausgestellt wird, das sogenannte Augustinerkindl – ein eng gewickeltes Fatschenkind. Die Ölgemälde unter den Fenstern der Oberkirche zeigen übrigens die 14 beliebtesten Wallfahrtsorte in Kurbayern.

61 Frauenkirche

Münchner Stadtpatron aus Sachsen

Ausgerechnet ein Bischof aus Sachsen wurde seinerzeit Stadtpatron von München und Schutzpatron Bayerns: Gut 900 Jahre ist es her, dass Bischof Benno in Meißen starb. Am 16. Juni 1106 war das, und schon kurz darauf wurde er hoch verehrt. Es strömten so viele Pilger zu seinem Grab, dass Benno zu einem der bekanntesten Heiligen Deutschlands wurde. 1523 erfolgte die Heiligsprechung. Das war Luther ein Dorn im Auge, der gerade gegen die Reliquien- und Heiligenverehrung zu Felde zog und eine Streitschrift verfasste: »Wider den neuwen Abgott und allten Teuffel, der zu Meyssen soll erhoben werden«. Als der überzeugte Benno-Verehrer Georg von Sachsen kinderlos starb und sein Bruder Heinrich den protestantischen Glauben einführte, drohte das Hochgrab Bennos im Meißener Dom zerstört zu werden. Da traten die katholischen bayerischen Herzöge auf den Plan und schafften die Gebeine des Heiligen 1576 nach München. Demonstrativ wurden diese in die Frauenkirche übertragen und Benno zum Patron Münchens und Bayern erklärt. Man errichtete eine Benno-Sakristei und den im 19. Jahrhundert abgebrochenen Bennobogen. Hofbildhauer Hans Krumpper entwarf eine silberne Reliquienbüste, die in der Frauenkirche bewahrt wird.

Seit über 400 Jahren wallfahrten die Münchner nun zum heiligen Benno. Die erhaltenen Mirakelbücher zeugen von wundersamen Heilungen – allein 564 von 1601 bis 1697. Fisch und Schlüssel sind die Attribute des Landespatrons, der dann auch in anderen bayerischen Kirchen abgebildet wurde. Als Benno nämlich aus Italien, wohin er während des Investiturstreits geflohen war, inkognito in seine Heimat zurückkehrte, ließ er sich einen Fisch zubereiten, den man in der Elbe geangelt hatte. Im Bauch des Fisches fand sich der Domschlüssel, den der Bischof bei seiner Flucht in den Fluss geworfen hatte. Darauf erkannte das Volk seinen Bischof und geleitete ihn wieder in seinen Dom.

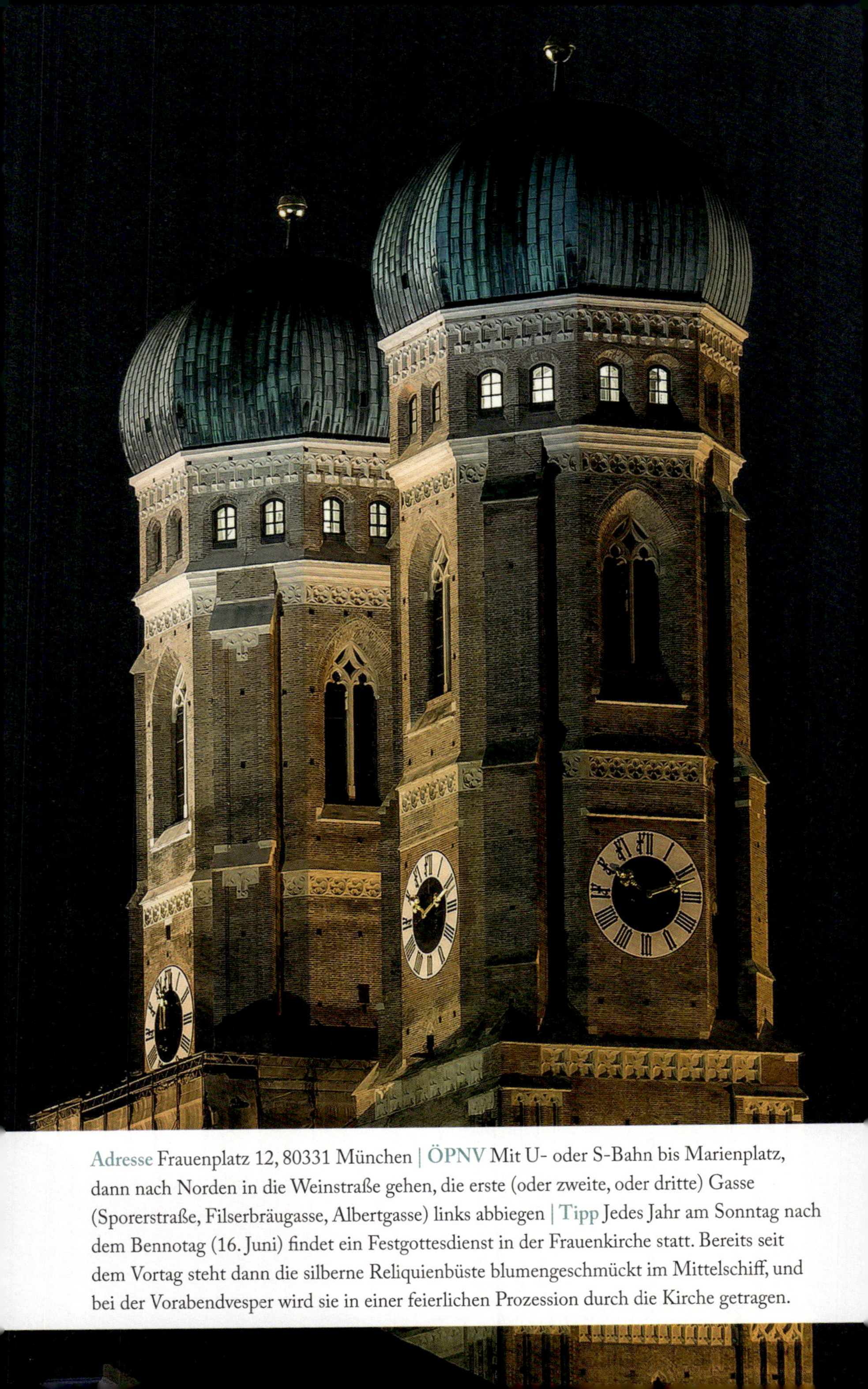

Adresse Frauenplatz 12, 80331 München | ÖPNV Mit U- oder S-Bahn bis Marienplatz, dann nach Norden in die Weinstraße gehen, die erste (oder zweite, oder dritte) Gasse (Sporerstraße, Filserbräugasse, Albertgasse) links abbiegen | Tipp Jedes Jahr am Sonntag nach dem Bennotag (16. Juni) findet ein Festgottesdienst in der Frauenkirche statt. Bereits seit dem Vortag steht dann die silberne Reliquienbüste blumengeschmückt im Mittelschiff, und bei der Vorabendvesper wird sie in einer feierlichen Prozession durch die Kirche getragen.

62 Maria Ramersdorf

Älteste bayerische Marienwallfahrt

Maria Ramersdorf ist die älteste bayerische Marienwallfahrt – die ungleich bekanntere nach Altötting ist mindestens 100 Jahre jünger. Schon um 1000 gab es eine Ansiedlung »Rumoltesdorf« nach dem Geschlecht der Rumolte. Und bereits zu Beginn des 14. Jahrhunderts existierte eine rege Marienwallfahrt. Einen riesigen Aufschwung erlebte die Wallfahrt 1379: Kaiser Ludwig der Bayer soll bei seinem plötzlichen Tod während einer Jagd einen vergoldeten Kreuzanhänger getragen haben, in den ein echter Kreuzpartikel eingefügt war. Dieses Kreuz kam nach Ramersdorf und es entwickelte sich eine Wallfahrt zum Heiligen Kreuz, die zeitweise sogar die Marienwallfahrt an Bedeutung übertraf. An den Ablasstagen wurde der Kreuzpartikel den Wallfahrern zum Kuss gereicht, in heutiger Zeit erfolgt dessen Auflegung. Die kleine romanische Kirche war bald nicht mehr in der Lage, die Wallfahrerströme aufzunehmen, also baute man eine neue Kirche, die 1466 geweiht wurde. Aus spätgotischer Zeit stammt auch das heutige Gnadenbild der sitzenden Madonna inmitten des prächtigen Schnitzaltars.

Besonders die Schrecken des Dreißigjährigen Krieges ließen die Menschen nach Ramersdorf pilgern. Berühmt ist das Bild der 42 Schwedengeiseln an der südlichen Chorwand: Als 1632 der schwedische König Carl Gustav 300.000 Reichstaler forderte, damit er München nicht plündern ließ, konnte die Summe nicht komplett aufgebracht werden. Die Schweden nahmen daraufhin 42 Geiseln und verschleppten sie als Sicherheit für das fehlende Geld nach Augsburg. Dort gelobten die Geiseln eine Wallfahrt nach Ramersdorf, sollten sie gesund zurückkehren. Als sie drei Jahre später heimkehrten, stifteten sie das Votivbild. Darauf allerdings nur 40 Geiseln. Zwei fehlen: Einer ist stiften gegangen (er wurde zu Verhandlungen nach München geschickt und kehrte nicht wieder zurück), der andere war in der Zwischenzeit protestantisch geworden.

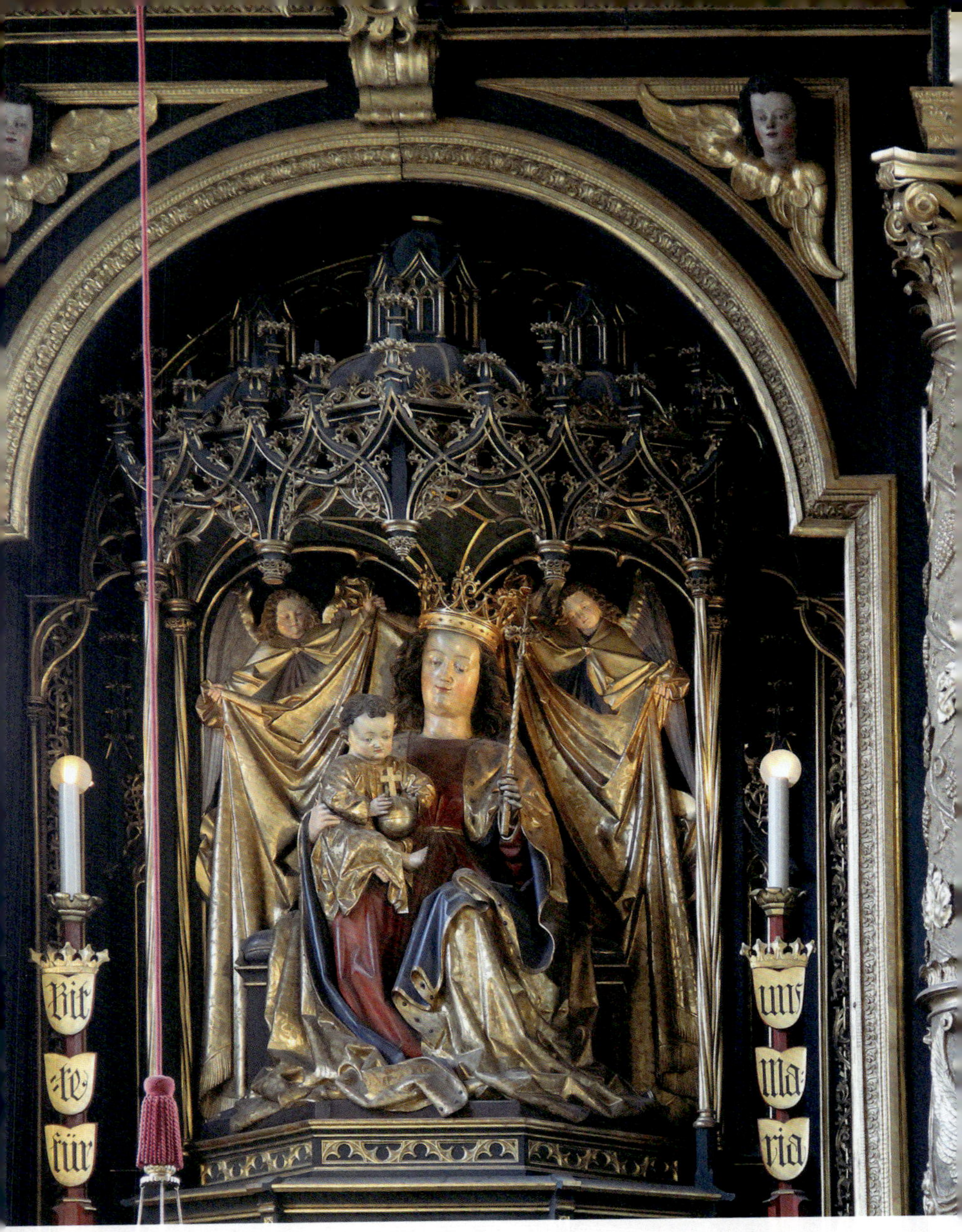

Adresse Ramersdorfer Straße 6, 81669 München | **ÖPNV** U2, 7 oder 8 bis Karl-Preis-Platz, zu Fuß in etwa fünf Minuten auf der Rosenheimer Straße bis Maria Ramersdorf | **Tipp** Besonders die Wallfahrtszeit des Frauendreißigers wird in Ramersdorf festlich begangen. Vom Patroziniumsfest an Mariä Himmelfahrt (15.8.) bis zum Fest Kreuzerhöhung (14.9.) finden täglich Wallfahrtsgottesdienste statt. Dabei wird bis heute der Kreuzpartikel aufgelegt. Der Alte Wirt von Ramersdorf bietet den Pilgern wie in früheren Zeiten Einkehr nach den – inzwischen nicht mehr ganz so großen – Strapazen des Wallfahrens.

63 Maria Thalkirchen

Die Kirche der Isarflößer

Thalkirchen, zwischen Isar und dem steilen Hochufer gelegen, gehört heute längst zum Münchner Stadtgebiet. Ursprünglich war es eine alte Flößersiedlung, in Zeiten, in denen der Transport von Menschen und Waren auf dem Wasserweg einfacher war als auf dem oft beschwerlichen Landweg.

Die Wallfahrtskirche Maria Thalkirchen soll nach dem Gelöbnis der Grafenbrüder Wilhelm und Christian von Fraunberg entstanden sein, die während einer kriegerischen Auseinandersetzung den Kirchenbau gelobt hätten, wenn sie den Durchgang durch die reißende Isar schaffen würden. Zwei große Leinwandgemälde, die sich noch heute in der Kirche befinden, datieren das Gelöbnis auf 1372. Schon vorher gab es eine romanische Kirche, die dann durch die gotische ersetzt wurde. Wie Maria Ramersdorf besitzt auch Maria Thalkirchen einen angeblichen Kreuzpartikel, der im 15. Jahrhundert vom bayerischen Herzog gestiftet wurde. Als Abschluss der Bauarbeiten kam 1482 das heutige Gnadenbild, die sitzende Maria mit Kind aus der Werkstatt von Michel Erhart, nach Thalkirchen. Sie wurde bei der barocken Umgestaltung der Kirche 1695 in den neuen Hochaltar integriert.

Maria Thalkirchen feiert wie Ramersdorf bis heute besonders den Frauendreißiger: Vom Patroziniumsfest an Mariä Himmelfahrt (15.8.) bis zum Fest Kreuzerhöhung (14.9.) finden täglich Wallfahrtsgottesdienste statt. In der übrigen Zeit finden jeden Samstag und an den Marienfesttagen Wallfahrtsandachten statt. Besonders die Isarflößer beteten zu ihrer Muttergottes um Beistand bei ihrer gefahrvollen Arbeit. Die zwei Zunftstangen mit ihren Schutzpatronen, den heiligen Johannes Nepomuk und Nikolaus, werden in der Kirche bewahrt. Die jährliche Flößerwallfahrt auf der Isar nach Thalkirchen erlosch mit dem Erliegen der Berufsflößerei nach dem Ersten Weltkrieg. Sie wurde 1997 wiederbelebt und findet nun alle drei Jahre statt.

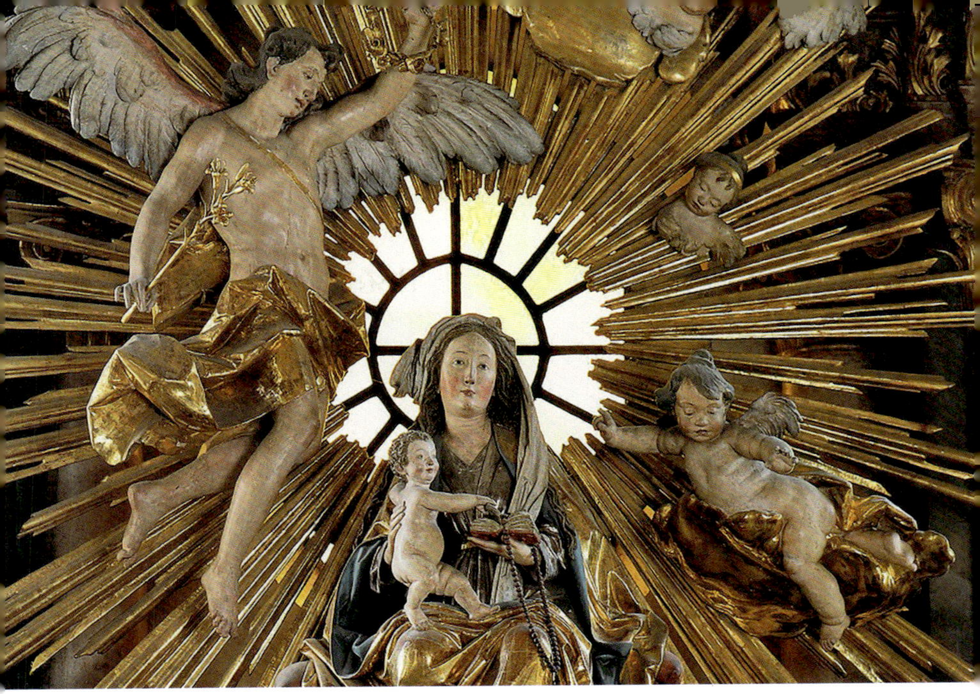

Adresse Fraunbergplatz 5, 81379 München | ÖPNV U3 bis Thalkirchen, weiter zu Fuß über Pognerstraße und Frauenbergstraße in fünf Minuten bis Maria Thalkirchen | Tipp Der Alte Wirt in Thalkirchen mit schöner getäfelter Gaststube und Biergarten liegt direkt gegenüber der Kirche. Er verköstigt bis heute die Wallfahrer aufs allerbeste (www.alter-wirt-thalkirchen.de).

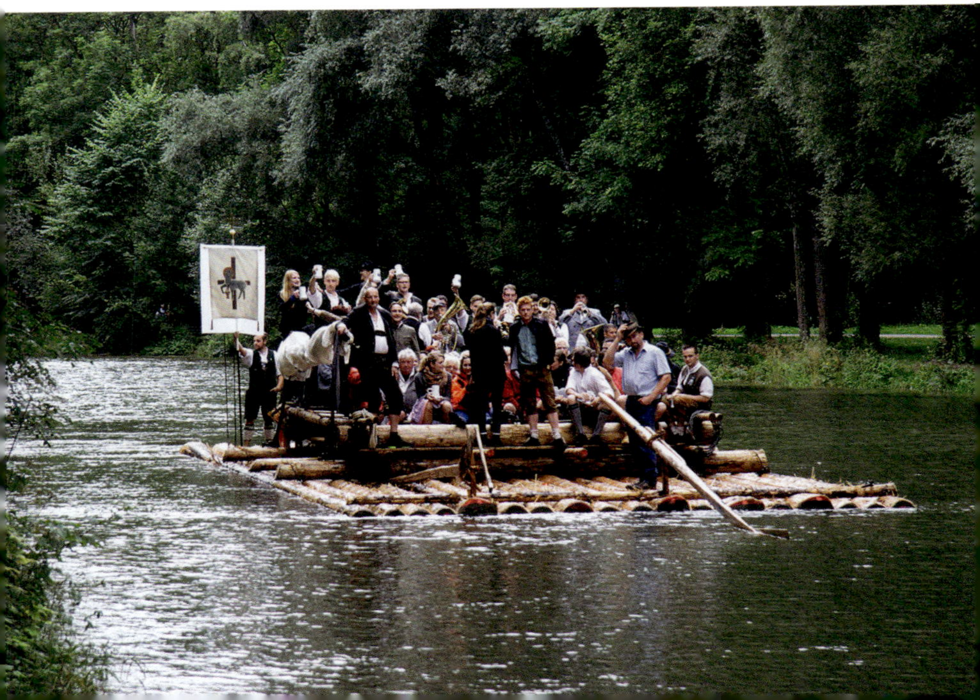

64__St. Anna

Das Kircherl überm Tierpark

Strahlend sonnengelb leuchtet das Annakircherl hoch oben auf dem Harlachinger Berg, mitten in München. Gleich dahinter fällt das Gelände steil ab ins Isartal – und: zum Tierpark. Deshalb wird die Andacht schon einmal von Elefantentröten und Affengekreisch gestört.

In dem beliebten Hochzeitskirchlein gibt es eine besondere Festzeit: den St.-Anna-Dreißiger – nicht zu verwechseln mit dem bekannteren Frauendreißiger, den rund 30 Tagen nach Mariä Himmelfahrt am 15. August. Den Annendreißiger feiern die Gläubigen nur noch hier, vom 15. bis zum 30. September – früher vom Sonntag nach Mariä Geburt (8. September) dreißig Tage lang.

Vor nicht allzu langer Zeit war der St.-Anna-Dreißiger ein großes Fest, eine wichtige Ablasszeit, in der man beim Kirchenbesuch die Sünden erlassen bekommen konnte. Rund um die Kirche standen damals, wie wir in einem Bericht von 1958 lesen, »etliche Kramerstände« und »die Musik beim Wirt« fehlte auch nicht. Im 19. Jahrhundert, als St. Anna noch zu Giesing gehörte, weiß man von einem Cholera-Kreuzgang der Giesinger in jedem Annendreißiger – die Cholera forderte damals in München viele Opfer.

Bis 1707 kann man den Annendreißiger sicher zurückverfolgen. Die Wallfahrt ist aber vermutlich viel älter. Bereits 1163 ist hier eine Kirche nachgewiesen. Gut möglich, dass auch sie schon der Mutter Mariens gewidmet war. Das geschnitzte Gnadenbild auf dem Hochaltar, eine Anna Selbdritt, stammt aus der Zeit um 1500: Die Mutter Anna umfasst mit ihrem rechten Arm ihre Tochter Maria und mit dem linken das Jesuskind. Maria trägt ihr Haar lang und offen – Zeichen ihrer Jungfräulichkeit, während Anna die Haube der verheirateten Frauen trägt. Auf dem rechten Seitenaltar gibt es ein zweites Gnadenbild: »Anna lehrt Maria das Lesen«. Durch die Jahrhunderte wurde mal dieses, mal jenes Bildnis als das Gnadenbild von St. Anna verehrt.

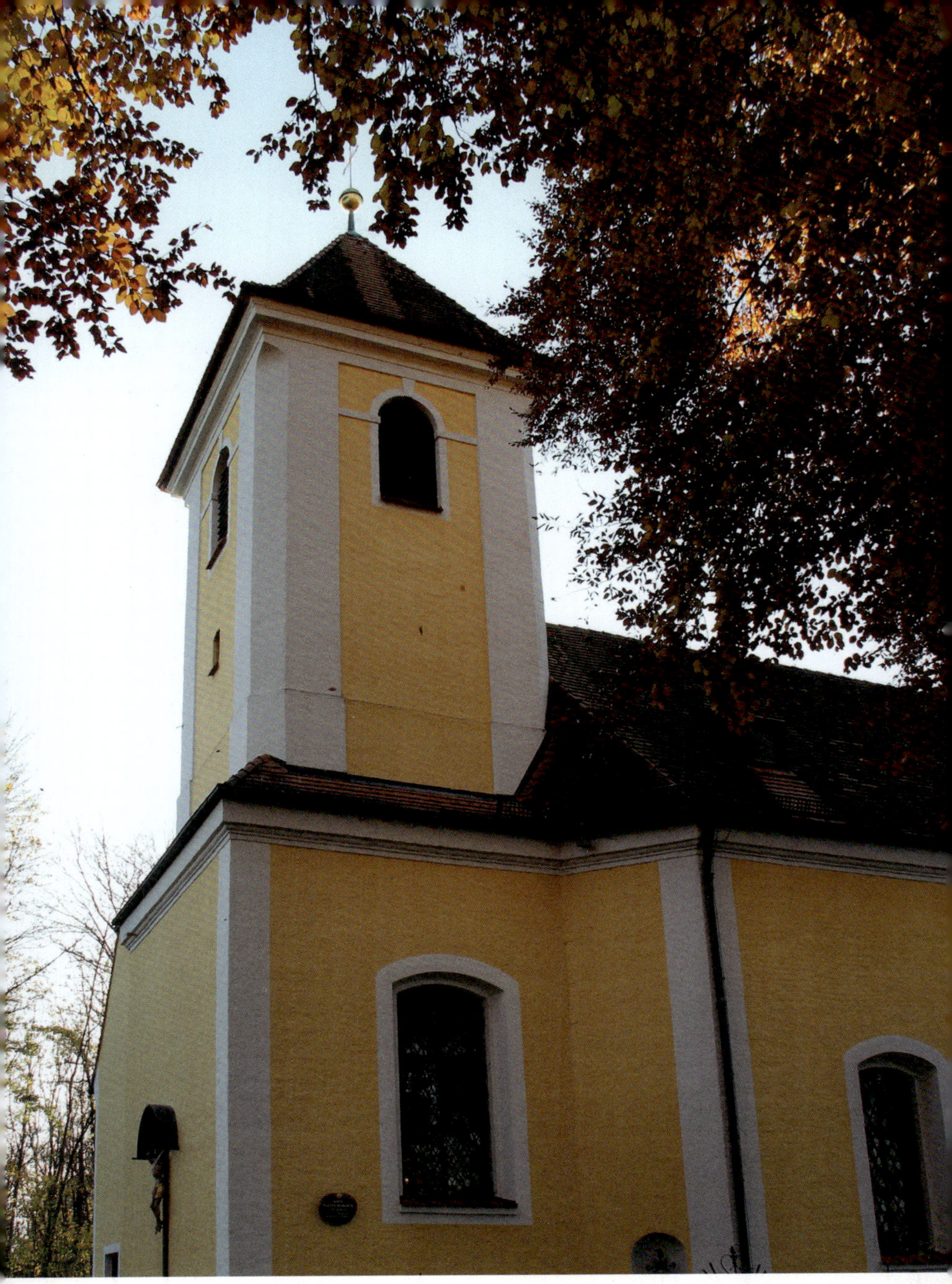

Adresse Harlachinger Berg 30, 81545 München | **ÖPNV** Tram 25 bis Tiroler Platz, weiter circa fünf Minuten zu Fuß | **Tipp** »Die Musik beim Wirt«, von der im Wallfahrtsbericht die Rede ist, fand in der Harlachinger Einkehr statt, dem historischen Gasthaus direkt gegenüber der Annakirche. Hier gibt es bis heute typisch altbayerische Küche in holzgetäfelten Stuben oder im gemütlichen Biergarten.

65__St. Michael

Ruht hier wirklich der Märchenkönig?

Mitten in der Fußgängerzone liegt der Eingang zur Michaelskirche. Schon der Schritt in die Kirche katapultiert den Spaziergänger heraus aus der lauten Welt – noch ein paar weitere, und man findet sich in der stillen Welt des Todes wieder, oder der Ewigkeit, wenn man so will. Links neben dem rechten Seitenaltar führt eine Treppe hinunter in eine der Münchner Fürstengrüfte. St. Michael wurde als Grablege der Wittelsbacher konzipiert und gehört zu den wichtigsten Grablegen des bayerischen Herrscherhauses. Die Gruft unter der Michaelskirche ist bei den Besuchern wohl die beliebteste, sofern man das von solchen Grüften sagen kann. Sofort fällt allerdings ein Sarkophag als der prächtigste ins Auge, der am meisten geschmückt ist, direkt gegenüber dem Altar: der Sarg König Ludwigs II. von Bayern.

Er sei leer, behaupten die Königsfreunde, der Leichnam des angeblich ermordeten Märchenkönigs sei beiseitegeschafft und an geheimer Stelle bestattet worden. Um ihre Theorie zu beweisen, schoben »am 10. Mai 2000 die sogenannten Guglmänner, die überzeugt sind, der König sei erschossen worden, ein Wägelchen mit einem Fotoapparat unter den Sarkophag …, um die Bodenplatte abzulichten«, wie Cornelia Ziegler in ihrem Buch »Bayern auf den Spuren von König Ludwig II.« schreibt, und weiter: »Das Loch, das sie dabei fotografierten, sahen sie als Beweis für die These an, der Leichnam Ludwigs sei beseitigt worden, um den Mord zu vertuschen. Offiziell heißt es aber, das geheimnisvolle Loch gehe auf eine chemische Reaktion zurück, ausgelöst durch Ludwigs Leichenwasser.« Nach dieser Aktion wurde ein Metallgitter um den Sarkophag angebracht, um ähnliche Taten zu verhindern. Umso mehr ist der Sarg bis heute ein »Wallfahrtsort für Kini-Verehrer aus aller Welt«, wie Ziegler ausführt, »die hier in stillem Gedenken verharren und gern mal Blumen niederlegen, zur Not auch solche aus Plastik«.

Adresse Neuhauser Straße 52, 80331 München | **ÖPNV** Mit U- oder S-Bahn bis Marienplatz, dann die Fußgängerzone Richtung Stachus gehen, zunächst auf der Kaufinger, dann auf der Neuhauser Straße, nach 5–10 Minuten auf der rechten Seite St. Michael | **Tipp** Die weiteren Münchner Fürstengrüfte befinden sich in der Theatinerkirche St. Kajetan und in der Frauenkirche.

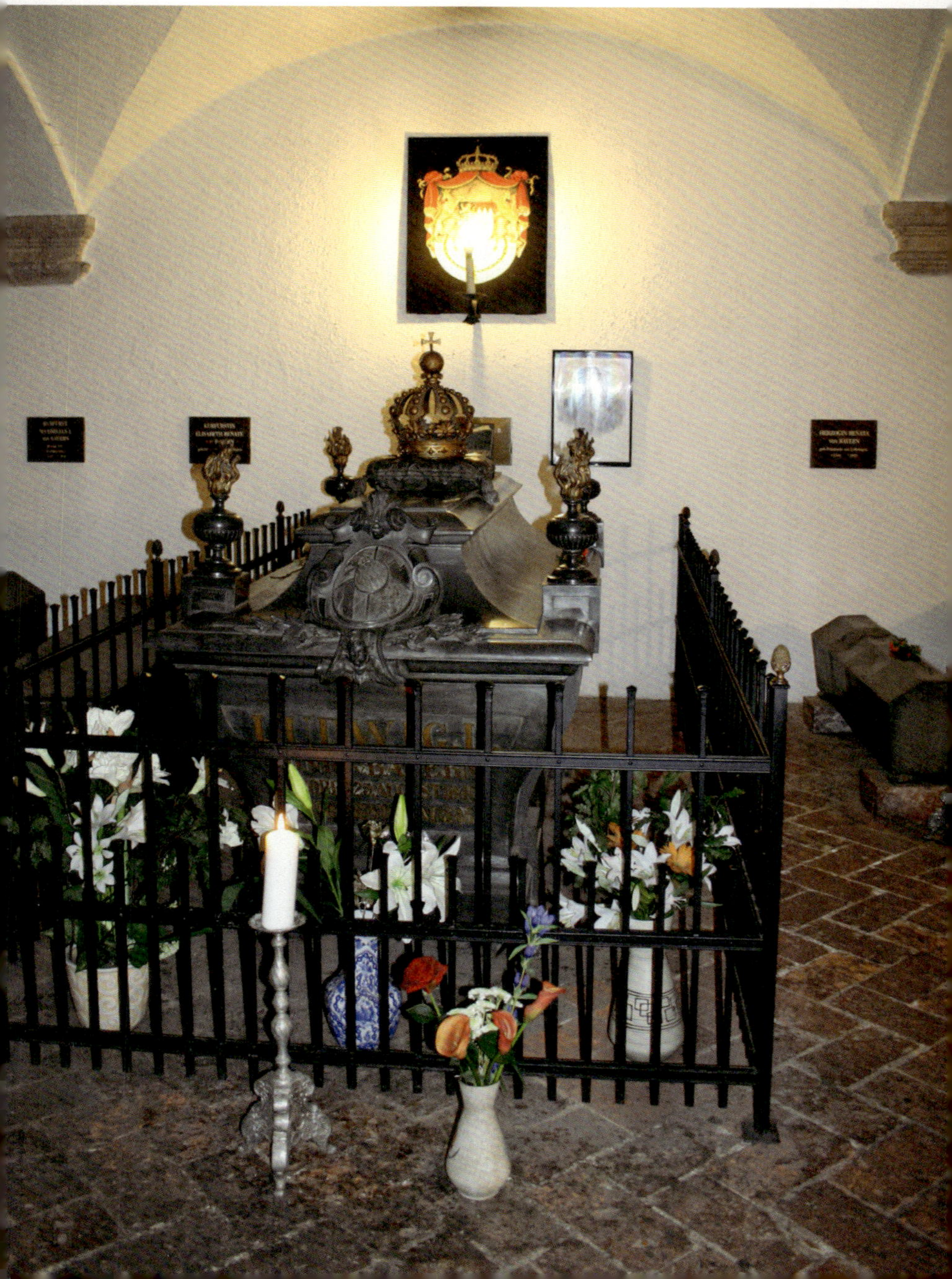

66 Maria-Dank-Kapelle

Zum Dank für Verschonung im Zweiten Weltkrieg

Eine ganz besondere Kapelle ist es, die oberhalb des kleinen Ortes Degerndorf auf einer Anhöhe mit wunderbarer Aussicht steht: die Maria-Dank-Kapelle. Schon immer ist der Hügel, der Fürst Tegernberg, Ziel eines Spaziergangs, denn der Blick nach Westen über den Starnberger See ist einfach grandios. Schatten spenden die schon im 19. Jahrhundert gepflanzten Linden.

Gegen Ende des Zweiten Weltkriegs dagegen waren die Degerndorfer voller Angst: Das Dorf lag in der Einflugschneise der alliierten Bomber auf München, und am 22. November 1944 gingen 20 schwere Sprengbomben um Degerndorf nieder, die zum Glück nur Flurschaden anrichteten, wie es auf einer Tafel in der Kapelle heißt, und weiter: »Einen Monat später, am 17. Dezember 1944 abends gegen 22.15 Uhr, näherte sich dem Dorf ein angeschossenes Flugzeug lichterloh brennend und vollgeladen mit Phosphorbrandbomben. Die britische Lancaster explodierte in der Luft und stürzte kurz hinter Degerndorf ab.« Der Bevölkerung war nichts passiert, von den sieben Flugzeuginsassen überlebte nur einer. Entgegen der Anweisungen der Nazi-Oberen versorgten die Degerndorfer den Überlebenden medizinisch und begruben die Leichname im örtlichen Friedhof. Kurz vor Kriegsende gelobte die Kirchengemeinde beim Sonntagsgottesdienst den Bau der Dankkapelle, sollte weiterhin kein Gemeindemitglied im Krieg ums Leben kommen. So kam es. Die einrückenden Amerikaner erfuhren vom menschlichen Umgang der Einwohner mit den britischen Soldaten und verschonten das Dorf aus Anerkennung.

Schon am 23. Mai 1948 war die Dankkapelle der Degerndorfer fertig, alle Bürger hatten sich am Bau beteiligt, die meisten Ziegelsteine hatte man aus dem zerbombten München geholt. Seit diesem Tag ziehen die Degerndorfer in der warmen Jahreszeit am Dreizehnten eines jeden Monats in einer Dankprozession zur Maria-Dank-Kapelle.

Adresse 82541 Münsing-Degerndorf | Anfahrt A95 München – Garmisch, Ausfahrt Wolfratshausen, auf der Wolfratshausener Straße nach Münsing, in Münsing links auf die Degerndorfer Straße. Degerndorf durchqueren. Gegenüber vom Degerndorfer Weiher (Straße »Am Weiher«) führt eine Fahrstraße rechts nach oben, von dieser links ein Fußweg zur Kapelle. Oder noch ein Stückchen weiter fahren auf »Am Weiher«, an der Straße parken und den Fußweg nach oben zur Kapelle nehmen. | Tipp Das Gebiet um Münsing, nur zwei Kilometer vom Ostufer des Starnberger Sees entfernt, ist sehr altes Siedlungsgebiet. Man findet zum Beispiel zahlreiche Grabhügel in der Umgebung, die aus der Hallstattzeit stammen, etwa um Weipertshausen, zwei Kilometer nördlich von Münsing. Dort auch sehenswert: die St.-Kolomans-Kapelle auf einem Moränenhügel am nördlichen Dorfrand.

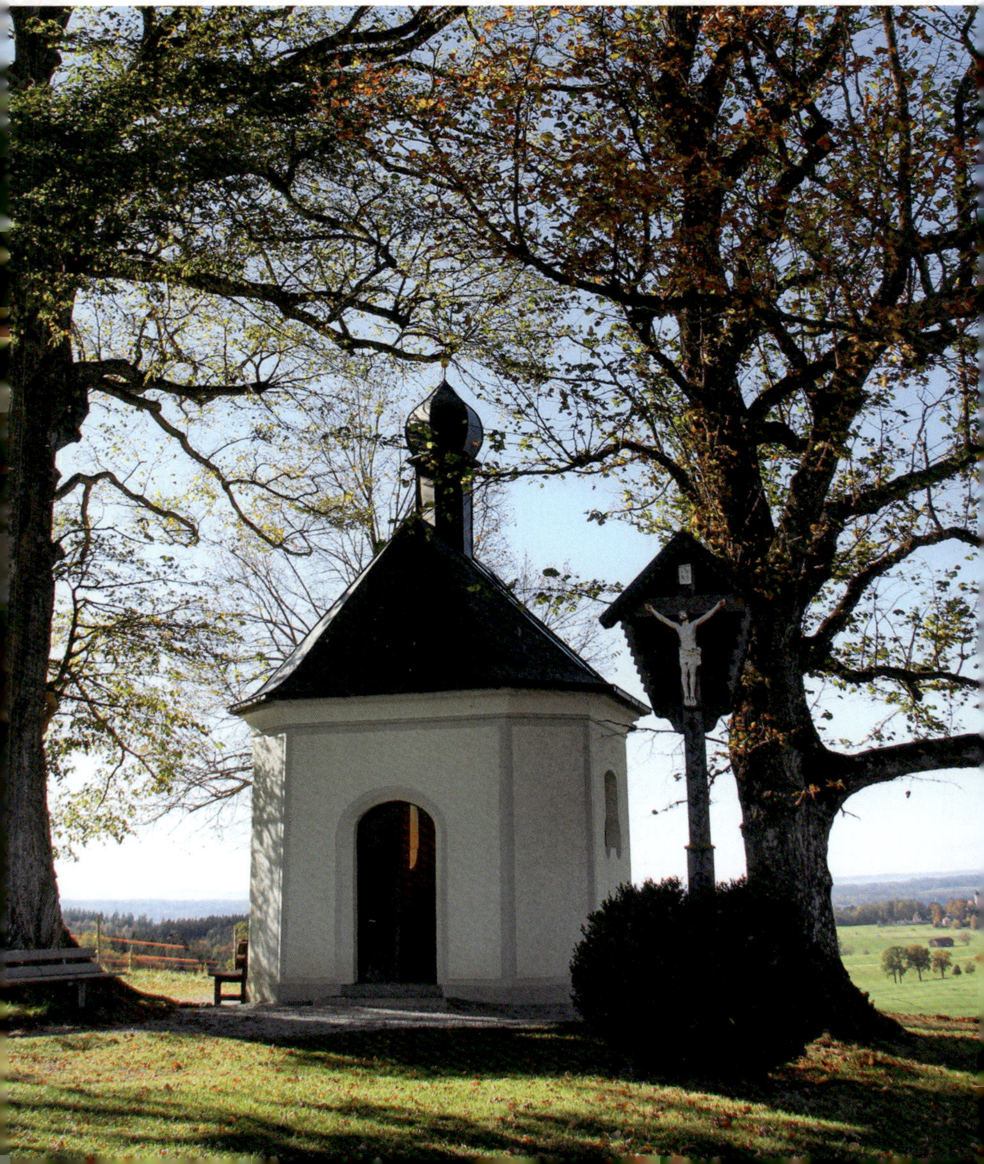

67__St. Wilgefortis

Die verehrte Jungfrau mit dem Bart

Wer Neufahrn nicht kennt, kann sich kaum vorstellen, dass dieser zwischen Gewerbegebiet und Flughafen eingezwängte Ort eine so lange Geschichte hat: 804 bereits wurde er erwähnt, die Kirche ist wohl kurz darauf entstanden. Sie war zunächst dem heiligen Bartholomäus geweiht, bis irgendwann das jetzige Gnadenbild in die Kirche kam: eine sogenannte Volto-Santo-Darstellung, das heißt »heiliges Antlitz« – eine besondere Art des Kruzifixes, mit Jesus am Kreuz als Triumphator, aufrecht stehend, mit offenen Augen, Bart, lockigem Haar und langem, gegürtetem Gewand. Das »echte« Volto-Santo-Kreuz in der Kathedrale von Lucca in der Toskana war einst ein bedeutendes Pilgerziel.

Das Gnadenbild von Neufahrn stammt aus dem 12. Jahrhundert und wurde der Legende nach angeschwemmt. Holzarbeiter hackten aus Versehen mit der Axt in das Bild, als sie versuchten, es zu bergen, woraufhin Blut herausfloss. Der Bischof legte das Bildnis auf einen Ochsenkarren und wartete, wo die Ochsen stehen bleiben würden. Sie liefen angeblich bis Neufahrn. Anfangs wurde das Gnadenbild wohl noch als Volto Santo verehrt, später ging dieses Wissen verloren und man bezeichnete es als heilige Kümmernis oder Wilgefortis. Diese Geschichte geht so: Als Tochter eines heidnischen Königs, die heimlich Christin war, wollte Wilgefortis (Virgo fortis = tapfere Jungfrau) keinen ungläubigen Fürsten heiraten und bat Gott, er möge ihr einen Bart wachsen lassen, damit sie keinem Mann mehr gefalle. So geschah es, und aus Zorn darüber ließ ihr Vater sie kreuzigen. Man integrierte das Kruzifix 1660 in einen neuen Altar und schrieb darunter: »St. Wilgefortis sive Liberata 1661, hl. Jungfrau und Martyrin ohne Kummernuß bitte für uns«. Als Patronin der Jungfrauen, der Mägde und der Frauen allgemein war Wilgefortis aber nicht das alleinige Wallfahrtsziel: Die Kirche bietet Heilige für alle Anliegen – von Leonhard über Rochus und Florian bis zum heiligen Antonius.

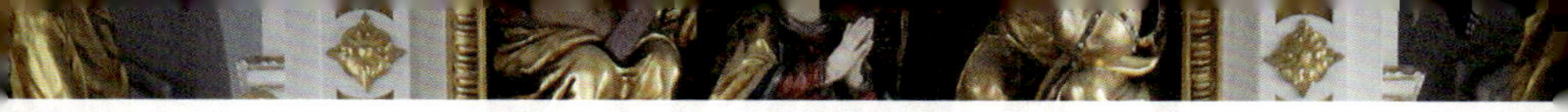

Adresse Dietersheimer Straße 19, 85375 Neufahrn bei Freising | **Anfahrt** A9 München–Nürnberg, Ausfahrt Eching, Untere Hauptstraße und Echinger Straße bis Neufahrn, dort rechts abbiegen in die Dietersheimer Straße | **Tipp** Südlich von Eching und Neufahrn kann man tatsächlich naturnah und ruhig spazierengehen – auch wenn man das angesichts von Autobahn und Gewerbegebieten nicht vermutet. Von der Echinger Lohe wandert man in die Garchinger Heide, dann nach Westen (unter der Autobahn durch) in das Naturschutzgebiet Mallertshofer Holz und wieder zurück über den Echinger See zur Echinger Lohe.

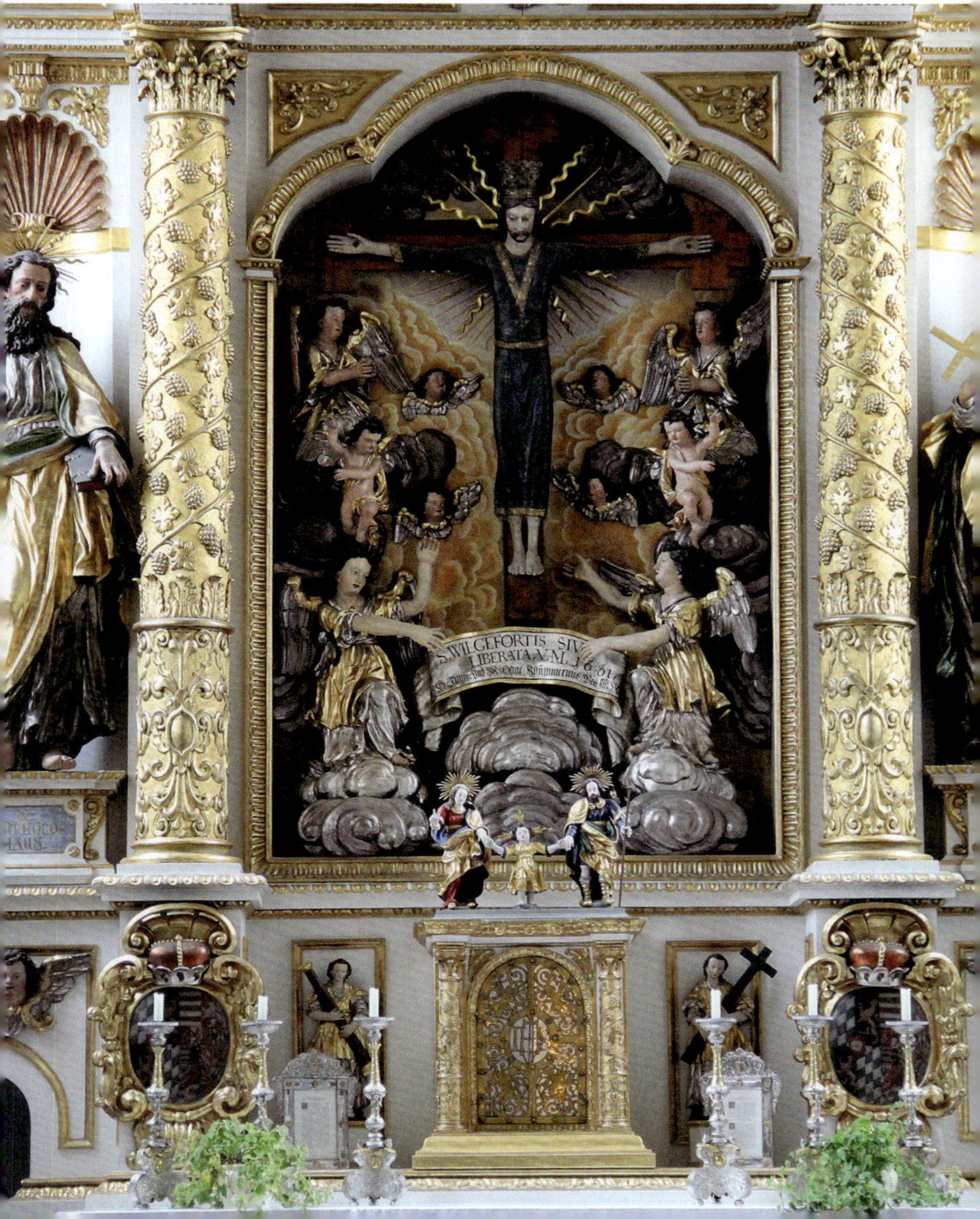

68 Kirchwald

Einsame Einsiedelei und Wallfahrtskirche

Im Kirchwald oberhalb von Nussdorf am Inn trifft der Wanderer auf eine Wallfahrtskirche samt Einsiedlerhaus, mit Obstbäumen rundherum und einer heilkräftigen Quelle am Wegesrand. Wer kam wohl auf die Idee, hier eine Kirche zu errichten, wo doch unten im Tal längst eine stand?

Der Überlieferung nach hieß der erste Einsiedler Michael Schöpfl. Er war auf der Rückreise von der Pilgerfahrt nach Rom und hatte ein Marienbild dabei, eine russische Ikone, die ihm ein Geistlicher in Rom für den Rückweg geschenkt hatte. Dank der Hilfe des Bildes sei er unterwegs einer Betrügerbande entkommen, die ihn fast an den Galgen gebracht hätte. Als Dank für die erfahrene Hilfe versprach der fromme Pilger, ein einsames, gottgefälliges Leben zu führen. Im Kirchwald fand er eine geeignete Höhle, in der er sich zunächst niederließ. Für sein Marienbild baute er in der Nähe der Höhle eine Holzhütte. Die heilsame Quelle war damals noch, wie es heißt, »nach alter Überlieferung Menschen und Vieh schädlich«. Bruder Michael brachte Wasser von der Heilquelle im nahen Weihenlinden (Ort 17), goss dieses in das schlechte Wasser, legte heilige Reliquien, die er aus Rom mitgebracht hatte, hinein und betete »inständig vor seinem Marienbild, Maria möge durch ihre Fürbitte die Quelle genießbar machen«. Und siehe da: »Das Wasser ist so heilsam geworden, dass sich die Kranken das Wasser weit und breit zutragen ließen und dass sie davon bald Linderung ihrer Schmerzen und zuweilen gar die völlig Gesundheit erhielten.«

Die Quelle wird bis heute aufgesucht, das Wasser getrunken oder als »Notfallmedizin« mitgenommen. In der 1716 gebauten Wallfahrtskirche mit dem alten Marienbild des ersten Eremiten hängen unzählige Votivbilder, auch aus neuerer Zeit. Sie dokumentieren das Vertrauen der Gläubigen in die Heilkraft des von den himmlischen Fürsprechern geheiligten Wassers. Auch die gemalte Umrahmung der Kirchenpforte hat die Entdeckung der Quelle zum Thema.

Adresse 83131 Nußdorf am Inn (Kirchwald) | **Anfahrt** A8 München – Salzburg, beim Inntaldreieck weiter auf der A93 Richtung Kiefersfelden, Ausfahrt Brannenburg, Schildern bis Nussdorf am Inn folgen und parken (Parkplatz Steinbach). Im Ortszentrum dem Fußweg am Steinbach entlang nach Südosten folgen, am Ortsende nach rechts auf den Heubergweg und den Kreuzweg nach oben in den Kirchwald nehmen (circa 45 Minuten zu Fuß). | **Tipp** Zur Einkehr empfehlen sich die Gasthäuser auf dem Samerberg, zum Beispiel in Grainbach der wunderbare Gasthof Alpenrose (www.alpenrose-samerberg.de) oder in dem Weiler Duft der Duftbräu (www.duftbraeu.de).

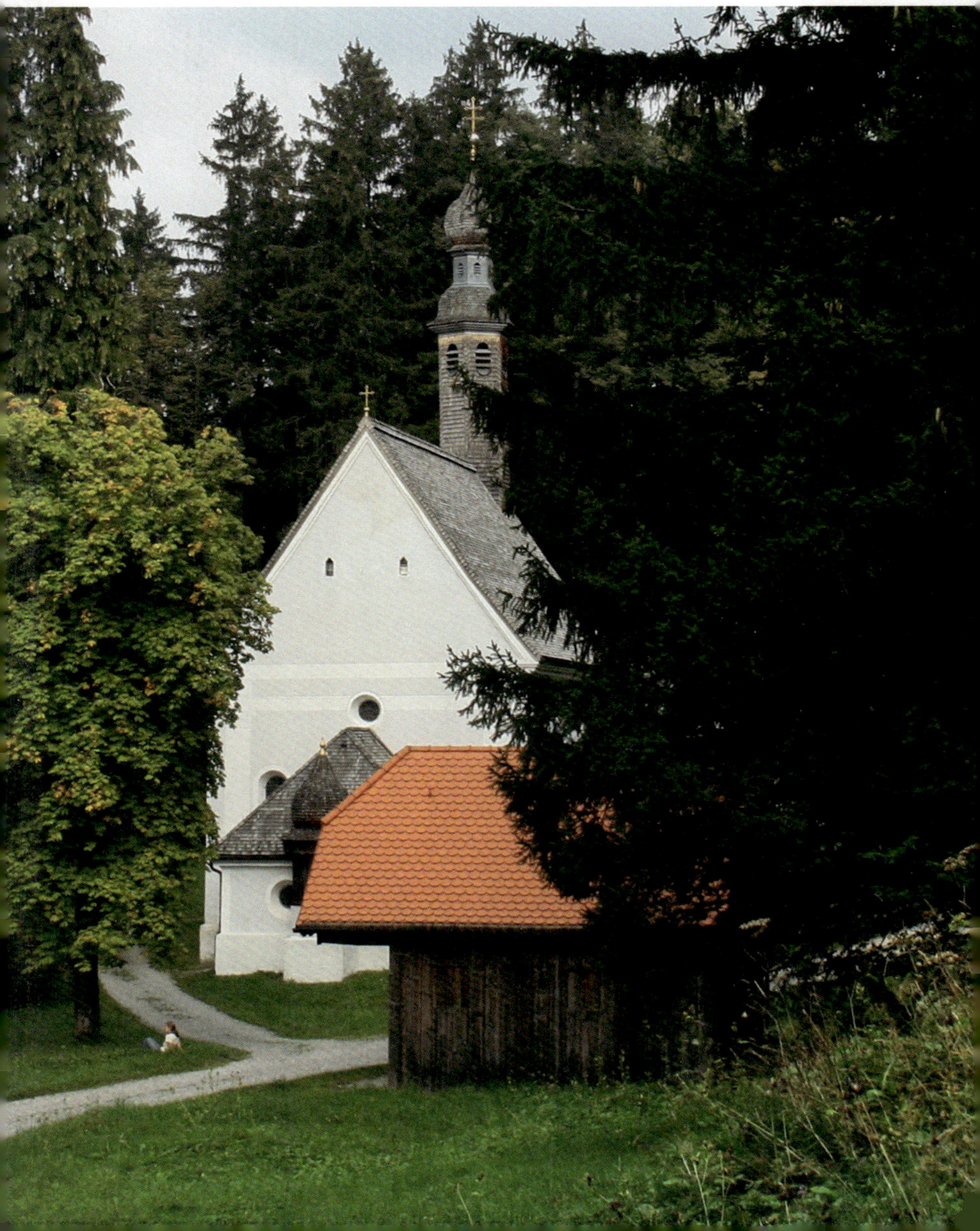

69_Annabrunn

Quellwasser von der heiligen Mutter Anna

Erstmals 1680 ist hier die Rede von einfachen Badhütten an einer heilsamen Quelle, die einer Bäuerin mit einem kranken Kind offenbart wurde: Diese begegnete im Wald einer alten Frau, die sprach: »Geh ins Aigner-Holz, dort wirst du eine Tanne finden, auf deren Gipfel eine weiße Taube sitzt. Am Fuße dieser Tanne entspringt eine Quelle. Bade dein Kind mehrmals darin. So wird es gesund.« Die Frau tat wie ihr geheißen und das Kind wurde gesund. Es sei die heilige Mutter Anna gewesen, die ihr im Wald begegnet sei, darin soll sich die Bäuerin sicher gewesen sein.

Immer mehr Menschen pilgerten zum Wunderquell und hefteten ihre Gebete wie ihre Votivgaben an die Tanne. Über und über soll der Baum schließlich bedeckt gewesen sein. 1685 ließ die Schwindegger Grundherrin Anna Regina von Fugger eine Holzhütte neben der Quelle errichten, für die verderblichen Opfergaben: Butter, Schmalz, Wachs, Flachs, Leinen. Ein Jahr später schon wurde eine steinerne Kapelle errichtet, der Andrang war zu groß. Man weihte sie der heiligen Anna und die Quelle hieß fortan Annabrunn, und nicht mehr Tannenbrunn, wie davor. 1690 schlug man die heilige Tanne um.

Zwei Jahrhunderte lang florierte hier nun der Badebetrieb mit dem Anna-Wasser, in einem Mirakelbuch wurden wundersame Heilungen aufgezeichnet, bei Augen- und Hauterkrankungen, Fußleiden, Leibschmerzen, Gicht, Lähmung, »Kindsnöten«, Zahnschmerzen, Blutungen, Fieber, Wassersucht und mehr. Bis aus München reisten die Kranken an.

1782 bis 1784 wurde die kleine Wallfahrtskapelle erweitert. Bis 1910 fand auch eine Pferdewallfahrt statt: Man umritt dreimal die Kirche, wusch den Pferden mit dem Quellwasser die Augen aus und führte sie dann durch die eine der großen Kirchentüren zum Segen in die Kirche und zur anderen wieder hinaus. Nach einem Brand 1914 baute man das Badehaus nicht mehr auf, nur das Gasthaus erstand neu.

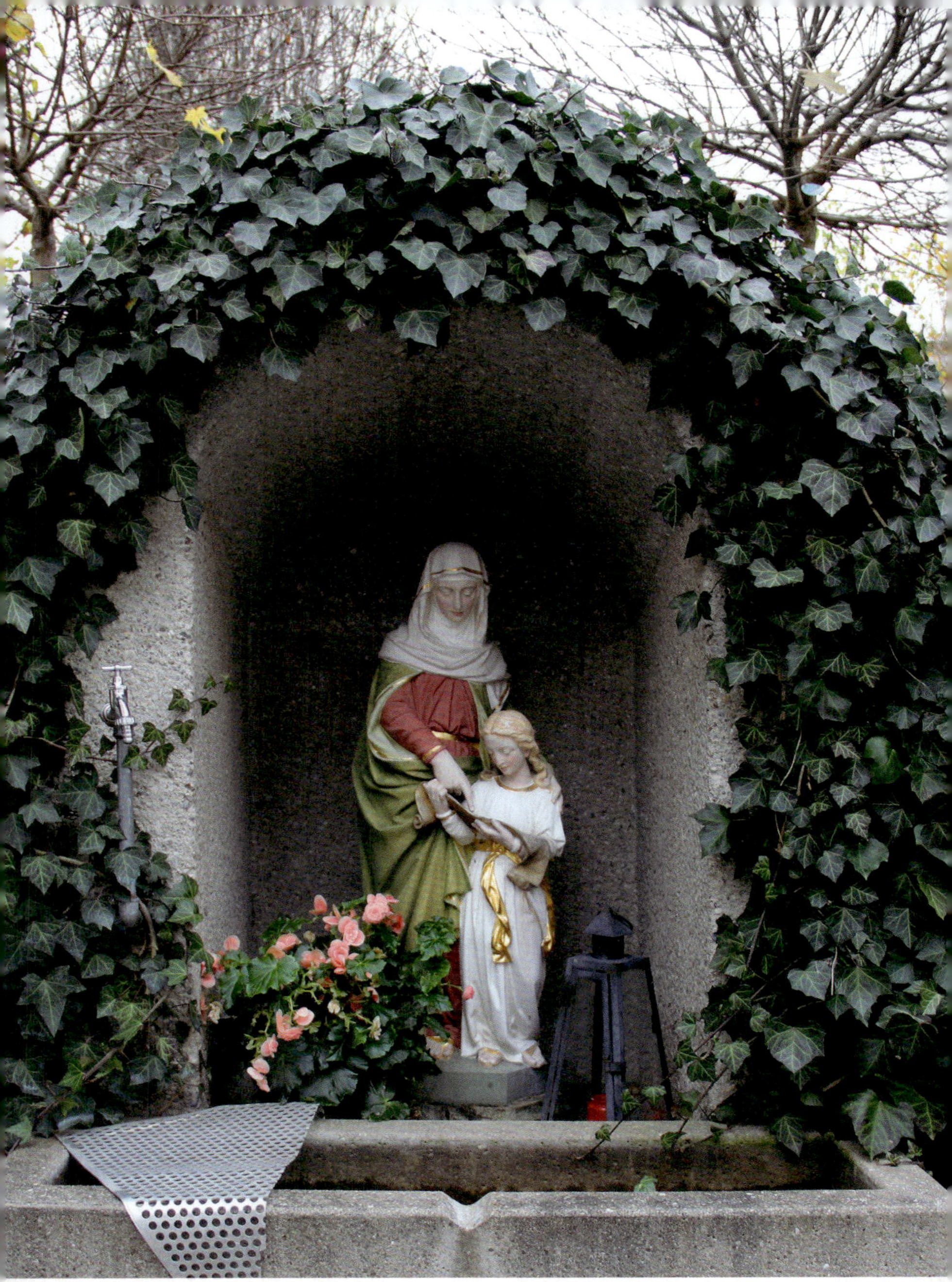

Adresse Annabrunn 4, 84419 Obertaufkirchen | **Anfahrt** B12 München Richtung Mühldorf, kurz nach der Ortschaft Thambach links abbiegen Richtung Obertaufkirchen. Nach etwa fünf Kilometer ist Annabrunn erreicht. Die Wallfahrtskirche und die Quellfassungen liegen links von der Straße, parken vor dem Gasthaus Wirt z'Annabrunn. | **Tipp** Das Gasthaus ist für seine exzellenten Steaks bekannt (www.wirt-annabrunn.de).

70_Maria Eich

Die Wallfahrt im Wald

Zuerst war da nur eine alte, hohle Eiche im Wald südlich von München, an der die beiden Schmiedsöhne Franz und Kaspar Thallmayr zwischen 1710 und 1712 eine Muttergottesstatue aufstellten. Von einer Katharina Merger, einer Bauernmagd, erzählte man dann, sie habe sich in schwerer Krankheit zu der Muttergottes an der Eiche verlobt und sei bald gesund geworden. Sie soll auf Knien zur Eiche gerutscht sein, um für ihre Genesung zu danken. In den folgenden Jahren trugen sich weitere wundersame Heilungen zu. Unter anderem genas ein fünfjähriges Mädchen, worauf der dankbare Vater eine kleine, offene Holzkapelle vor der Eiche errichtete. Das Marienbildnis, zwischenzeitlich schon fast zur Gänze in den Baum eingewachsen, löste er heraus und stellte es in der Kapelle auf. 1742 wurde bereits eine gemauerte Kirche erbaut – ein Anzeichen dafür, dass sich die Wallfahrt steigender Beliebtheit erfreute. Die Eiche baute man dabei in die Kirche ein, ließ aber ein Loch im Dach, durch das die Krone in den Himmel ragte.

1775 wurde Maria Eich auch in der Residenzstadt München bekannter, als Kurfürst Max III. Joseph in dem Wald eine Jagdgesellschaft veranstaltete. Ein Hirsch hatte bei der Gnadenkapelle Zuflucht vor den Jägern gesucht und wurde vom Kurfürsten höchstselbst verschont, als dieser das Gnadenbild von Maria Eich sah.

Die Krone der Eiche wurde 1805 durch einen Blitzschlag zerstört, man schnitt sie ab und schloss das Dach darüber. In einer runden Kammer steht seither der Baumstumpf, inzwischen von einem Glaskasten geschützt, denn es war lange Jahre beliebt, sich einen Splitter aus dem Baum zu schneiden und als Wallfahrtsandenken mit nach Hause zu nehmen. Heute hinterlassen die Gläubigen ihre Bitten auf Zetteln an den Wänden rund um den Baumstamm.

In den 1950er Jahren übernahmen die Augustiner die Seelsorge in Maria Eich. Sie bauten eine neue Kirche und ein Kloster, das heute noch vier Augustinerbrüder bewohnen.

Adresse Zu Maria-Eich 1, 82152 Planegg | Anfahrt A96 Richtung Lindau, Ausfahrt Germering-Süd, weiter auf der Germeringer Straße Richtung Planegg, am Ortseingang rechts Maria Eich | Tipp Beim Alten Wirt in Krailling, das inzwischen schon mit Planegg zusammengewachsen ist, bekommt man gute, bayerische Küche und sitzt angenehm in der Stube oder im Biergarten (www.alterwirtkrailling.de). Treffpunkt für Münchner Wochenendausflügler: das nahe Forsthaus Kasten mit schönem Biergarten (www.forst-kasten.de).

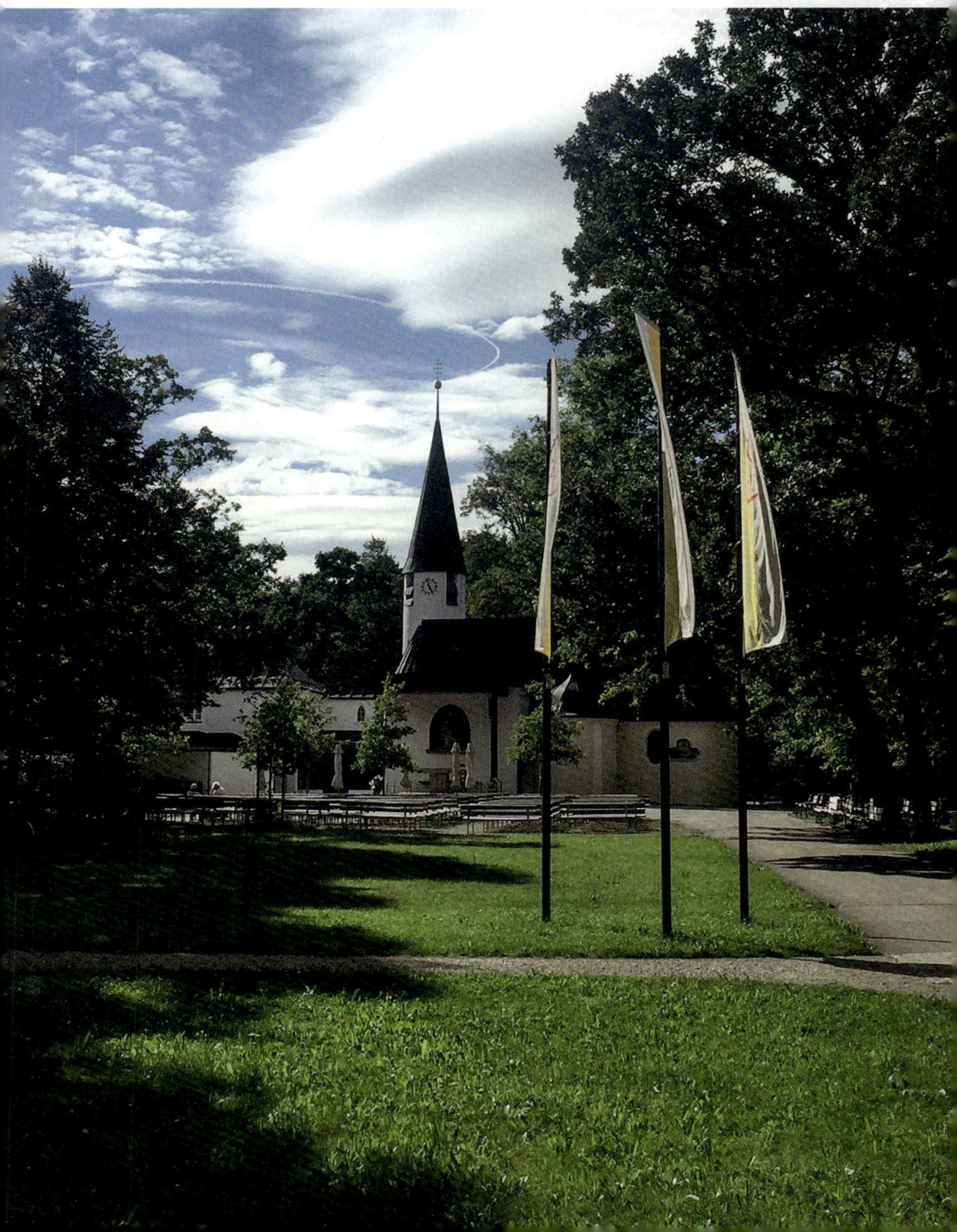

71_Urschalling

Uraltes Kirchlein mit geheimnisvollen Fresken

Hoch über Prien steht auf einem der zahlreichen Moränenhügel, die der Chiemseegletscher am Westrand des Chiemsees hinterlassen hat, das romanische Jakobus-Kirchlein von Urschalling. Gleich daneben befindet sich der Mesnerwirt mit ausgezeichneter Küche. Ursprünglich wurde die Kirche wohl von einem Tegernseer Mönch namens Udalschalk gestiftet, aus dessen Namen sich der heutige Dorfname ableitet.

Von außen recht unscheinbar, birgt das Kirchlein im Innenraum hervorragend erhaltene Fresken aus romanischer und gotischer Zeit. Gleich rechts hinter dem Gitter hängt zum Beispiel der quicklebendige Jüngling aus der Jakobuslegende am Galgen, der angeblich unschuldig aufgehängt wurde, aber durch die Hilfe des heiligen Jakobus nach 36 Tagen lebend vom Galgen abgeschnitten werden konnte.

Links gegenüber steht der Kirchenpatron Jakobus, mit Pilgermuschel und Wanderstab, dem die Kirche geweiht ist – eine von vielen Jakobuskirchen auf dem Chiemgauer Jakobsweg, der durch die Schweiz bis ins spanische Santiago de Compostela führt. Im Chorgewölbe sieht man links im Zwickel die Heilige Dreifaltigkeit – Vater, Sohn und den Heiligen Geist – in einer sonderbaren Darstellung: eine Dreiheit und gleichzeitig eine Einheit. Die Figuren haben eine gemeinsame Basis, einen gemeinsamen Mantel, drei Köpfe in drei verschiedenen Lebensaltern, aber nur zwei Arme – und der Heilige Geist in der Mitte hat sehr weibliche Züge, eine Tatsache, die schon zu vielen Spekulationen geführt hat. So sind die einen überzeugt davon, dass hier eine vorchristliche weibliche Gottheit Eingang in die christlichen Bilder gefunden hat oder dass die weibliche Seite Gottes hier ausgedrückt wurde – Forscher verweisen darauf, dass das hebräische Wort »ruach« für Geist weiblich ist. Andere nehmen an, dass der Heilige Geist hier lediglich als noch bartloser junger Mann dargestellt ist.

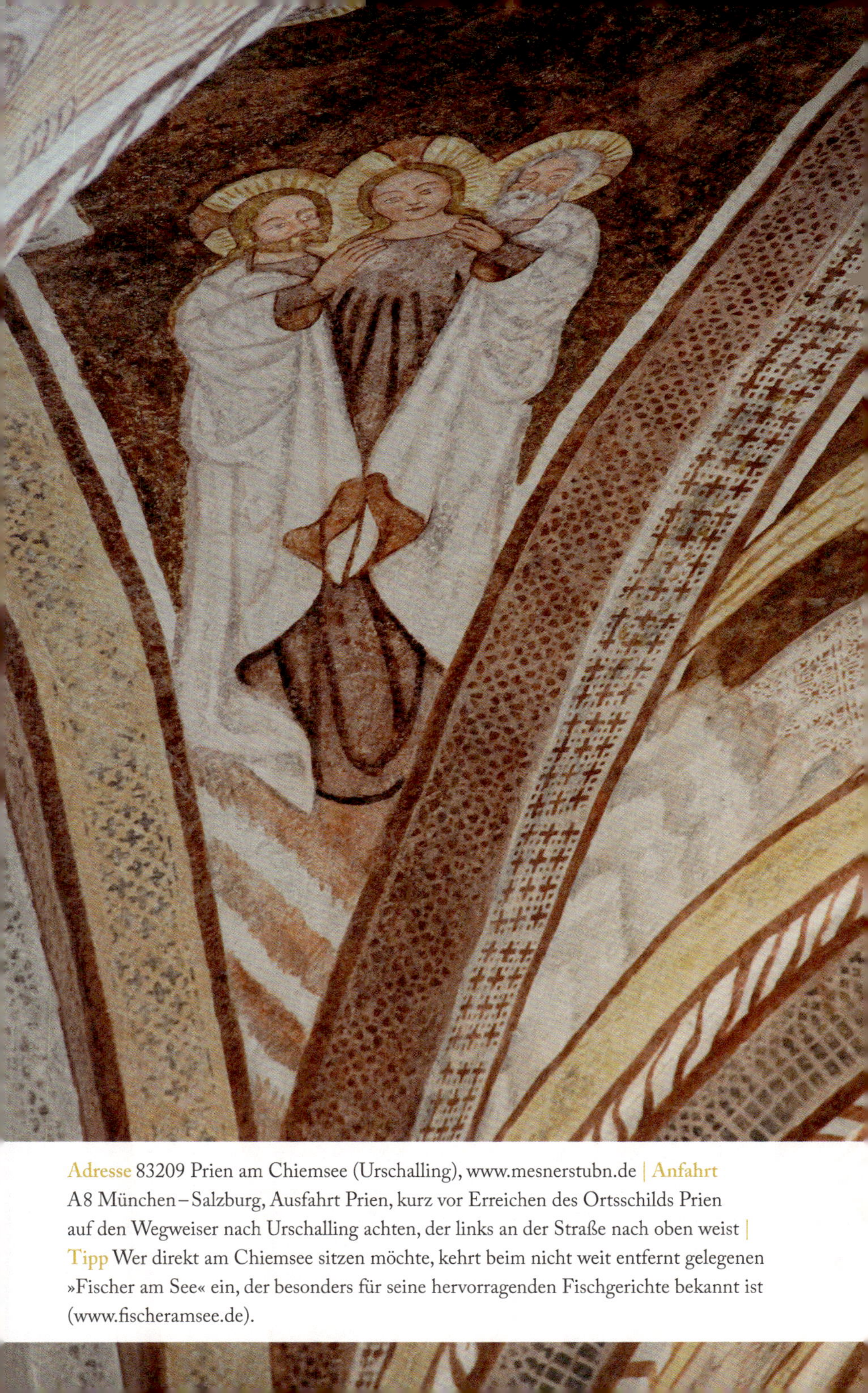

Adresse 83209 Prien am Chiemsee (Urschalling), www.mesnerstubn.de | Anfahrt A8 München – Salzburg, Ausfahrt Prien, kurz vor Erreichen des Ortsschilds Prien auf den Wegweiser nach Urschalling achten, der links an der Straße nach oben weist | Tipp Wer direkt am Chiemsee sitzen möchte, kehrt beim nicht weit entfernt gelegenen »Fischer am See« ein, der besonders für seine hervorragenden Fischgerichte bekannt ist (www.fischeramsee.de).

72__St. Wolfgang

Durchschlupf bei unerfülltem Kinderwunsch

Das Chiemgauer St.-Wolfgangs-Kirchlein hoch über der Bundesstraße war die letzte Station eines mindestens seit dem 14. Jahrhundert beliebten Pilgerwegs von Franken über Regensburg bis ins Zentrum der Wolfgangsverehrung, an den Wolfgangsee.

In der kleinen Kirche mit den mächtigen mittelalterlichen Mauern gibt es einen geheimnisvollen Schlupfstein: Wer sich durch die ziemlich kleine Öffnung zwängt, soll nicht nur von Rückenschmerzen geheilt werden – Frauen mit Kinderwunsch verhilft die Prozedur angeblich zum ersehnten Nachwuchs.

Womöglich war der Felsen mit den tiefen Höhlen, der sich unter dem Schlupfstein befindet, schon in vorchristlicher Zeit ein Heiligtum, und der damals noch vorhandene Brunnen lieferte das Wasser für Fruchtbarkeitsrituale. In der Barockzeit jedenfalls baute man den marmornen Schlupfstein über den vom Gletscher ausgewaschenen Felsen – vielleicht, um dem heidnischen Treiben ein Ende zu setzen. Die Kirche hatte man dem heiligen Wolfgang geweiht und den löchrigen Fels unter dem Schlupfstein, ebenso wie den Gletscherschliff in der Vorhalle der Kirche, christlich umgedeutet: Es heißt, der Heilige habe auf seinem Weg an den nach ihm benannten Wolfgangsee auf den Steinen gerastet, worauf diese sich »erweicht« hätten, damit der Heilige nicht so unbequem sitzen musste.

Sicher ist, dass sich auf dem Höhenzug, auf dem jetzt die Kirche steht, in römischer Zeit ein befestigter Posten befand. Die heutige Bundesstraße folgt dem Verlauf der alten Römer- und späteren Salzhandelsstraße. Gut möglich, dass die Römer ihren Standplatz hier nicht nur errichteten, weil er strategisch günstig gelegen war, sondern auch, weil er einen alten Kultplatz besetzte.

Wer sich durch den magischen Schlupfstein zwängen möchte, dem erklärt die Mesnerin, wie man das am besten bewältigt: mit beiden Beinen in die tiefen Höhlungen steigen und dann durch das Loch winden – viel Glück!

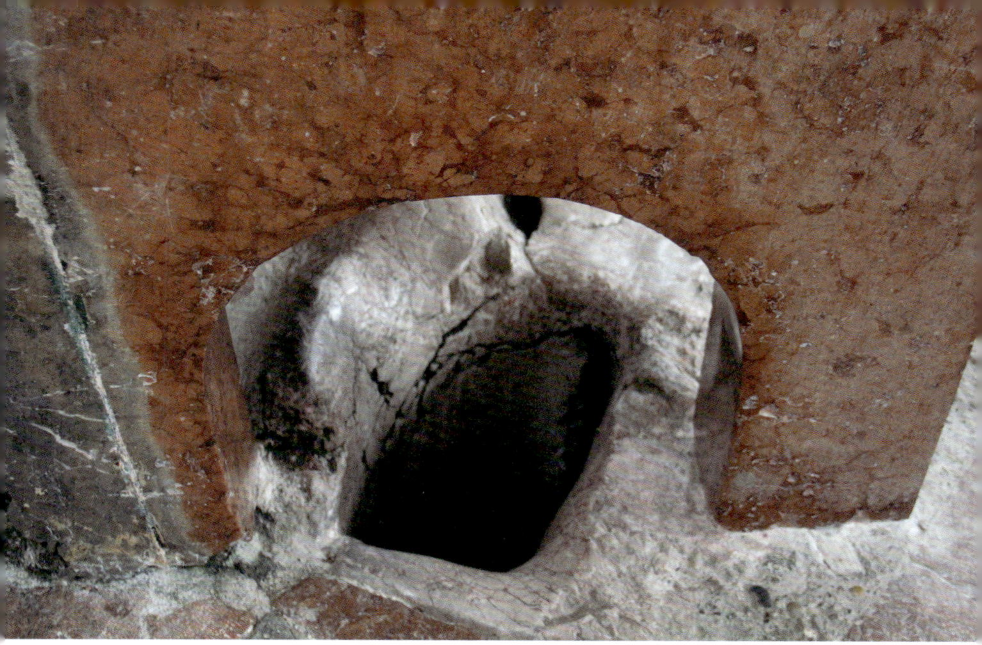

Adresse St. Wolfgang 1, 83352 Altenmarkt an der Alz | **Anfahrt** B304 München–Altenmarkt, kurz hinter Obing Wegweiser nach links oben: »Berg, St. Wolfgang« | **Tipp** Ein schöner Spaziergang führt in etwa 30 Minuten zur Jakobskirche von Rabenden mit dem berühmten Schnitzaltar: Gehen Sie von St. Wolfgang aus in westlicher Richtung zum Wald und an diesem zunächst entlang, dann kurz hindurch, bis Sie in Zieglstadl auf die Straße treffen, die hinunter zur Bundesstraße führt. Auf der anderen Straßenseite sehen Sie schon die Kirche von Rabenden. Empfehlenswerte Einkehr: www.bräustüberlbaumburg.de oder www.roiter.de.

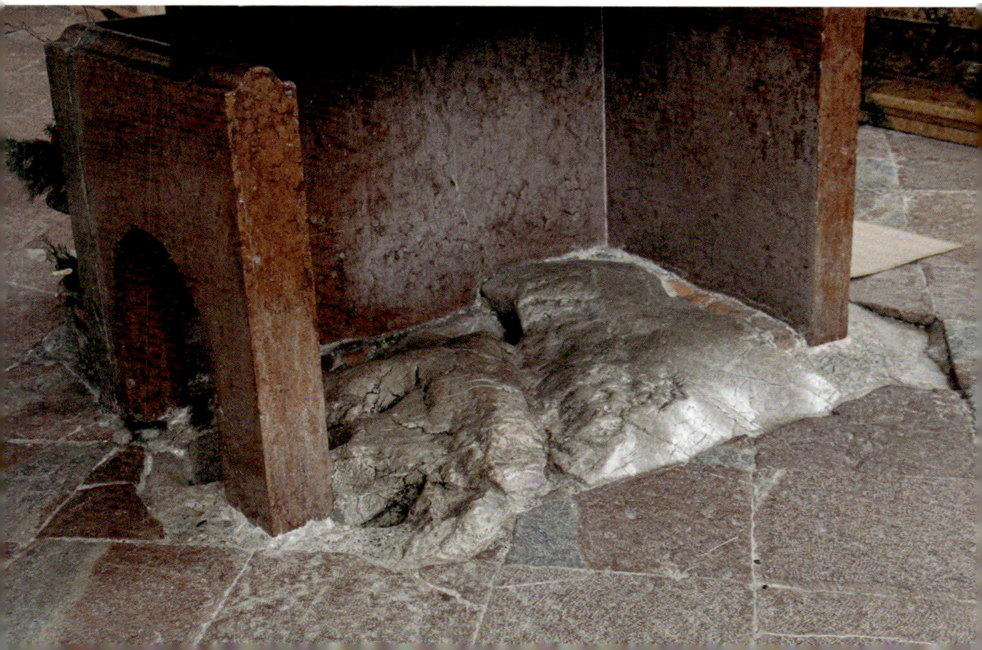

73_Maria Kunterweg

Die Wallfahrtskirche der Sennerinnen

Eine halbe Stunde etwa geht man von der als Postkartenmotiv bekannten Pfarrkirche von Ramsau den Berg hinauf zur Wallfahrtskirche Mariä Himmelfahrt, wie das Kunterwegkircherl offiziell heißt. Es liegt »in romantischer Lage mitten im Walde«, wie der Volkskundler Rudolf Kriss schreibt, und weiter: »An jener Stelle sollen einstens nächtliche Spukgestalten ihr Wesen getrieben haben, weshalb man schon im 17. Jahrhundert ein papierenes Marienbild an einem Baume befestigt hatte. An seiner Statt versetzte der Pfarrvikar Feichtinger von Ramsau im Jahre 1690 eine Kopie des Gerner Gnadenbildes (Ort 13) hieher; es wurde in einer Felsennische aufgestellt.«

Die »nächtlichen Spukgestalten« auf diesem alten Hirtenweg gaben dem Kirchlein auch seinen Namen: »Kunter« war ein häufig gebrauchtes Wort für »Ungetüm, Geist« und »unheimliche Wesen, wie sie in Wald und Wildnis hausen« – »im bairischen Gebiete noch jetzt«, schrieben die Brüder Grimm vor gut 150 Jahren in ihrem Wörterbuch. »Wilde wege im gebirge hieszen und heiszen noch gern der kunterweg«, wusste auch Johann Andreas Schmeller, der Verfasser des Bayerischen Wörterbuchs, um 1820.

»Wallfahrtskirche der Sennerinnen« nennt man die Kunterwegkirche auch. Sie kamen in früherer Zeit von den nahe gelegenen Almen herbei und schütteten der Maria ihr Herz aus – neben den Sennerinnen auch Holzarbeiter, Jäger, Wilderer und die Bergbauern der Umgebung, wie man den noch zahlreich erhaltenen Votivbildern entnehmen kann.

Als »Juwel des Rokoko« bezeichnen Kunsthistoriker die Kunterwegkirche. Eigentlich ein schmales Oval, ist die Kirche so am Hang platziert, dass sie von unten wie die breite Doppelturmfassade eines größeren Bauwerks wirkt. Das Deckenfresko deckt die Gesinnung der Erbauer auf, der Berchtesgadener Fürstpröpste: Ein Engel schleudert Blitze auf die Protestanten, die im Jahr der Fertigstellung der Kirche, 1733, vertrieben wurden.

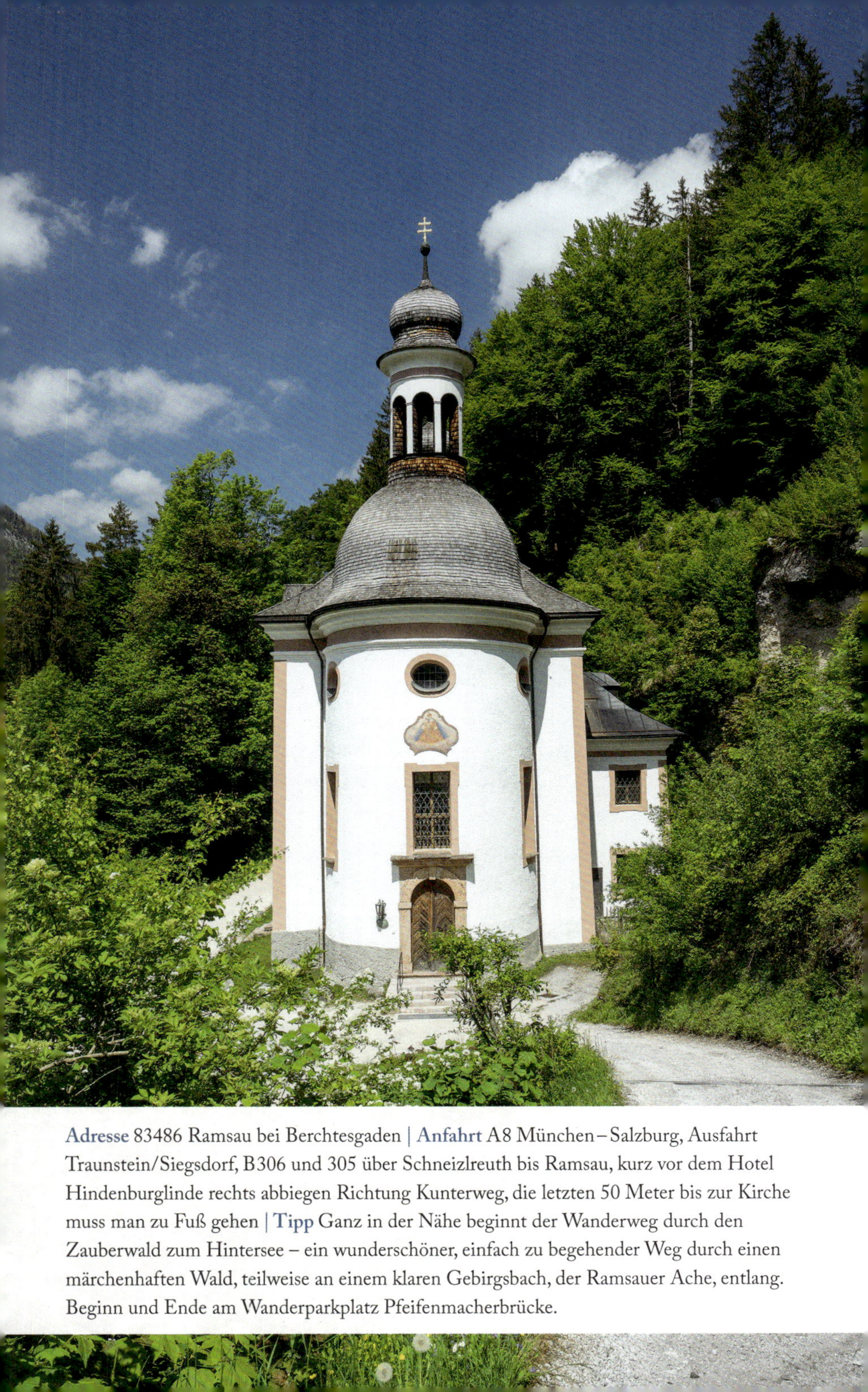

Adresse 83486 Ramsau bei Berchtesgaden | **Anfahrt** A8 München – Salzburg, Ausfahrt Traunstein/Siegsdorf, B306 und 305 über Schneizlreuth bis Ramsau, kurz vor dem Hotel Hindenburglinde rechts abbiegen Richtung Kunterweg, die letzten 50 Meter bis zur Kirche muss man zu Fuß gehen | **Tipp** Ganz in der Nähe beginnt der Wanderweg durch den Zauberwald zum Hintersee – ein wunderschöner, einfach zu begehender Weg durch einen märchenhaften Wald, teilweise an einem klaren Gebirgsbach, der Ramsauer Ache, entlang. Beginn und Ende am Wanderparkplatz Pfeifenmacherbrücke.

74 Maria Hochhaus und Ottilienquelle

Alte Wallfahrtsziele neben der Draxmühle

Unter Hochhaus verstehen wir heute etwas anderes als zu der Zeit, in der die Wallfahrtskirche Maria Hochhaus ihren Namen erhielt. Auf dem nach drei Seiten steil abfallenden Höhenrücken stand im 12. Jahrhundert die Burg der Herren von Hochhaus. Mindestens drei Stockwerke ragte die Burg in die Höhe – wahrlich ein Hochhaus für damalige Zeiten. Schon zwischen 1250 und 1300 aber trug man die oberen beiden Stockwerke ab und baute das Erdgeschoss der Burg zur Kirche um. Die Langhausmauern – die alten Burgmauern – sind heute noch über einen Meter dick.

Erst seit etwa 200 Jahren ist sie der Maria geweiht, in den Jahrhunderten davor war der heilige Wolfgang der Kirchenpatron – die wichtigsten Wolfgangskultorte der Gegend liegen ja nicht weit entfernt (Ort 92 und Ort 72).

Gemeinsam ist den Wolfgangskirchen ihre Verbindung mit Quellheiligtümern – hier liegt am Fuß des Burghügels die Ottilienquelle in einer Kapelle. Seit Jahrhunderten pilgern die Menschen zu dieser Heilquelle. Man vermutet sogar, dass die Quelle das älteste, womöglich vorchristliche Heiligtum an diesem Ort ist. Das Wasser verbirgt sich unter einer losen Bodenplatte. Ottilia gilt als die wichtigste heilige Helferin bei Augenleiden, schon in ihrer dramatischen Lebensgeschichte dreht sich alles ums Sehen (Ort 45).

Die »moderne« Hüterin der Quelle ist die Müllerfamilie von der Draxmühle gleich hinter der Ottilienkapelle. Hier erfährt man, dass bis vor hundert Jahren »ganze Prozessionen von Menschen mit Augenkrankheiten« zur Kapelle gezogen sind. Mitte des 20. Jahrhunderts habe sich noch eine große Zahl von Votivbildern in der Kapelle befunden, die jedoch dann eins nach dem anderen verschwunden seien. Bis heute gibt es immer wieder Meldungen über Heilerfolge nach der äußerlichen Anwendung des Wassers.

Adresse 83562 Rechtmehring (Hochhaus) | **Anfahrt** B12 von München nach Haag i.Obb., rechts abbiegen auf die B15, in Altdorf rechts abbiegen in Richtung Rechtmehring, nach etwa 2 Kilometern links abbiegen (»Wallfahrtskirche Maria Hochhaus«, »Draxmühle«). Auf der der Hauptstraße abgewandten Seite des Burghügels von Maria Hochhaus, hinter der Draxmühle, liegt die kleine, gelb gestrichene Quellkapelle St. Ottilia. | **Tipp** Eine weitere Quelle befindet sich wenige Meter südlich der Ottilienkapelle, einfach dem Mühlbach folgen. Dabei handelt es sich um eine artesische Quelle, die tief aus der Erde kommt und hervorragendes Wasser in Trinkwasserqualität liefert. Sie ist nicht identisch mit der Ottilienquelle. In der Draxmühle kann man übrigens das beste Mehl aus regionalem Getreide kaufen.

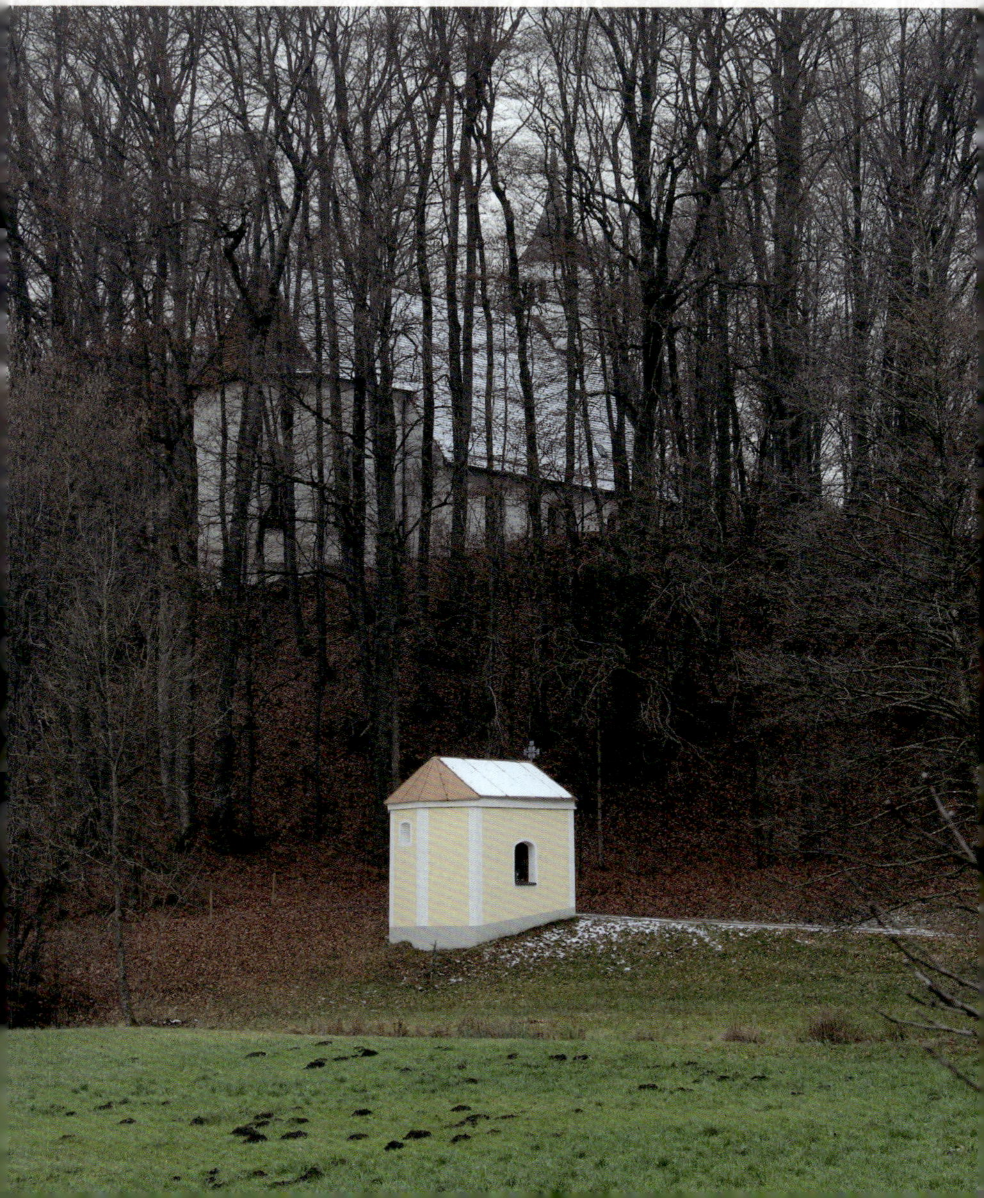

75 Maria Stern

Gnadenbild mit spannender Geschichte

Der Ortsname Neukirchen lässt vermuten, dass es auch eine alte Kirche gegeben haben muss – und tatsächlich heißt es in einer Sage, dass einst »im Bärenholz nördlich von Neukirchen eine Kirche und ein Schloss gestanden« seien.

Als man anstelle der alten eine neue an dem gleichen Platz bauen wollte, hätten Vögel blutige Späne ans Hochufer des Simssees getragen, worauf man die Kirche an ihrem jetzigen Platz gebaut habe, wie der Volkskundler Rudolf Kriss schreibt: »Inmitten einer überaus reizvollen Landschaft erhebt sich am Südufer des Simssees die Wallfahrtskirche … mit einem Ölgemälde ›Maria Stern‹ als Gnadenbild. Dieses wurde am 1. Februar 1710 aus der Pfarrkirche Riedering hierher übertragen und damit der Grund zur Wallfahrt gelegt.« Die nahm schnell zu, wurde die Kirche doch schon um 1730 vergrößert. Zahlreiche Votivtafeln zeugen noch heute von der Beliebtheit der Wallfahrt.

Die lag sicher nicht nur an der idyllischen Landschaft, sondern an der Bedeutung des Gnadenbildes. Es ist nämlich eine Kopie des Gnadenbilds von Maria Stern, damals einer der wichtigsten bayerischen Wallfahrtsorte, der in der Säkularisation vollständig zerstört wurde: Kloster und Kirche Taxa im Dachauer Land. Dort legte im Jahr 1618 ein schwarzes Huhn ein Ei auf einen Ziegelstein. In der bizarr verformten Schale des Hühnereis meinte man auf einer Seite einen »strahlenden Stern« zu erkennen, in der Mitte sogar noch ein Frauenhaupt, wie der Barockprediger Abraham a Sancta Clara notierte. Das Frauenhaupt gehörte natürlich der Muttergottes, und ihr erbaute man sofort eine sternförmige Kapelle an dem Platz, an dem der Ziegelstein samt Ei gefunden worden war. Der bayerische Herzog Wilhelm V. stiftete das Gnadenbild, das dann in Kopie auch nach Neukirchen kam – eine Muttergottes mit Kind vor einem Stern sitzend. So entstand die Wallfahrt Maria Stern und erinnert bis heute an das untergegangene Kloster Taxa.

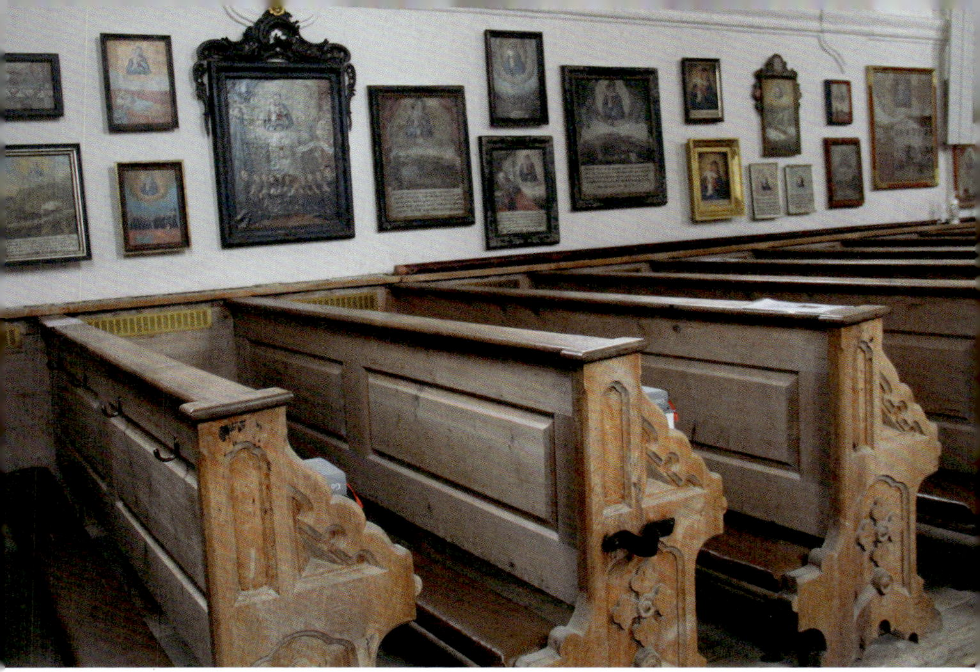

Adresse Maria-Stern-Straße 1, 83083 Riedering (Neukirchen am Simssee) | Anfahrt A8 München–Salzburg, Ausfahrt Rohrdorf, auf Rosenheimer Straße Richtung Rosenheim, rechts abbiegen Richtung Riedering, durch Riedering nach Ecking, kurz vor Ortseingang rechts abbiegen nach Neukirchen, am Ortseingang Maria Stern | Tipp Die Kirche Maria Stern wird gerade renoviert und ist deshalb für Besucher nicht zugänglich. Die Wiedereröffnung ist für April 2023 geplant.

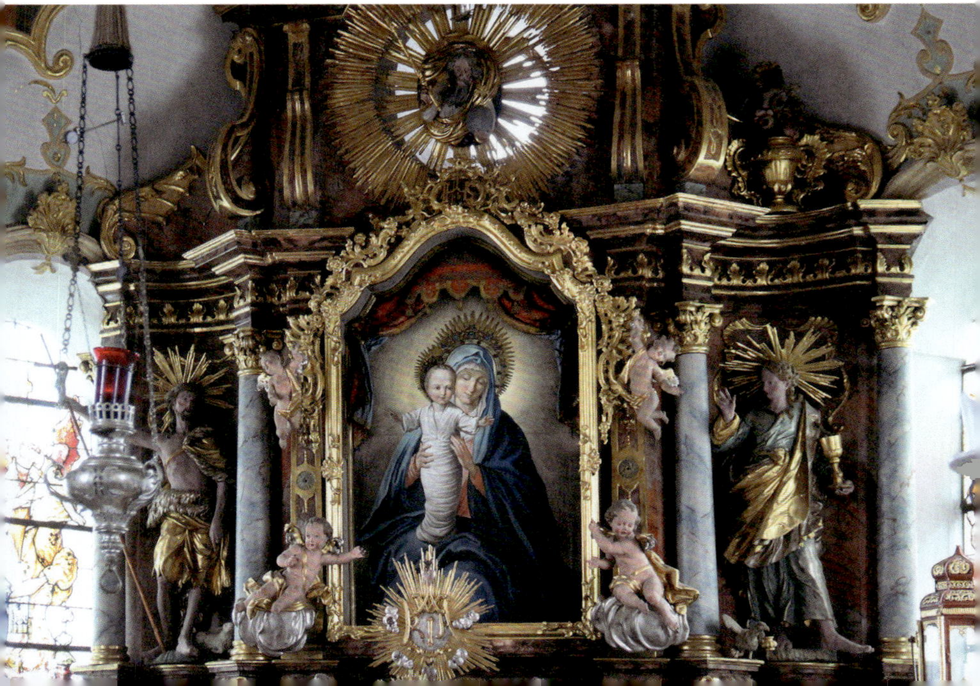

76_Mariabrunn

Heilendes Wasser und herrlicher Biergarten

Das Schlossgut Mariabrunn nannte sich einst Heilbad, gleichzeitig kamen Ströme von Wallfahrern zur Muttergottes und ihrem heilsamen Wasser – am Anfang aber war da nur ein »kleines Läckl«.

Alles begann der Überlieferung nach im Jahr 1662, als ein Holzknecht im tiefen Wald Durst verspürte. Er »hat allda ein kleines Läckl ersehen«, heißt es in einem zeitgenössischen Bericht, und nach kurzem Graben entsprang klares Wasser, mit dem der Holzknecht seinen Durst stillte. Abends stellte er fest, dass sich seine Bruchbinde gelöst hatte, die er seit 18 Jahren wegen seines Leistenbruchs trug. Er erneuerte die Binde, trank wieder aus der Quelle, seine Bruchbinde fand er darauf »in drey Stuck zerbrochen«, sein »Leibschaden« fast verheilt. Der Mann sank auf die Knie und dankte »Gott dem Allmächtigen und seiner werthen Mutter«. Die Heilung sprach sich schnell herum, und von weither kamen Menschen in der Hoffnung auf Heilung.

Auch der kurfürstliche Landpfleger war bald zur Stelle, staunte über die vielen Votivtafeln, Wachsgaben und Geldspenden geheilter Pilger. Er ließ die Quelle neu fassen, ein Badehaus und die Kuppelkapelle errichten. Ein florierendes Kurbad, das besonders aus der Residenzstadt München frequentiert wurde, war die Folge. Bis Ende des 18. Jahrhunderts blieb Mariabrunn eines der beliebtesten Bäder in Bayern, dann setzte der Niedergang ein – zu groß war die Konkurrenz durch andere Bäder.

Erst als 1863 eine gewisse Amalie Hohenester das Gut erwarb, blühte der Kurbetrieb erneut auf. Leider war Amalie eine Kurpfuscherin, eine Schwindlerin, aber eine begnadete Blenderin. Sie renovierte, hielt Hof und empfing von weither angereiste Gäste. Die Erfolge gaben der »Doktorbäuerin«, wie sie genannt wurde, zunächst recht. Als sie jedoch mit gerade 50 Jahren 1878 ihrem bis zuletzt geheim gehaltenen Krebsleiden erlag, ging auch die zweite Blütezeit von Mariabrunn zu Ende.

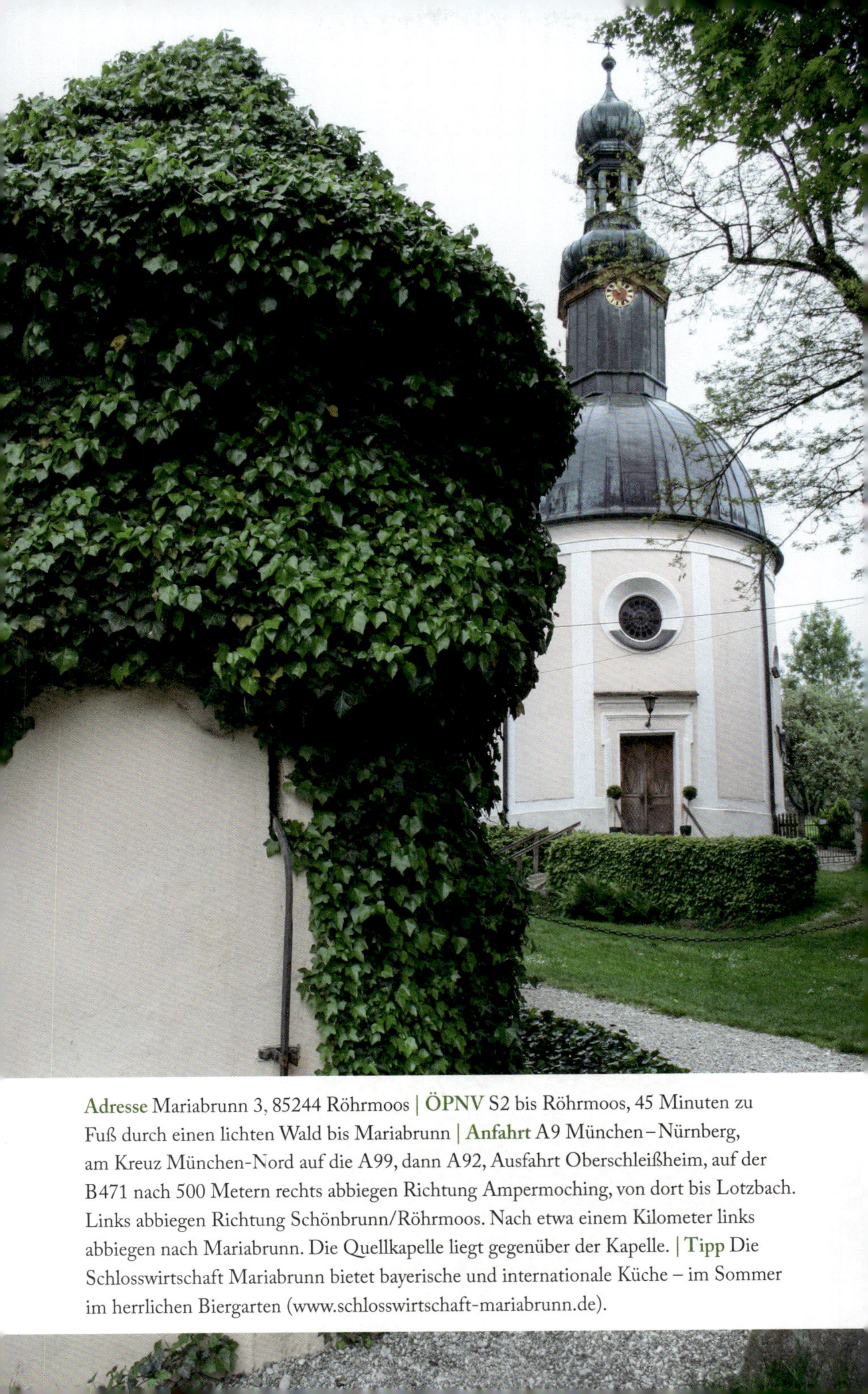

Adresse Mariabrunn 3, 85244 Röhrmoos | **ÖPNV** S2 bis Röhrmoos, 45 Minuten zu Fuß durch einen lichten Wald bis Mariabrunn | **Anfahrt** A9 München–Nürnberg, am Kreuz München-Nord auf die A99, dann A92, Ausfahrt Oberschleißheim, auf der B471 nach 500 Metern rechts abbiegen Richtung Ampermoching, von dort bis Lotzbach. Links abbiegen Richtung Schönbrunn/Röhrmoos. Nach etwa einem Kilometer links abbiegen nach Mariabrunn. Die Quellkapelle liegt gegenüber der Kapelle. | **Tipp** Die Schlosswirtschaft Mariabrunn bietet bayerische und internationale Küche – im Sommer im herrlichen Biergarten (www.schlosswirtschaft-mariabrunn.de).

77_Heilig Blut am Wasen

Wunderbrünnlein unter der Blutbuche

Wer von der Autobahn kommt, sieht die Kirche schon von Weitem links neben der Einfallstraße stehen: Die Wallfahrt nach »Heilig Blut am Wasen« geht mindestens bis auf das 15. Jahrhundert zurück. Damals errichtete ein Bauer neben seinem Einödhof eine Holzkapelle, die 1507 bereits besteht. Bis 1511 entstand ein Steinbau an ihrer Stelle. Bald stellte man einen gotischen Schnitzaltar auf, dessen zentrales Bildwerk heute im barocken Hochaltar zu sehen ist: der sogenannte Gnadenstuhl – Gottvater hält seinen toten Sohn auf dem Schoß und über ihm schwebt der Heilige Geist als Taube. Das Werk wird dem Meister von Rabenden zugeschrieben, einem der besten Schnitzer der späten Gotik.

Nach einer alten Beschreibung besuchten wohl alle Wallfahrer, die aus Tirol zur Marienwallfahrt nach Tuntenhausen (Ort 101) unterwegs waren, auch die Heilig-Blut-Kirche samt wundertätigem Brünnlein. Die blühende Wallfahrt führte zu einer ständigen Erweiterung der Kirche, bis die Säkularisation ein jähes Ende der Wallfahrt bedeutete – beinahe auch ein Ende der Kirche. Ihrem Retter ist in der Vorhalle eine Marmortafel gewidmet: Der blinde Drechslergeselle Georg Obermayer soll mit einem selbst gedrechselten Spinnrad als Geschenk zu König Max I. Joseph nach München gefahren sein, und dieser war so gerührt, dass er dem Bittsteller dessen einzigen Wunsch erfüllte: Die Kirche Heilig Blut wurde erhalten.

Das heilige Blut zieht sich durch das gesamte Bildprogramm, auch als Parallele zum heiligen Wasser im Brunnenhaus – darin eine lebensgroße barocke Christusfigur, aus deren Wundmalen bis 1950 das Wasser floss. Die Wallfahrt zum heiligen Wasser war das Zentrum dieser Kultstätte. Heute ist das Wasser in Vergessenheit geraten. Unverrückbar dagegen kündet der riesige Baum zwischen Kirche und Brunnenkapelle vom alten Bildprogramm: eine Blutbuche, die im Sommer mit ihrem blutroten Laub die Brunnenkapelle beschattet.

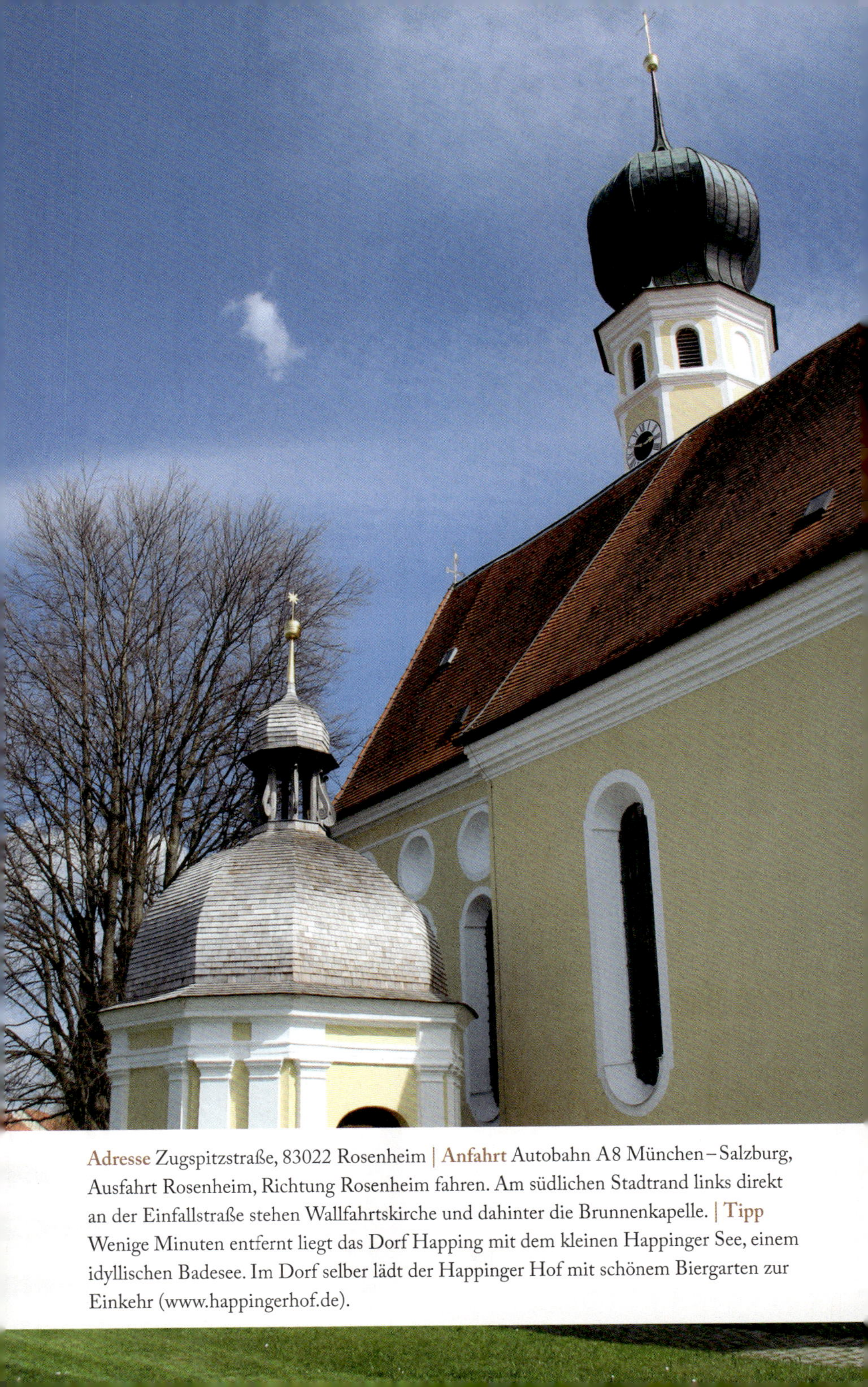

Adresse Zugspitzstraße, 83022 Rosenheim | **Anfahrt** Autobahn A8 München–Salzburg, Ausfahrt Rosenheim, Richtung Rosenheim fahren. Am südlichen Stadtrand links direkt an der Einfallstraße stehen Wallfahrtskirche und dahinter die Brunnenkapelle. | **Tipp** Wenige Minuten entfernt liegt das Dorf Happing mit dem kleinen Happinger See, einem idyllischen Badesee. Im Dorf selber lädt der Happinger Hof mit schönem Biergarten zur Einkehr (www.happingerhof.de).

78 Loretokirche

Die »Santa Casa« mitten in der Stadt

Alle Rosenheimer kennen die Loretowiese mitten in der Stadt – da kann man nämlich parken – außer, wenn im September dort das Rosenheimer Herbstfest stattfindet. Woher die Wiese ihren Namen hat, das wissen die wenigsten: von der Loretokirche, die direkt daneben steht.

Ein junger Rosenheimer, Georg Schaur (1579–1652), wallfahrtete 1600 nach Rom und Loreto. Er erkrankte auf der Reise jedoch schwer und gelobte, bei glücklicher Rückkehr in seinem Heimatort eine Kapelle zu erbauen. Nach mehr als 30 Jahren und Rückschlägen durch Krieg und Pest wurde 1635 der Grundstein der Kapelle gelegt, die 1636 vom Freisinger Fürstbischof eingeweiht wurde. Die Kapelle wurde auch nicht irgendwo errichtet, sondern »an einer vielbenutzten Heilquelle, auch Gnadenquelle genannt … Bei deren Gebrauch verrichtete man früher ein eigenes Gebet, den ›Badsegen‹, unter Anrufung der sel. Jungfrau als Heil der Kranken …« Die Quelle ist längst Vergangenheit.

Auf der ganzen Welt gibt es Loretokapellen. Sie sind dem Heiligen Haus nachempfunden – die Santa Casa war angeblich das Wohnhaus der Gottesmutter in Nazareth. Dort sei Maria aufgewachsen und dort habe sich auch die Verkündigung ereignet. 1291 hoben angeblich Engel das Heilige Haus in die Lüfte und flogen mit ihm zum heutigen Platz in Italien, den man dann nach dem dortigen Lorbeerhain (*lauretum*) benannte. Bald ereigneten sich Wunderheilungen, und die Wallfahrer strömten zuhauf nach Loreto. Die Wallfahrt ist heute die zweitgrößte in Italien nach dem Petersdom. In der ganzen Welt baute man Loretokirchen nach den exakten Maßen der Santa Casa – zum Beispiel auch im nicht weit von Rosenheim gelegenen Birkenstein (Ort 29) und eben in Rosenheim. Das Deckengemälde im Inneren zeigt die vielen Engel, die das Haus transportiert haben. Immer noch zieht das Kirchlein die Gläubigen an, und viele Rosenheimer heirateten in »ihrer« Loretokirche.

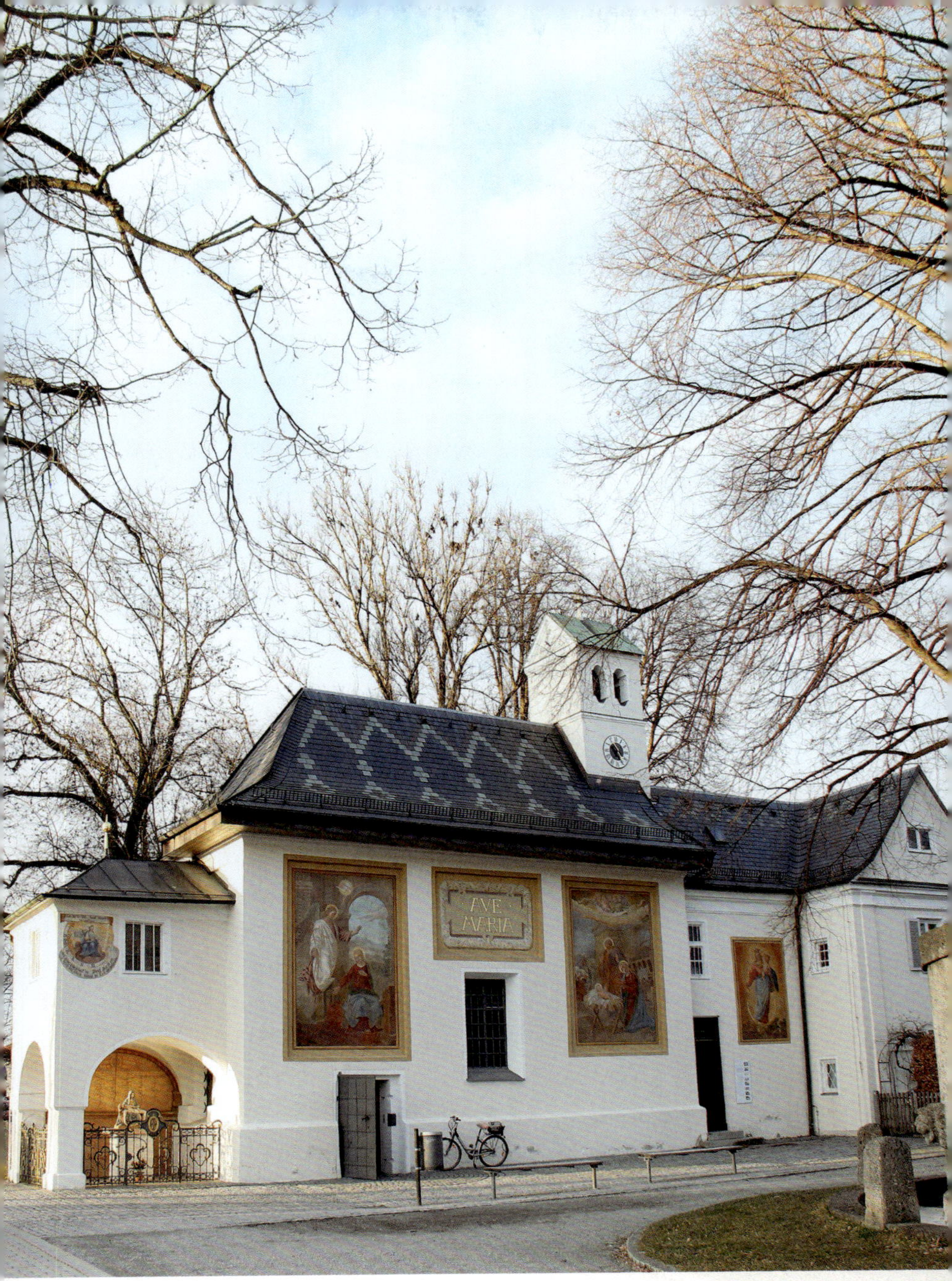

Adresse Loretowiese, 83022 Rosenheim | Anfahrt A8 München–Salzburg, Ausfahrt Rosenheim, Parkplatz P5 (Loretowiese) | Tipp Ein Spaziergang von 10 Minuten führt in die Heilig-Geist-Kirche in der gleichnamigen Straße. Darin befindet sich die Wolfgangkapelle und in dieser das älteste Wandgemälde in Rosenheim: das sogenannte Lucca-Bild nach dem Volto Santo, als heilige Kümmernis missverstanden (Ort 67).

79 St. Valentin in Zell

Rätselhafte Steinkreuze aus alter Zeit

Aus romanischer Zeit stammt das älteste Bauwerk Ruhpoldings, ein grauer, aus der Ferne unscheinbarer Tuffquaderbau. Wer aber dann Richtung Friedhofsmauer auf den Eingang zugeht, der meint sehr schnell eine uralte Kultstätte entdeckt zu haben – wie alt, darüber ist die Forschung uneins.

Mächtige, viele Jahrhunderte alte Linden beschatten den Vorplatz. Sie sind eingefasst von steinernen Bänken, die im Lauf der Zeit mit den Bäumen verwachsen zu sein scheinen. Zu beiden Seiten vor dem Mauerdurchlass stehen schlanke Steinkreuze, von den Jahrhunderten angenagt und mit Flechten überzogen. Wer genau hinschaut, erkennt die eingravierten Beile auf den Kreuzen. Diese Situation hat in der Vergangenheit zu wilden Spekulationen geführt: In germanenbegeisterter Zeit hielt man den Ort für einen uralten Gerichtsplatz, eine Thingstätte. Auf den Steinbänken unter den Linden hätten die Richter gesessen, und überhaupt seien auf den Steinkreuzen ja die Richtbeile eingraviert, mit denen man die Delinquenten ins Jenseits befördert habe.

Nun – die Linden könnten tatsächlich älter als die Kirche sein, die vielleicht tausend Jahre schon steht. Und eine Dreiergruppe von Linden zwischen einer alten Straße und dem Fluss könnte tatsächlich auf eine alte Kultstätte hindeuten. Die Gravuren auf den Steinkreuzen stehen aber wohl für die Äxte, die Werkzeuge der Holzknechte, einem der wichtigsten Erwerbszweige hier im Tal seit Menschengedenken. Die Kreuze standen ursprünglich auch weiter östlich am Fuß des Zellerbergs inmitten einer Ansammlung von fünf oder sechs ähnlichen. Sie dienten wohl als Gedenkkreuze für verunglückte Holzarbeiter. In der Kirche zeugen die gotischen Schnitzfiguren der Heiligen Valentin und Leonhard noch heute davon, dass St. Valentin für die Bevölkerung der Umgebung jahrhundertelang ein beliebtes Wallfahrtsziel bei Krankheiten von Mensch und Tier war.

Adresse St. Valentin 14, 83324 Ruhpolding (St. Valentin) | Anfahrt A8 München – Salzburg, Ausfahrt Traunstein/Siegsdorf, Beschilderung nach Ruhpolding folgend und von Norden Ruhpolding durchquerend, biegt man kurz vor dem südlichen Ortsausgang links ab nach »St. Valentin, Zell« | Tipp Ganz in der Nähe liegt das beliebte Café Windbeutelgräfin mit der namengebenden Spezialität, den Riesenwindbeuteln. Aber auch das Haus ist sehenswert: ein 1553 erstmals erwähntes prächtiges Bauernhaus, der Mühlbauernhof (www.windbeutelgraefin.de).

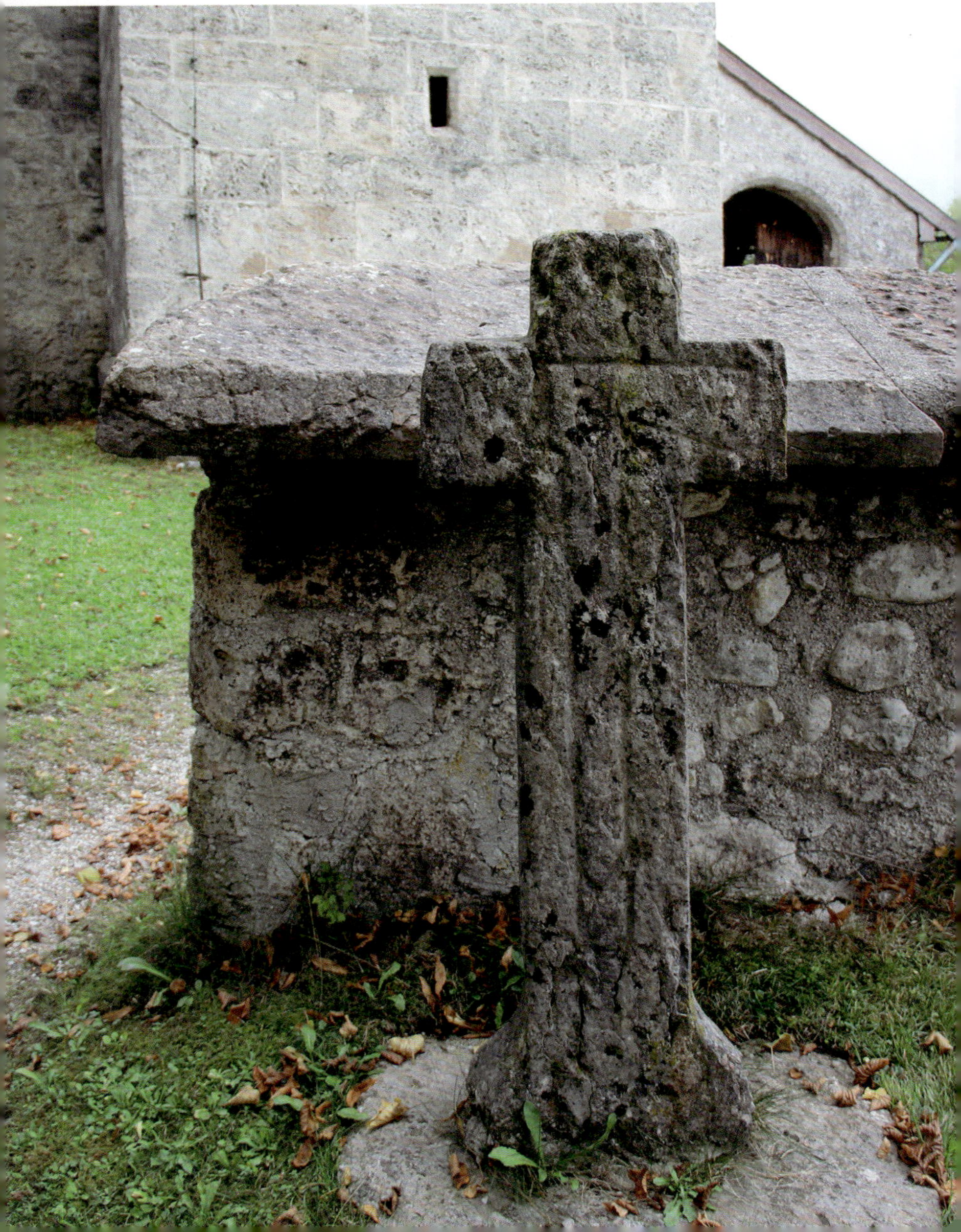

80 Urschlau

Das Kirchlein im einsamen Talschluss

In die Urschlau kommt man nicht zufällig – dahin fährt man gezielt, wenn man ins Röthelmoos wandern will oder in Richtung Eschlmoos und Hochfelln. Wer noch nie da war, staunt: Denn gerade, wenn man auf einer langen, einsamen Straße meint, mitten im Wald angekommen zu sein, öffnet er sich und gibt den Blick auf eine Lichtung frei. Und auf dieser stehen: ein Bauernhof mit Lüftlmalereien und Blumenschmuck wie aus dem Bilderbuch, daneben eine kleine Kirche, einige Wirtschaftsgebäude und gackernde Hühner zwischen Apfelbäumen.

Eine Tafel im Vorraum klärt den Besucher darüber auf, wie es hier zu einem Hof mit eigener Kirche kam. Der Erbauer hieß Wolf Urschlauer, er war Eigentümer des Hofs. 1629, mitten im Dreißigjährigen Krieg, als sich viele Bayern verstärkt an ihre himmlischen Beschützer wandten, sammelte der Hofbesitzer Geld für den Kirchenbau. Er verkaufte eigens ein Grundstück dafür – hatte er doch nach schwerer Krankheit eine Erscheinung gehabt. Bald schon erfreute sich die Kirche bei Wallfahrern großer Beliebtheit. Wolf Urschlauer jedoch hatte sich so verschuldet, dass er sogar das Opferstockgeld benutzte, um seine Gläubiger zu bezahlen. Er starb verarmt.

Bis ins 20. Jahrhundert fanden immer wieder Bittgänge von Ruhpolding nach Urschlau statt, wie uns die Volkskundler Hager und Heyn überliefern: »Als einmal die Ruhpoldinger einen Bittgang um schönes Wetter in das Kirchlein in der Urschlau gemacht hatten, hatte es auf dem Rückmarsch nicht nur geregnet, sondern sogar ›geschnieben‹. Die Ruhpoldinger, nicht faul, machten kehrt, wanderten zurück zur Gnadenmutter Anna in der Urschlau, um ihr für ihr Versagen die Meinung klar zu machen: ›Heilige Muatta Anna / du hast ins net voschtana / du hast ins net daheascht / mir ham ja do koan Schnee bedeascht‹« (Heilige Mutter Anna / du hast uns nicht verstanden / du hast uns nicht erhört / wir haben ja doch keinen Schnee bestellt.)

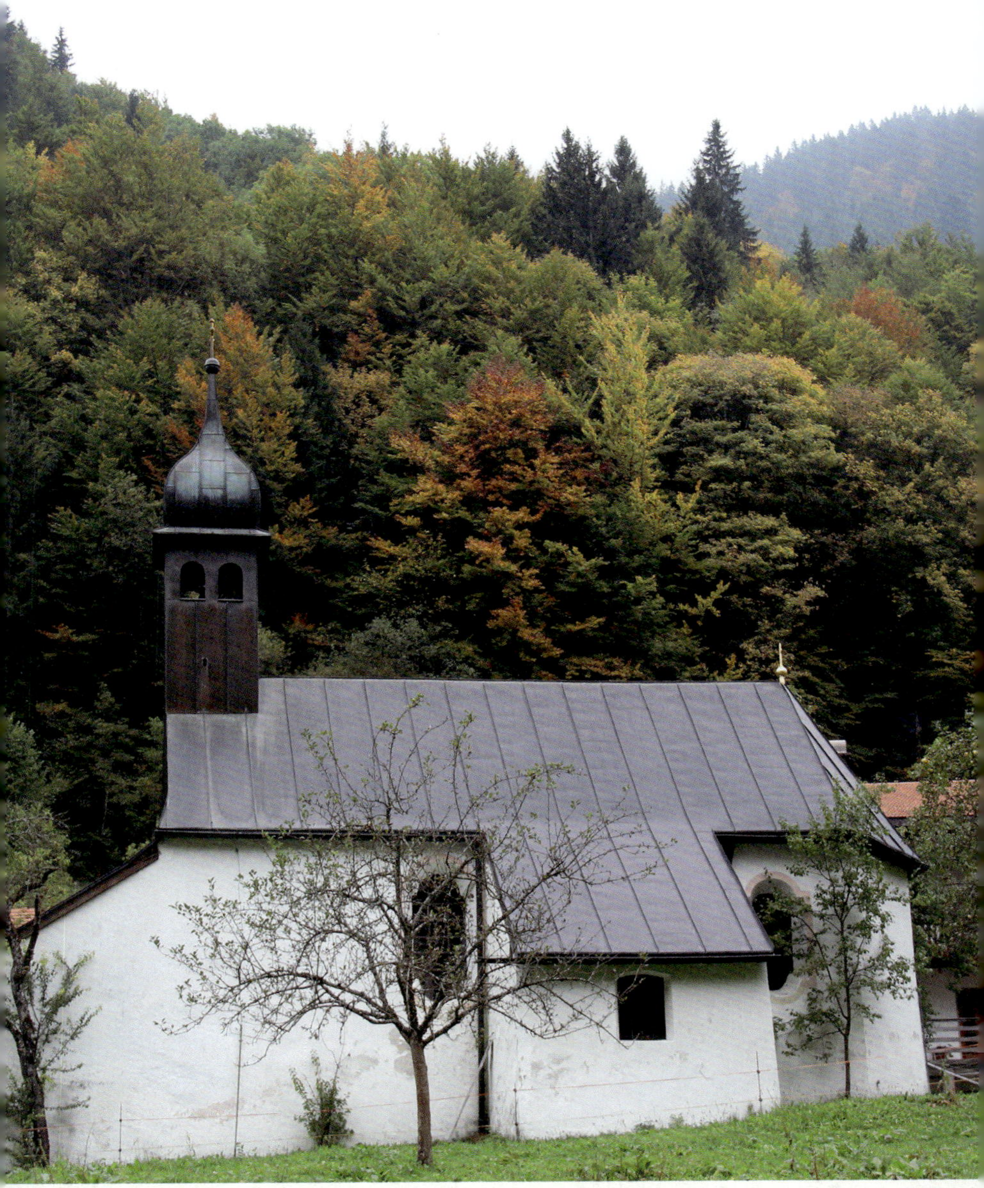

Adresse 83324 Ruhpolding (Urschlau) | Anfahrt In Ruhpolding Richtung Brand/Märchenpark/Urschlau fahren, hier Parkplatz und Ende der Fahrstraße | Tipp Hier beginnen mehrere Wanderwege, zum Beispiel ins Röthelmoos und nach Belieben weiter zum Weitsee oder geradeaus zu den Eschlmoosalmen. Direkt hinter dem Bauernhof führt ein Weg in den Wald und in etwa zwei Stunden weiter auf die Haaralmschneid, einen steilen Höhenzug gegenüber des Hochfellngipfels. Die Haaralm unterhalb der Schneid ist von Anfang Juni bis Ende September bewirtschaftet.

81 Die Ölbergkapelle

Wo Bayern und Tiroler gemeinsam feiern

Bis in die Barockzeit zurück reicht die Verehrung einer Ölbergdarstellung in einem Kirchlein am Talschluss des Prientals: Südlich von Sachrang, wenige Meter vor der Grenze zu Österreich, liegt die Ölbergkapelle an einem bewaldeten Hügel. Obwohl sie so klein ist, hat die Kapelle vier Räume – der Geländeform geschuldet: Der Ostteil ist wegen der Lage am steilen Hang doppelgeschossig. Unten befindet sich die namensgebende Heilig-Grab-Kapelle mit den Figuren der zwölf Apostel, oben ein heller Raum mit bemalten, vollständig aufklappbaren Läden vor den Fenstern – von hier aus predigt der Pfarrer, wenn sich unten im Freien die Wallfahrer versammelt haben.

Und die kommen jedes Jahr besonders zahlreich am dritten Sonntag im September. Tausende von Pilgern ziehen dann zu dieser Kapelle im südlichsten Chiemgau: Gebirgsschützen, Trachtenvereine, Musikgruppen und Böllerschützen. Von Wildbichl in Tirol und von der Pfarrkirche in Sachrang in Bayern ziehen die Wallfahrergruppen gleichzeitig los. Eine knappe Stunde später feiert man dann gemeinsam die Festmesse an der idyllisch gelegenen Ölbergkapelle – nicht zuletzt zur mahnenden Erinnerung an die grausamen kriegerischen Auseinandersetzungen, die vor gut zweihundert Jahren Bayern und Tiroler entzweiten.

Die Kapelle soll der Legende nach zu Beginn des 8. Jahrhunderts von Bischof Rupert gegründet worden sein. Belegbar ist jedoch nur ein Bericht, dass um 1665 der Priester Johann Nutzinger eine Klause an der Stelle der jetzigen Kapelle errichtet hat. 1734 war die Kapelle in der jetzigen Form fertiggestellt, ab 1800 aber verfiel sie schon wieder. 1827 wurde sie erneut geweiht und die alte Tradition der Wallfahrt lebte wieder auf. Das »Universalgenie« Peter Hueber, bekannt als der Müllner Peter von Sachrang (1766–1843), soll damals das Kirchlein als Dorfbürgermeister vor dem Verfall gerettet haben. Ihm ist im Dorf ein eigenes Museum gewidmet.

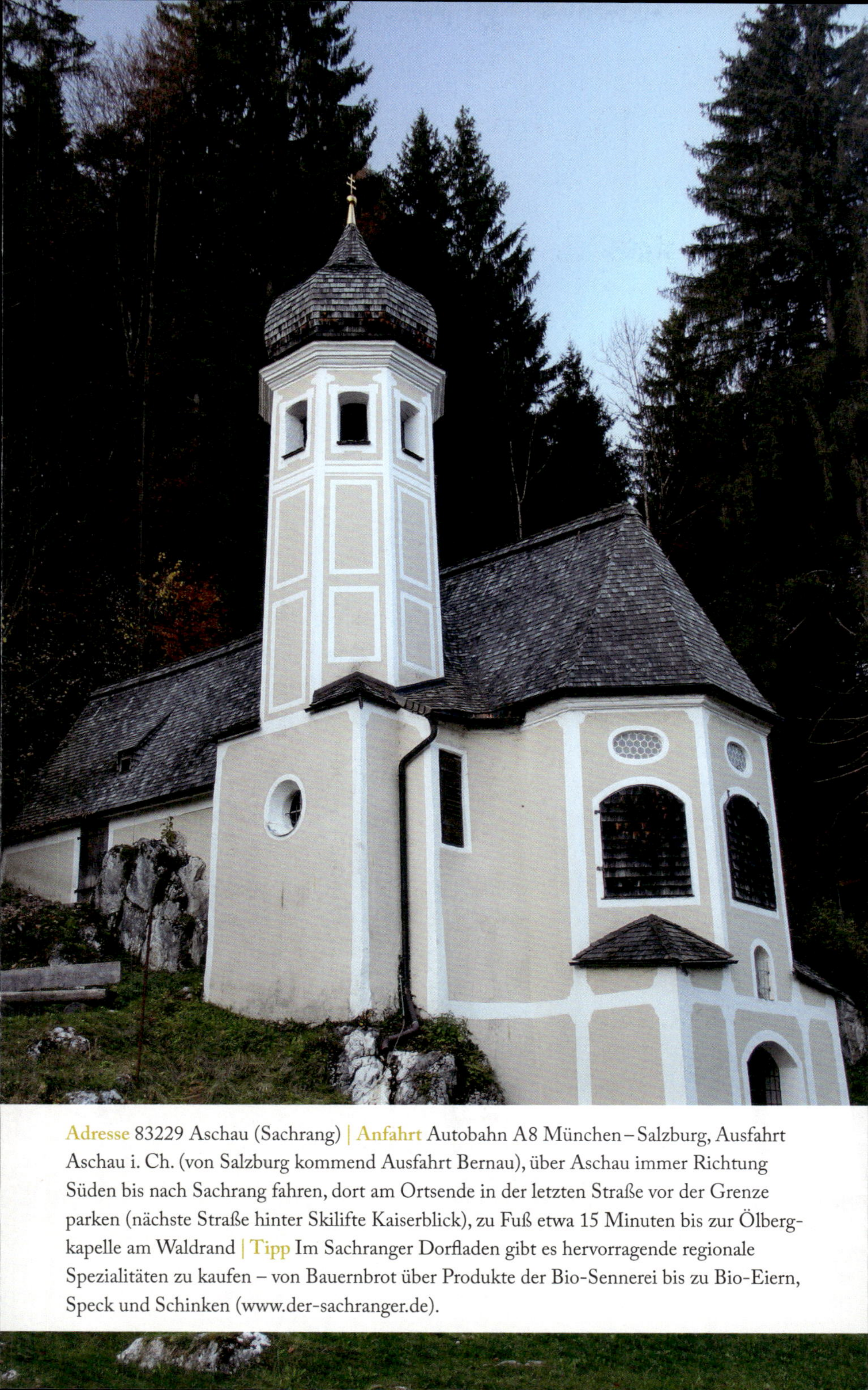

Adresse 83229 Aschau (Sachrang) | Anfahrt Autobahn A8 München – Salzburg, Ausfahrt Aschau i. Ch. (von Salzburg kommend Ausfahrt Bernau), über Aschau immer Richtung Süden bis nach Sachrang fahren, dort am Ortsende in der letzten Straße vor der Grenze parken (nächste Straße hinter Skilifte Kaiserblick), zu Fuß etwa 15 Minuten bis zur Ölbergkapelle am Waldrand | Tipp Im Sachranger Dorfladen gibt es hervorragende regionale Spezialitäten zu kaufen – von Bauernbrot über Produkte der Bio-Sennerei bis zu Bio-Eiern, Speck und Schinken (www.der-sachranger.de).

82 Corona-Kapelle

Gekrönte Märtyrerin in der Waldkapelle

Kein Mensch interessierte sich bis vor Kurzem für diese unbekannte Märtyrerin, der mitten im Wald, südlich von München, eine unscheinbare Kapelle gewidmet ist. Wer sich heute auf den Weg zur heiligen Corona nach Arget bei Sauerlach macht, findet in der Vorhalle der Kapelle stets ein Meer brennender Lichter, Blumen und sogar Briefchen mit der Bitte um himmlischen Beistand.

Das lateinische »corona« heißt »Krone«, und eine solche trägt die Heilige auf den Bildern, weil sie für ihren christlichen Glauben das Martyrium erlitt. Wie ihr Gefährte Victor wurde sie angeblich während der Christenverfolgung in Syrien zwischen zwei heruntergebogenen Palmen gebunden, die dann beim Emporschnellen ihren Körper zerrissen. In welchem Jahrhundert das war, darüber sind sich die Quellen uneins. Sicher sei der 14. Mai als Tag des Martyriums, das ist deshalb heute der Corona-Gedenktag. Sicher sei auch, dass ihre sterblichen Überreste unter anderem nach Feltre in Norditalien gelangten, wo sie bis heute in der Kirche Santi Vittore und Corona verehrt wird. Von dort aus erreichte der Corona-Kult wohl schon ab dem 11. Jahrhundert auch Süddeutschland und Österreich. Besonders in Altbayern und Niederösterreich entstanden Corona-Wallfahrten. Einer dieser Orte war Arget bei Sauerlach, an der alten Verbindungsstraße zwischen München und Bad Tölz gelegen.

Zwei Kaiser waren daran beteiligt, dass die Heilige bis heute auch in Bremen und Aachen verehrt wird: Otto III. brachte Reliquien nach Aachen. Otto I. und sein Erzbischof wurden bei der Kaiserkrönung in Rom auch mit Corona-Reliquien beschenkt, sodass Bremen wohl ein frühes Zentrum der Corona-Verehrung bildete. Auf einer der Darstellungen im Bremer Dom hält Corona ihre Krone in der Hand – solche Bilder trugen wohl zu ihrem Patronat bei: Schatzgräber, Lotteriespieler und alle, die Beistand in Geldangelegenheiten suchten, riefen sie an. In jüngster Zeit ist sie auch zur Seuchenpatronin geworden.

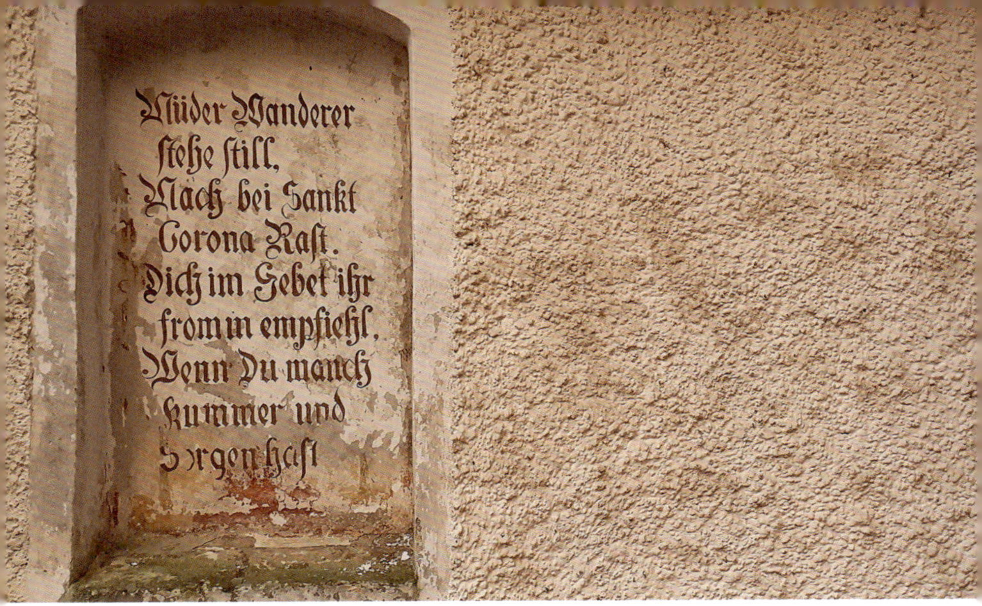

Adresse 82054 Sauerlach (Arget) | **Anfahrt** A8 München – Salzburg, Ausfahrt Hofoldinger Forst, den Schildern nach Sauerlach folgend, dort auf der B13 nach Süden bis kurz nach Lochhofen rechts Schilder nach Arget weisen, den Ort durchqueren, im Wald dahinter direkt an der Straße rechts die Corona-Kapelle | **Tipp** Die Michaelskirche von Arget lohnt einen Besuch: Im Hochaltar sind die letzten Werke des berühmten Bildhauers Ignaz Günther zu bewundern, die Figuren der heiligen Ärzte Cosmas und Damian. Arget gilt als das letzte vollständig erhaltene Straßendorf im Münchner Raum – schon beim Durchfahren fallen die vielen schönen alten Bauernhäuser auf. Eines dieser Häuser (mit Nebengebäuden) beherbergt das Heimatmuseum der Gemeinde Sauerlach und lohnt ebenfalls einen Besuch (www.heimatmuseum-sauerlach.byseum.de).

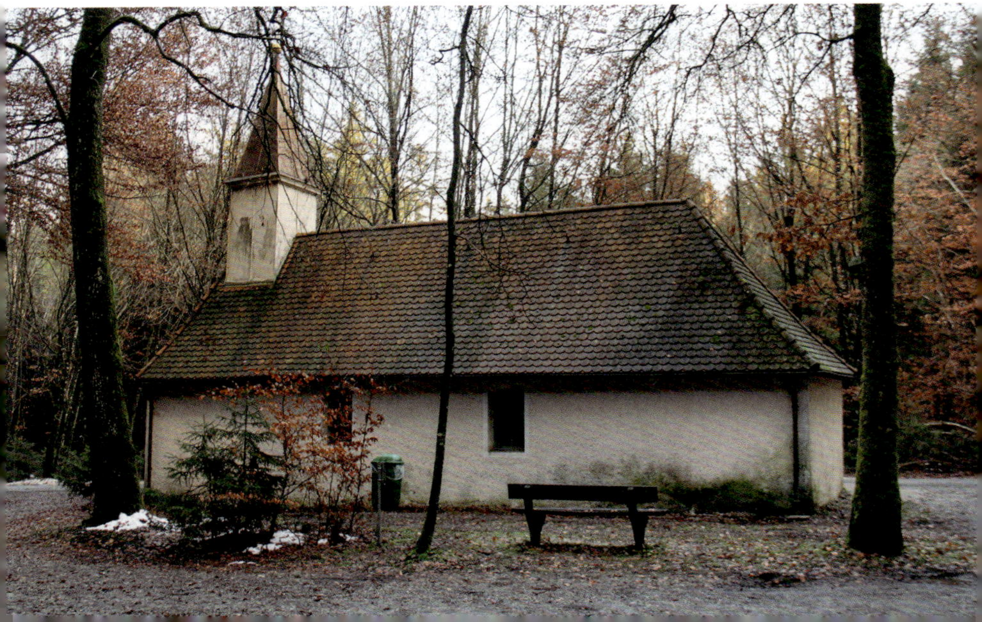

83 St. Anna

Einsame Waldkapelle eines verschwundenen Weilers

Die heilige Anna ist Patronin der Frauen, der Mütter, Großmütter und Witwen, für eine glückliche Ehe und reichen Kindersegen und noch für viele andere Berufe und Anliegen – lange bevor die Verehrung der Muttergottes die Annenverehrung in den Hintergrund drängte. So war die Annakapelle im Deisenhofener Forst wohl früher ein Anlaufpunkt vor allem der Frauen, die zur Mutter Anna beteten.

Heute halten die Dörfer der Umgebung mit ihren Vereinen das Annafest in Staucharting lebendig. Jedes Jahr wallfahrten sie am Annatag, dem 26. Juli, zu der kleinen Waldkapelle. Bittgänge zu Fuß und zu Pferd treffen bei der Kapelle ein, über hundert Pferde nehmen bei schönem Wetter teil. Wenn es regnet, dann kommen weniger.

Die Festwagen des Trachtenvereins bilden die Höhepunkte. An der Kapelle angekommen, gibt es für die Wallfahrer und die bis zu dreitausend Besucher eine Feldmesse, anschließend ziehen die Pferde und Gespanne dreimal um die Kapelle herum. Gegen 11 Uhr werden Pferde und Reiter gesegnet, damit sie für ein weiteres Jahr unter dem Schutz der heiligen Anna von Staucharting stehen.

Staucharting wurde schon 1017 als Studrating im Tegernseer Stiftsbuch erwähnt. 1513 bestand die »Schwaige« aus drei Höfen und zwei Huben. 1528, nach der Pest, blieb nur ein großer Hof übrig. In den Jahren 1692/93 erbauten der damalige Schwaiger und seine Frau neben ihrem Hof eine Kapelle aus Stein. 1856 verkaufte der letzte Schwaiger Haus und Grund an die bayerische Krone. Nur die Kapelle blieb erhalten, die anderen Gebäude wurden abgebrochen, das Gelände aufgeforstet. Interessant ist eine geschnitzte Anna-Selbdritt-Figur aus der Kapelle, die um 1520 entstanden ist, also lange vor Erbauung der Kapelle. Sie wird jetzt an einem sicheren Ort verwahrt und könnte darauf hinweisen, dass es schon vor der jetzigen eine Kapelle gegeben hat, vielleicht aus Holz und deshalb nicht von Dauer.

Adresse Staucharting Geräumt, 82041 Deisenhofener Forst | Anfahrt A8 München–Salzburg, Ausfahrt Sauerlach, weiter auf der B13, bis kurz vor dem Reitstall in Lanzenhaar rechts Abzweig auf St.-Ulrich-Weg und weiter auf Staucharting Geräumt bis St. Anna | Tipp Nach dem Umzug und dem Annafest gibt es ein großes Fest mit Speis und Trank unter den schattigen Bäumen an der Waldkapelle, wie es zu einem Patrozinium gehört.

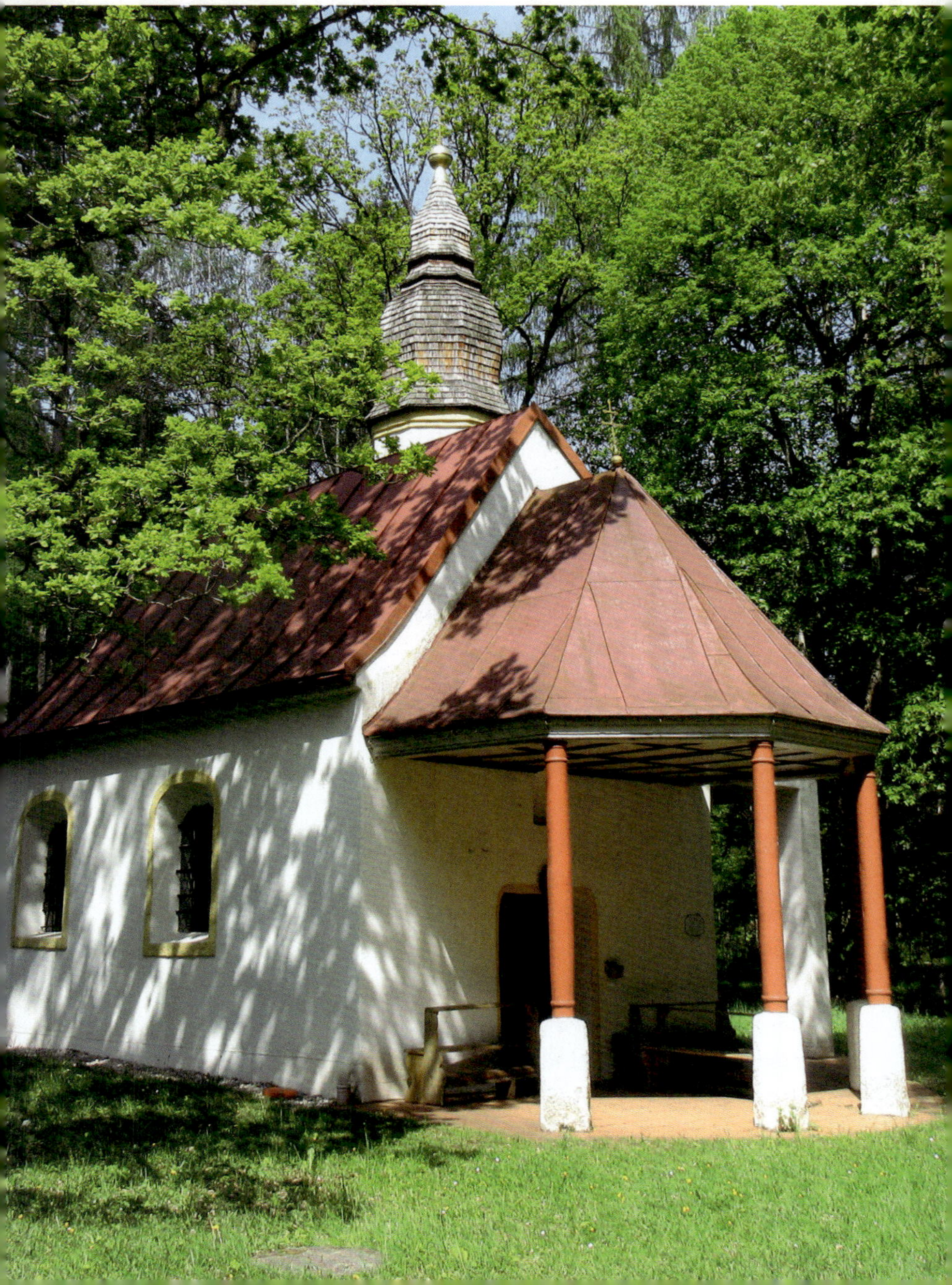

84 Benediktinerabtei

Das Scheyrer Kreuz

Alljährlich an Christi Himmelfahrt findet in Scheyern bei Pfaffenhofen der Heilig-Kreuz-Ritt statt. Bei diesem festlichen Umritt wird nach alter Tradition das hochverehrte Scheyrer Kreuz mitgeführt, das die wichtigste Reliquie des Klosters birgt, einen »ansehnlichen« Splitter des Heiligen Kreuzes, seit 1180 im Besitz der Scheyrer Benediktiner. Prachtvoll gefasst, stellt dieser Kreuzpartikel seit Jahrhunderten das Ziel vieler Wallfahrer dar. Er wird in der eigens für die Reliquie gebauten Heiligkreuzkapelle in der Klosterkirche bewahrt. Die Form des Reliquiars, ein Kreuz mit zwei Querbalken, weist auf die Herkunft aus dem Heiligen Land hin. Der zweite, kürzere Querbalken des sogenannten byzantinischen Patriarchenkreuzes symbolisiert die Kreuzinschrift, weshalb man im Alpenraum ein Zweibalkenkreuz inzwischen häufig als Scheyrer Kreuz bezeichnet.

Helena, die Mutter Kaiser Konstantins, soll nach dem Kreuz Christi gesucht haben, als ihrem Sohn das Kreuz im Traum erschien mit der Inschrift »In diesem Zeichen wirst du siegen«. Konstantin siegte, und Helena fand auf dem Berg Golgatha in Jerusalem das wahre Kreuz. Sie ließen die Grabeskirche errichten und das gefundene Kreuz dort aufstellen. Beide Feste zur Verehrung des Heiligen Kreuzes – Kreuzauffindung (3. Mai) und Kreuzerhöhung (also -aufstellung, 14. September) – werden in Scheyern bis heute mit festlichen Wallfahrtsgottesdiensten begangen.

Als der Kreuzpartikel 1180 über Umwege nach Scheyern kam, befand er sich in einem byzantinischen Reliquiar, das heute noch im Kloster aufbewahrt wird. Eine eigens angefertigte gotische Monstranz wurde 1738 eingeschmolzen, damit man eine dem Zeitgeschmack entsprechende Rokokomonstranz anfertigen lassen konnte. Dieses reich mit Emaillebildern und Edelsteinen verzierte Ostensorium wird beim Umritt mitgeführt und den vielen Wallfahrern damit der Kreuzsegen erteilt.

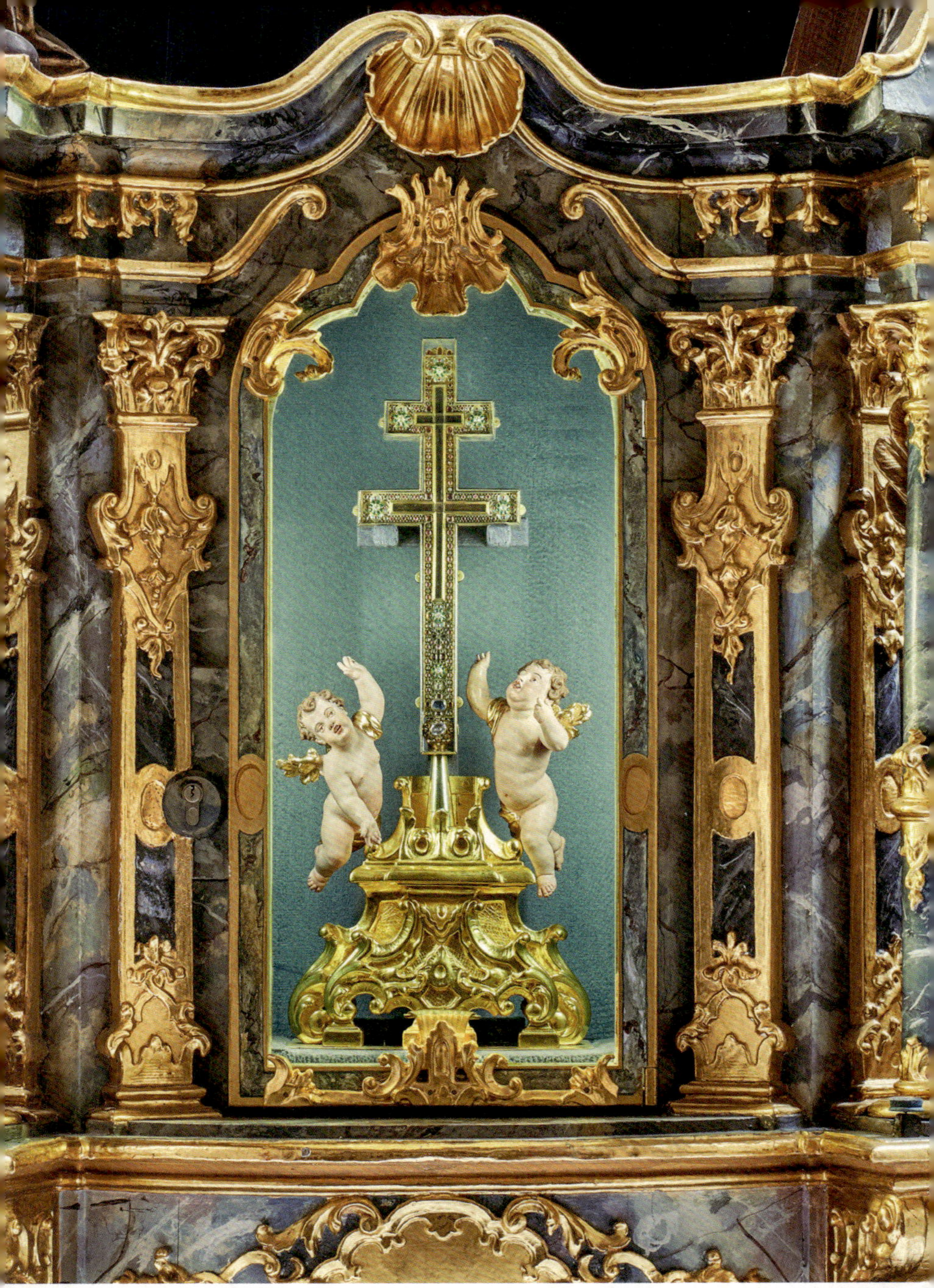

Adresse 85298 Scheyern | Anfahrt A9 München – Nürnberg, Ausfahrt Allershausen, dann über Aiterbach, Paunzhausen und Ilmmünster nach Scheyern | Tipp Kurz vor Ilmmünster sieht man auf einer Anhöhe links von der Straße die sehenswerte Kirche Herrnrast, erbaut um 1599, die im 19. Jahrhundert ein beliebtes Wallfahrtsziel war.

85 Klobenstein

Krankheiten abstreifen am gespaltenen Felsen

Direkt am Steilufer der Tiroler Achen liegt der Wallfahrtsort Klobenstein. Er besteht aus nichts mehr als dem namensgebenden gespaltenen Felsblock, um den sich drei Marienkapellen gruppieren und eine heilige Quelle. Außerdem gibt es ein uraltes Gasthaus.

Der Klobenstein liegt an einer alten Römerstraße und ist seit jeher ein Rast- und Andachtsort aller Grenzgänger, der legalen wie der illegalen.

Die Überlieferung weiß, dass einst ein armes altes Mütterchen hier unterwegs war. Direkt über ihm löste sich unter lautem Poltern ein gewaltiger Felsblock. Die Frau flehte zur Muttergottes um Rettung, und tatsächlich spaltete sich das Gestein mittendurch und der Fels donnerte in zwei Teilen links und rechts von ihr in den Boden. Die Muttergottes trat aus dem Felsen hervor und versprach der Bittenden, ihr krankes Kind zu heilen – und so geschah es. »Eine kleine Kirche wurde hingebaut zum Andenken an diese und viele andere wunderbare Heilungen. Auch ein Gnadenbrünnlein fließt unterhalb der Kirche, es soll gegen allerlei Gebrechen helfen«, ist bei der Sagensammlerin Anna Kroher zu lesen.

Klobenstein kommt von klieben (=spalten) – »gekloben« heißt »gespalten«. Zwischen dem riesigen gespaltenen Felsen hat man ein Marienbild befestigt, und zwar so, dass die Gläubigen sich zum Eintritt durch den Felsspalt zwängen mussten, um Leiden und Gebrechen abzustreifen. Der Zulauf zum Klobenstein wuchs ständig. Reisende, die das Achental durchquerten, machten Halt bei dem Marienbild und tranken von der heiligen Quelle. Ein Einsiedler baute eine Klause in den Felsen und 1707 wurde eine solide steinerne Kapelle errichtet, eine Loretokapelle. Das Gnadenbild fristete aber immer noch sein Dasein in einem Holzverschlag am oberen Ende des Spaltfelsens. Erst 1737 errichtete man dann eine Art halbrunden Anbau an der Loretokapelle, der das alte Gnadenbild auf einen Altar erhob.

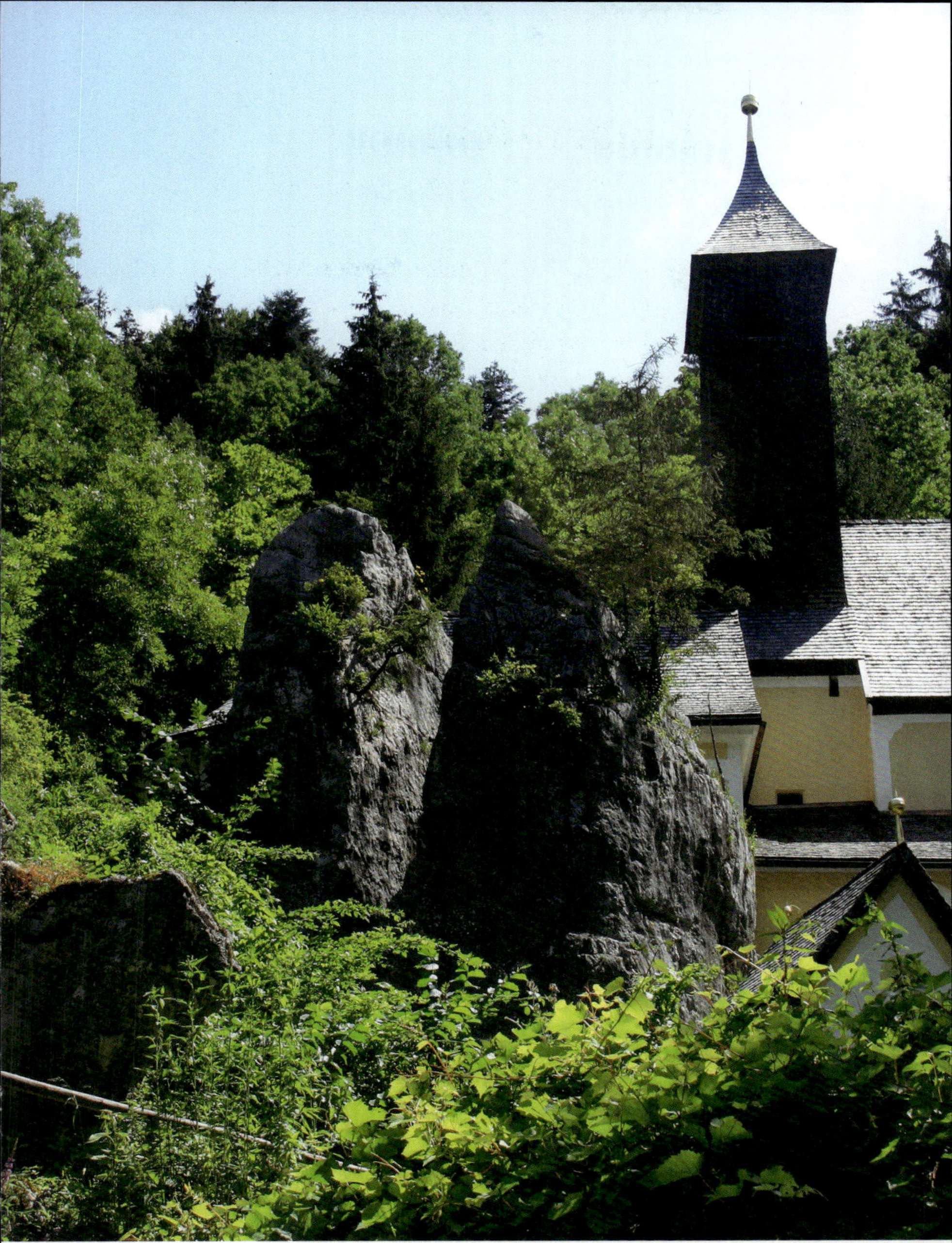

Adresse A-6345 Kössen/Tirol | Anfahrt Autobahn A8 München – Salzburg, Ausfahrt Bernau, weiter nach Marquartstein, von hier auf der B307 über Schleching Richtung Kössen fahren. Unmittelbar hinter der Grenze liegt direkt an der Straße der Ort Klobenstein. Wenige Parkplätze an der Straße. | Tipp Das wildromantische Gasthaus Klobenstein war die Klause des Eremiten, der schon vor 300 Jahren die Erlaubnis erhielt, Pilger zu verköstigen (www.gasthaus-klobenstein.com).

86 Maria zu den Sieben Linden

Geheimnisvoller Frauenkultort

Schleching darf sich inzwischen Bergsteigerdorf nennen, ein Qualitätssiegel, das für bewahrte Natur und nachhaltigen Tourismus steht. Zwar zogen die Samer und die Schmuggler über die grüne Grenze, das Tal ist aber keine Hauptverkehrsader nach Süden. Deshalb findet man hier Ruhe und Erholung. Und Geheimnisse: Am Taleingang liegt Raiten, ein kleines Dorf um die Kirche Maria zu den Sieben Linden herum, auf einer auffälligen Hügelkuppe. Im 12. Jahrhundert stand hier eine Burg. Die Burgkapelle ist im heutigen Kirchenschiff aufgegangen, den Kirchturm hat man auf den alten Wehrturm gebaut.

Die Kirche war einst wohl von sieben Linden umstanden, einige finden wir heute noch. Die magische Siebenzahl und die Linde, immer schon ein Baum weiblicher Gottheiten, führen uns zum Geheimnis in der Kirche. Ganz oben auf dem Altar, im Auszug, ist die heilige Gertrud von Nivelles abgebildet. Auf ihrem Stab kraxelt eine Maus hinauf, die Heilige gilt als Patronin gegen Schädlingsplagen. Aber sie wird auch mit dem Spinnrad dargestellt, in der Nachfolge vorchristlicher Göttinnen, die den Lebensfaden gesponnen und wieder zerrissen haben. In der Gertrudenlegende beißt die Maus den Faden ab, in heidnischer Zeit war es die große Muttergöttin, die Leben schenkte und Leben nahm. Man weiß, dass es hier früher ein Bildnis der heiligen Gwer gab – einer heidnischen, verchristlichten Figur, von den Frauen hoch verehrt –, das 1626 entfernt wurde. Kurz darauf stellte man den Altar mit Gertrud, wohl als »Ersatz«, auf. Sie war früher die Hauptpatronin der Kirche.

An Christi Himmelfahrt kommen Tausende Wallfahrer – die Trachtler des Chiemgau-Alpenverbandes ziehen jedes Jahr nach Raiten – eine Tradition, die an die Bittgänge früherer Zeiten erinnert, als die Wettergötter und später Gott und die Heiligen um günstiges Wetter gebeten wurden.

Adresse Kirchbichl 2, 83259 Schleching-Raiten | **Anfahrt** A8 München – Salzburg, Ausfahrt Bernau (aus Salzburg kommend in Grabenstätt abfahren), weiter auf der B305 nach Marquartstein und kurz nach Marquartstein rechts abbiegen auf die B307 in Richtung Schleching. Nach etwa einem Kilometer ist Raiten erreicht. | **Tipp** Nach der Kirchenbesichtigung empfehlen sich zur Einkehr der Rait'ner Wirt (www.raitnerwirt.de) gleich unterhalb der Kirche oder der Gasthof Zellerwand (www.gasthof-zellerwand.de) – etwa zwei Kilometer weiter Richtung Schleching, kurz vor Mettenham.

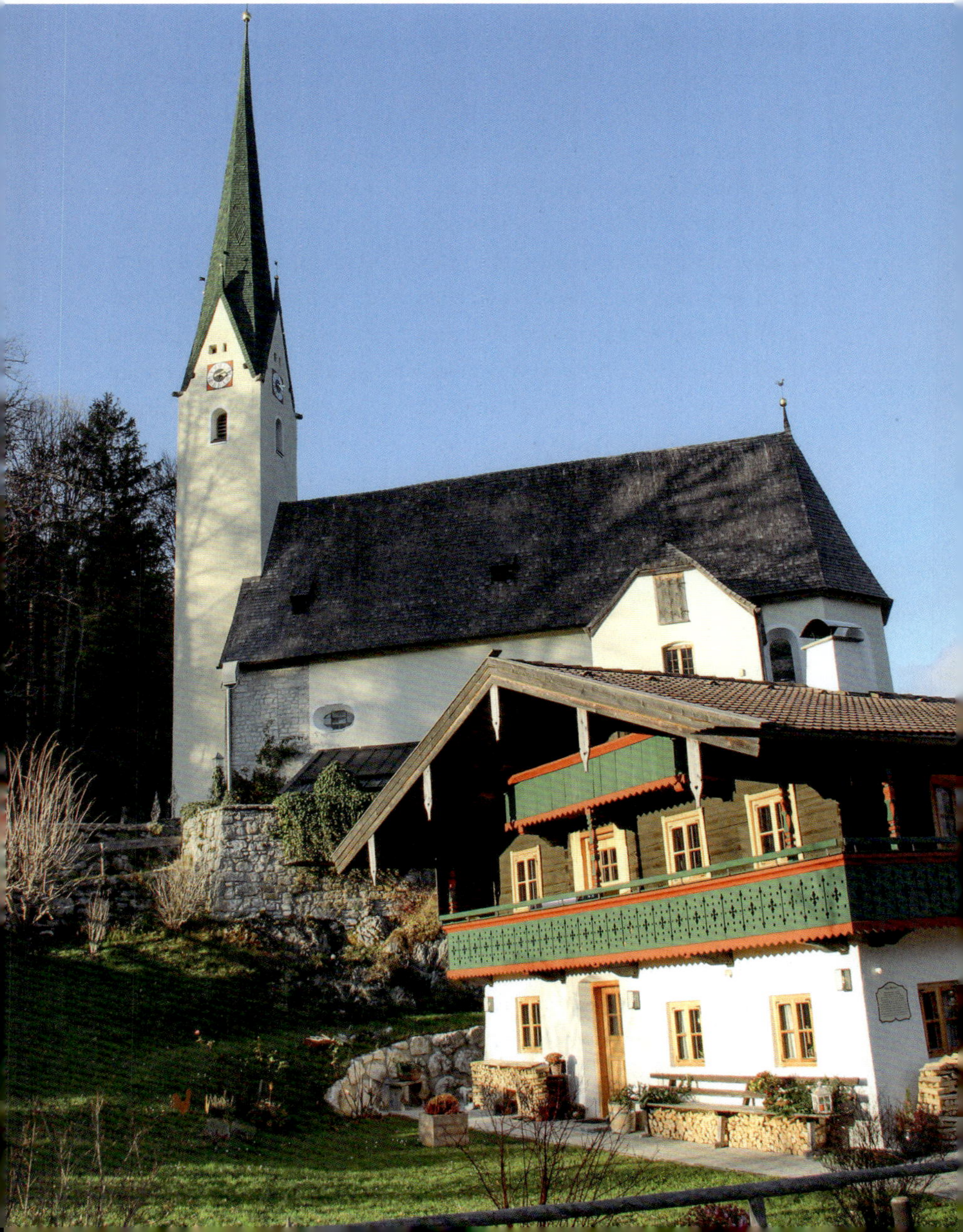

87_Die Streichenkirche

Kunsthistorisches Kleinod an uraltem Saumpfad

Der Streichen ist einzigartig im Chiemgau: ein wunderbarer Platz auf sonnigem Plateau inmitten der Berge, mit einem der beiden wichtigsten Kirchlein voller alter Fresken und original gotischer Ausstattung (das andere steht in Urschalling, Ort 71), und dazu noch ein Wirtshaus. Was will man mehr?

Das enge Achental wurde vermutlich schon in der Bronzezeit auf einem Saumpfad passiert, der genau hier entlangführte. Auch die Römer nutzten ihn schon. »Streichen« kommt entweder von »Strich«, was im Mittelalter einen Saumweg bezeichnete, oder vom frühmittelalterlichen »strictum« = Engpass. Auf diesem Weg haben auch die Schlechinger Bauern schon Salz nach Süden und Wein aus Tirol nach Norden »gesäumt«, also auf Lasttieren befördert. An dem engen und gefährlichen Übergang befand sich wohl auch ein vorchristliches Heiligtum. Die Marquartsteiner Grafen ließen im 12. Jahrhundert hier eine Burg bauen, die schon bald wieder verfiel. Aus der Burgkapelle, erweitert mit Steinen der zerstörten Burg, ging die Streichenkirche hervor. Mitte des vergangenen Jahrhunderts legte man die gotischen Fresken frei, auch der prächtige gotische Flügelaltar ist erhalten: ein Kirchlein, das beinahe zur Gänze sein Aussehen von vor fünfhundert Jahren bewahrt hat – eine Sensation! Einst soll eine heilkräftige Quelle im Kircheninneren das Hauptziel der Wallfahrt gewesen sein, man nannte es »Servatiuswasserl« und es fand »kultische Verwendung«, wie der Volkskundler Rudolf Kriss schreibt. Es ist versiegt, die Wallfahrt geriet in Vergessenheit und das Kirchlein überdauerte unbeschadet die Jahrhunderte.

Das wohl wertvollste Einzelobjekt ist das ehemalige Hauptaltärchen, ein kleiner Kastenaltar aus der Zeit um 1410 mit dem Kirchenpatron St. Servatius, der einen überdimensionalen Schlüssel in der Hand hält. Nicht wertvoll, aber bemerkenswert: die jahrhundertealten Graffiti an der südlichen Langhauswand.

Adresse Streichen 1, 83259 Schleching | Anfahrt A8 München – Salzburg, Ausfahrt Bernau, B305 und 307 bis Schleching, kurz vor der Grenze links abbiegen zum Wanderparkplatz Streichen, in 15 Minuten zu Fuß zur Kirche und zum Gasthof | Tipp Vom Wanderparkplatz Streichen aus führt ein schöner Wanderweg bis zum Taubensee, ein anderer zum Klobenstein mit Wallfahrtskirche und Hängebrücke (Ort 85). Der Berggasthof Streichen wurde nach dem plötzlichen Tod des Wirts 2020 von der Stiftung Kulturerbe Bayern e. V. übernommen und soll 2022 wiedereröffnet werden (Streichen 1, 83259 Schleching, Tel. 08649/265).

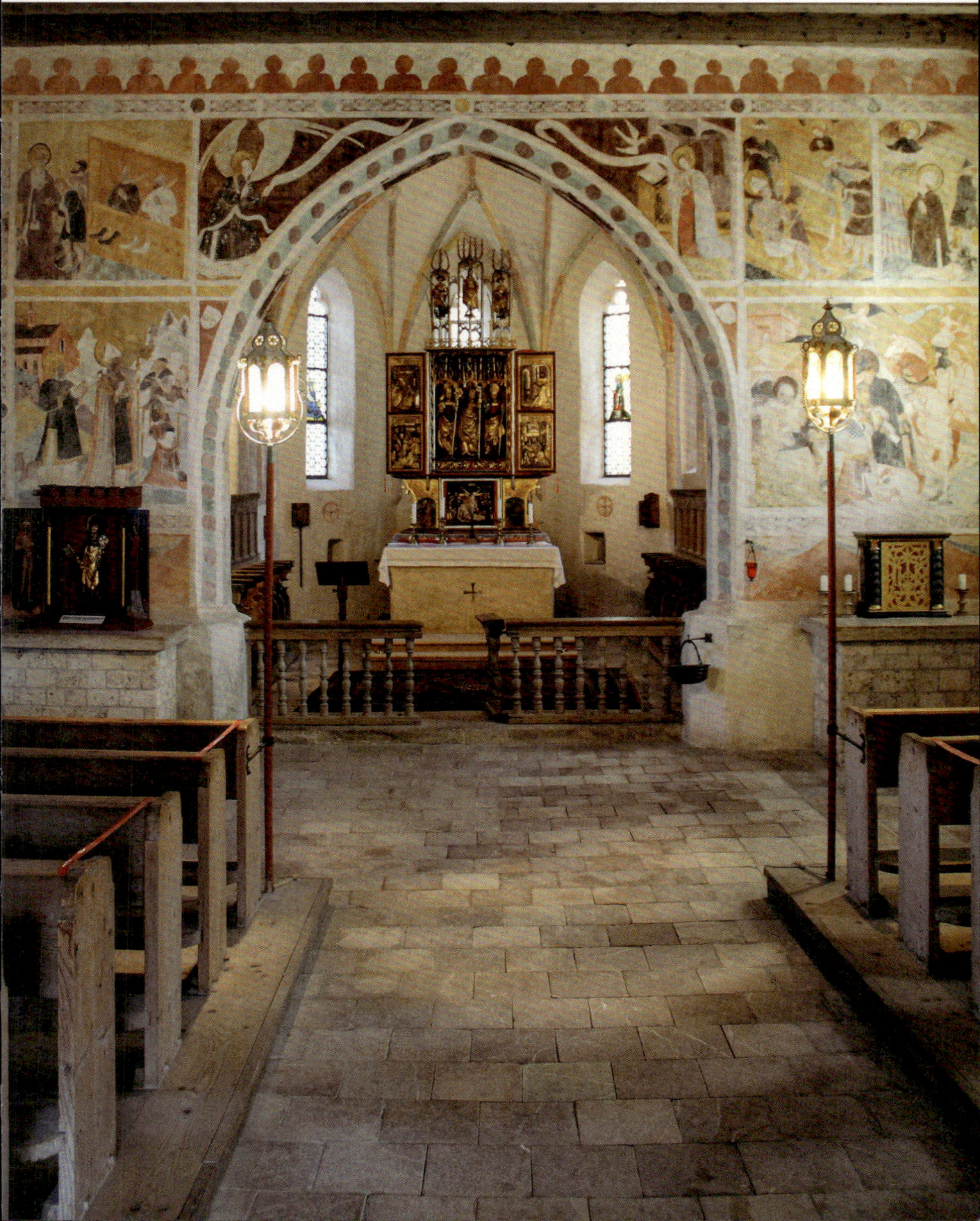

88 St. Bartholomä am Königssee

Die »höchste« Wallfahrt im Alpenraum

Das beliebte Touristenziel ist vor allem wegen seiner Basilika mit den auffallenden roten Welschhauben-Türmchen auf dem kleeblattförmigen Grundriss bekannt, dahinter als Kulisse die mächtige Watzmann-Ostwand. Doch kaum jemand weiß, dass St. Bartholomä das Ziel der »höchsten« Wallfahrt im Alpenraum ist.

1134 wurde der Vorgängerbau geweiht, die »Basilica Chunigesse«, die Basilika des Cuno von Horburg, Mitbegründer des Stiftes Berchtesgaden, am »See des Cuno«, dessen Namen sich zu »Königssee« verschliff. 1382 wird ein Fischmeisterhaus erwähnt, das jetzige Gasthaus. Die Fürstpröpste waren nämlich insbesondere an den reichen Fischgründen des Königssees interessiert – heute mit 200 Metern der tiefste See Deutschlands. Im Eisbachtal gab es große Bestände an jagdbarem Wild, sodass das alte Fischmeisterhaus im 15. Jahrhundert zu einem Jagdschlösschen für die Obrigkeit umgebaut wurde.

Der heilige Bartholomäus hat vermutlich den früheren Kirchenpatron Jakobus abgelöst. Bartholomäus gilt ja, weil er ein Messer als Attribut in der Hand hält, als Schutzpatron der Fischer, die das Gerät als Fischmesser auslegen. Jakobus aber ist der traditionelle Schutzpatron der Almbauern und der Sennerinnen. Da die Basilika St. Bartholomä bis heute einen Jakobusaltar besitzt, hat man wohl früher die Jakobus-Kirchweih hier oder an der alten Kapelle im Wald (Ort 89) gefeiert, so wie heute am 24. August die Bartholomä-Kirchweih. Am Samstag nach dem Bartholomäustag pilgern nämlich alljährlich um die 2.000 Wallfahrer vom österreichischen Maria Alm hoch über das Steinerne Meer nach St. Bartholomä. Rund 12 Stunden sind die Wallfahrer unterwegs, um 4 Uhr früh ist Abmarsch in Maria Alm. Im 16. Jahrhundert wohl nach einer Pestepidemie entstanden, wird die Wallfahrt seit dem 23. August 1688 zum Gedenken an die 70 Pilger durchgeführt, die damals mit ihrem Schiff im Königssee kenterten und ertranken.

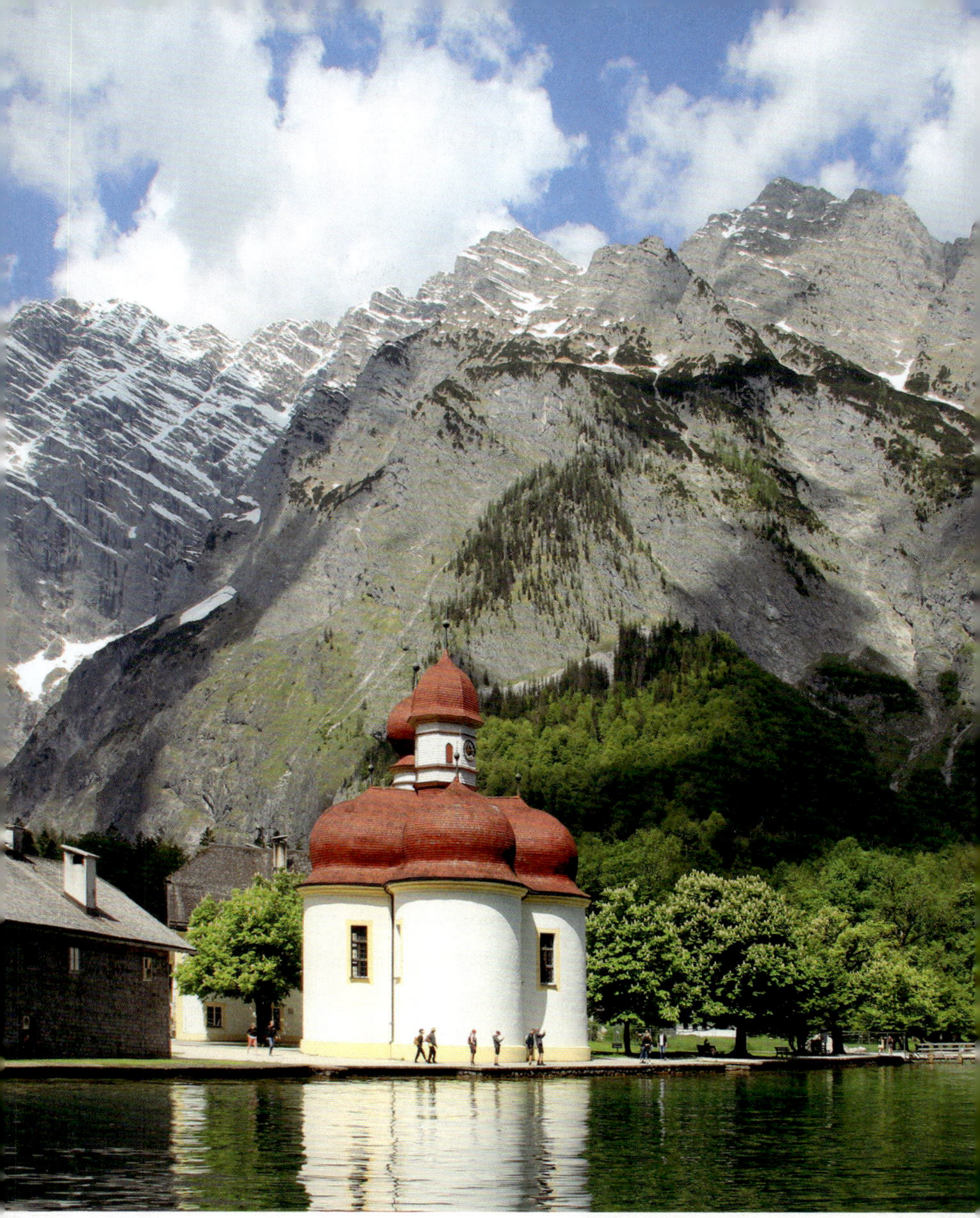

Adresse 83471 Schönau (St. Bartholomä am Königssee) | **Anfahrt** A8 München–Salzburg, Ausfahrt Bad Reichenhall, auf der Landstraße Richtung Berchtesgaden, vor dem Markt Berchtesgaden den Schildern Schönau/Königssee folgen; Parken am Parkplatz der Königsseeschifffahrt am Nordufer des Königssees, mit dem Schiff bis Anlegestelle St. Bartholomä | **Tipp** An Sommerwochenenden und in den Ferien ist der Königssee ein beliebtes Ausflugsziel und es kommt zu Wartezeiten, bis man einen freien Platz auf einem Schiff bekommt. Diese vermeidet man, indem man ganz früh mit dem ersten Schiff fährt oder indem man auf die Werktage unter der Woche und die Nebensaison ausweicht.

89 St. Johannes und Paulus

Alter Kultort der Sennerinnen

Das alte Fieberbrünnl bei St. Johannes und Paulus ist heute fast vergessen. Wer von der Anlegestelle St. Bartholomä aus dem Spazierweg Richtung Watzmann-Ostwand folgt, kommt in gut 15 Minuten zu der Kapelle direkt am Eisbach. Daneben gab es eine Heilquelle, das Fieberbrünnl, das gern von den Sennerinnen der umliegenden Almen, von Jägern, Fischern und Holzknechten aufgesucht wurde.

Die Tür der Kapelle ist über und über mit Einritzungen bedeckt. Pentagramme kann man hier entdecken – fünfzackige Drudenfüße, ein altes Abwehrsymbol –, Kreuze, Initialen und Jahreszahlen. Heute muss man die Quelle suchen, meist ist der Quellaustritt nur ein nasser Fleck im Waldboden, auffindbar durch eine teils auf dem Boden liegende Wasserleitung. Die führt übrigens zum Gasthaus St. Bartholomä und wird dort zur Trinkwasserversorgung genutzt.

Der Volkskundler Rudolf Kriss wusste noch, dass das Fieberbrünnl »früher sogar als Quellwallfahrt galt«. Er stellt die Überlegung an, ob sich die 1134 geweihte »Basilica Chunigesse« nicht auf die Johannes-und-Paul-Kapelle bezieht. Das Brünnlein wäre dann der älteste Kultort auf der Halbinsel. »Wir wissen nur, dass jenes kleine Heiligtum früher eine stark besuchte Volkswallfahrt war. Neben ihr entspringt eine Quelle, die den Namen Fieberbrunnen trägt, weil man sie vor allem gegen Fieber gebrauchte; über ihr stand früher noch eine zweite hölzerne Kapelle, die mit sehr alten Bildern und Heiligenfiguren angefüllt war, ehe sie in den 70er Jahren [die 1870er Jahre!] von den hochgehenden Fluten des Eisbaches weggeschwemmt wurde.«

Im 18. Jahrhundert wurde am Tag des heiligen Jakob, Schutzpatron der Sennerinnen, nach St. Bartholomä gewallfahrtet und es soll einen Votivstein in der Waldkapelle gegeben haben, der »zu diesem würdigen Gotteshaus St. Jakob« 1620 gestiftet worden ist: »Möglicherweise hatte die alte Holzkapelle über dem Eisbach St. Jakob als Schutzheiligen.«

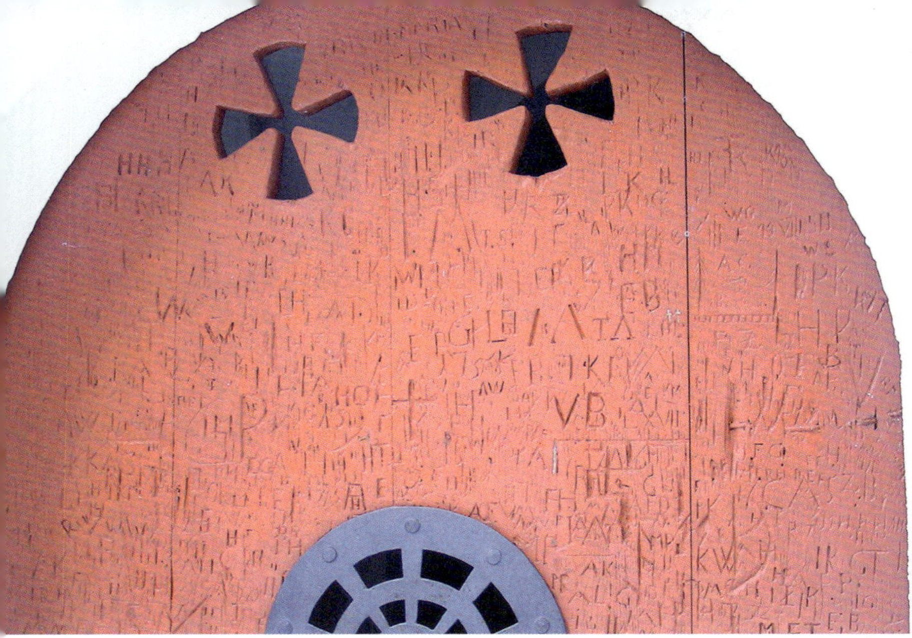

Adresse 83471 Schönau (St. Bartholomä am Königssee) | **Anfahrt** A8 München – Salzburg, Ausfahrt Bad Reichenhall, auf der Landstraße Richtung Berchtesgaden, vor dem Markt Berchtesgaden den Schildern Schönau/Königssee folgen. Parken am Parkplatz der Königsseeschifffahrt am Nordufer des Königssees. Mit dem Schiff bis Anlegestelle St. Bartholomä, an Kirche und Gasthaus vorbei in westliche Richtung (vom See weg) in den Wald ins Eisbachtal gehen. | **Tipp** Die Gastwirtschaft in St. Bartholomä ist trotz des Andrangs im Sommer zu empfehlen. Man isst gut, es gibt frischen Fisch aus dem Königssee, und im Biergarten sitzt man herrlich.

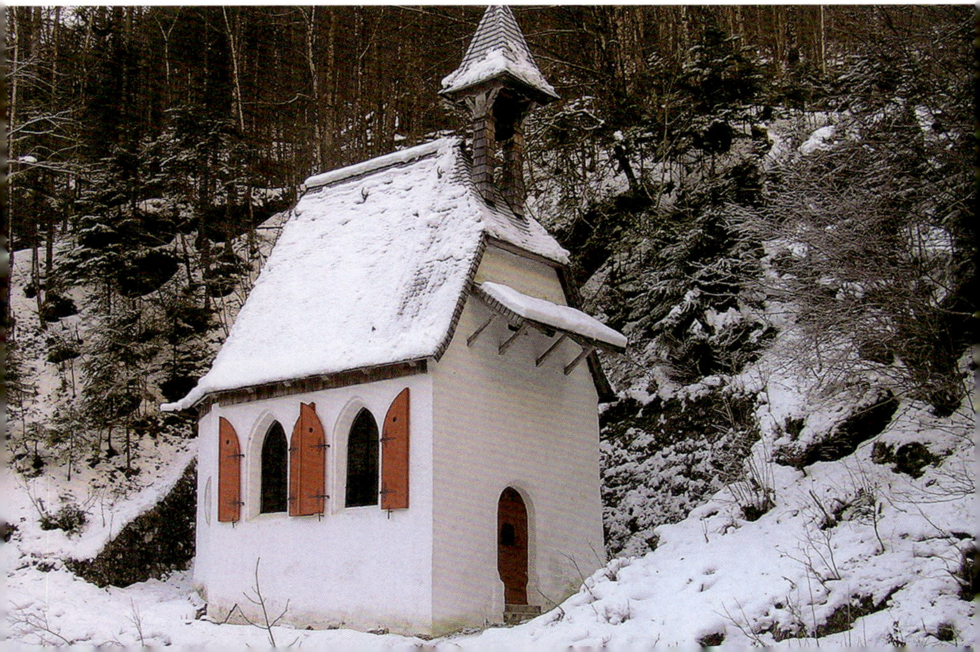

90__Adelholzen

Wo St. Primus eine Heilquelle entdeckte

Kranke, Alte und Schwache pilgerten früher in das »Holz des Andlo«, das heute Adelholzen heißt, um das heilkräftige Wasser der dortigen Waldquelle zu trinken. In der kleinen Kirche daneben baten sie um Hilfe bei ihren Anliegen – oft mit Erfolg, wie Votivbilder und zurückgelassene Krücken zeigen. Jahrhundertelang war Adelholzen sogar ein Heilbad – vom 16. Jahrhundert an wurden die Badeanstalten auch vom städtischen Bürgertum und vom Adel gern aufgesucht, im Jahr 1736 reiste sogar eigens die bayerische Kurfürstin Amalia mit Hofstaat an.

Der Legende nach begann alles im Jahr 286, als der heilige Primus hier eine Quelle entdeckte. Er soll als römischer Legionär in die Gegend gekommen sein und sich als frommer Einsiedler niedergelassen haben. Auch der Heilige habe, wie es heißt, schon Kranke und Alte nur mit dem aufgefundenen Wasser geheilt, wie auch in der inzwischen über 1.700 Jahre langen Geschichte dieses ältesten bayerischen Heilbades immer wieder von Wunderheilungen die Rede ist. Insbesondere gegen Leberleiden soll das Wasser helfen, bei Verdauungsbeschwerden, steifen Gelenken und Lähmungen, Frauenleiden und unerfülltem Kinderwunsch.

1907 schließlich stand das »Wildbad Adelholzen« zum Verkauf. Der Orden der Barmherzigen Schwestern vom heiligen Vinzenz von Paul war auf der Suche nach einem ländlichen Erholungsheim für kranke Schwestern und erwarb das alte Bad. Doch die Schwestern erkannten schnell die gute Einnahmequelle durch den Kurbetrieb. Die Gebäude wurden instandgesetzt, der Betrieb florierte. Erst 1936 hat man den Badebetrieb aufgegeben, die Klosterschwestern konzentrierten sich auf das Abfüllen und Versenden des Wassers in alle Welt. Inzwischen ist aus der zur Kongregation gehörenden Adelholzener Alpenquellen GmbH ein international agierendes erfolgreiches Unternehmen geworden, das mit modernster Technik arbeitet.

Adresse 83313 Siegsdorf | **Anfahrt** A8 München – Salzburg, Ausfahrt Bergen, an der Kreuzung Richtung Adelholzen fahren, sobald man in Adelholzen rechts unterhalb der Straße das Gewerbegebiet sieht, nimmt man die Straße nach links oben (»Barmherzige Schwestern«). Dort an der Straße unterhalb des Schwesternwohnheims das Auto abstellen, links oben die Quelle, dahinter die Kapelle. | **Tipp** Unterhalb der freien Wasserstelle blickt man auf die Abfüllanlagen der Adelholzener Alpenquellen. Das Werk bietet interessante Führungen an, in denen man den Weg des traditionellen Heilwassers in die modernen Flaschen erleben kann (www.adelholzener.de).

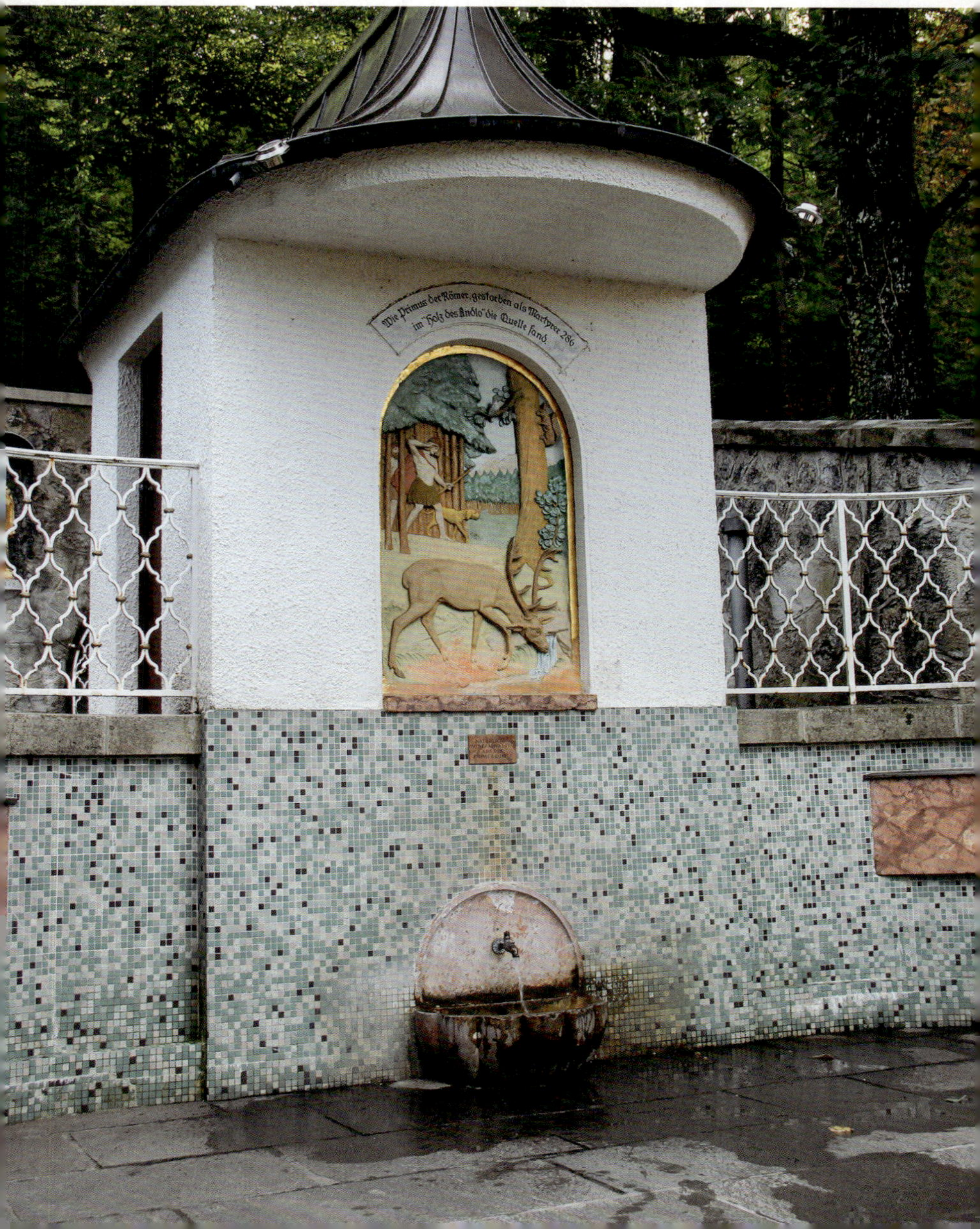

91__Maria Eck

Der schönste Wallfahrtsort im Chiemgau

Als eine Sennerin in einer Neumondnacht drei Lichter brennen sah, merkte sie sich die Stelle auf einer Almwiese und meldete dem Pfarrer ihre Beobachtung. Im Jahr 1626 soll sich das zugetragen haben. Der Pfarrer lief eilends zum Bischof und dieser erkannte sofort, dass die drei Lichter für die Heilige Dreifaltigkeit standen, welche den Menschen mitteilen wollte, dass sie hier eine Kirche bauen sollten. So geschah es, doch es erlosch daraufhin nur ein Licht. Erst als man die Kirche um zwei Altäre erweitert hatte, brannte kein Licht mehr.

Während des Dreißigjährigen Krieges wurde die Kirche erbaut, als Bayern ohnehin in Aufruhr war, die plündernden Schweden eine ständige Bedrohung darstellten und die Bevölkerung große Not litt. Die Mönche von Kloster Seeon erwarben damals drei Bergbauernhöfe im Gebiet von Maria Eck, zur Sicherheit, falls die Schweden noch kommen sollten. Doch der Chiemgau blieb verschont. Die Wallfahrt nach Maria Eck erfreute sich in den zwei Jahrhunderten nach dem Kirchenbau großer Beliebtheit. Über 2.000 wundersame Erhörungen verzeichnet das Mirakelbuch.

In der Kirche hängen heute noch die Votivgaben aus den letzten Jahrhunderten. Die Seeoner Benediktinermönche hatten für das eigene (leibliche) Wohl der Wallfahrer schon 1636 eine Gastwirtschaft errichten lassen, die heute noch gern aufgesucht wird. Jedes Jahr am dritten Sonntag im Mai findet die große Maria Ecker Trachtenwallfahrt statt, mit bis zu 3.000 Teilnehmern – einer der Höhepunkte im Wallfahrtsjahr.

In der sogenannten Wasserkapelle, links vor dem Eingang zur Klosterkirche, befindet sich ein breites Wasserbecken. Heute fließt hier Siegsdorfer Leitungswasser. Früher strömte Maria Ecker Quellwasser aus der Brust der Marienstatue – bis heute sieht man auf der Brust der Maria noch den Auslass des Wasserrohrs, umfasst von der Hand des Jesuskindes. Das Wasser wurde als heilkräftig verehrt.

Adresse Maria Eck, 83313 Siegsdorf | Anfahrt A8 München – Salzburg, Ausfahrt Traunstein/Siegsdorf, durch Siegsdorf hindurch fahren und den Schildern nach Maria Eck folgen, direkt unterhalb der Wallfahrtskirche großer Parkplatz. | Tipp Im Klostergasthof Maria Eck kann man gut essen und schön sitzen – draußen im Biergarten oder drinnen unter altem Gewölbe (www.maria-eck.de).

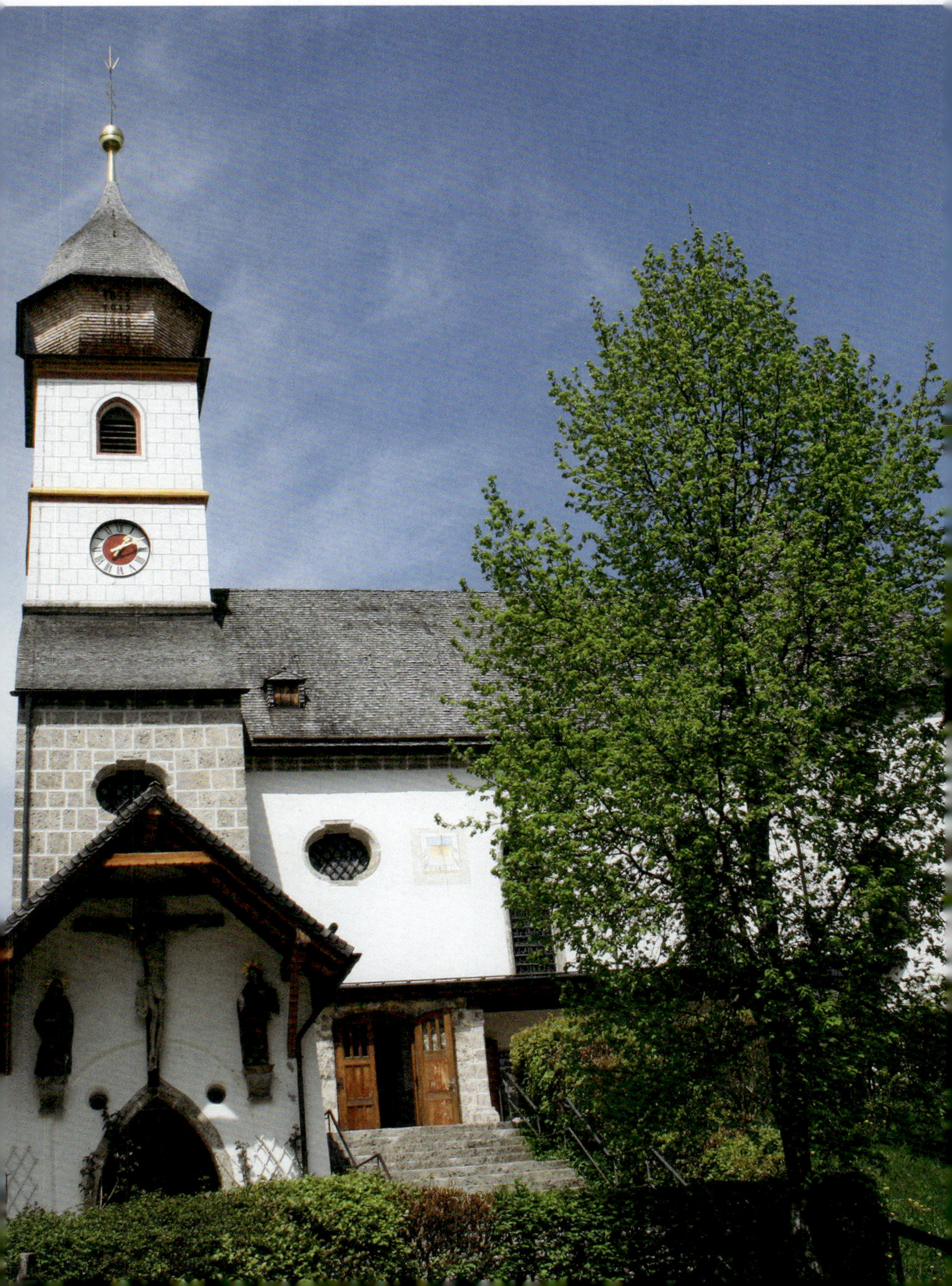

92__Wallfahrtskirche St. Wolfgang

Die Wunderquelle im Goldachtal

Der heilige Wolfgang ist einer der in Oberbayern meistverehrten Heiligen, und das seit rund tausend Jahren. Als Bischof von Regensburg war er häufig auf Reisen. Wie viele Wolfgangskirchen führt auch die in St. Wolfgang ihren Ursprung darauf zurück, dass der Heilige an ihrem Ort gerastet und eine Quelle erweckt hat – nach dem Vorbild am Hauptort der Wolfgangsverehrung, am Wolfgangsee in Österreich. Als Bischof Wolfgang dort als Einsiedler leben wollte, richtete er sich in einer Felsenhöhle eine Klause ein und ließ eine Quelle entspringen, die noch heute verehrte Wolfgangsquelle. Seine berühmteste Tat war der Axtwurf von der Klause: Wo er die Axt wiederfinde, werde er eine Kirche errichten. So geschah es. Wolfgang starb 994 und wurde bereits 1052 heiliggesprochen.

975 soll er durch das Goldachtal gezogen sein und am Ort der heutigen Wolfgangskirche gerastet haben. Die Menschen im Tal litten große Not und hatten kein Trinkwasser, da erweckte er durch einen Schlag mit seinem Bischofsstab eine Quelle, die bis heute nicht versiegt ist. Eine Tafel an der Emporenbrüstung zeigt das Wunder der Quellerweckung und daneben die Kirche, so, wie sie heute aussieht. Zunächst errichtete man hier allerdings eine kleine Quellkapelle über dem Wasseraustritt. Das ist die heutige »Kirche in der Kirche« – sie liegt in der großen Kirche gleich links vom Haupteingang. Man hat sie ab 1430, als der Andrang der Wallfahrer zu groß für die kleine Kapelle wurde, mit einer Wandpfeilerkirche überbaut.

Bis heute führt die Wunderquelle Wasser, und bis heute waschen sich die Pilger damit die Augen aus. Ein weiterer Quellaustritt befindet sich nördlich der Kirche im Freien in einem steinernen Brunnenbecken. Die vielen Votivtafeln, von den Wallfahrern einst gestiftet, wurden bei der Restaurierung im Jahr 1910 entfernt. An die 2.000 Wunderheilungen soll der heilige Wolfgang vollbracht haben.

Adresse 84427 St. Wolfgang | **Anfahrt** B12 München–Mühldorf, in Haag links abbiegen auf die B15 Richtung Dorfen. Nach etwa acht Kilometern ist St. Wolfgang erreicht. Die Kirche mit der Quelle darin befindet sich links direkt an der Hauptstraße. | **Tipp** Gegenüber der Wolfgangskirche steht das alte Gasthaus zum Schex, das wohl schon seit Hunderten von Jahren die Wallfahrer aufs Allerbeste verköstigt. Man werfe auch einen Blick in die Gaststube, wo ehedem Gericht gehalten wurde, und lasse sich vom Wirt die rätselhafte Buchstabenfolge auf dem spätgotischen Deckenbalken erklären (www.schex-das-wirtshaus.de).

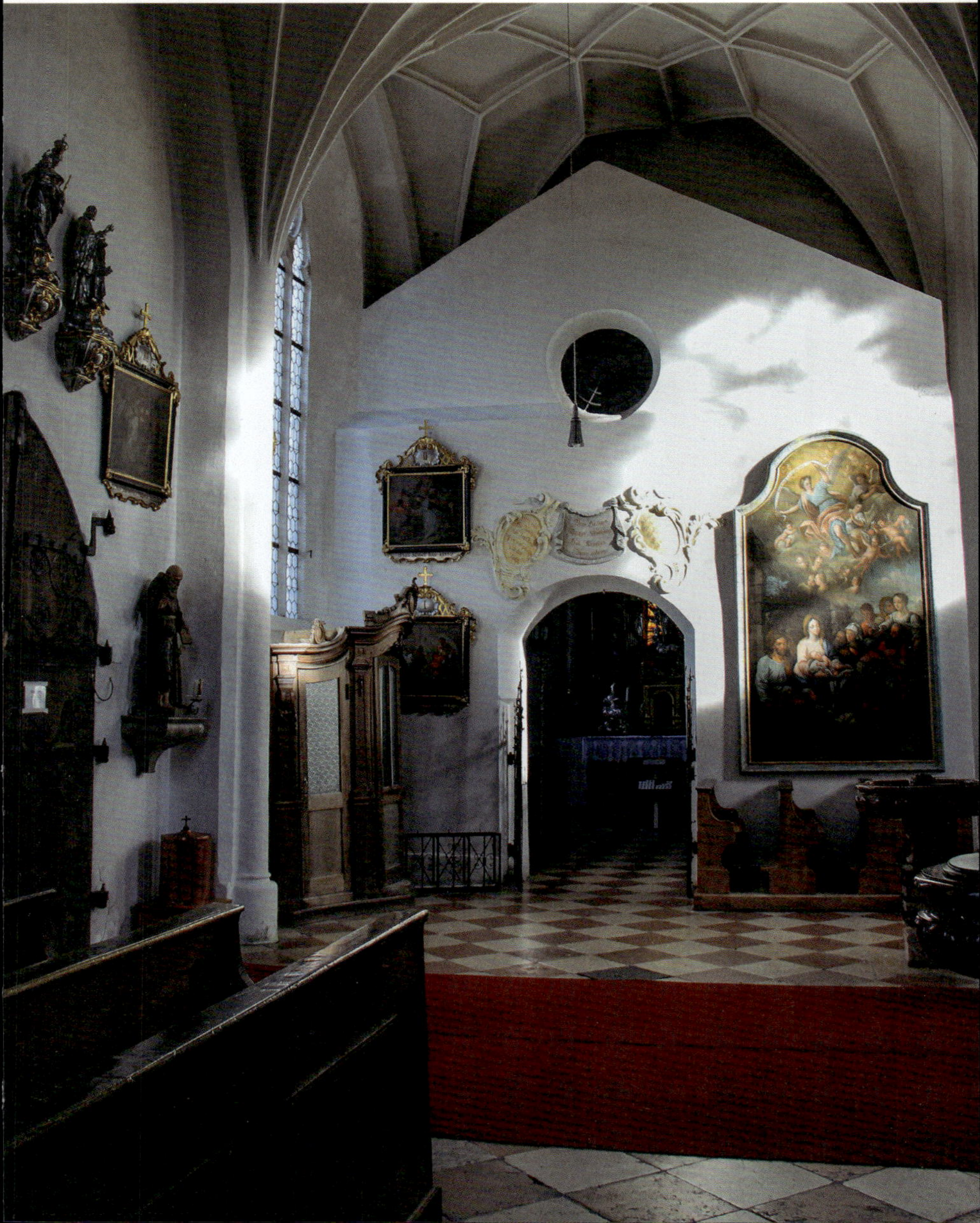

93 Votivkapelle und Kreuz

Zum ewigen Gedenken an den Märchenkönig

Am 13. Juni 1886 starb Ludwig II., König von Bayern. Seine Leiche wurde zusammen mit der seines Arztes Dr. Bernhard von Gudden nicht weit von seinem letzten Wohnort Schloss Berg entfernt aus dem Starnberger See geborgen. Ein Kreuz im Wasser markiert die Stelle der Auffindung.

Gleich oberhalb ließ Prinzregent Luitpold eine Votivkapelle errichten, 1900 konnte sie bereits eingeweiht werden. In die Treppenanlage integriert wurde die Totenleuchte, die Ludwigs Mutter, Königin Marie, am Hang über dem See, in dem ihr Sohn zu Tode kam, am ersten Todestag aufstellen ließ.

Fünf Tage vor dem dramatischen Ereignis hatte eine Unterschrift von Dr. Gudden, damals der berühmteste »Irrenarzt« des Landes, des Königs Schicksal besiegelt – unter ein Gutachten, in dem er Ludwig als geistesgestört bezeichnete, ohne seinen Patienten jemals gesehen zu haben. In der Nacht zum 12. Juni wird Ludwig auf Schloss Neuschwanstein von Gudden und seinen Helfern überrumpelt und nach Schloss Berg gebracht, wo man ihn in ein Zimmer sperrt und rund um die Uhr überwacht.

Am nächsten Tag soll der König zusammen mit Gudden das Schloss in einem hellen, grauen Lodenmantel verlassen haben, an der Unglücksstelle wurde aber der dunkle Wintermantel des Königs aufgefunden. Also lag der Verdacht nahe, dass die Mäntel ausgetauscht worden waren. Unmittelbar nach der Auffindung der Körper hieß es zunächst, beide hätten noch schwache Lebenszeichen gezeigt, später wurde erklärt, sie seien schon tot gewesen und hätten mindestens drei Stunden tot im Wasser gelegen. In der Lunge des Königs war aber kein Wasser – wurde er also doch erschossen, wie viele glauben?

Jedes Jahr am Sonntag nach dem Todestag treffen sich hier die Königstreuen zum Gedenken: Vereine aus dem In- und Ausland, festlich gekleidet in Tracht oder Uniform. Nicht zuletzt die ungeklärten Todesumstände tragen dazu bei, dass die Erinnerung wach bleibt.

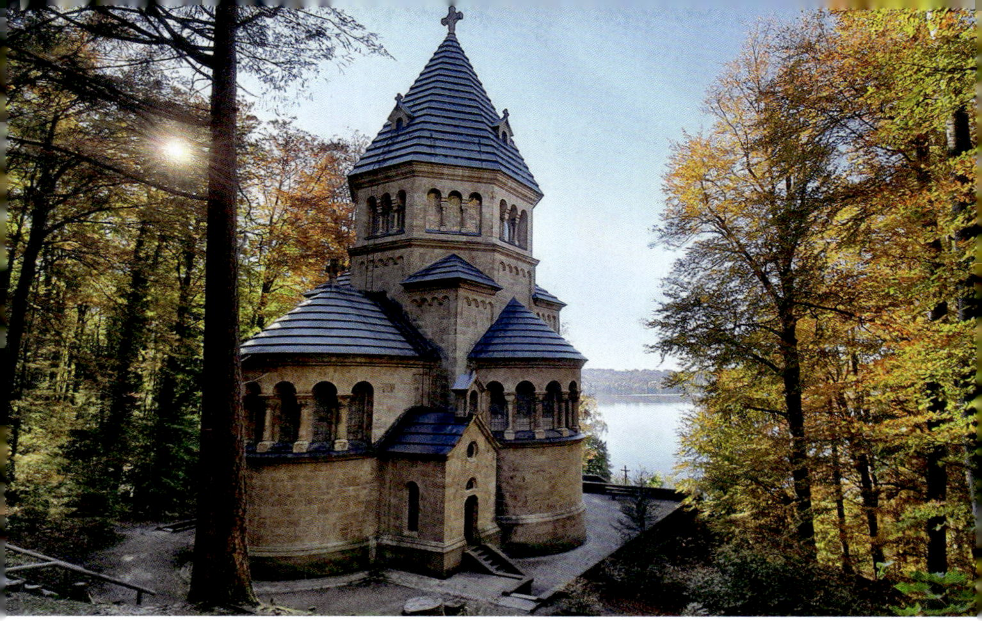

Adresse 82335 Berg am Starnberger See | **ÖPNV** von München aus S6 im 20-Minuten-Takt nach Starnberg-Nord fahren, dann Bus 975 Richtung Wolfratshausen, Haltestelle Berg, Grafstraße, dann circa 15 Minuten. Fußweg Richtung Votivkapelle | **Anfahrt** A95 München–Garmisch, Ausfahrt Starnberg, dann A952 Starnberg, Ausfahrt Percha, Richtung Berg, hier ausgeschilderte Parkplätze | **Tipp** Die Gedächtnisstätte ist tagsüber frei zugänglich, sie befindet sich im öffentlich zugänglichen Teil des Schlossparks unmittelbar am Ufer des Starnberger Sees und südlich vom Ort Berg. Die Gedenkstätte ist nicht mit dem Auto, sondern nur auf einem ausgeschilderten Fußweg (»Parkweg«) von Berg aus nach knapp einem Kilometer Strecke zu erreichen.

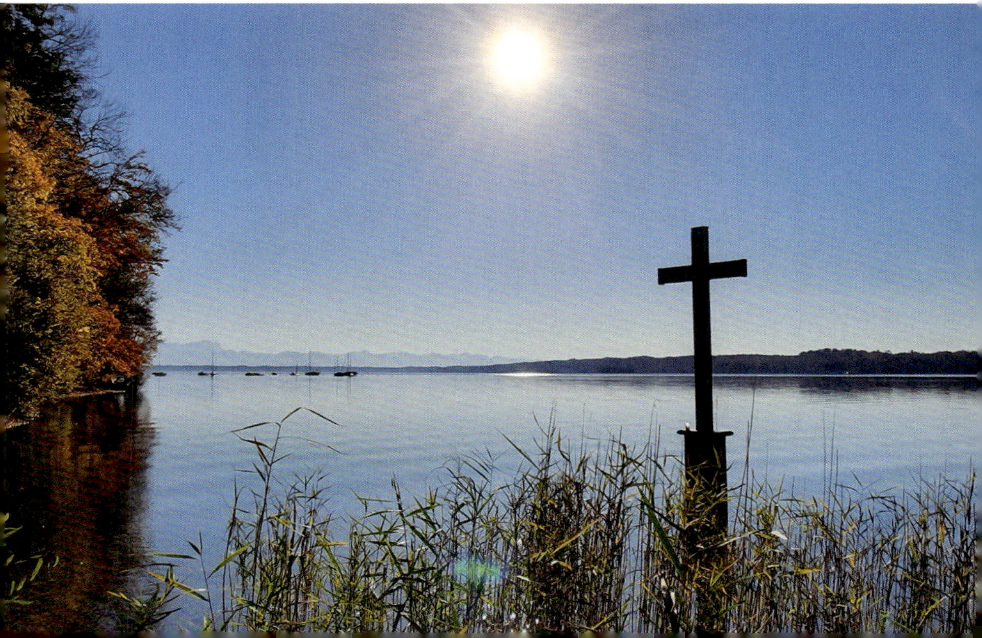

94_Leutstetten

Zu den drei Bethen

Für viele Münchner ist Leutstetten ein Wallfahrtsziel des Genusses: Der letzte bayerische König Ludwig III. liebte sein Landgut Leutstetten mehr als die Münchner Residenz – weshalb spöttische Zeitgenossen ihn und Königin Therese als »Millibauer« und »Topfenreserl« bezeichneten. Bis heute ist die Schlosswirtschaft ein beliebter Ausflugsgasthof.

Manche suchen aber auch das nahe Kirchlein St. Alto auf. Es birgt ein geheimnisvolles Bild, das eine ganz neue Gruppe von Wallfahrern nach Leutstetten bringt: eine große Bildtafel mit den sogenannten drei Bethen. 1643 wurde sie gestiftet, mitten im Dreißigjährigen Krieg hoffte man auf die Fürsprache der drei seltsamen Heiligen. Ainpet, Gberpet und Firpet heißen sie und gelten heute als Nachfolgerinnen der germanischen drei Nornen, der römischen Parzen, der griechischen Moiren – Spinnerinnen des Schicksalsfadens, die über Geburt, Leben und Tod bestimmen.

Phantasievolle Deutungen bringen das rätselhafte Bild sogar mit einem in der Nähe gefundenen Hügelgrab in Verbindung, in dem eine weibliche Person mit reichen Grabbeigaben lag – man nennt sie die »keltische Druidin oder Seherin«. Am ebenfalls nahen, wasserreichen Hang oberhalb der Würm entspringt eine Quelle, die deshalb als die »Heilquelle der Druidin« oder auch als Bethenquelle bezeichnet und zu einem Kultort geworden ist.

Tatsächlich gab es weiter südlich das Heilbad Petersbrunn, von dem nur noch die Kapelle direkt an der Straße steht. Es existiert auch immer noch ein Ort mit dem Namen Einbettl mit einer untergegangenen Wallfahrtskapelle, aus der die Bildtafel mit den drei Frauen stammen soll. Eine alte Sage nennt die Frauen Hüterinnen dieses Heilwassers, eine andere erzählt von drei »schönen Jungfrauen«, die auf der Karlsburg eingesperrt waren. Diese befand sich wiederum auf dem Hügel hinter der Schlossgaststätte und soll der Geburtsort von Karl dem Großen gewesen sein.

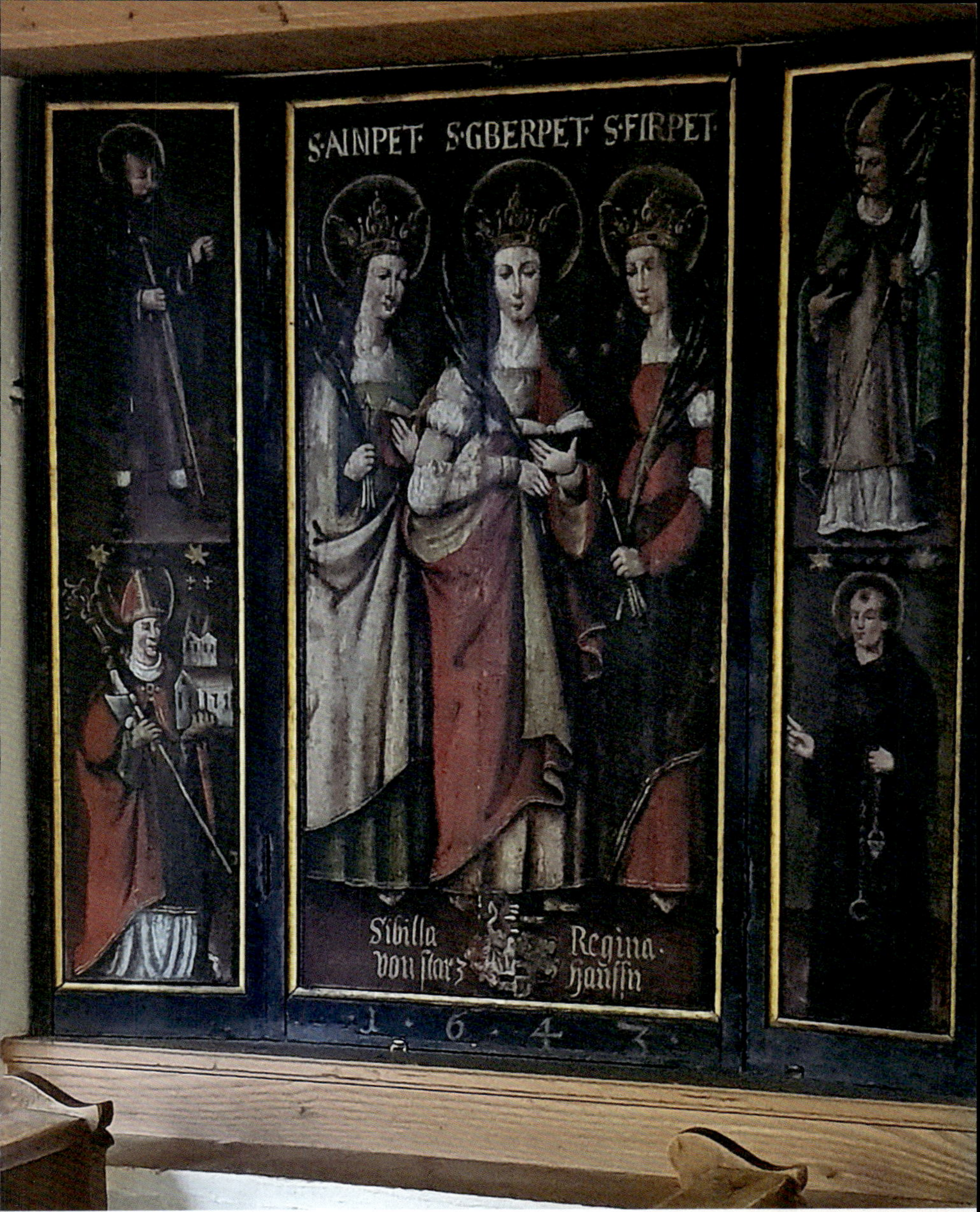

Adresse Schlossgaststätte Leutstetten, Altostraße 11, 82319 Leutstetten | Anfahrt Straße Gauting – Starnberg. Die Hügelgräber und das größte, das »Grab der Seherin«, findet man, wenn man in einer Linkskurve kurz vor Leutstetten rechts abbiegt (Schild: Mühlthal). Nach der Unterführung rechts parken und in den Wald gehen. Wieder zurück zur Straße Gauting–Starnberg, kurz vor der Einmündung führt an der kleinen Würmbrücke ein (Fuß-)Weg rechts ab zur »Bethenquelle«. | Tipp Die Schlossgaststätte Leutstetten lohnt die Einkehr nach der Kultur-Tour, man sitzt auch wunderbar im schönen Biergarten (www.hs-gaststaetten.de).

95 Die Wieskirche

Das Gnadenbild mit dem »geringen Ansehen«

Noch vor einigen Jahrzehnten war in einem Reiseführer zu lesen, die Wieskirche sei »das verborgene Herzstück des Pfaffenwinkels«. Inzwischen gehört sie zum UNESCO-Welterbe, von »Rokokojuwel« mit »unvergleichlicher Strahlkraft« bis zum »Wunder Wies« reicht die Begeisterung. Doch die Bewunderung der modernen Wallfahrer erschöpft sich oft im Staunen über den Kirchenbau des genialen Rokokoarchitekten Dominikus Zimmermann, als dessen Hauptwerk die Wieskirche gilt. Lichtdurchflutet, leicht, fröhlich und heiter – so wirkt der riesige Bau von innen. Sein spirituelles Zentrum, die alte Gnadenfigur, droht da bisweilen unterzugehen. Dabei ist sie der Grund für den Wallfahrerstrom, der seit knapp dreihundert Jahren nicht abreißt.

»Ein ganz einsam abgelegener, wenig bekannter, mit Pfützen und Sunfften (Sümpfen) umgebener Ort« sei das früher gewesen, ist im ersten Mirakelbuch zu lesen. Für die Karfreitagsprozession hatte man im Kloster Steingaden 1732 eine Figur des Gegeißelten Heilands zusammengezimmert: aus einem »zwischen staubvollem Geraffel schon vor etlichen Jahren gefundenen« Kopf und einem »schlecht ausgearbeiteten oberen Leib, Arm und Fuß« und die gesamte Figur mit Leinwand überzogen. Drei Jahre später aber hat man die Figur schon wieder ausrangiert, »wegen ihres geringen Ansehens«. Sie landete bei der frommen Frau des Wirts, Maria Lory, die am 14. Juni 1738 Tränen auf dem Gesicht der Figur entdeckte. Erschrocken weihte sie ihren Beichtvater ein, der ihr gebot, darüber zu schweigen. Sie schien sich daran nicht gehalten zu haben, denn schon bald kamen die ersten Wallfahrer, es gab die ersten Gebetserhörungen. Die Lorys stellten die Christusfigur in einer Kapelle neben ihrem Wohnhaus auf, aber auch diese Kapelle – sie ist heute noch neben dem Parkplatz zu sehen – fasste die vielen Pilger bald nicht mehr und so wurde 1746 die heutige Wieskirche in Auftrag gegeben.

Adresse Wies 12, 86989 Steingaden | **Anfahrt** A95/A952 München–Starnberg, nach Starnberg weiter auf der B2 über Weilheim, Peißenberg, Rottenbuch und Wildsteig zur Wieskirche | **Tipp** Die drei Hauptfeste in der Wies werden am Sonntag nach dem 14. Juni gefeiert (Fest der Tränen Christi zur Erinnerung an das Tränenwunder), am ersten Sonntag im September (Gedächtnis der Kirchweihe) und am zweiten Sonntag im Oktober (Fest der Bruderschaft zum Gegeißelten Heiland auf der Wies). Den Patron der Kirche, den heiligen Josef, ehrt man am bayerischen Josefitag, dem 19. März, mit einem feierlichen Gottesdienst.

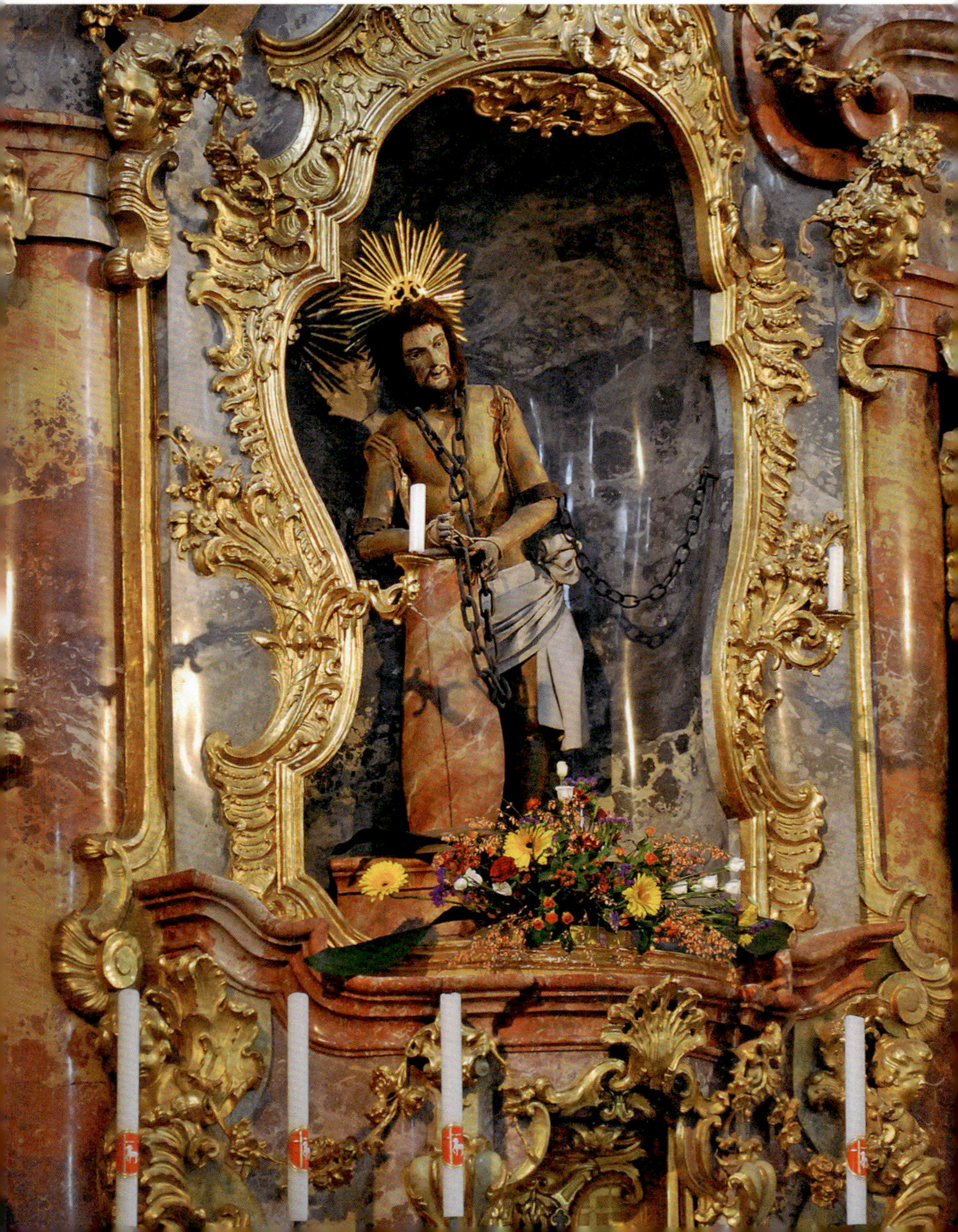

96_Das Ettendorfer Kircherl

Ziel des größten Chiemgauer Georgiritts

Das Kirchlein hoch oben über Traunstein heißt »Filialkirche St. Vitus und Anna«. Das sind sehr alte Patrozinien, die vielleicht darauf hindeuten, dass hier vor dem katholischen auch schon ein vorchristlicher Kultort war. Der Tag des heiligen Vitus am 15. Juni liegt nahe der Sonnenwende, und die heilige Anna, Mutter Mariens, ist an vielen Orten Nachfolgerin heidnischer Fruchtbarkeitsgöttinnen. Auch die Lage würde dafür sprechen: Exponiert auf einem Hügel, oberhalb eines Flusses – da errichteten die Kelten gern ihre heiligen Stätten. Eine erste Kirche soll schon um 840 hier existiert haben, die jetzige wurde im 15. Jahrhundert gebaut. Im Inneren ist das Vierzehn-Nothelfer-Fresko besonders interessant. Es vereint alle Heiligen, die den Menschen früher wichtig waren und die sie im Alltag zu Hilfe riefen.

Mit das Schönste an dem Kirchlein ist zweifelsohne die Lage. »Von hier aus hatte man einen weiten Blick auf die bayerischen Vorberge«, beschrieb schon Thomas Bernhard Ettendorf, den Wohnort seines geliebten Großvaters, und weiter: »An manchen Tagen, bei einem gewissen Ostwind, pflegte mein Großvater zu sagen, höre man von seinem Balkon aus, wenn man richtig höre, die Glocken von Moskau. Der Gedanke faszinierte mich.«

Die Chiemgauer kennen das Gotteshaus unter dem Namen Ettendorfer Kircherl, es ist das Ziel des seit 1891 jährlich stattfindenden Georgiritts am Ostermontag. Vom Stadtplatz zieht der festliche Umritt mit dem heiligen Georg in Schuppenpanzer und rotem Mantel zwischen römischen Rittern, Landsknechten, dem Ritter Liendl – Wahrzeichen Traunsteins – und geschmückten Pferden hinauf ins nördlich gelegene Ettendorf, wo Rosse und Reiter den Segen empfangen. Aber auch während des Jahres wird der Ort gern besucht – als Ziel eines Sonntagsspaziergangs oder um am Feierabend den Sonnenuntergang hinter der Alpenkette zu beobachten.

Adresse 83362 Surberg | **Anfahrt** A8 München – Salzburg, Ausfahrt Traunstein/Siegsdorf, auf der B306 an Traunstein vorbei Richtung Waging, in Hufschlag links abbiegen Richtung Ettendorf | **Öffnungszeiten** Das Ettendorfer Kircherl ist – abgesehen von den Gottesdiensten – im Sommer So von 14–16 Uhr geöffnet. | **Tipp** Von der Aussichtsterrasse des Lokals Brauerei-Ausschank Schnitzlbaumer am Taubenmarkt in Traunstein aus hat man einen schönen Fernblick aufs Ettendorfer Kircherl.

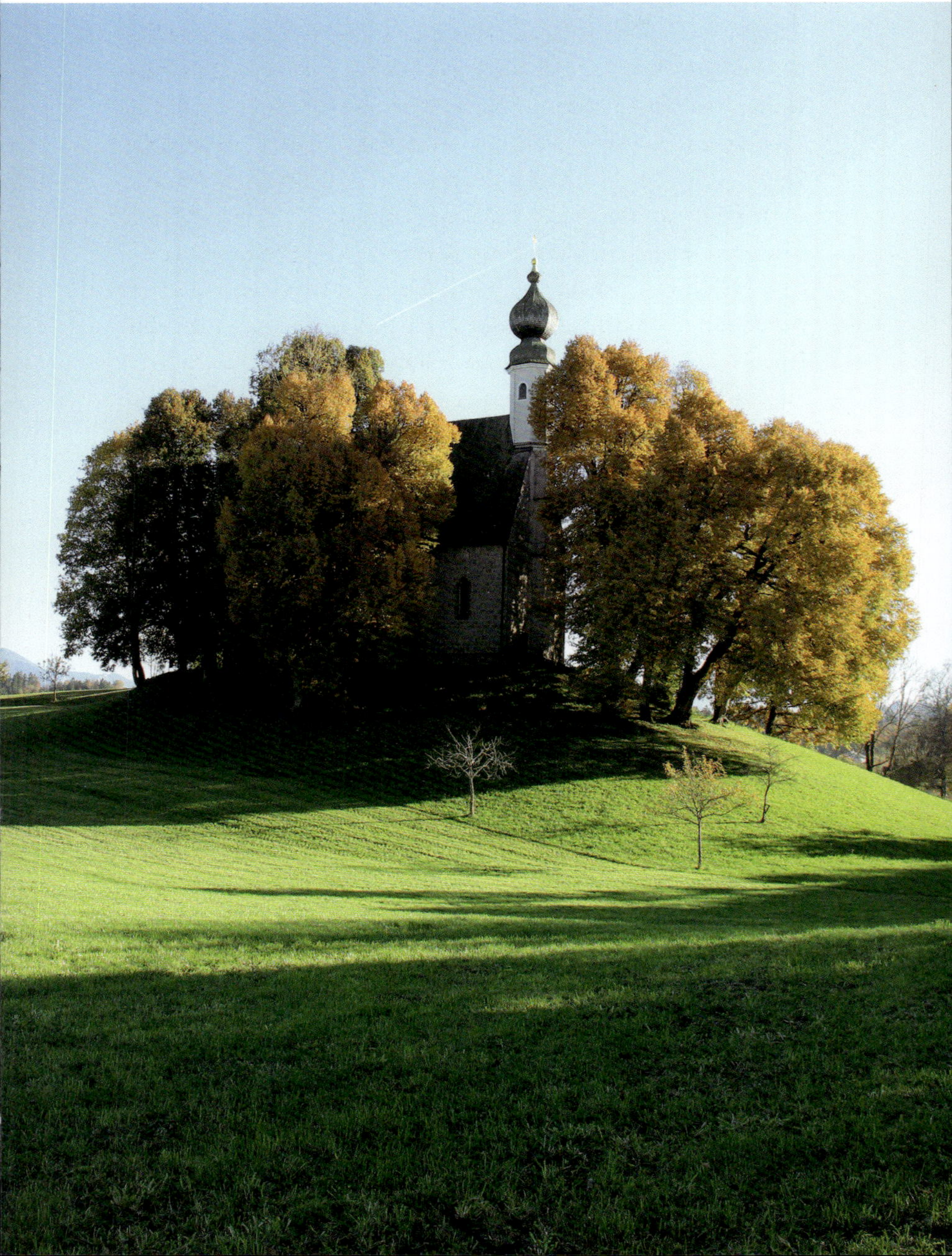

97 Maria Burg

Von der Ritterburg zur Marienwallfahrt

Der Name Maria Burg lässt ahnen, dass sich hinter der abgelegenen Kirche eine Geschichte verbirgt. Auf dem mehrere Fußballfelder großen freien Platz neben der Kirche stand im 11. Jahrhundert eine stolze Burg: Sie war Sitz der Grafen von Tengling und wurde nach dem Aussterben der Linie im 12. Jahrhundert schon wieder aufgegeben. Aus dem Abbruchmaterial errichtete man die Kirche, vielleicht bezog man auch eine Burgkapelle ein. Wo die Kirche steht, lag der Kernbereich der Burg, während sich nach Westen zwei Vorburgen im Gelände abzeichnen. Die romanische Kirche brannte 1532 nach einem Blitzschlag ab. Was wir heute sehen, ist der spätgotische, barockisierte Nachfolgerbau.

Eine Besonderheit im Kirchenraum sind weniger die neugotischen Altäre als die frühbarocken Fresken von musizierenden Engeln hoch über dem Altarraum, von denen jeder ein anderes Instrument spielt, und ein seltenes Fresko der Schutzmantelmadonna, die die Menschen vor den Pfeilen des zürnenden Gottes schützt.

Maria Burg umfasste einen großen Kirchenbezirk und war eine wichtige Wallfahrt. Bis vor 150 Jahren feierten hier viele umliegende Ortschaften ihr Kirchweihfest – die Messe in der Kirche und den Jahrmarkt unterhalb des Burghügels bei der Biberschwell, einer sagenumwobenen Quelle, heute mitten im Wald gelegen. »Die mit Kaufmannswaren beladenen Wägen der Fuhrleute«, heißt es in einem Bericht, »selbst von Salzburg, rollten dem Fest- und Marktplatz in der Biberschwell zu, wandernde Kirchweihgäste belebten die Wege. Mehrere Wirte der Umgebung übten dort ihr altherkömmliches Schankrecht aus. (…) Erst die unruhigen Zeiten der französischen Einfälle machten diesem Volksfest ein Ende.«

Doch nicht nur die Franzosen waren schuld: Die verehrte Madonnenstatue, das Ziel der Wallfahrer, wurde um das Jahr 1900 vom Pfarrer an einen Antiquitätensammler verkauft – damit hatte sich die Wallfahrt erledigt.

Adresse Burg 9, 83373 Taching am See | Anfahrt A8 München–Salzburg, Ausfahrt Traunstein, B306 Richtung Traunstein/Waging, durch Waging nach Norden fahren, am Westufer des Sees entlang, am Ortsanfang von Tengling links in die Burgstraße einbiegen und nach Burg fahren, oben auf dem Burghügel bei der Kirche parken | Tipp Von den Wiesen im Süden des Burghügels führen versteckte Pfade in den Wald zur Biberschwell, der geheimnisvollen Waldquelle, die heute noch kühles, frisches Wasser spendet.

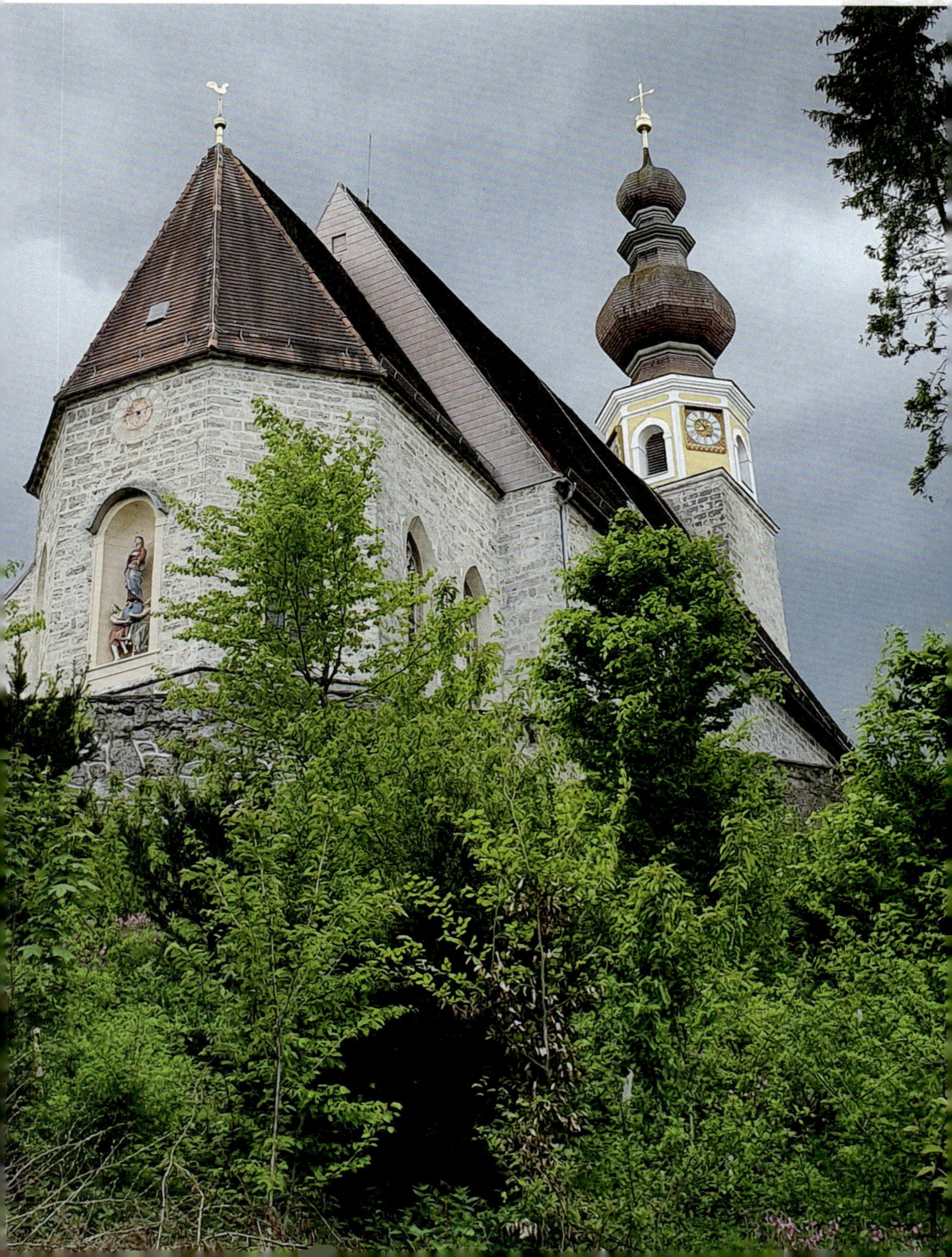

98_St. Koloman

Kunsthistorisches Kleinod mit traumhafter Aussicht

Sogar wer sich nicht für die Kunst in der Kirche interessiert, wird von diesem Ort verzaubert sein: Hoch über dem Nordufer des Waginger Sees liegt St. Koloman mit der Bank davor, auf der man der Sonne beim Untergehen hinter den Bergen zuschauen kann, vor sich die glitzernde Wasserfläche. Wer aber auch noch kunstinteressiert ist, dem bietet das Kirchlein ein Kleinod der gotischen Schnitzkunst: den einzigen vollständig erhaltenen Schnitzaltar am originalen Ort mit den ursprünglichen Figuren und Bildtafeln. Er stammt nachweislich von Gordian Guckh, der auch den Altar in St. Leonhard am Wonneberg geschaffen hat.

Hier am abgelegenen Kolomanskirchlein fehlten zum Glück die Gelder, um die Kirche in späteren Stilepochen umzugestalten. Die Wallfahrt nach St. Koloman war in der Vergangenheit zwar rege, der Zulauf aber auf die engere Region begrenzt. In den auf Goldgrund gemalten Altarflügeln sind die beliebtesten Bauernheiligen dargestellt, die der bäuerlichen Bevölkerung Trost und Zuflucht waren: von Sebastian und Georg bis zu Christophorus und Florian. Im Zentrum des Altars ist neben der Gottesmutter und einem Bischof auch Koloman abgebildet, seiner Legende entsprechend als Pilger mit Wasserflasche und Wanderstab. Der Strick in seiner Hand deutet auf seine Lebensgeschichte hin, die auf einer Extratafel an der südlichen Chorwand ausführlich aufgemalt ist. Als Pilger auf dem Weg ins Heilige Land wurde er angeblich 1012 in Stockerau als Spion gehenkt. Der Leichnam hing zwei Jahre an dem Baum, bis ein Jäger mit einem Speer oder ein Bauer, der ihm den Daumen abschneiden wollte (damit konnte man angeblich zaubern), entsetzt feststellte, dass frisches Blut aus dem Körper floss. Koloman wurde daraufhin im Kloster Melk feierlich bestattet und zum Landespatron erklärt. Von der Kirche wurde der Kult nie bestätigt, weshalb Koloman auf den Bildern keinen Heiligenschein trägt.

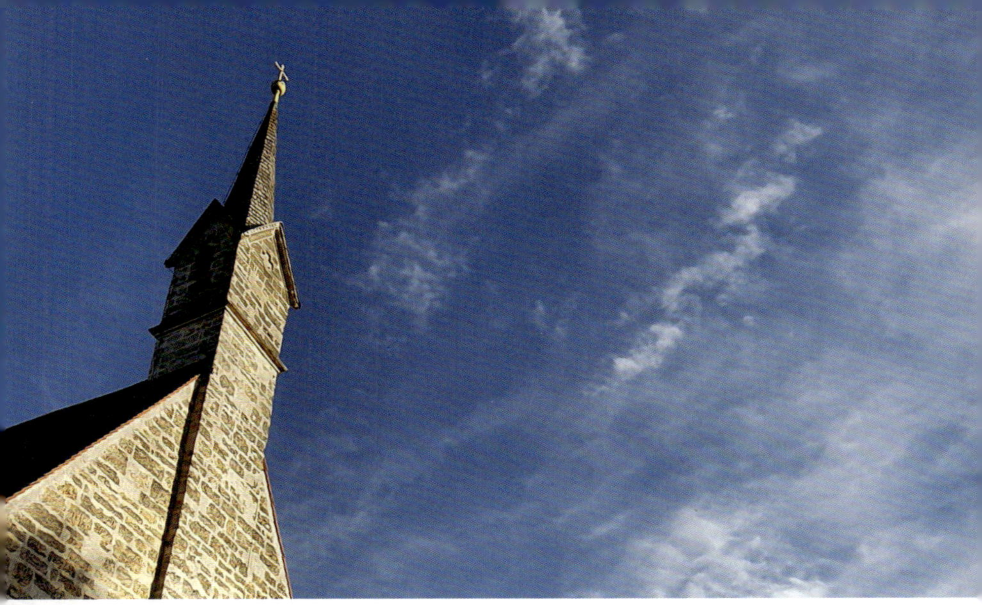

Adresse Coloman 2, 83373 Taching am See | **Anfahrt** A8 München – Salzburg, Ausfahrt Traunstein, B306 Richtung Traunstein/Waging, durch Waging nach Norden fahren, am Westufer des Sees entlang, in der Ortsmitte von Tengling rechts abbiegen Richtung St. Coloman, nach etwa 500 Metern der Beschilderung folgend nach links oben abbiegen | **Tipp** Fast den gleichen schönen Blick auf See und Berge hat man vom Strandbad Tengling aus, das nur wenige Minuten von St. Koloman entfernt unterhalb am Seeufer liegt.

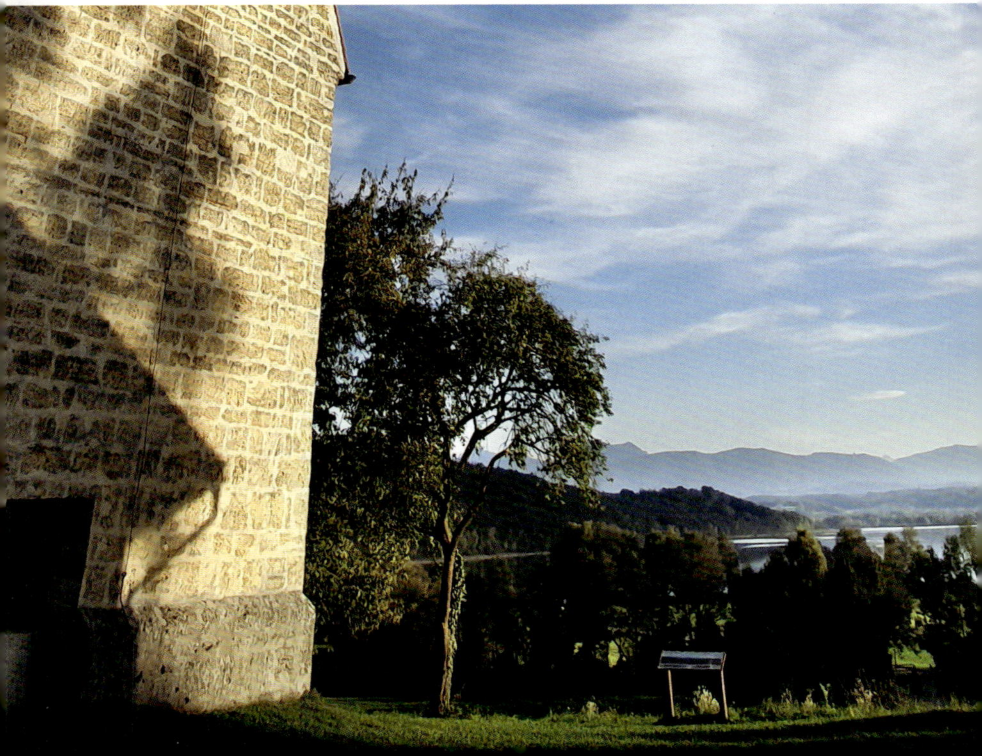

99 Maria Ponlach

Wo schon die Römer Quellnymphen verehrten

Von der Burg Tittmoning ist es nur ein kurzer Fußweg nach Ponlach. Einst von mächtigen Linden gesäumt, zu beiden Seiten von gluckernden Bächlein begleitet, führt das Sträßchen zur barock schwingenden Kirche inmitten heilsamer Quellen. Maria Ponlach wirkt wie ein Wasserort im Urwald – wegen des reichen Wasservorkommens haben sich hier schon früh Menschen angesiedelt. Die Römer verehrten hier die Quellnymphen. Ein paar hundert Meter südlich von Ponlach wurde ein römischer Weihestein ausgegraben, heute im Museum auf der Burg zu besichtigen.

Unten in der Schlucht rauscht die Ponlach, die mit einem Wasserfall von der im Wald verborgenen alten Sägemühle herunterstürzt. Von der Wallfahrtskirche führen Treppen nach unten zur Quellfassung mit einem langen Rohr, aus dem das Wasser auf bemooste Steine plätschert. Es soll die alte Wunderquelle sein, die lange vor den oberen Quellen genutzt wurde. Hier unten in der Schlucht verläuft ein weiterer Fußweg und viele Menschen holen sich ihr Wasser ausdrücklich von der unteren Quelle.

Die erste Holzkapelle war zu klein geworden, da schoss beim Bau der neuen Kirche 1716 ein riesiger Stein aus dem Hang und traf einen Arbeiter. Hinter diesem Stein trat sofort klares Quellwasser aus, das der Verletzte trank, und er genas in kürzester Zeit. Dieser gelbliche Stein bildet heute die Schwelle außen vor dem östlichen Kircheneingang. Die Geschichte war auch ein Grund dafür, dass die ohnehin schon florierende Wallfahrt einen ungeahnten Aufschwung nahm. Eine Marienfigur, von einem Salzburger Bildhauer geschaffen (Tittmoning war damals ja salzburgisch), wurde zum verehrten Gnadenbild.

An der Stelle, an der der Stein aus dem Hang katapultiert wurde, entstand der linke der beiden oberen Brunnen. Das Ponlacher Wasser soll bei allen Krankheiten helfen, bei Mensch und Tier – die Votivgaben in der Kirche zeugen von der bis heute lebendigen Wallfahrt.

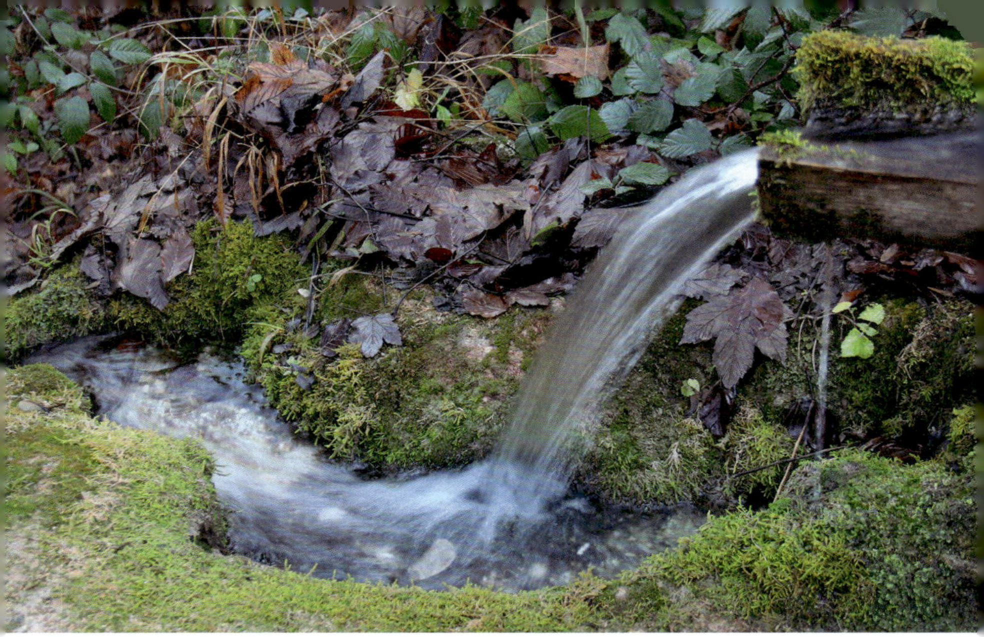

Adresse 84529 Tittmoning | Anfahrt Auf der B20 von Laufen nach Burghausen unmittelbar vor dem Ortsbeginn von Tittmoning links abbiegen Richtung Burg. Auf dem Parkplatz vor der Burg parken, wenige Meter in Richtung Burg gehen, dann links abbiegen und den Schildern »Maria Brunn/Ponlach« folgen. Nach rund 200 Metern ist Maria Ponlach erreicht. Zum Wasserholen fahren viele auch direkt mit dem Auto bis zur Wallfahrtskirche. | Tipp Von der Burg und aus dem Ponlachgraben führen Fußwege in die Altstadt von Tittmoning hinunter – ein sehenswertes, im 13. Jahrhundert gegründetes Städtchen in Inn-Salzach-Bauweise mit einem großartigen Stadtplatz.

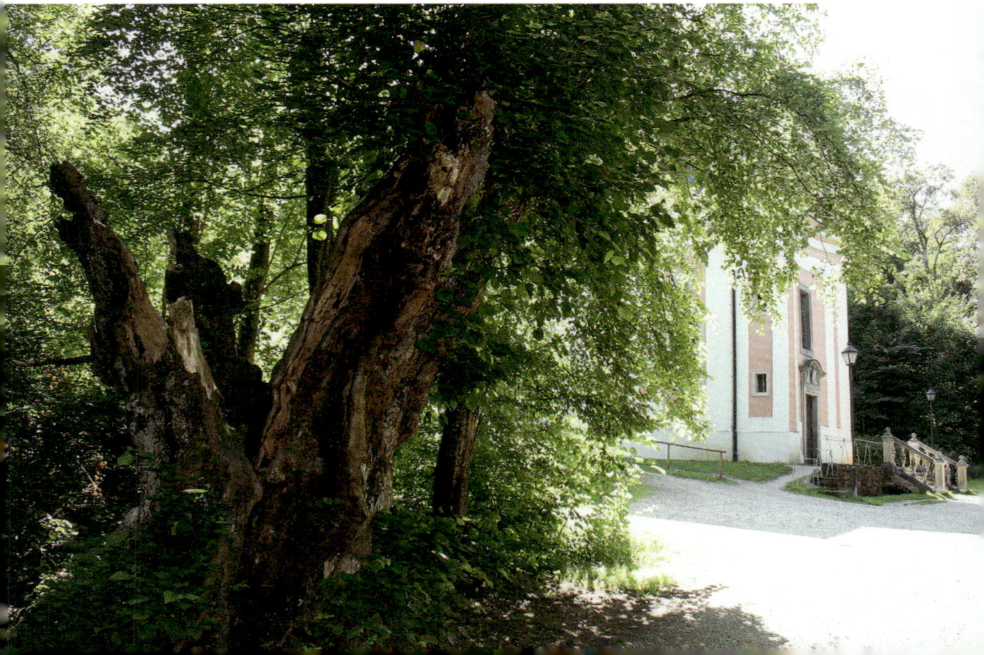

100_Der Fraubrunn

Heilsames Wasser am Wallfahrtsweg

Der Fraubrunn von Traunwalchen – das ist eine achteckige hölzerne Kapelle mit einem mächtigen Zwiebeldach, direkt angebaut das Mesnerhaus. Früher lag der Fraubrunn einsam am Weg den Kirchberg hinauf zum verehrten Gnadenbild der Gottesmutter von Traunwalchen. Heute ist der Fraubrunn mit dem Friedhof umzingelt von einer neuen Wohnsiedlung.

An der einsamen Quelle werden sich die Wallfahrer auf dem Weg zur Wallfahrtskirche Traunwalchen erfrischt haben. Um 1500 ist die Wallfahrt noch jung, das erste Mirakelbuch führt von 1507 bis 1519 875 »Wunderheilungen« auf, die auf ein Verlöbnis zur Traunwalchener Muttergottes zurückgeführt werden. Darunter außerordentlich viele von Frauen »in Kindsnöten«. Die Wallfahrer kommen aus dem Chiemgau, aus Salzburg und Tirol, aus München und Landshut. Erst gut hundert Jahre später wird die Wallfahrtskirche von Maria Eck (Ort 91) errichtet, die Traunwalchener Wallfahrt geht darauf stark zurück.

Das missfiel dem Hofmarksherrn von Pertenstein: Ladislaus von Törring lässt 1606 die Quelle »auf eigene Kosten neu fassen«, errichtet das Brunnenhäuschen und stellt natürlich einen Opferstock auf. Das Geld daraus behält er selbst. In einem Mirakelbuch wurden innerhalb kürzester Zeit 192 wundersame Heilungen bei dem Brunnen notiert – ein Schelm, wer denkt, da habe Ladislaus wohl kräftig nachgeholfen. Die erste beschriebene Heilung widerfährt 1607 ausgerechnet Ladislaus' Schwester Johanna, deren Augenkrankheit nach Waschen mit dem Fraubrunn-Wasser verschwindet.

Aus den Gerichtsprotokollen, in denen der Propst das Opferstockgeld einfordert, wissen wir, dass täglich 300 bis 400 Wallfahrer zum Fraubrunn kamen! Die Wallfahrt nach Traunwalchen erfuhr eine neue Blüte, es trugen sich Wunder durch das Heilwasser zu. Bis heute kommen immer wieder Pilger zum Fraubrunn – wenn die Pumpe unter dem Altar funktioniert, kann man weiterhin das Wasser entnehmen.

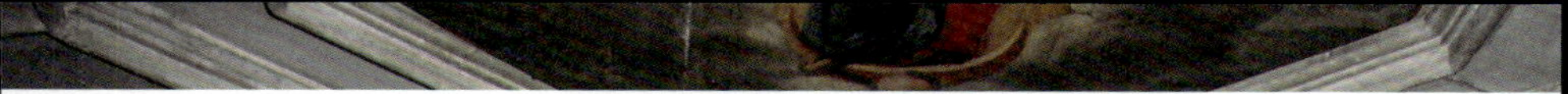

Adresse 83301 Traunreut (Traunwalchen) | **Anfahrt** A8 München – Salzburg, Ausfahrt Siegsdorf-West, Richtung Traunreut. In Matzing rechts ab nach Traunreut. Am Ortsende von Traunwalchen im Kreisverkehr rechts Richtung Traunwalchen (Mitte), die Straße führt am Friedhof entlang. Direkt unterhalb einige Parkplätze an der Straße, zu Fuß wenige Meter nach rechts oben zur Fraubrunnkapelle. | **Tipp** Am Fraubrunn wird jedes Jahr am Palmsonntag die Palmweihe gefeiert – eine schöne Gelegenheit, die Quellkapelle einmal als Ort eines Kirchenfestes zu erleben.

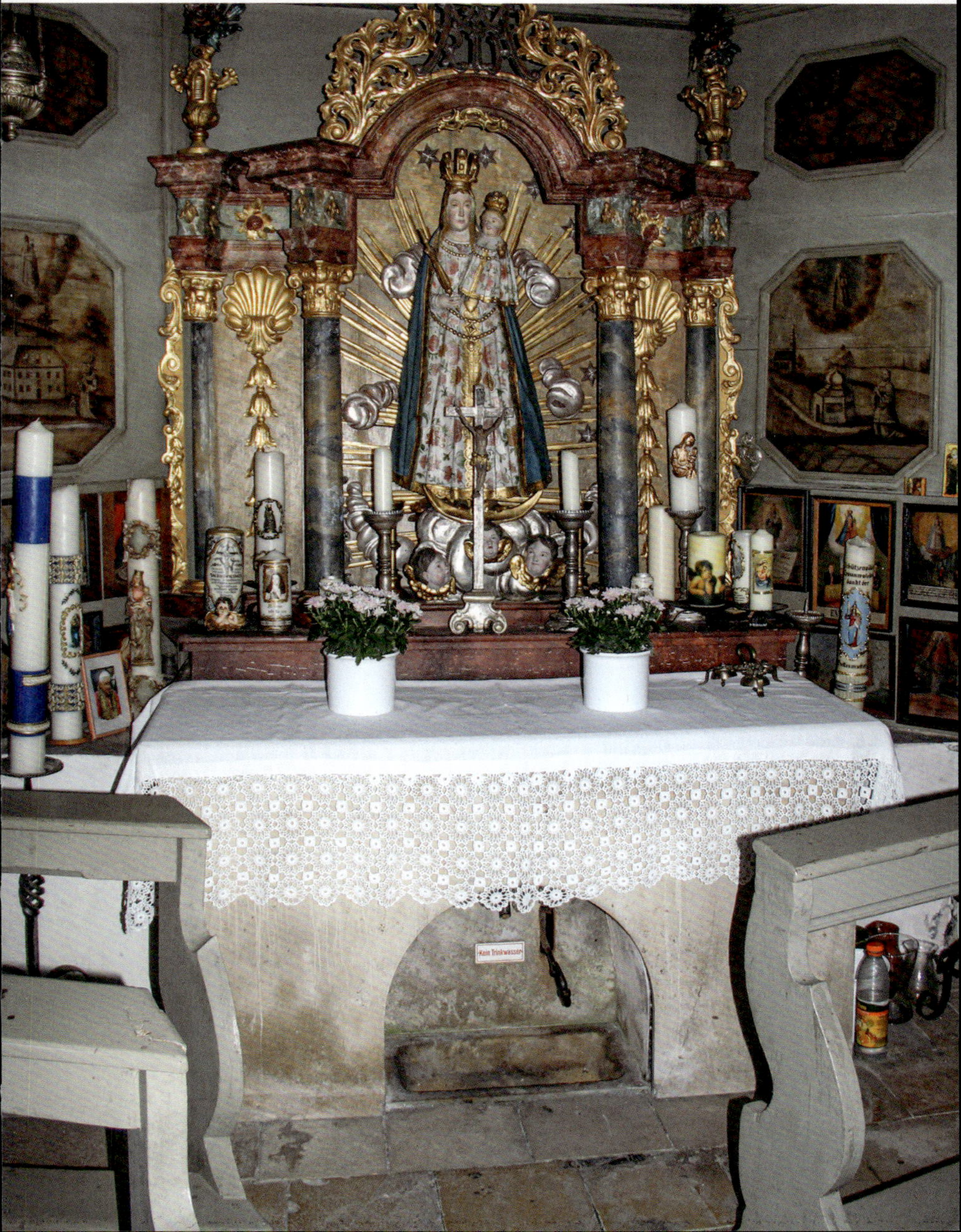

101 Mariä Himmelfahrt

Altbayerische Bauernwallfahrt

Man schrieb das Jahr 1441, als die Gottesmutter einem »armen Weib in Pröttschlaipfen« erschien. Die Frau litt elf Jahre lang unter unerträglichen Leibschmerzen, und Maria trug ihr auf, sie solle drei Samstage hintereinander ins nahe gelegene Tuntenhausen gehen und dort so viel Garn opfern, dass man ein Altartuch daraus weben könne. Kaum hatte die Frau den Auftrag erfüllt, »ist die Geschwulst und aller Schmerzen vergangen«. So steht es im ersten Mirakelbuch der Marienwallfahrt. Als die Kunde von dieser wundersamen Heilung nach außen gedrungen war, nahm der Strom der Wallfahrer stetig zu. Bald musste eine neue Kirche gebaut werden, um die Massen aufzunehmen.

In der Gegenreformation stärken auch die bayerischen Herzöge, allen voran Wilhelm V., genannt der Fromme, die Marienwallfahrt. Mehrfach wallfahrtet er mit seiner Frau Renata inkognito zu Fuß nach Tuntenhausen. Auch er lässt sich nicht lumpen und bringt reiche Opfergaben mit: 1591 sind das 200 Gulden, eine silberne Lampe und 25 Pfund Öl. Wachsspenden sind bis ins 17. Jahrhundert die beliebtesten Opfergaben – da erscheint es fast glaubhaft, dass sich beim verheerenden Brand der Kirche 1548 »Ströme von Wachs« in den Ort ergossen haben sollen. Das verbrannte Gnadenbild wird durch eine Kopie ersetzt, und die Wallfahrt erfährt eine erneute Blüte. Die Wittelsbacher bevorzugen inzwischen aber Altötting bei ihren Wallfahrten, und mit der Säkularisation endet die Hochzeit der Tuntenhausener Wallfahrt.

Heute kommen jährlich immer noch um die 130 organisierte Wallfahrergruppen nach Tuntenhausen. Ein Besuch lohnt sich auch aus kunsthistorischer und volkskundlicher Sicht: Eine Besonderheit sind die an die Außenfassade gemalten Bilder vieler Mirakel mit erklärendem Text.

Die meisten fragen nach dem lustigen Namen des Ortes: Er kommt wohl von einem frühmittelalterlichen Tonto, der hier sein »-hausen«, seinen Hof, errichtete.

Adresse 83104 Tuntenhausen | Anfahrt A8 München – Salzburg, Ausfahrt Bad Aibling, immer Richtung Norden nach Bad Aibling, durch den Ort durch und weiter nach Tuntenhausen fahren | Tipp Im Kirchenladen, gleich hinter der Kirche am Kirchplatz 6a, gibt es eine Vielzahl von Devotionalien zu kaufen, darunter die schwarzen Wetterkerzen mit dem Tuntenhausener Gnadenbild, die bei schweren Unwettern gegen allen Schaden helfen sollen.

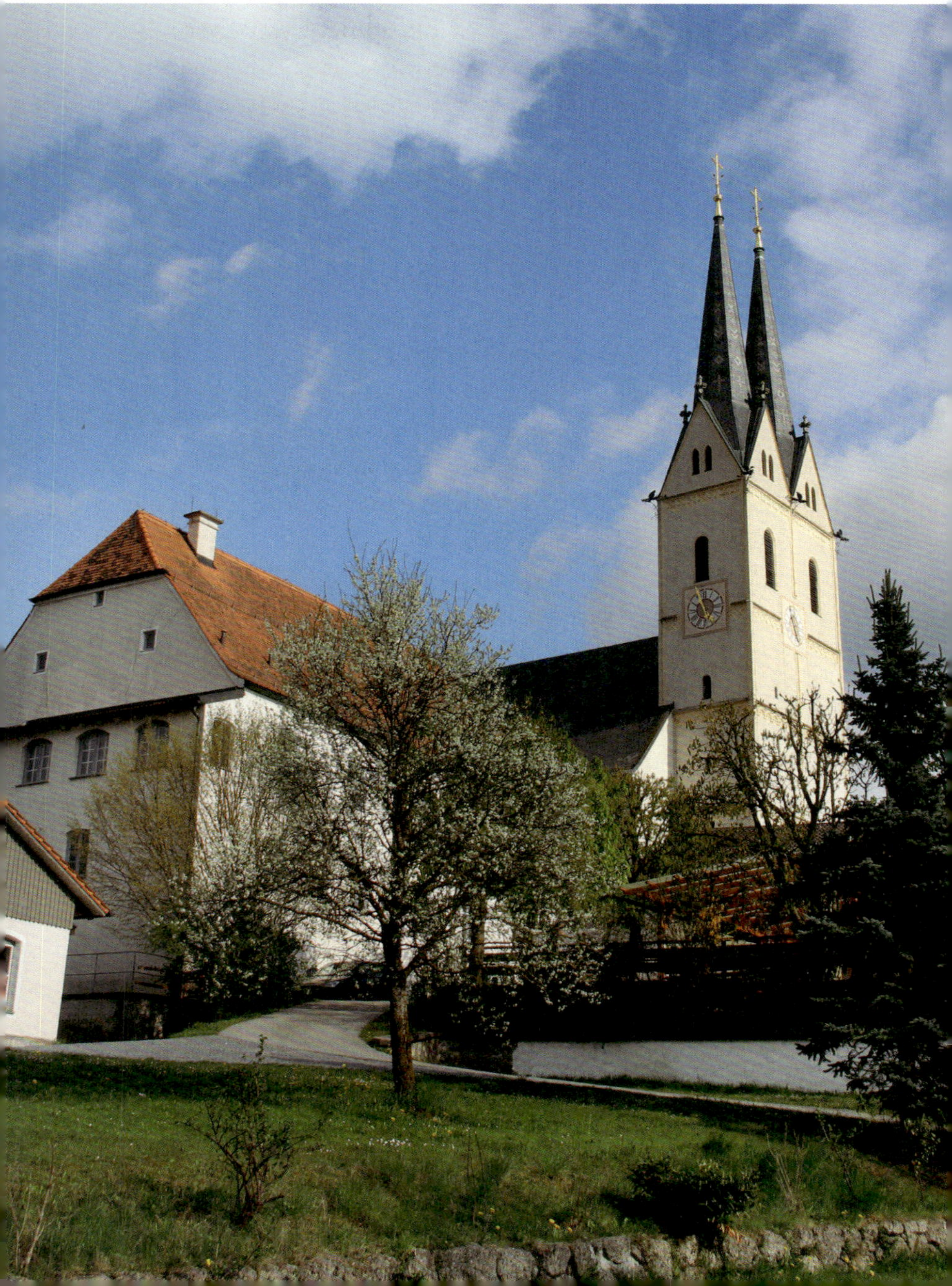

102_Heiligenstatt

Eine Figur mit nachwachsendem Haar

1373 wurde die Kirche in Heiligenstatt geweiht – erbaut hat man sie der Überlieferung nach aufgrund eines Hostienwunders: Eine Frau aus dem nahen Teising soll einst eine Hostie gestohlen und diese unterwegs verloren haben – auf der Osterwiese, der östlich von Heiligenstatt gelegenen Wiese. Die Hostie fand sich dann im Schmutz liegend, die Schafe und die Tiere des Feldes knieten davor – die Deckenfresken der Kirche zeigen die Ursprungslegende. Am Ort der Hostienauffindung wurde die Kirche erbaut – exakt hinter dem Hochaltar soll die Hostie gelegen haben, weshalb lange Jahre hindurch an dieser Stelle Erde aus dem Kirchenboden entnommen worden ist, ihr wurden Heilkräfte für Mensch und Tier zugesprochen.

Nur eine Stunde Fußweg westlich von Altötting gelegen, ist die Wallfahrt nach Heiligenstatt heute fast vergessen, während es in Altötting, wo erst 1489 der Wallfahrtsbetrieb einsetzte, von Pilgern wimmelt.

Nun ist die Hostienlegende historisch nicht nachweisbar. Die Anfänge der Heiligenstatter Kirche liegen im Dunkeln. Eine geheimnisvolle Vertiefung hinter dem Altar lässt die Forschung vermuten, dass ein Heilig-Grab-Kult am Anfang stand. Auch eine Christusbildverehrung als Ausgangspunkt für die »heilige Statt« wird vermutet, denn das über dem Altar befindliche monumentale Kruzifix wird seit fast vierhundert Jahren verehrt. Bis weit ins 20. Jahrhundert pilgerten die Wallfahrer zu diesem Christusbild, das als Besonderheit echte lange Haare trägt. Diese Haare wuchsen angeblich beständig nach, man verkaufte den Wallfahrern sogar abgeschnittene Haare als Christushaar. Auch das Kreuz selbst hielt man für wundertätig, sodass, wie ein Chronist noch 1930 schrieb, »die sonderbare Meinung auftauchte, dass ein Splitter Holz von diesem Kreuze, wenn man damit in die Zähne stochert, für das Zahnweh helfe. Deshalb ist der Unfug entstanden, Partikeln von diesem herunterzuschneiden.«

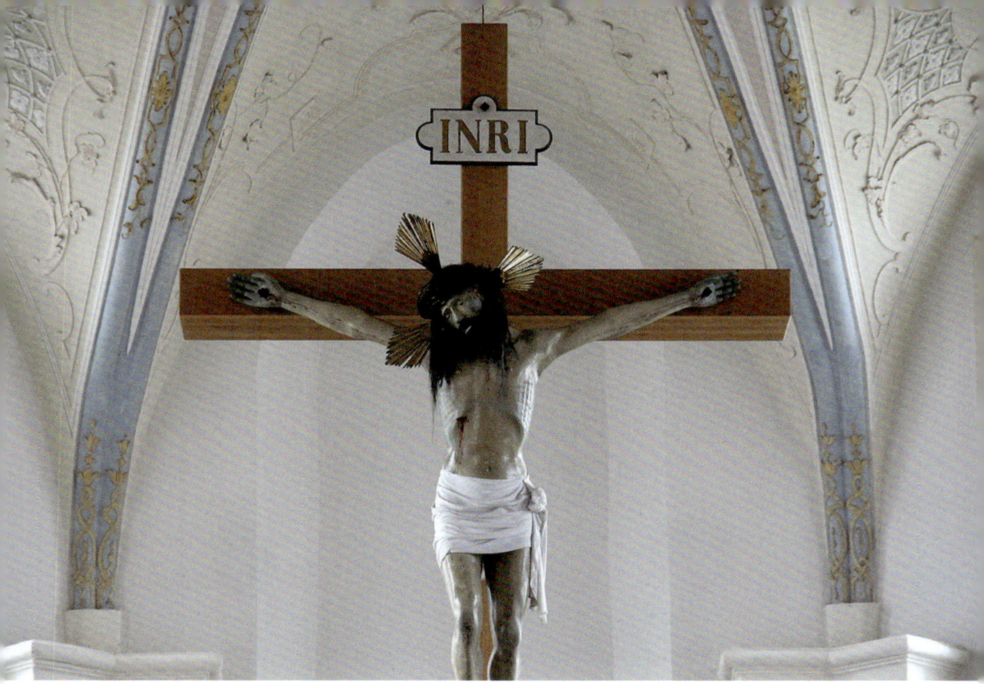

Adresse 84577 Tüßling-Heiligenstatt | **Anfahrt** A94 München – Altötting, Ausfahrt Altötting, B299 bis Altötting, Abzweig (bei McDonald's) auf Tüßlinger Straße nach Heiligenstatt | **Tipp** Am Durchgang in der Friedhofsmauer steht eine rotmarmorne Kreuzwegstation. Hier endet der Kreuzweg aus Altötting – eine wunderschöne kleine Wanderung auf dem alten Pilgerweg am Mörnbach entlang. Etwa eine Stunde geht man bis Altötting.

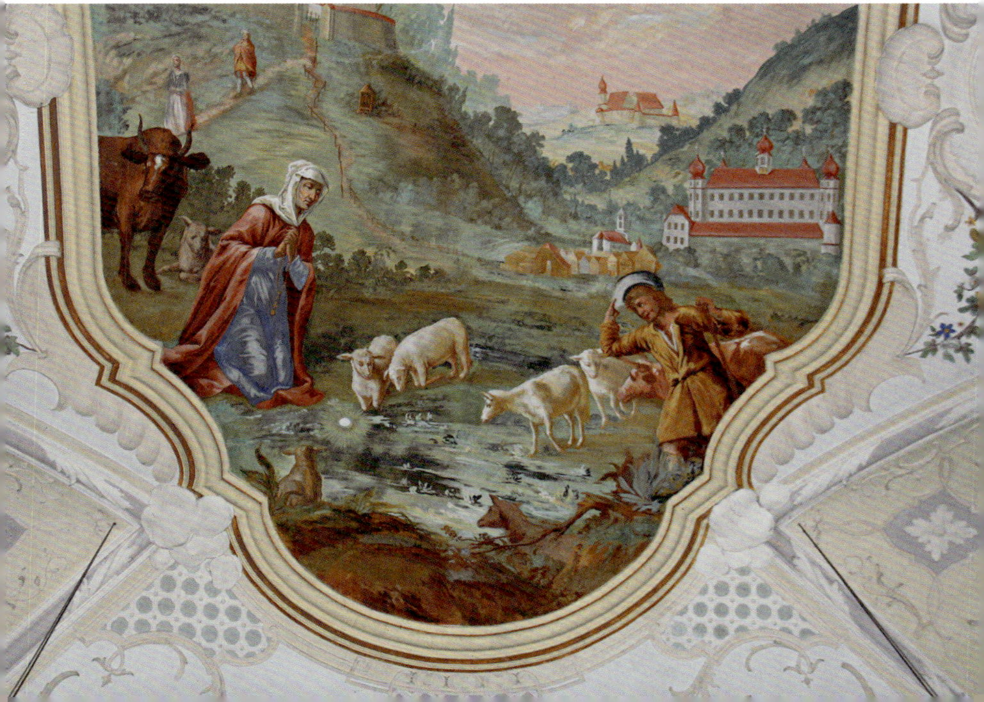

103 Filialkirche Heilig Blut

Die Kappelkirche – Ziel des Leonhardiritts

Einsam liegt außerhalb von Unterammergau, am Südwesthang des Hinteren Hörnle, ein kleines Kirchlein mit spitzem Turm, die Kappel. Wanderer und Spaziergänger machen hier halt auf dem Weg durch die idyllische Voralpenlandschaft.

So richtig was los ist einmal im Jahr, beim Leonhardiritt am letzten Sonntag im Oktober. Dann stellen sich über hundert Pferde und Reiter, Motivwagen und Trachtler am Kirchplatz in Unterammergau auf und ziehen in einer langen Prozession hinauf zur Kappel. Nach der Messe am Freialtar kommt der Höhepunkt des Ritts: die Pferdesegnung, für ein weiteres Jahr unter dem Schutz des heiligen Leonhard, des Patrons der Rösser und überhaupt aller Tiere im Stall.

Dabei ist die Kirche eigentlich dem Heiligen Blut geweiht – der heilige Leonhard hat immerhin einen Bildstock in der Kirche bekommen. Schon um 900 soll der Welfe Eticho hier als Einsiedler gelebt haben, es heißt auch, er habe ein Kloster an der Stelle gegründet. Übrig ist davon nichts mehr, belegbar auch nicht, erst 1450 ist eine Kapelle an der Stelle nachgewiesen. Von dieser Kapelle hat die »Filialkirche Heilig Blut« auch ihren volkstümlichen Namen: die »Kappel« ist eine Verschleifung von »Kapelle«. Eine Heilig-Blut-Reliquie soll sich einst hier befunden haben, die über Jahrhunderte das Ziel der Wallfahrer war. Derer gab es so viele, dass die Kapelle 1618 um das Langhaus, dann um einen höheren Chor erweitert wurde. Die Bauarbeiten zogen sich bis weit ins 18. Jahrhundert, und Wessobrunner Stuck und Deckenfresken sorgen jetzt im Inneren der Kirche für eine lichte, verspielte Rokoko-Erscheinung, die man nach der gotischen Außenansicht nicht vermuten würde. Die im 18. Jahrhundert gestohlene Heilig-Blut-Reliquie wurde durch eine ebensolche aus Italien ersetzt – doch dann fiel das Kirchlein beinahe der Säkularisation zum Opfer. Nur der entschiedene Einsatz der Bevölkerung verhinderte einen Abriss.

Adresse 82497 Unterammergau | Anfahrt A95 München–Garmisch bis zum Autobahnende bei Eschenlohe, dann B23 über Ettal und Oberammergau nach Unterammergau | Tipp Von der Kappel aus führt ein sehr schöner Wanderweg hinauf zur Hörnle-Alm mit wunderbarer Aussicht. Dann entweder auf dem gleichen Weg zurück oder vorbei am Mittleren Hörnle zurück zum Ausgangspunkt.

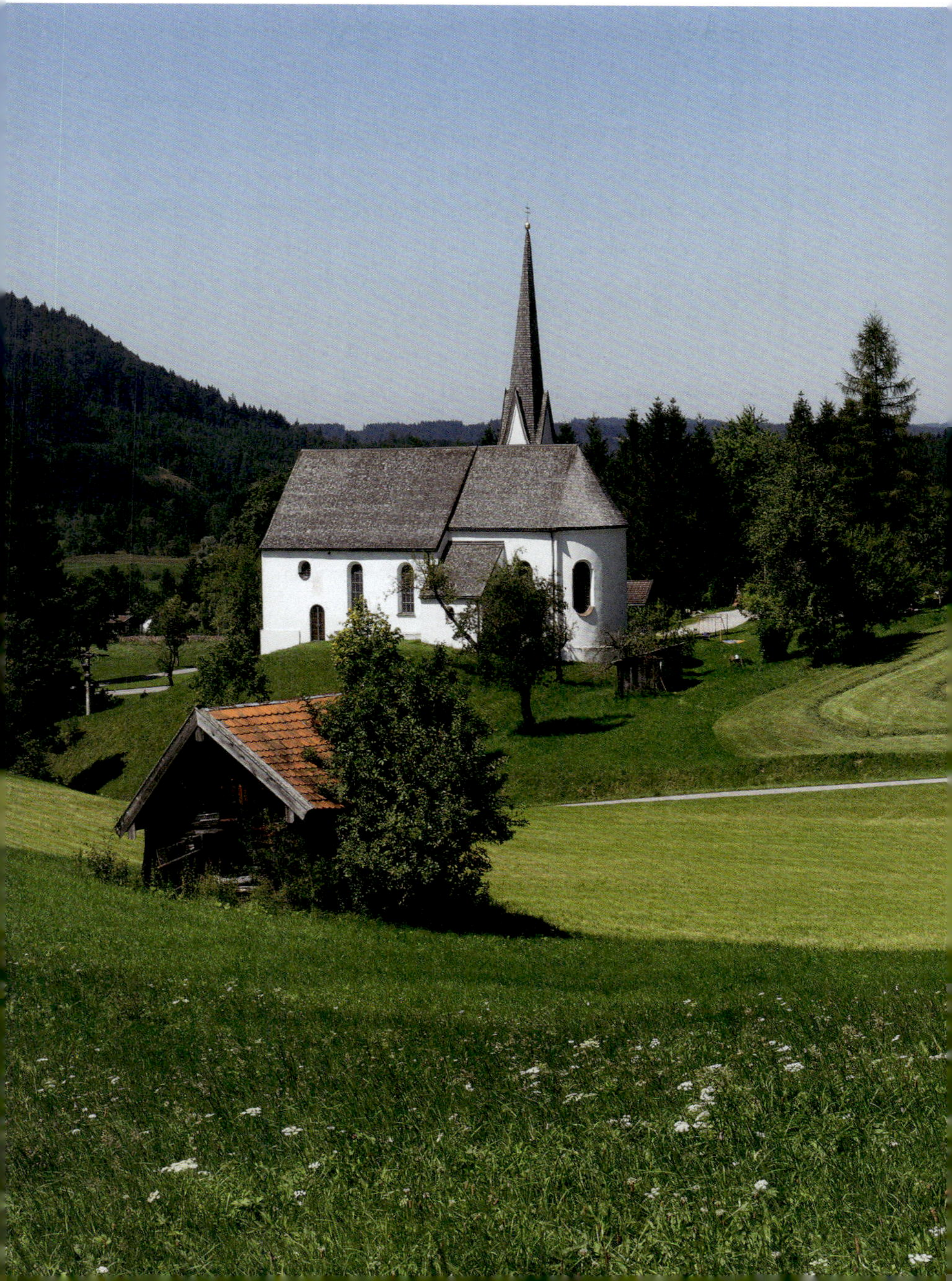

104 Zur Schmerzhaften Muttergottes

Die Stumme Prozession von Vilgertshofen

Der Hauptwallfahrtstag in Vilgertshofen ist der Sonntag nach Mariä Himmelfahrt. Dann findet nicht nur das Titularfest der 1708 gegründeten »Marianischen Bruderschaft zur Schmerzhaften Muttergottes« statt – mit traditionell Tausenden von Pilgern –, sondern es schließt sich ein in Bayern einmaliger Umzug an: die Stumme Prozession. Schweigend ziehen über hundert Mitwirkende über die Felder um die Wallfahrtskirche. Sie sind gewandet wie vor 2.000 Jahren, stellen sie doch Szenen aus dem Alten und dem Neuen Testament nach.

Die Bruderschaft wurde vom Papst mit dem Ziel genehmigt, die traditionsreiche Wallfahrt nach Vilgertshofen zu pflegen. Im Gründungsjahr zog die Prozession zum ersten Mal über die Felder, man führte das Allerheiligste mit und eine Statue der Muttergottes. Erst in den 1740er Jahren kamen die szenischen Darstellungen dazu. Und ein weiteres Jahrhundert dauerte es, bis die Mitwirkenden eingekleidet wurden, »ganz getreu nach den Darstellungen in Oberammergau«. Das war 1874, im Jahr der ersten Aufführung nach 30 Jahren Pause. 1844 hatte das Ordinariat die »höchst unschicklichen, Unordnung herbeiführenden Vorstellungen« verboten.

Die Wallfahrt in Vilgertshofen ist älter als der Kirchenbau: Schon im Mittelalter war sie bekannt. Wie in vielen beliebten Wallfahrtsorten wurde das Gotteshaus bald zu klein – besonders im 17. Jahrhundert, während des Dreißigjährigen Krieges. In Vilgertshofen passte auch eine Wunderheilung dazu: Der damalige Pfarrer schrieb es dem Gnadenbild zu, dass er von einem Kopfleiden genas. In der zweiten Jahrhunderthälfte entstand ein kompletter Neubau – ein Zentralbau auf vierpassförmigem, also »vierblättrigem« Grundriss im Stil des Hochbarock mit üppiger, fast schon rokokoartiger Ausstattung. Das spätgotische Gnadenbild, die Schmerzhafte Muttergottes, wurde in den unteren Teil des barocken Hochaltars integriert.

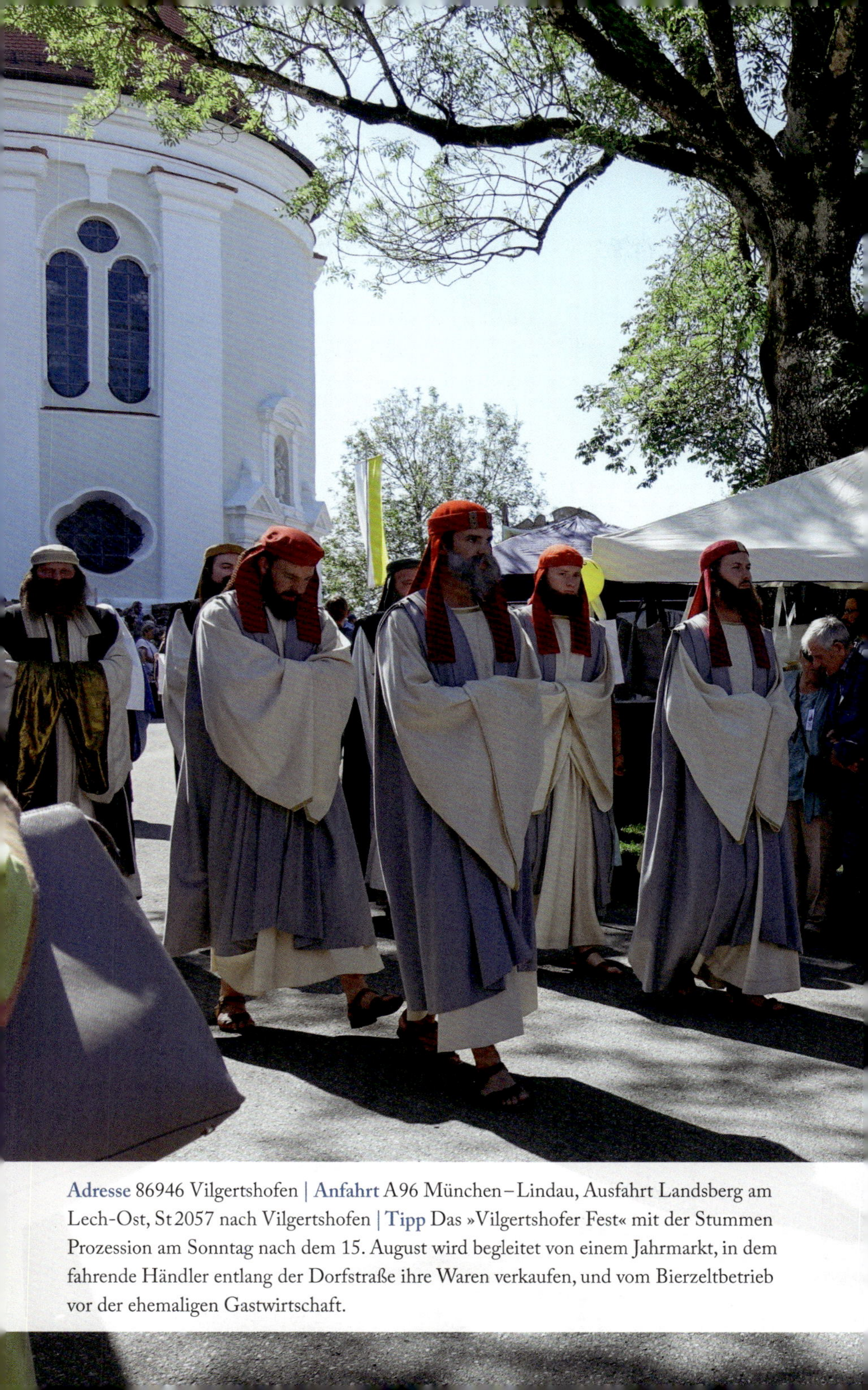

Adresse 86946 Vilgertshofen | **Anfahrt** A96 München–Lindau, Ausfahrt Landsberg am Lech-Ost, St 2057 nach Vilgertshofen | **Tipp** Das »Vilgertshofer Fest« mit der Stummen Prozession am Sonntag nach dem 15. August wird begleitet von einem Jahrmarkt, in dem fahrende Händler entlang der Dorfstraße ihre Waren verkaufen, und vom Bierzeltbetrieb vor der ehemaligen Gastwirtschaft.

105 Heilig-Kreuz-Kirche

Tausend Jahre alt: das Schaftlacher Kreuz

Seit über dreihundert Jahren pilgern die Bauern des Oberlandes nach Schaftlach – mit ihren Pferden lassen sie sich beim Kreuzritt im Mai mit der Heilig-Kreuz-Reliquie segnen. Das Heilig-Kreuz-Patrozinium der Pfarrkirche ist schon seit 1315 nachgewiesen. Es gründet auf dem wertvollen Kreuzpartikel, der in einem gotischen Reliquiar aufbewahrt wird.

Das Fest Kreuzerhöhung am 14. September ist der zweite Höhepunkt im Jahr: Der Grund dafür ist eine sensationelle Entdeckung, bei der es nicht um den Kreuzpartikel geht, sondern um ein lebensgroßes Kruzifix in der Schaftlacher Kirche, das bis vor Kurzem auf etwa 1200 datiert wurde. Neue Untersuchungen haben jedoch ergeben, dass das Holz dafür um 970 gefällt wurde und das Kreuz um 1000 entstanden ist – eines der ältesten erhaltenen Kruzifixe überhaupt! Vermutlich stammt es aus dem Kloster Tegernsee, von dem aus Schaftlach betreut wurde. 978 hat Kaiser Otto II. Tegernsee als Reichsabtei unter königlichen Schutz gestellt und vielleicht dieses Kruzifix in Auftrag gegeben – zeitlich und stilistisch würde es passen.

Zwar konnte bei der Restaurierung die ursprüngliche Fassung, also die farbige Bemalung, nicht wieder hergestellt werden, doch immerhin weiß man jetzt, wie sie ausgesehen hat: Christus wurde nicht leidend, sondern mit geöffneten Augen dargestellt, den Kopf aufrecht. Er war auch nicht ans Kreuz genagelt, sondern stand auf einem Sockel vor dem Kreuz: als Sieger über den Tod, als König, mit einem kostbar in Blau und Gold gefassten Rock – nicht mit dem weißen Tuch um die Hüften, der Legende nach Marias Schleier, den sie ihrem sterbenden Sohn umgebunden hat. Erst um 1200 veränderte sich die Christusdarstellung: Christi Leib hängt jetzt schwer an den Kreuznägeln, den Kopf zur Seite geneigt, mit Strömen von Blut, die aus den Wundmalen austreten. Schaftlach feiert jedoch die Rückkehr des siegreichen Christus in seine Kirche.

Adresse 83666 Waakirchen | **Anfahrt** A8 München – Salzburg, Ausfahrt Holzkirchen, B318 über Warngau nach Schaftlach | **Tipp** Sehenswert südlich von Oberwarngau ist die Allerheiligenkirche – eine alte Wallfahrtskirche, in der noch viele Votivtafeln aus dem 17. bis 19. Jahrhundert zu sehen sind. Alljährlich am 4. Sonntag im Oktober findet hierher eine Leonhardifahrt mit Pferdesegnung statt.

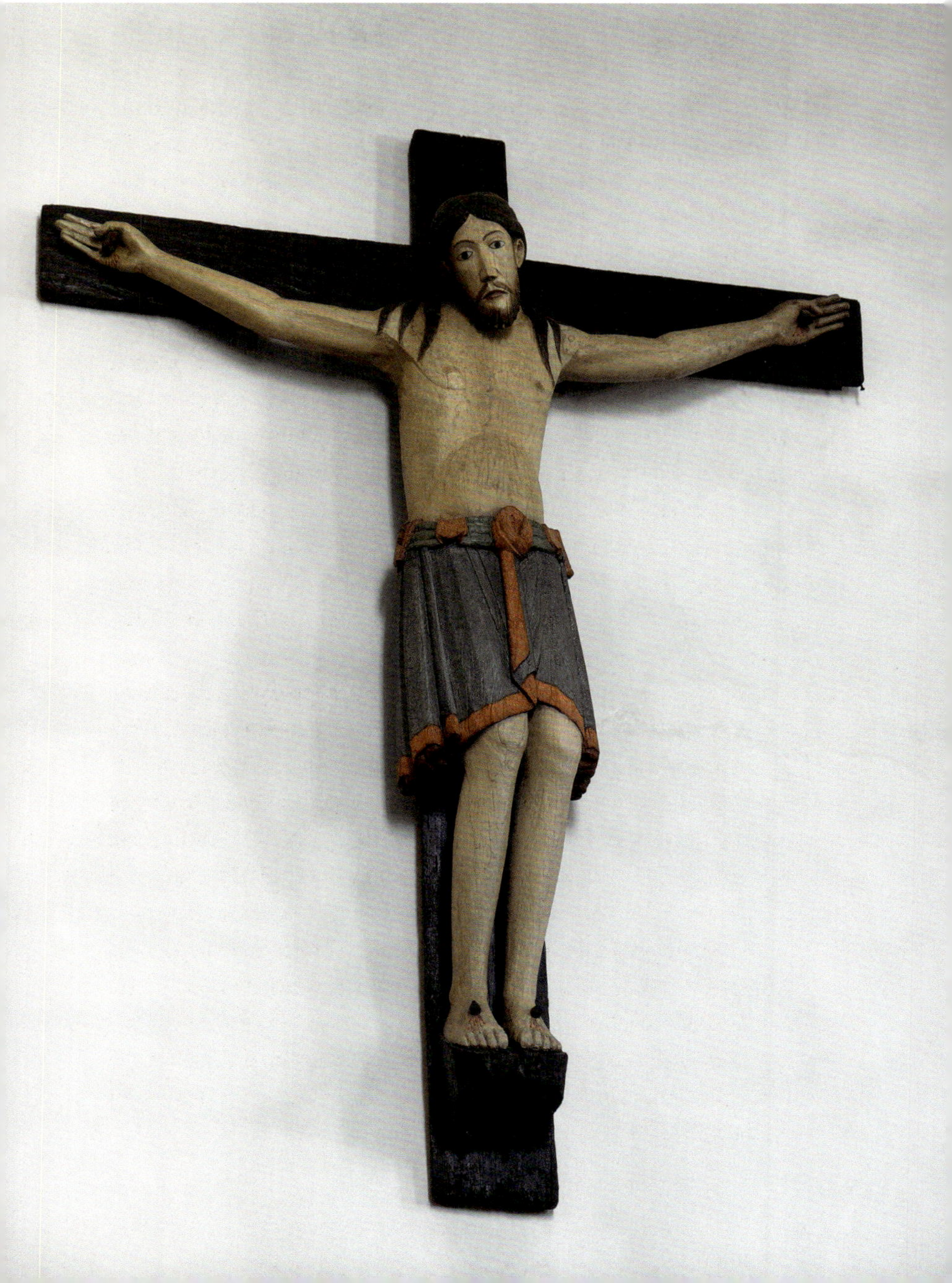

106 Maria Mühlberg

Wo die Muttergottes im Birnbaum erschien

Zu Fuß auf dem alten Wallfahrtsweg erreicht man Maria Mühlberg und das daneben liegende Brunnenhäuschen in einer Viertelstunde. Die weithin sichtbare Wallfahrtskirche ist heute beliebtes Ziel eines Spaziergangs, mit wunderbarer Aussicht. Von ihrer Entstehung 1669 ab gehörte die Wallfahrt zu einer der bedeutendsten im südostbayerischen Raum. Bis heute befindet sich in der Kirche der reichste Bestand an Votivbildern der gesamten Region.

Auslöser für die Wallfahrt war allerdings ein kleiner Betrug: Am 24. Juni 1669 hatte »die fußkranke Viehdirn Eva des Bauern Adam Laiminger bei einem wilden Birnbaum« eine Erscheinung. Angeblich sah sie eine wunderschöne Frau dreimal um den Birnbaum gehen und ihr zuwinken. Die Erscheinung verschwand und vor dem Baum lag ein Bild, die Muttergottes von Ettal (Ort 28) darstellend. Im Dorf verbreitete sich schnell, die Magd sei noch am gleichen Tag von ihrem Leiden geheilt worden. Der Bauer befestigte das Bild am Birnbaum, stellte einen Opferstock auf und schon bald strömten die Wallfahrer herbei.

Inzwischen war eine Holzkapelle errichtet worden, um die zahlreichen Votiv- und Opfergaben unterzubringen. Die Geistlichkeit allerdings fürchtete Konkurrenz: Man ließ die Kapelle niederreißen und den Birnbaum umhacken. Der Streit darüber kam vor Gericht, sodass wir wissen, was damals wirklich passierte: Bauer Laiminger war kurz vor dem »Wunder« in Ettal gewesen, hatte das Bildchen mitgebracht und die Geschichte der Erscheinung erfunden. Auf dem Hügel befand sich wohl eine seit jeher aufgesuchte Heilquelle – die Wallfahrt zur Maria im Birnbaum kam dann eben dazu. Die Wogen glätteten sich, im Juli 1671 erlaubte der Salzburger Fürsterzbischof den Bau einer Kirche, aus dem Birnbaumholz wurde eine Marienstatue geschnitzt. Diese Figur steht bis heute in einer Nische des Seitenschiffs, das Ettaler Bildchen ist in eine Monstranz im Altar eingearbeitet.

Adresse Mühlberg 2, 83329 Waging am See | Anfahrt Von der Landstraße aus Traunstein kommend bei Waging noch durch den Kreisverkehr geradeaus durch und die nächste Abzweigung rechts abbiegen in Richtung Gaden/Petting/Mühlberg. Dann entweder sogleich wieder rechts einbiegen, parken auf dem kleinen Parkplatz zu Füßen des Kreuzwegs, von dort in etwa 15 Minuten zu Fuß hinauf zur Kirche. Oder von der Abzweigung aus mit dem Auto weiterfahren bis direkt vor die Kirche. | Tipp Gut essen nach dem Kirchenbesuch kann man im nahen Landhaus Tanner in Aglassing (www.landhaus-tanner.de).

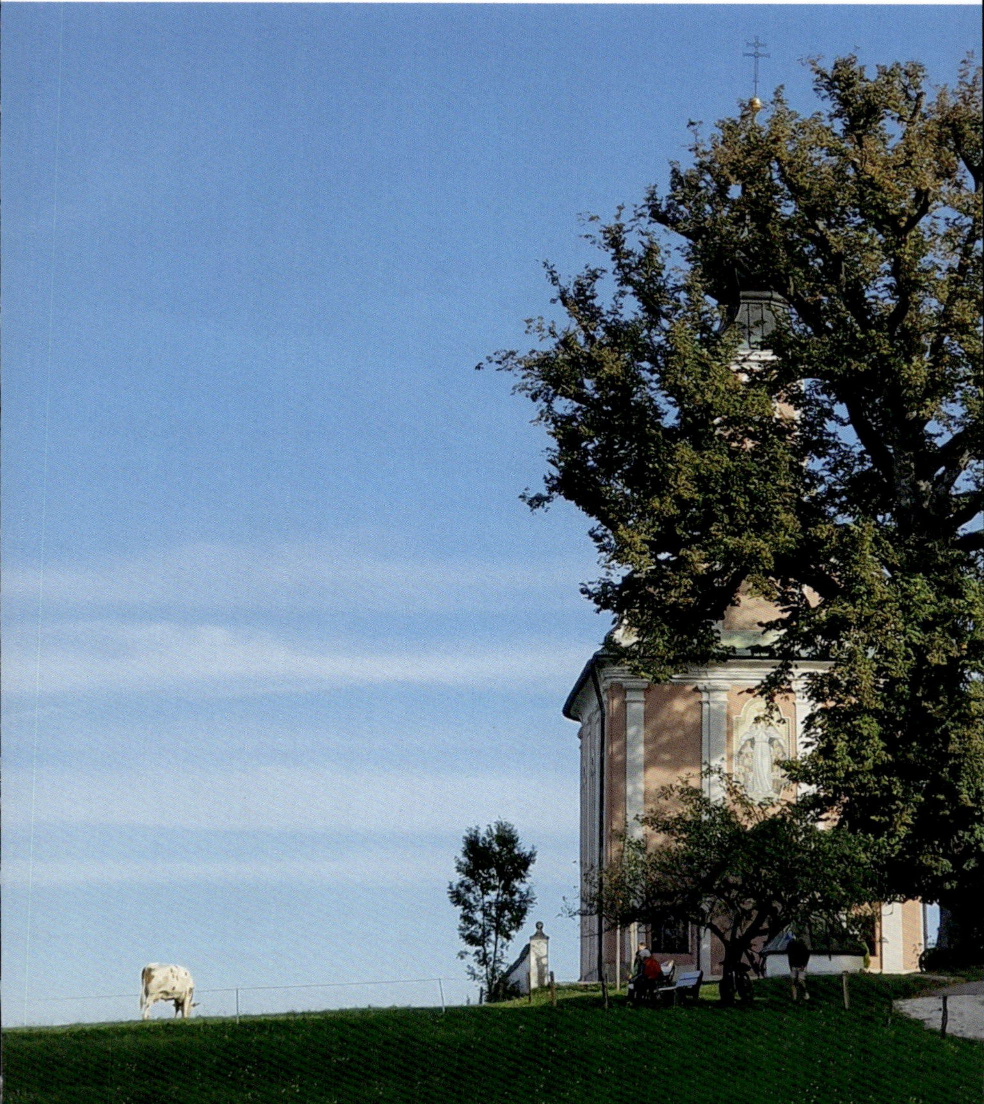

107_Maria Tann

Andachtsort mitten im Wald

Dann, wenn man meint, man habe sich jetzt gewiss verlaufen, sei irgendwo falsch abgebogen – wenn man also dem kleinen Schild »Maria Tann« gefolgt ist und mitten im tiefsten Wald bei Waging am See steht, dann ist man richtig: Die Kapelle taucht unvermittelt direkt an dem kleinen Waldweg auf, zwischen dicht stehenden Fichten in weichen Moospolstern.

Warum kommt man auf die Idee, hier im dunklen Wald eine Kapelle zu errichten? Nun, zunächst markierte hier eine auffällig große Tanne die Grenze eines Herrschaftsgebietes. Bevor man nämlich künstliche Grenzmarkierungen kannte, definierten natürliche Erscheinungen eine Grenze, hier die zwischen den Gerichten Halmberg bei Waging und Raschenberg bei Oberteisendorf. Die »Marchtanne« wurde der Grenzbaum genannt, auf bayerisch »Moaritann« – noch heute heißt ein Grenzpfosten »Moaristempn«, wie Alt-Heimatpfleger Franz Patzelt erzählt. Diese Moaritann war der Obrigkeit wohl schon lange ein Dorn im Auge. Nicht nur, dass der Baum ein Wallfahrtsziel geworden war – angeblich hingen »Opfer von Wachs, hölzerne Krücken und Tafelwerk« an dem Baum, er war auch Ziel der Jugend, die sich hier gern traf, abseits der Kontrolle des Dorfes. Im 18. Jahrhundert schließlich wurde die Tanne gefällt – angeblich, weil die beiden angrenzenden Gebiete sich nicht einigen konnten, wem die exakt auf der Grenze stehende Tanne gehören sollte. Aus dem Holz der verehrten Tanne errichtete man eine Kapelle, die bald ebenfalls vor Votivgaben überquoll, wie es heißt, und durch einen Steinbau ersetzt wurde. Woher der Name des Ortes kam, wusste keiner mehr, sodass man ihn in »Maria Tann« übersetzte.

Bis heute ist Maria Tann ein liebevoll gepflegtes Nah-Wallfahrtsziel der Waginger, es gibt sogar einen Verein der »Maria-Tann-Wanderer«. Die alten Waginger gehen immer noch »auf Moarito« – in der Umgangssprache ist die Moaritanne noch lebendig.

Adresse 83329 Waging | **Anfahrt** A8 München – Salzburg, Ausfahrt Traunstein, an Traunstein vorbei der Beschilderung nach nach Waging fahren, in Waging rechts abbiegen auf die TS27 Richtung Teisendorf, in Feichten rechts abbiegen nach Ropferding, kurz danach macht der Weg eine scharfe Kurve nach rechts, weiterfahren bis Öd im Forst. Hier parken und zu Fuß geradeaus nach Süden weiter etwa einen Kilometer auf Waldweg bis Maria Tann. | **Tipp** Für Naturfreunde lohnt sich ein Ausflug ans Südende des Waginger Sees nach Petting in die Schönramer Filz. Dort wurde früher Torf abgebaut. Es gibt einen beschilderten Moor-Erlebnispfad und im Herbst lädt eine Cranberry-Plantage (www.frutifux.de) mitten im Moor zum Selbstpflücken ein.

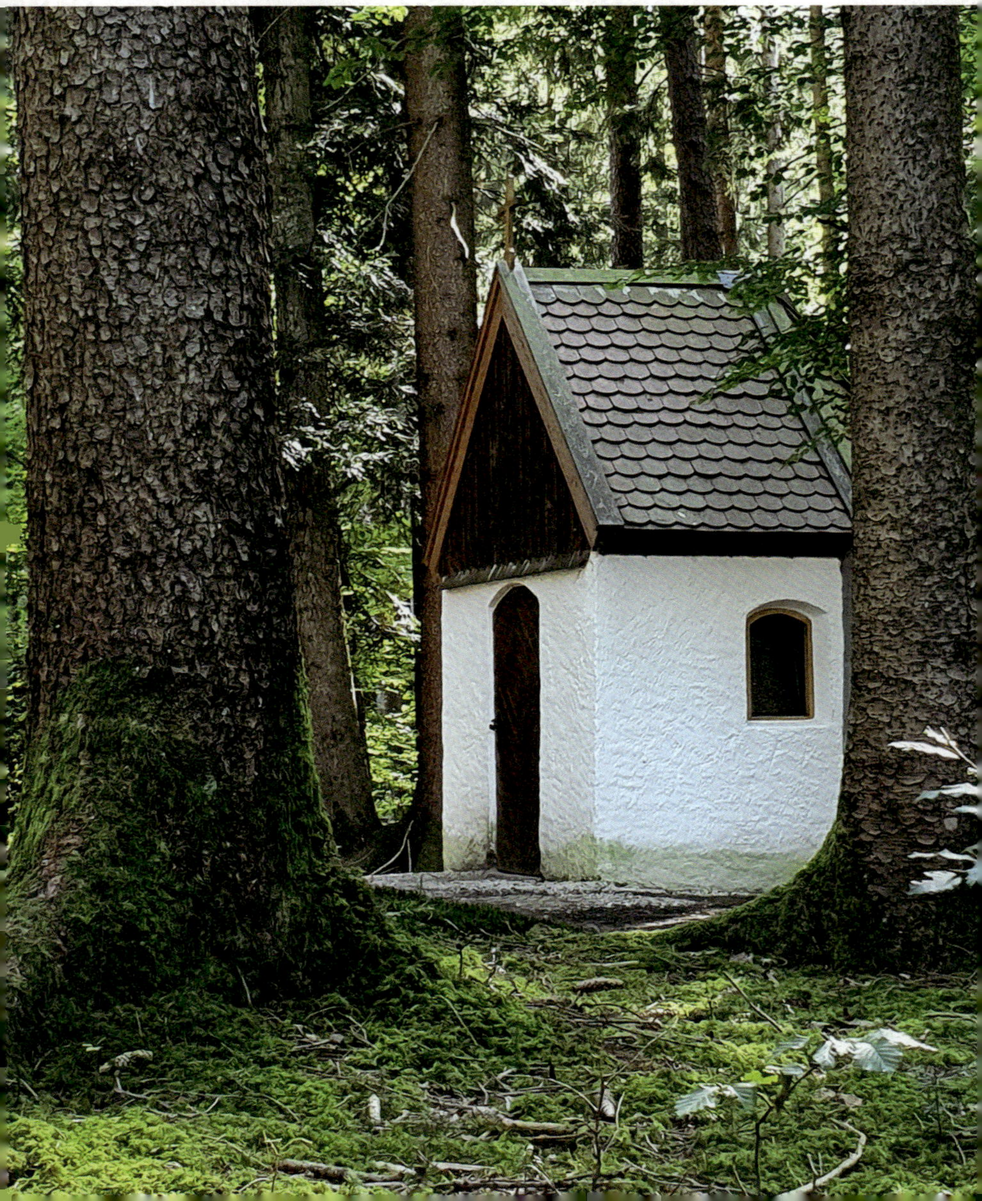

108 Pürten

Das Buch der heiligen Alta gegen Kopfweh

Der eigenartige Ortsname Pürten hat seinen Ursprung im lateinischen »portus« für »Hafen«. Der Inn fließt direkt neben dem Dorf mit seinem Ensemble aus Kirche, Friedhofskirche und Pfarrhaus, das zwar aus dem 14. Jahrhundert stammt, sicher aber mindestens seit der Römerzeit besiedelt ist. Der Fluss bildete die Grenze zwischen den römischen Provinzen Raetia und Noricum, hier lag wohl mal ein Hafen.

Was Pürten europaweit einzigartig macht, ist aber der Kult um die offiziell nie heiliggesprochene Alta, deren wunderwirksames Buch in einer bis ins 19. Jahrhundert währenden Wallfahrt zum Einsatz kam. Alta heißt »hohe Frau«, und gemeint ist damit vermutlich eine Gräfin Irmingard, Besitzerin der Pürtener Pfründe, die 1075 verstorben und in der Kirche bestattet ist. Ein kostbares Buch, das diese angebliche französische Königstochter Alta mitgebracht haben soll, wurde ab dem 16. Jahrhundert in Pürten gegen Kopfkrankheiten benützt. Die Gräfin war zu dieser Zeit vergessen, man erzählte sich wohl nur noch, dass eine »hohe Frau« in dem Grab in der Kirche lag.

Wie sich später herausstellte, handelte es sich um ein spätkarolingisches Evangeliar aus der Reimser Domschreibschule aus der Zeit um 900. Dieses angeblich wunderwirksame Buch wurde für vier Tage an Hilfesuchende ausgeliehen, die dann jeweils eine Nacht auf jeder der aufgeblätterten Anfangsseiten der vier Evangelientexte schlafen mussten. Zahlreiche Votivtafeln lassen den Schluss zu, dass diese Behandlung oft geholfen hat. Allein von 1677 bis 1700 verzeichnet das Pürtener Mirakelbuch 126 Buchausleihen! Ein Fresko im Langhaus zeigt die angebliche Alta und beschreibt die Legende, in der bemalten Wand befindet sich eine Nische, in der das Evangeliar aufbewahrt wurde.

Heute hat die wertvolle Handschrift mit leidlich beschädigten Evangelien-Anfangsseiten eine sichere Heimat in der Bayerischen Staatsbibliothek gefunden.

Adresse Pürten 1, 84478 Waldkraiburg | **Anfahrt** A94 München–Altötting, Ausfahrt Waldkraiburg/Ampfing, St2091 über Waldkraiburg nach Pürten | **Tipp** Es lohnt sich, auch die übrige Ausstattung der Kirche anzuschauen: Eine gotische Madonna im barocken Hochaltar der Gnadenkapelle, die an die südliche Langhauswand angebaut wurde, stammt vom berühmten Meister von Seeon. Unterhalb der Madonna liegen die gefassten Reliquien der seligen Alta, in Wirklichkeit wohl die der Gräfin Irmingard, in einem Glasschrein. Drei lebensgroße Wachsfiguren, die der heiligen Alta geopfert wurden, haben sich ebenfalls in der Kirche erhalten.

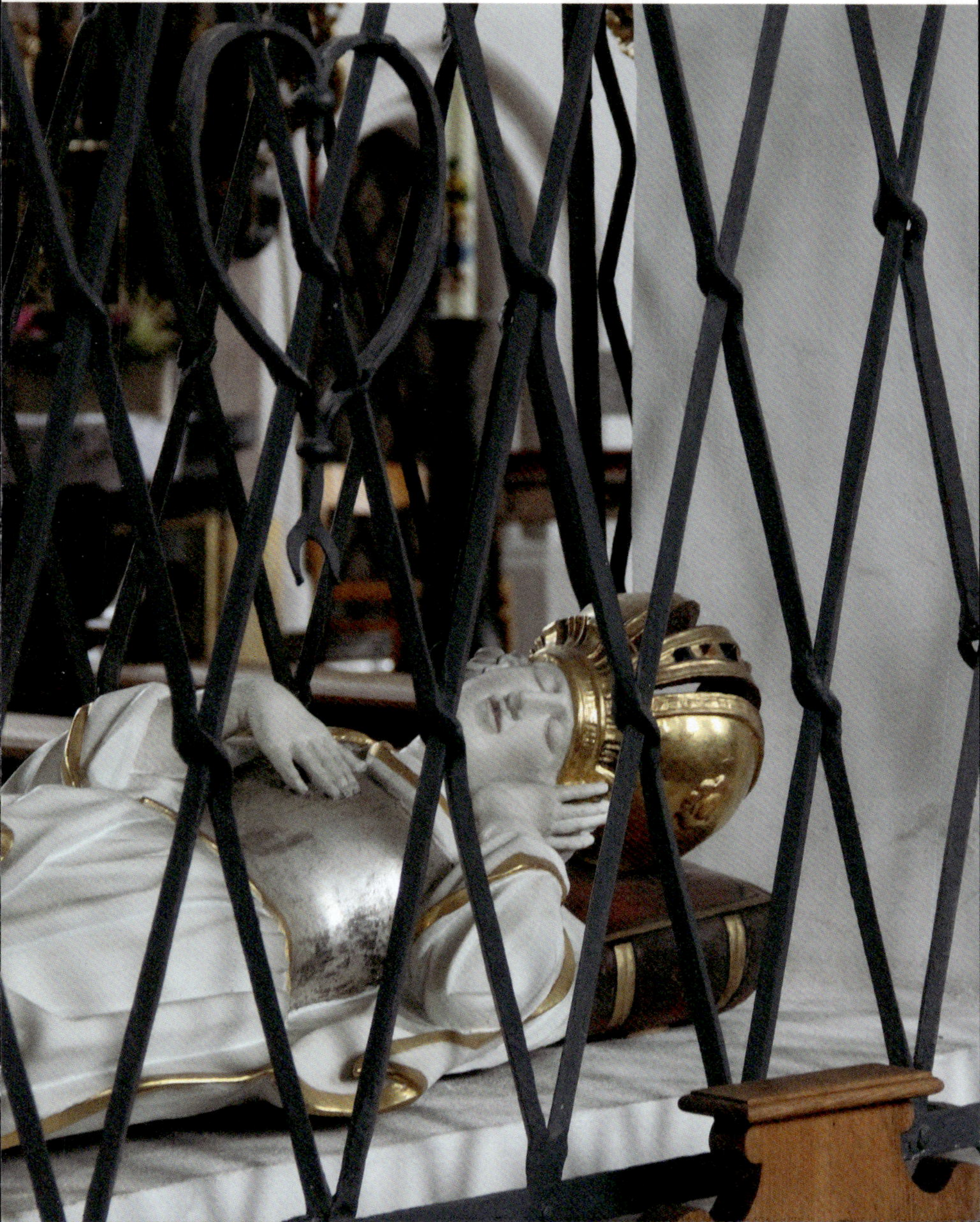

109 Nüchternbrunn

Heilsames Quellwasser beim Sonntagsausflug

Nüchternbrunn ist heute als Kapelle mit einem Quellbrunnen daneben vor allem eine willkommene Erfrischung für Radfahrer und Wanderer, die an sonnigen Wochenenden den Taubenberg als Ausflugsziel gewählt haben. Früher war Nüchternbrunn eine wichtige Wallfahrt, zu der sogar Scharen von Münchnern mit der Bahn anreisten.

Seit dem 17. Jahrhundert schon gilt die Quelle als heilkräftig, aus früherer Zeit gibt es keine Überlieferung. Eine Kapelle samt Klause daneben wurde mehrfach nach Bränden wiederaufgebaut. Im Krieg brannte die Kapelle erneut, neu errichtet wurde sie danach von den Bauern der Umgebung. An die Klausner – der letzte starb 1961 – erinnert heute ein Kreuz oberhalb der Kapelle.

Das Quellwasser gilt als hilfreich bei Augenleiden, es soll auch allgemein die Gesundheit stärken. Alljährlich findet am 15. September das große Patrozinium in Nüchternbrunn statt, an dem sich viele Wallfahrer einfinden. Im Sommer wird jeden Sonntagnachmittag in der Kirche der Rosenkranz gebetet. Der Trachtenverein feiert hier Maiandachten und eine Bergmesse – die alte Wallfahrt ist nicht vergessen.

Der vor wenigen Jahren verstorbene Pater Nikolai Lochner, 31 Jahre lang Pfarrer im nahen Valley, erinnerte sich noch, dass früher Wallfahrer zuhauf aus München anreisten und vom Bahnhof in Holzkirchen in einer schönen Wanderung nach Nüchternbrunn pilgerten. Damals gab es mehrere Wirtshäuser auf dem Taubenberg – nicht unwichtig für die Wallfahrt –, und nach der Erledigung der geistlichen Angelegenheiten feierte man im Wirtshaus weiter. Natürlich kamen auch die Bauern aus den umliegenden Dörfern gern dorthin, sie fanden des Öfteren nicht mehr rechtzeitig heim und übernachteten einfach in der Wirtsstube. Und so manche Bauersfrau verriet dem Pater, dass sie ihrem Mann, der nach der Wallfahrt auf dem Taubenberg »verschollen« war, frische Wäsche hinauftrug, damit er wieder heimgehen konnte.

Adresse 83627 Warngau | Anfahrt A8 München–Salzburg, Ausfahrt Holzkirchen, nach Süden Richtung Tegernsee bis Oberwarngau, links abbiegen Richtung Ortsmitte, von da Richtung Wall-Miesbach, vorbei an der Kirche Allerheiligen direkt an der Straße, nach einem Kilometer links abbiegen (grünes Schild) zum Taubenberg. Parken rechts im Wald oder mit dem Auto bis zum Gasthof Taubenberg, von hier in 30 Minuten oder von unten zu Fuß nach Nüchternbrunn | Tipp Nach dem Besuch von Nüchternbrunn unbedingt im Gasthof Taubenberg einkehren. Hier werden die Erzeugnisse aus eigener ökologischer Landwirtschaft verarbeitet, es gibt eine Terrasse mit wunderbarem Ausblick ins Gebirge und einen großen Kinderspielplatz. Die Erzeugnisse des Bauernhofs kann man auch im Hofladen kaufen (www.taubenberg.de).

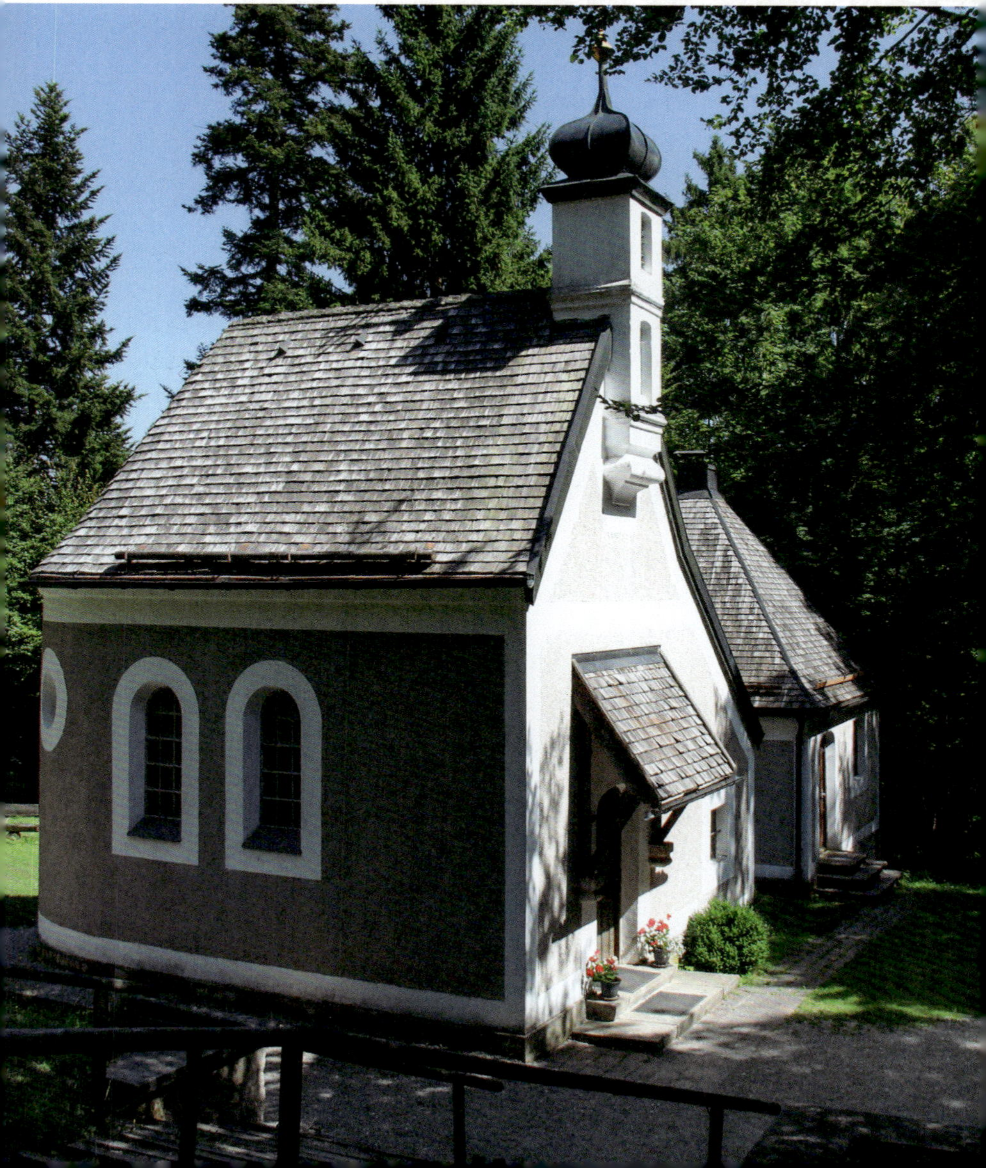

110_St. Nantovinus und Laurentius

Rom-Pilger in Wolfratshausen verbrannt

Einst ritt ein Rom-Pilger in Wolfratshausen ein und bezog in der Herberge »Zum feurigen Lindwurm« Quartier. Man schrieb das Jahr 1288, niemand hätte sich für den einfachen Pilger interessiert, wenn nicht sein Pferd von außerordentlicher Schönheit gewesen wäre. Das weckte Begehrlichkeiten bei dem grausamen Pfleger Ganter auf der Burg. Als Nantwein sein Pferd nicht verkaufen wollte, überredete der böse Pfleger die ebenso böse Wirtin, den Gast eines Übergriffs auf ihren Sohn zu bezichtigen. Ganter verurteilte den angeblichen Delinquenten zum Tode und zog seinen Besitz inklusive Pferd ein. Nantwein schleuderte noch seinen Pilgerstab von der Burg: Er wolle da begraben werden, wo der Stab lande. Am 7. August 1286 verbrannte man Nantwein auf einem Rost. Als der Pfleger Ganter auf dem ergaunerten Schimmel vorbeiritt, erblindete das Pferd, konnte jedoch wieder sehen, als man ihm Knochenreste des Nantwein vor die Augen hielt.

Dieses Wunder sprach sich schnell herum. Von weither kamen die Kranken, legten sich die Knochen des Nantwein auf und wurden gesund. Schließlich bestattete man die Gebeine in einem Grab und baute darüber eine Kapelle. In der Folge entstand eine Wallfahrt, die über 500 Jahre lang blühte.

Was ist dran an der Geschichte? Schon im Jahr 1297 gab es einen päpstlichen Ablassbrief, aus dem hervorgeht, dass Nantovinus, wie er latinisiert heißt, als Heiliger verehrt wurde. Eine Sandsteinplatte aus dem 14. Jahrhundert an der Nordwand der Nantwein-Kirche zeigt einen gefesselten Mann – war es die Grabplatte? Bei der Erweiterung der Kirche 1604 fand man die verkohlten Überreste eines Mannes. Die Hirnschale ließ man in Silber fassen und trank Messwein daraus. Im Jahr 1666 brauchte man angeblich tausend Liter Wein für die Pilger – auch wenn das übertrieben ist, scheint die Wallfahrt überaus beliebt gewesen zu sein. Sie fand erst mit der Säkularisation 1803 ein Ende.

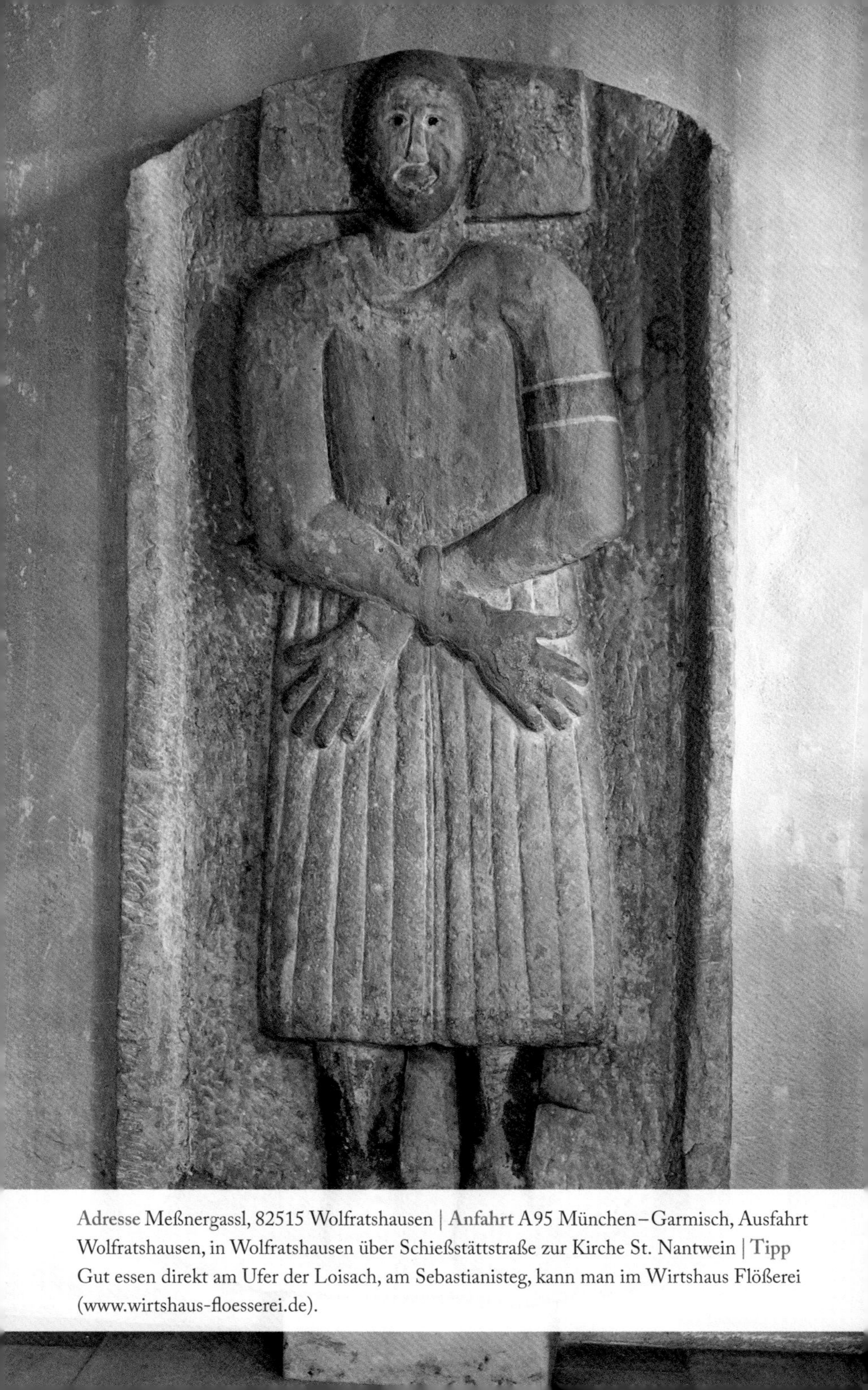

Adresse Meßnergassl, 82515 Wolfratshausen | Anfahrt A95 München – Garmisch, Ausfahrt Wolfratshausen, in Wolfratshausen über Schießstättstraße zur Kirche St. Nantwein | Tipp Gut essen direkt am Ufer der Loisach, am Sebastianisteg, kann man im Wirtshaus Flößerei (www.wirtshaus-floesserei.de).

111 St. Leonhard

Der »bayerische Herrgott« am wonnigen Berg

Hoch auf einem Hügel inmitten der bayerischen Voralpen liegt die Zwiebelturmkirche St. Leonhard am Wonneberg als Zentrum des gleichnamigen Bauerndorfs. Wenn dann auch noch die Sonne scheint, meint man zu wissen, warum unsere Vorfahren diesen Ort Wonneberg genannt haben. Leider liegt man damit bei aller Wonne falsch: Der Name ist ein verschliffenes »Wagingerberg«, die erste Erwähnung vor gut tausend Jahren lautet: »Uagingariorum mons«, also: der Berg der Waginger.

Wonnig ist es trotzdem hier, an einem der wichtigsten Orte der Leonhardsverehrung in Bayern. Der Heilige, der im 6. Jahrhundert am Merowingerhof gelebt haben soll, setzte sich der Überlieferung nach besonders für Gefangene ein und wurde deshalb mit einer Kette in der Hand dargestellt. Diese Kette deuteten die bayerischen Bauern kurzerhand als Viehkette und machten Leonhard zum Schutzpatron ihrer Nutztiere, der »bayerische Herrgott« war geboren. Auch in Wonneberg findet zum Leonharditag am 6. November ein prächtiger Leonhardiritt statt, der größte im Landkreis Traunstein – hier am Sonntag nach dem 6. November.

Auch Kunstbegeisterte pilgern zu der reich freskierten Kirche mit den gemalten Altartafeln, die von keinem Geringeren als Gordian Guckh gefertigt wurden, einem der wichtigsten Künstler der Region in der Zeit um 1510. Die Tafeln sind in die Rückseite des Flügelaltars aus späterer Zeit einbezogen und deshalb nur bei geschlossenen Flügeln zu sehen – also während der Fastenzeit von Aschermittwoch bis Karsamstag. Das Besondere an den Gemälden: Die Passionsszenen spielen vor einheimischer Landschaft. Auf dem Ölbergbild sieht man das Dorf Ainring, den Gaisberg und den Nockstein, im Hintergrund Salzburg, hinter der Kreuzigungsszene ist der Hohe Göll abgebildet mit der Stadt Hallein, und bei der Auferstehung bilden Teisendorf und die Bergkette mit Fuderheuberg, Hochstaufen und Zwiesel die Kulisse.

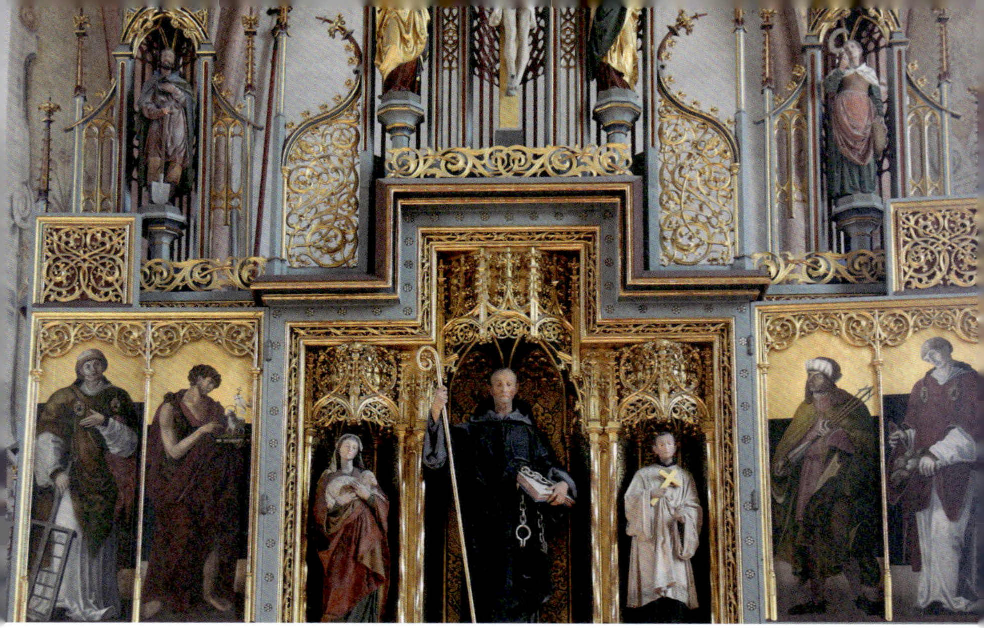

Adresse 83329 St. Leonhard am Wonneberg | Anfahrt A8 München–Salzburg, Ausfahrt Traunstein, an Traunstein vorbei der Beschilderung nach auf die Straße nach Waging fahren, kurz hinter Traunstein rechts abbiegen nach Weibhausen und Wonneberg | Tipp Wer sich für Kunst interessiert, sollte sich auch die nahe Kirche St. Nikolaus in Kirchhalling anschauen. Sie liegt fast direkt an der Straße Traunstein–Waging, ein Kilometer Luftlinie von Wonneberg, und ist eine der seltenen Eigenkirchen. Das Gebäude stammt aus dem 15. Jahrhundert, der Weiler ist aber schon im 12. Jahrhundert nachgewiesen als große Curia, also Gehöft, mit einer eigenen Kirche, die einst dem heiligen Rupert geweiht war. Im neugotischen Altar sieht man gotische Schnitzfiguren aus dem 15. Jahrhundert.

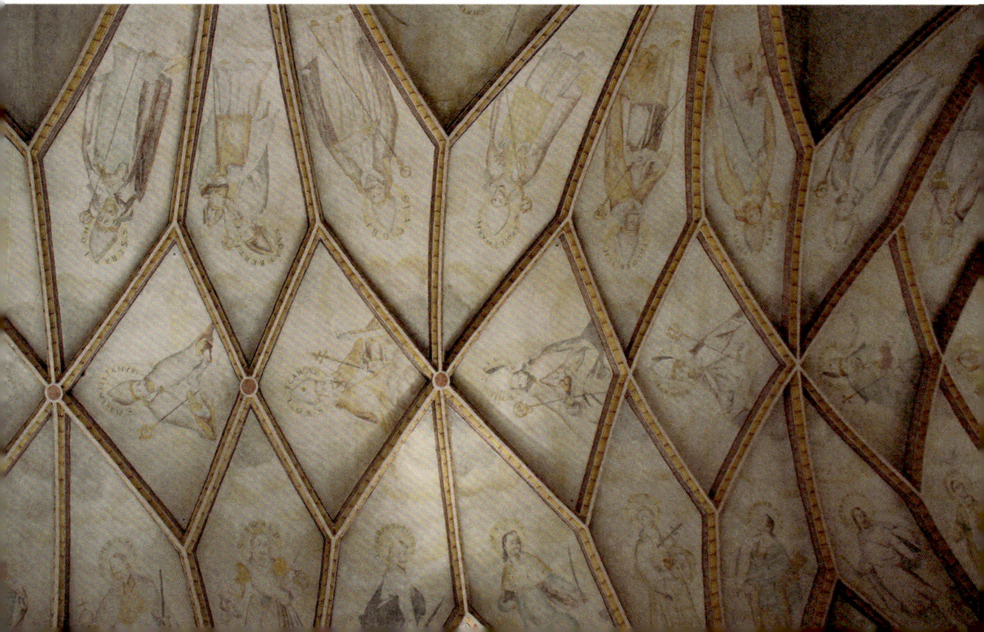

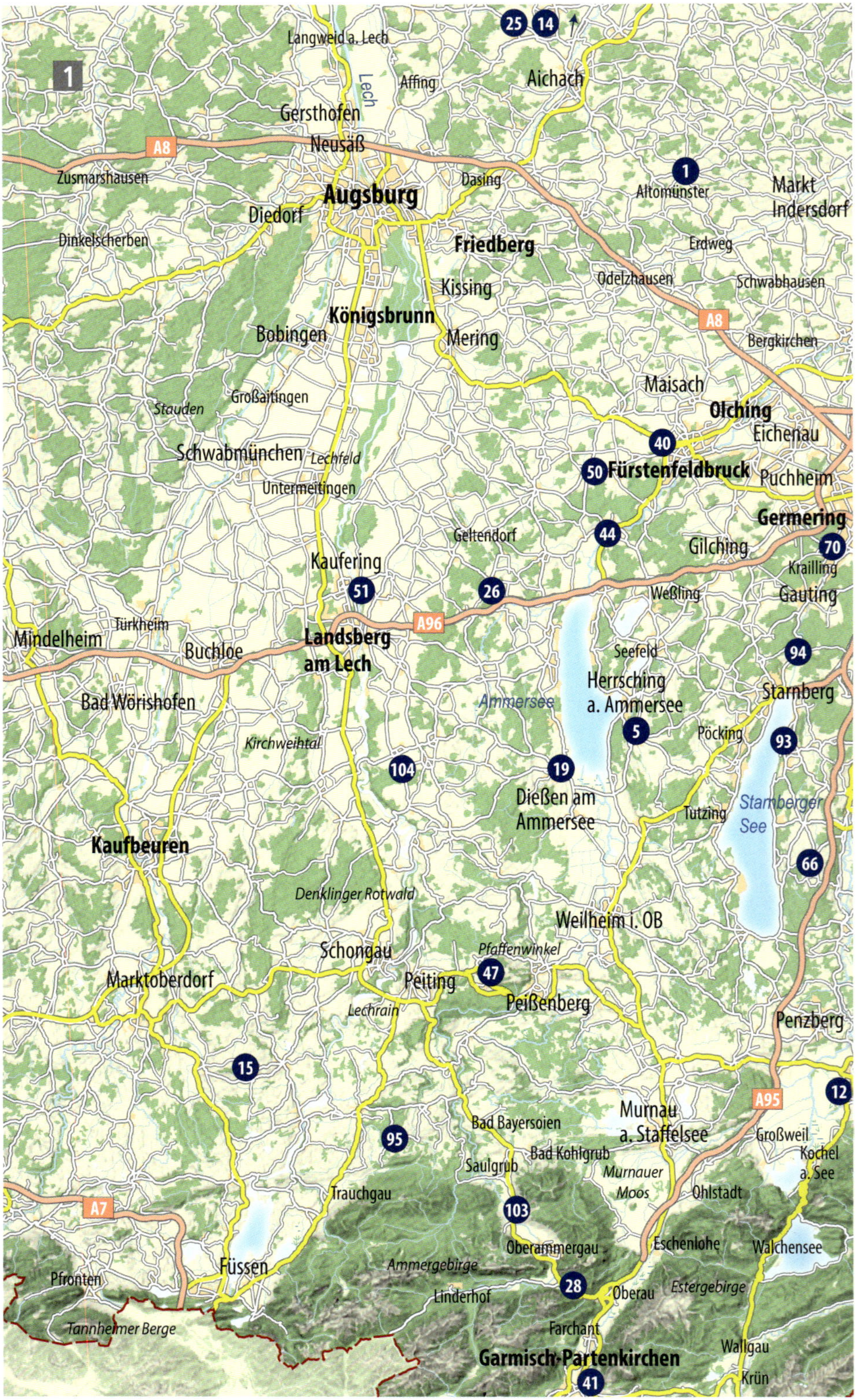
1
25
14
Langweid a. Lech
Lech
Affing
Aichach
Gersthofen
Neusäß
A8
Zusmarshausen
Augsburg
Dasing
Altomünster
Markt Indersdorf
Diedorf
Dinkelscherben
Friedberg
Erdweg
Odelzhausen
Schwabhausen
Kissing
Königsbrunn
Bobingen
Mering
Bergkirchen
Maisach
Großaitingen
Stauden
Olching
Eichenau
40
Schwabmünchen
Lechfeld
50
Fürstenfeldbruck
Puchheim
Untermeitingen
Germering
44
Geltendorf
Gilching
70
Krailling
Kaufering
51
26
Weßling
Gauting
Türkheim
A96
Mindelheim
Buchloe
Landsberg am Lech
Seefeld
94
Herrsching a. Ammersee
Starnberg
Bad Wörishofen
Ammersee
5
Pöcking
93
Kirchweihtal
104
19
Dießen am Ammersee
Tutzing
Starnberger See
Kaufbeuren
66
Denklinger Rotwald
Weilheim i. OB
Pfaffenwinkel
Schongau
47
Marktoberdorf
Peiting
Peißenberg
Lechrain
Penzberg
15
12
A95
Murnau a. Staffelsee
Bad Bayersoien
95
Großweil
Kochel a. See
Bad Kohlgrub
Saulgrub
Murnauer Moos
Ohlstadt
A7
Trauchgau
103
Eschenlohe
Walchensee
Oberammergau
Füssen
Ammergebirge
Pfronten
28
Oberau
Estergebirge
Linderhof
Tannheimer Berge
Farchant
Wallgau
Garmisch-Partenkirchen
41
Krün

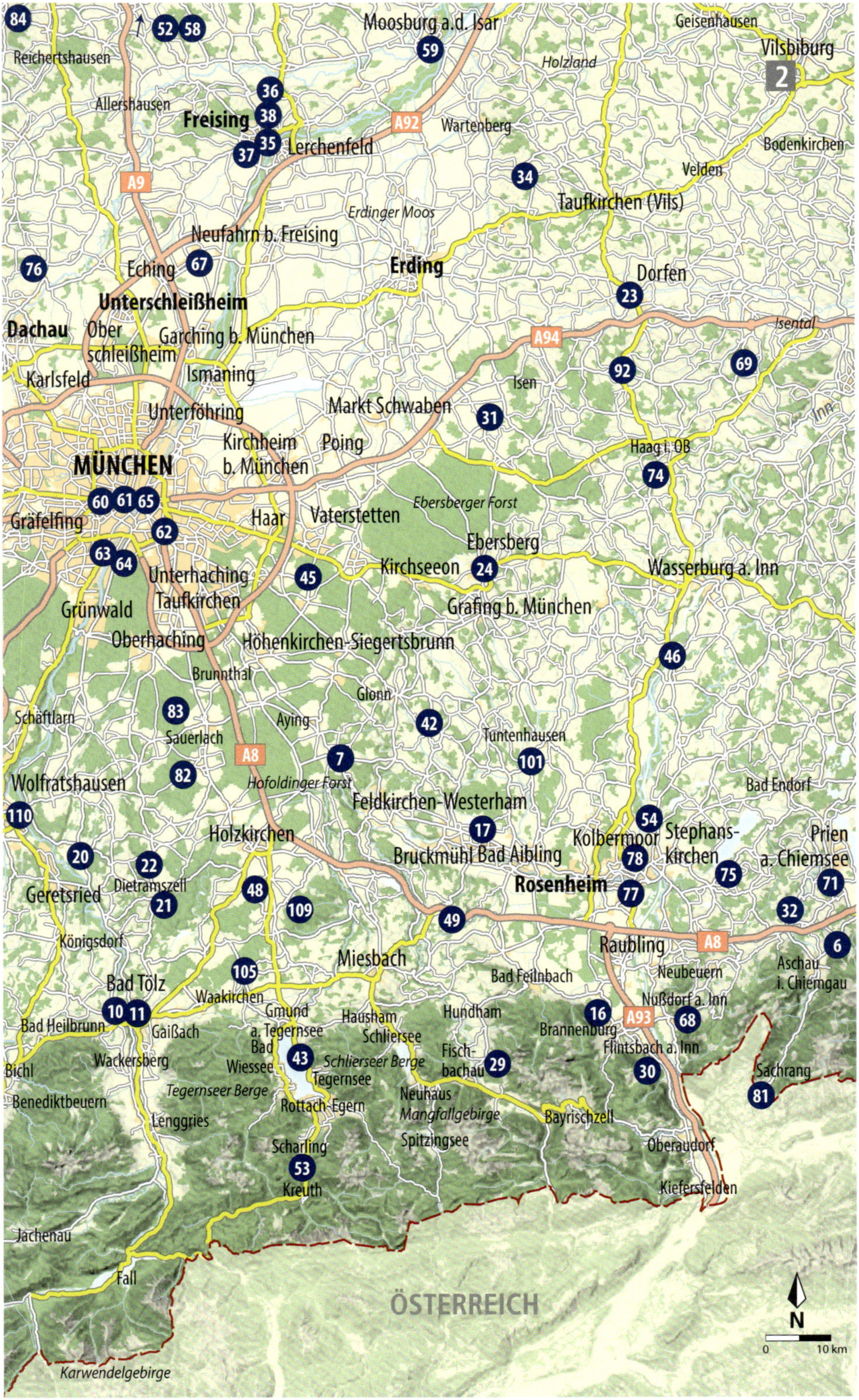

Moosburg a.d. Isar
Geisenhausen
Vilsbiburg
2
Reichertshausen
Holzland
Allershausen
Freising
Wartenberg
Lerchenfeld
Bodenkirchen
Velden
Taufkirchen (Vils)
Erdinger Moos
Neufahrn b. Freising
Erding
Eching
Dorfen
Unterschleißheim
Dachau
Oberschleißheim
Garching b. München
Isental
Karlsfeld
Ismaning
Isen
Unterföhring
Markt Schwaben
Inn
Kirchheim b. München
Poing
Haag i. OB
MÜNCHEN
Ebersberger Forst
Gräfelfing
Haar
Vaterstetten
Ebersberg
Kirchseeon
Wasserburg a. Inn
Unterhaching
Taufkirchen
Grünwald
Grafing b. München
Oberhaching
Höhenkirchen-Siegertsbrunn
Brunnthal
Glonn
Schäftlarn
Aying
Sauerlach
Tuntenhausen
Wolfratshausen
Hofoldinger Forst
Bad Endorf
Feldkirchen-Westerham
Holzkirchen
Kolbermoor
Stephanskirchen
Prien a. Chiemsee
Bruckmühl
Bad Aibling
Dietramszell
Rosenheim
Geretsried
Königsdorf
Raubling
Miesbach
Aschau i. Chiemgau
Bad Tölz
Bad Feilnbach
Neubeuern
Waakirchen
Nußdorf a. Inn
Gmund a. Tegernsee
Hausham
Hundham
Bad Heilbrunn
Gaißach
Schliersee
Brannenburg
Flintsbach a. Inn
Bad Wiessee
Fischbachau
Bichl
Wackersberg
Schlierseer Berge
Tegernsee
Sachrang
Tegernseer Berge
Neuhaus
Benediktbeuern
Rottach-Egern
Mangfallgebirge
Bayrischzell
Lenggries
Spitzingsee
Scharling
Oberaudorf
Kreuth
Kiefersfelden
Jachenau
Fall
ÖSTERREICH
Karwendelgebirge
N
0
10 km
A9
A92
A94
A8
A93
84
52
58
59
36
38
35
37
34
76
67
23
92
69
31
74
60
61
65
62
63
64
45
24
46
83
42
7
101
82
110
54
17
78
75
71
20
22
21
48
109
77
32
49
6
105
10
11
16
68
43
29
30
81
53

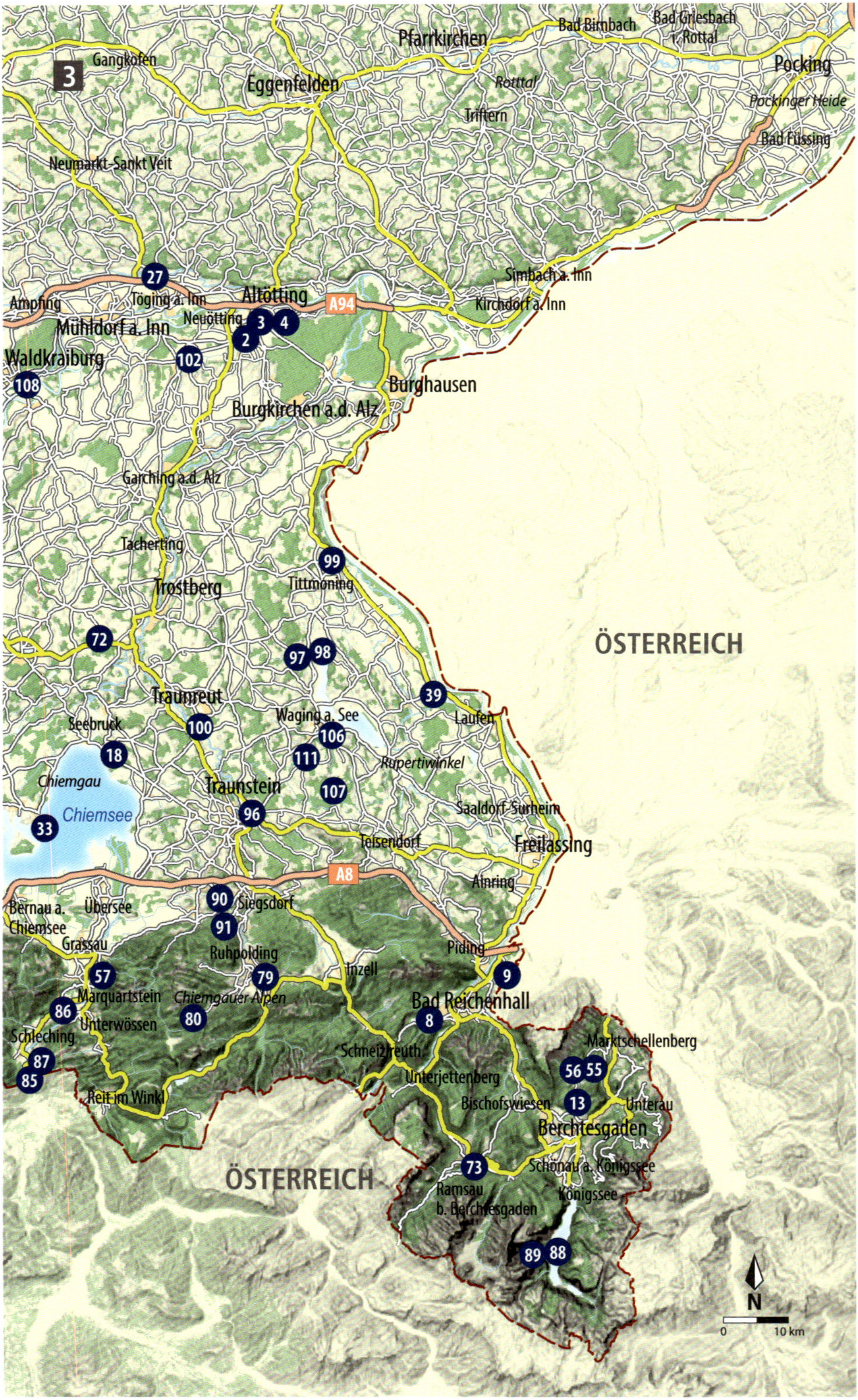

3
Gangkofen
Eggenfelden
Pfarrkirchen
Bad Birnbach
Bad Griesbach i. Rottal
Pocking
Rottal
Triftern
Pockinger Heide
Bad Füssing
Neumarkt-Sankt Veit
Simbach a. Inn
Kirchdorf a. Inn
Ampfing
Töging a. Inn
Altötting
A94
Neuötting
Mühldorf a. Inn
Waldkraiburg
Burghausen
Burgkirchen a.d. Alz
Garching a.d. Alz
Tacherting
Trostberg
Tittmoning
ÖSTERREICH
Traunreut
Seebruck
Waging a. See
Laufen
Rupertiwinkel
Chiemgau
Chiemsee
Traunstein
Saaldorf-Surheim
Teisendorf
Freilassing
A8
Ainring
Bernau a. Chiemsee
Übersee
Siegsdorf
Grassau
Ruhpolding
Piding
Inzell
Marquartstein
Chiemgauer Alpen
Bad Reichenhall
Unterwössen
Schleching
Schneizlreuth
Marktschellenberg
Unterjettenberg
Reit im Winkl
Bischofswiesen
Unterau
Berchtesgaden
ÖSTERREICH
Schönau a. Königssee
Ramsau b. Berchtesgaden
Königssee
N
0
10 km

Bildnachweis

Alle Fotos stammen von der Autorin, außer:
Ort 8: Presse Berchtesgadener Land; Ort 9: Bad Reichenhall Tourismus und Stadtmarketing; Ort 13: Presse Berchtesgadener Land (Foto: Marika Hildebrandt); Ort 15 oben: Heinz Engl, Bernbeuren, Ort 15 unten: www.bayern.by (Foto: Oliver Raatz); Ort 20: beide Bilder: Peter Korff, Ascholding; Ort 21 oben: Barbara Regul, Dietramszell, Ort 21 unten: Michaela Hainz, Dietramszell; Ort 24 oben: Pfarrei Ebersberg, Ort 24 unten: www.pixabay.de/planet_fox; Ort 27: Leonhard Biermaier, Erharting; Ort 28: www.pixabay.de/Albrecht Fietz; Ort 32: Wikimedia Commons/Rufus46; Ort 41 beide Bilder: Franziskanerkloster St. Anton (Fotos: P. Claus Scheifele OFM); Ort 44 beide Bilder: Karl-Erich Heilig, Grafrath; Ort 45: www.pixabay.de/donations welcome; Ort 47: Klausmann/TV Pfaffenwinkel; Ort 49: www.pixabay.de/fotografieren_artgerecht; Ort 50: Freundeskreis St. Willibald, Jesenwang; Ort 51: www.pixabay.de/Albrecht Fietz; Ort 52: Wikimedia Commons/Dalibri; Ort 53: Besitzer DER TEGERNSEE (Foto: Sabine Ziegler-Musiol); Ort 55: Presse Berchtesgadener Land; Ort 58: Wikimedia Commons/chrisi1964, Ort 61: www.pixabay.de/Dirk Schiff; Ort 63 unten: Christian Hernaut, München; Ort 70: Wallfahrtskuratie Maria Eich; Ort 73: RoHa-Fotothek Fürmann, Teisendorf; Ort 83: Eberhard Strabel, Archiv PV Sauerlach; Ort 84: Benediktinerabtei Scheyern (Foto: A. Brandl); Ort 95: Wikimedia Commons/Helmut J. Salzer auf pixelio; Ort 103: Ammergauer Alpen GmbH (Foto: Anton Brey); Ort 104: Gisela Klöck, Reichling; Ort 110: Wikimedia Commons/GFreihalter

Literatur

Die in den Texten zitierten Schriftquellen zum Weiterlesen:

Rudolf Kriss, Die Volkskunde der Altbayrischen Gnadenstätten, Band I Oberbayern, Filser-Verlag München 1953

Cornelia Ziegler, Bayern auf den Spuren von König Ludwig II., Reise Know-How Verlag Peter Rump, Bielefeld 2009

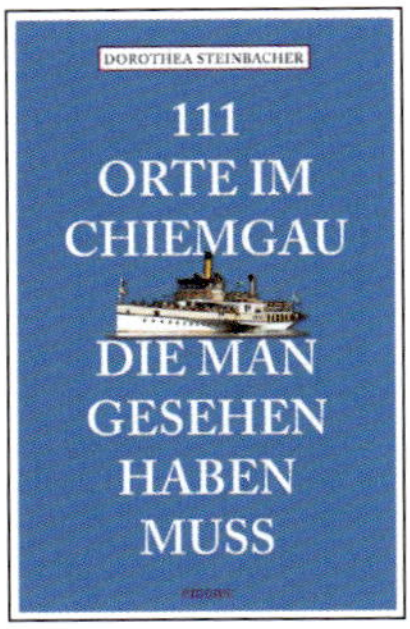

Dorothea Steinbacher
111 Orte im Chiemgau, die man gesehen haben muss
978-3-7408-1604-9

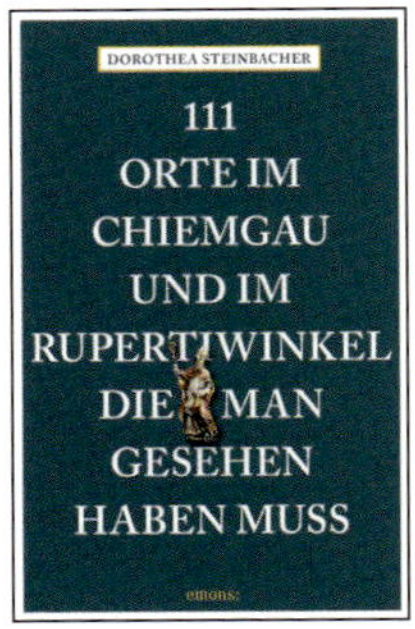

Dorothea Steinbacher
111 Orte im Chiemgau und im Rupertiwinkel, die man gesehen haben muss
ISBN 978-3-7408-0131-1

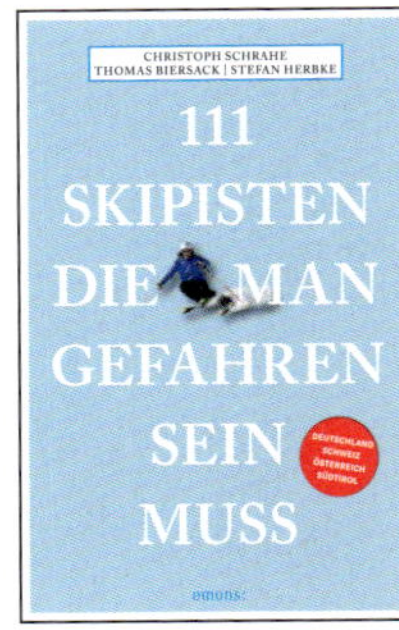

Christoph Schrahe,
Stefan Herbke, Thomas Biersack
111 Skipisten, die man gefahren sein muss
ISBN 978-3-7408-1600-1

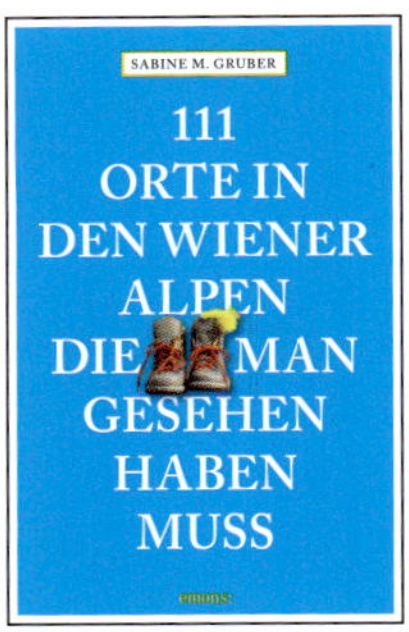

Sabine M. Gruber
111 Orte in den Wiener Alpen, die man gesehen haben muss
ISBN 978-3-7408-1213-3

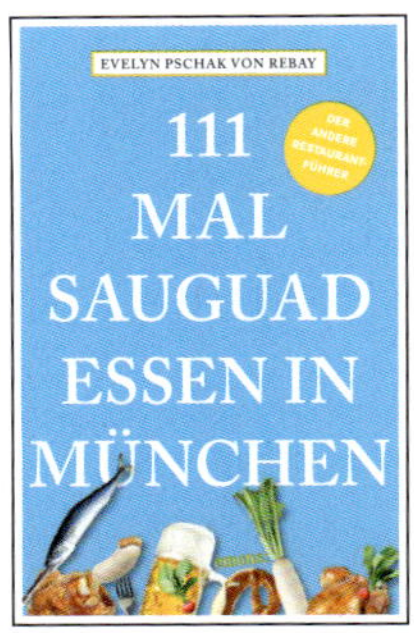

Evelyn Pschak von Rebay
111 Mal sauguad essen in München
ISBN 978-3-7408-1354-3

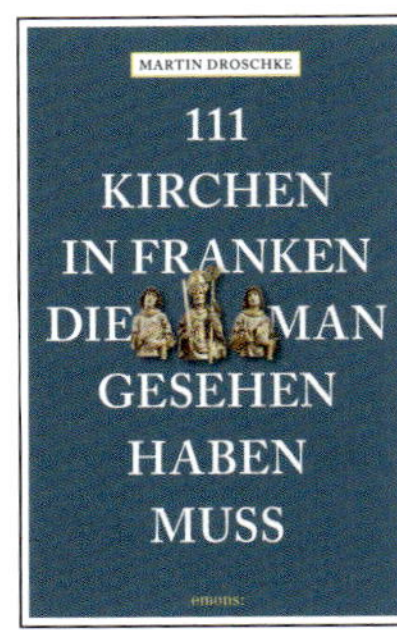

Martin Droschke
111 Kirchen in Franken, die man gesehen haben muss
ISBN 978-3-7408-1468-7

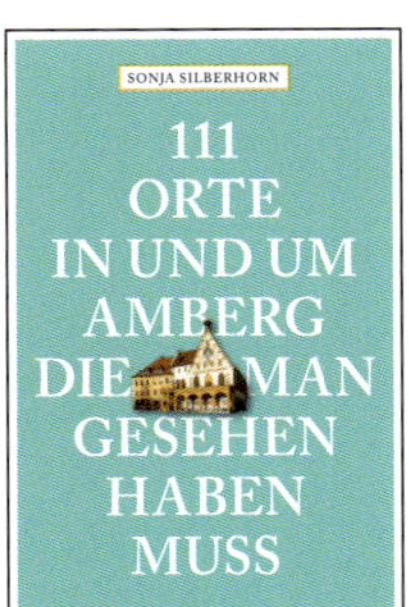

Sonja Silberhorn
111 Orte in und um Amberg, die man gesehen haben muss
ISBN 978-3-7408-1463-2

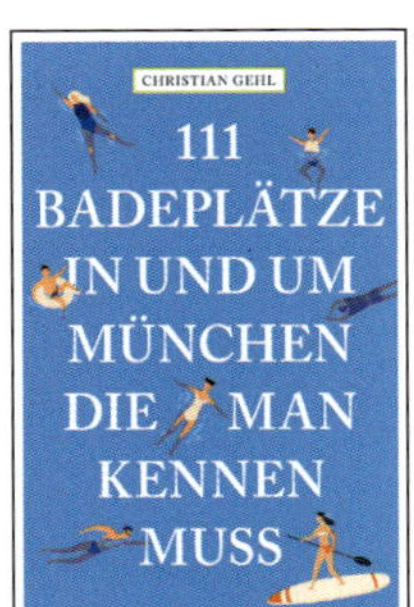

Christian Gehl
111 Badeplätze in und um München, die man kennen muss
ISBN 978-3-7408-1423-6

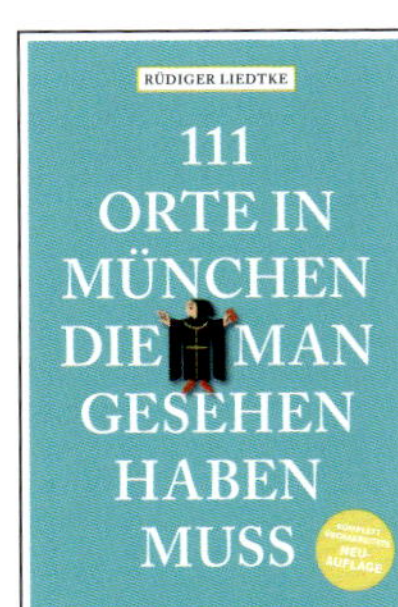

Rüdiger Liedtke
111 Orte in München, die man gesehen haben muss, Band 1
ISBN 978-3-7408-1298-0

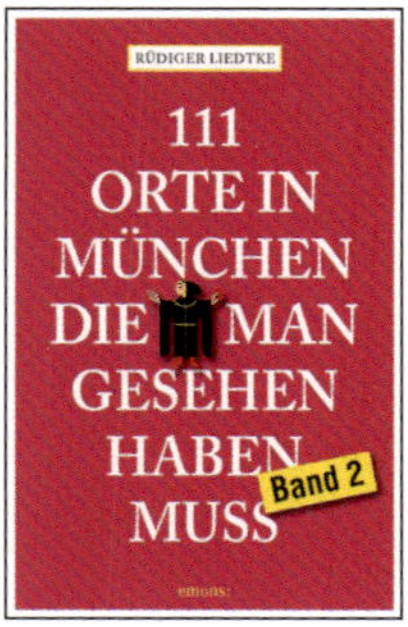

Rüdiger Liedtke
111 Orte in München, die man gesehen haben muss, Band 2
ISBN 978-3-7408-1514-1

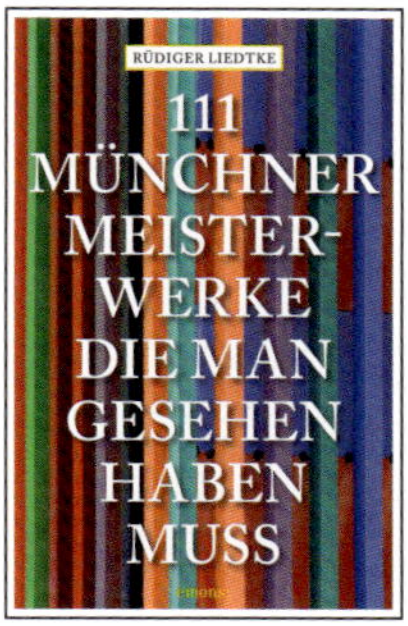

Rüdiger Liedtke
111 Münchner Meisterwerke, die man gesehen haben muss
ISBN 978-3-7408-1297-3

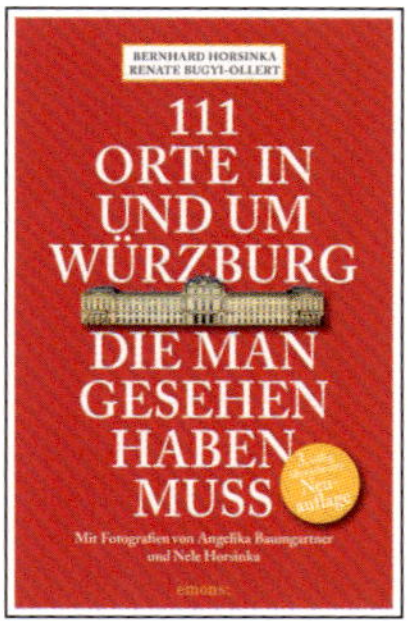

Bernhard Horsinka,
Renate Bugyi-Ollert
111 Orte in und um Würzburg die man gesehen haben muss
ISBN 978-3-7408-1343-7

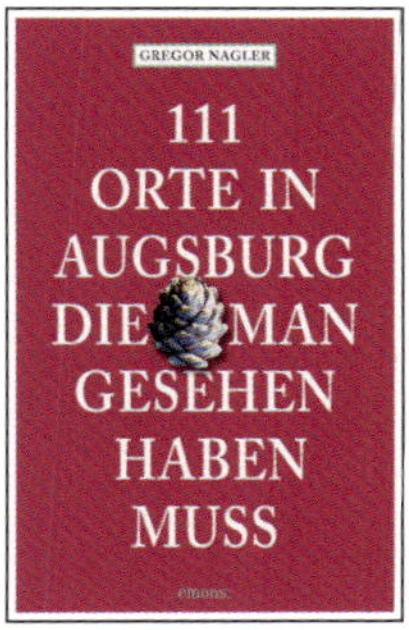

Gregor Nagler
111 Orte in Augsburg, die man gesehen haben muss
ISBN 978-3-7408-1422-9

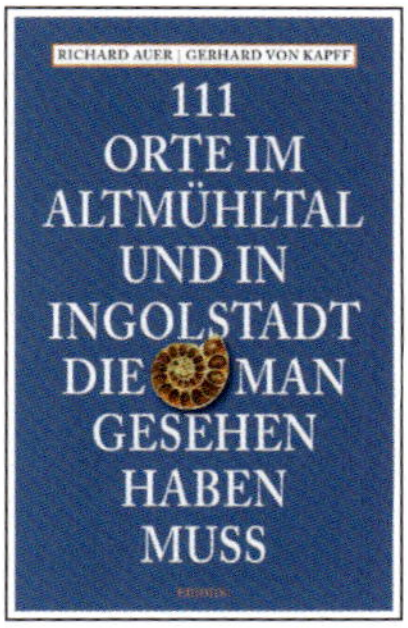

Richard Auer, Gerhard von Kapff
111 Orte im Altmühltal und in Ingolstadt, die man gesehen haben muss
ISBN 978-3-7408-1472-4

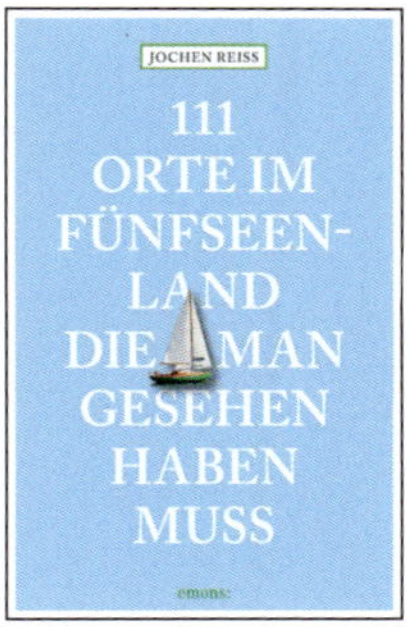

Jochen Reiss
111 Orte im Fünfseenland, die man gesehen haben muss
ISBN 978-3-7408-1419-9

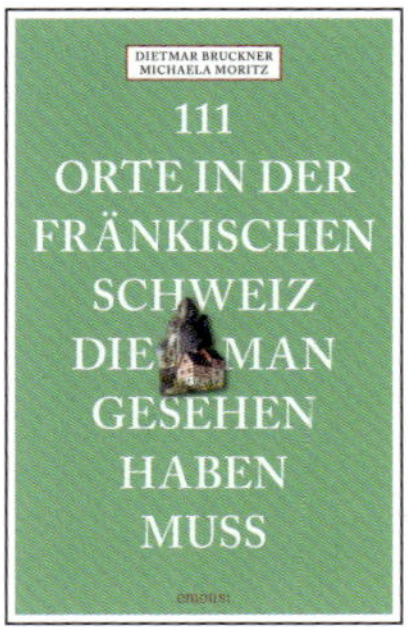

Dietmar Bruckner,
Michaela Moritz
111 Orte in der Fränkischen Schweiz, die man gesehen haben muss
ISBN 978-3-7408-1089-4

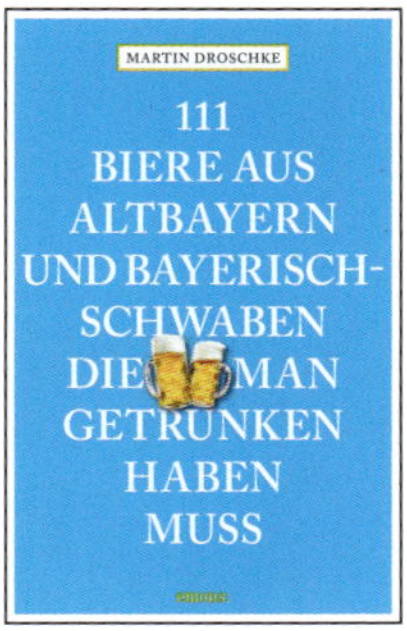

Martin Droschke
111 Biere aus Altbayern und Bayerisch-Schwaben, die man getrunken haben muss
ISBN 978-3-7408-1069-6

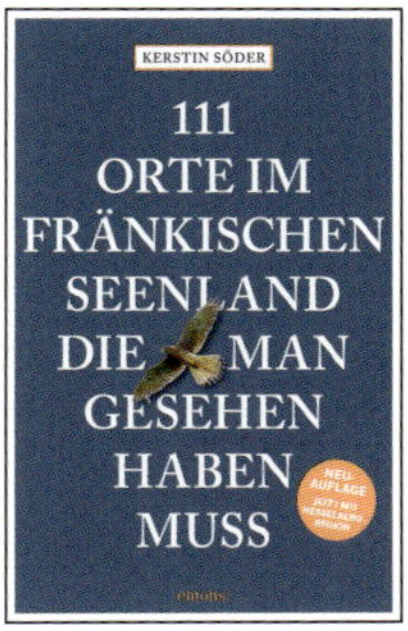

Kerstin Söder
111 Orte im Fränkischen Seenland, die man gesehen haben muss
ISBN 978-3-7408-1072-6

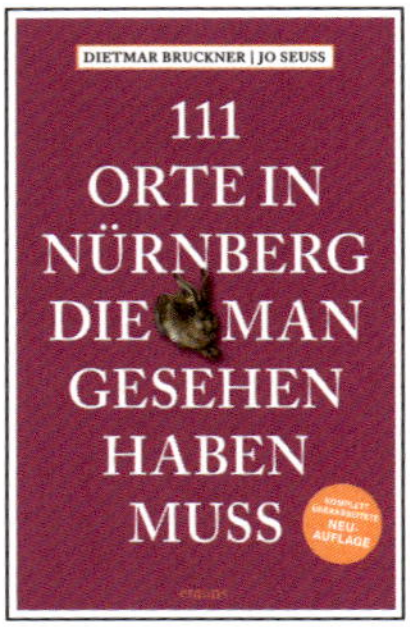

Dietmar Bruckner, Jo Seuß
111 Orte in Nürnberg, die man gesehen haben muss
ISBN 978-3-7408-1019-1

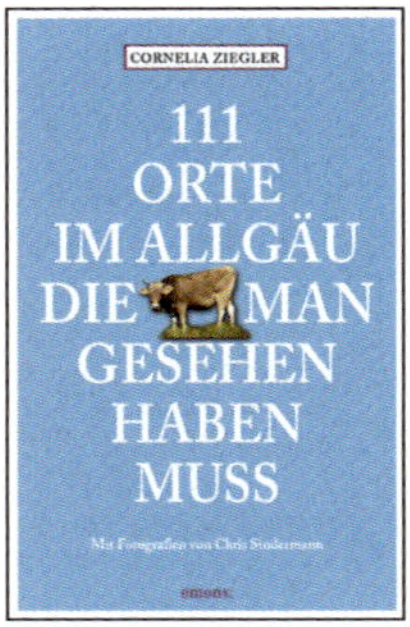

Cornelia Ziegler
111 Orte im Allgäu, die man gesehen haben muss
ISBN 978-3-7408-1278-2

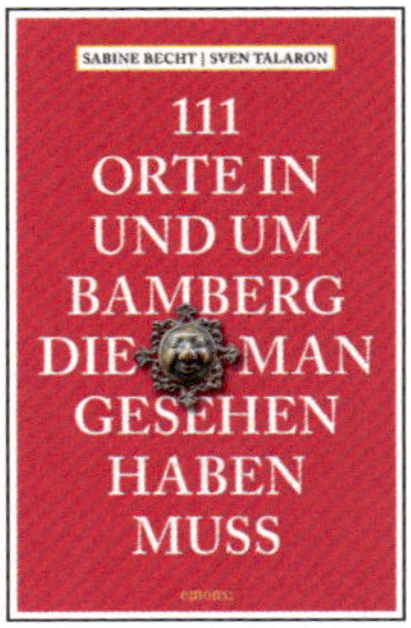

Sabine Becht, Sven Talaron
111 Orte in und um Bamberg, die man gesehen haben muss
ISBN 978-3-7408-1186-0

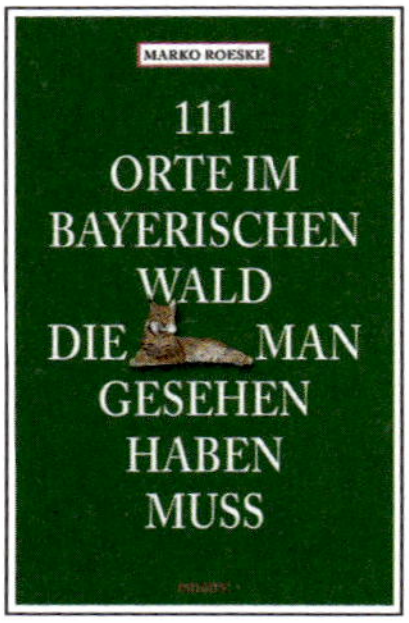

Marko Roeske
111 Orte im Bayerischen Wald, die man gesehen haben muss
ISBN 978-3-7408-1184-6

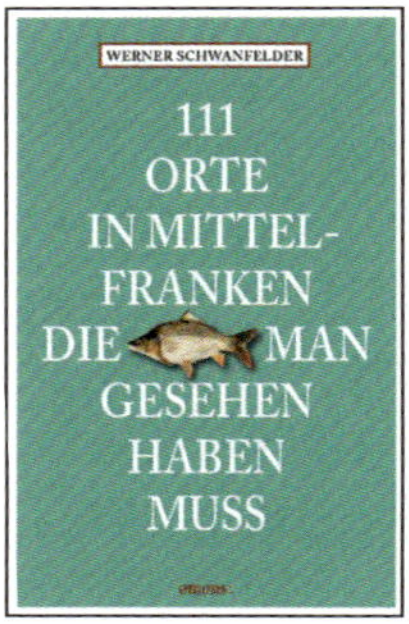

Werner Schwanfelder
111 Orte in Mittelfranken, die man gesehen haben muss
ISBN 978-3-7408-1171-6

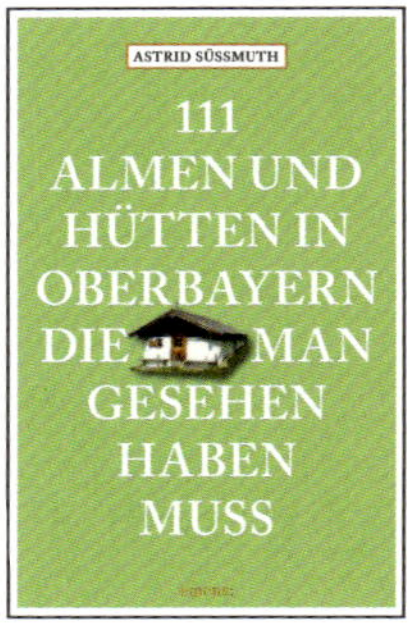

Astrid Süßmuth
111 Almen und Hütten in Oberbayern, die man gesehen haben muss
ISBN 978-3-7408-0823-5

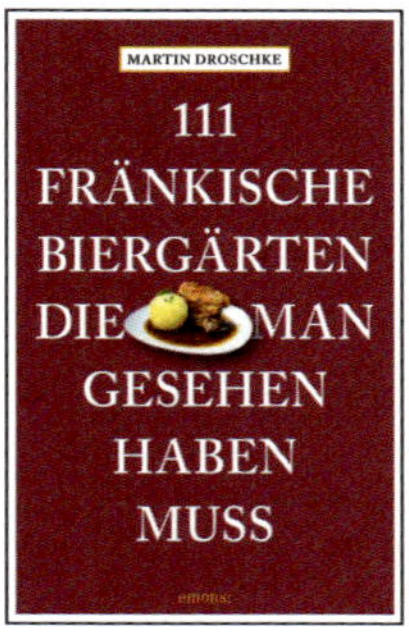

Martin Droschke
111 fränkische Biergärten, die man gesehen haben muss
ISBN 978-3-7408-0851-8

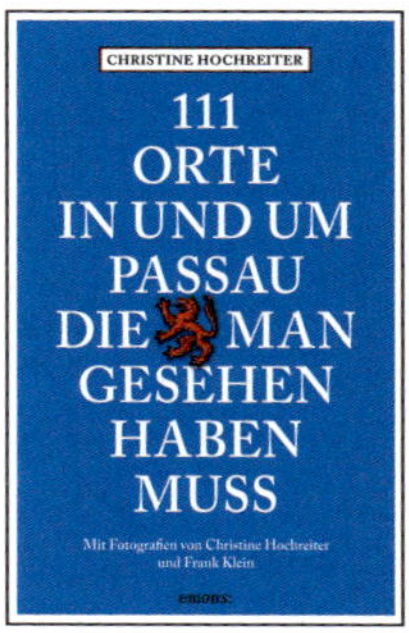

Christine Hochreiter
111 Orte in und um Passau, die man gesehen haben muss
ISBN 978-3-7408-0733-7

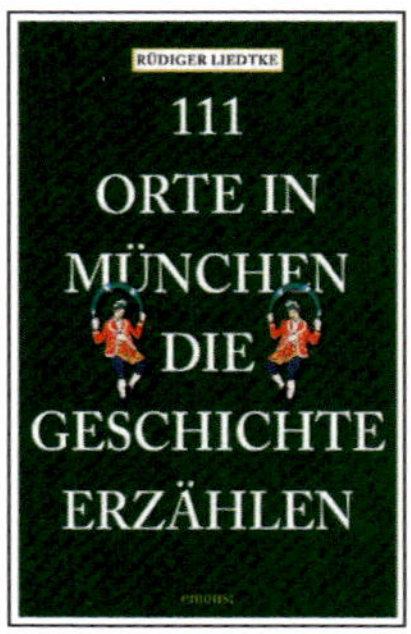

Rüdiger Liedtke
111 Orte in München, die Geschichte erzählen
ISBN 978-3-7408-0876-1

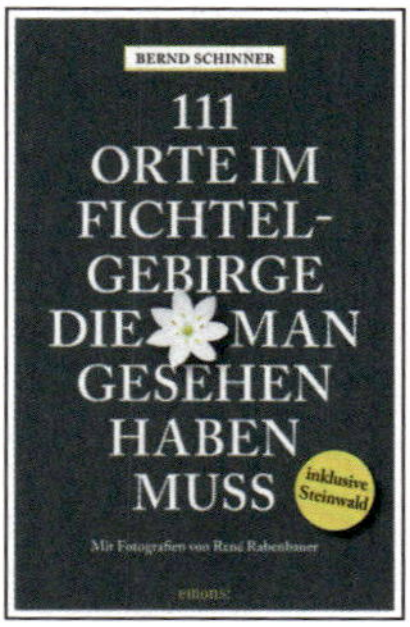

Bernd Schinner
111 Orte im Fichtelgebirge, die man gesehen haben muss
ISBN 978-3-7408-0741-2

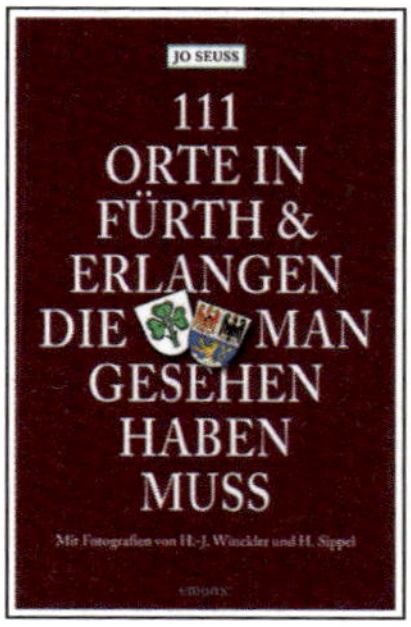

Jo Seuss
111 Orte in Fürth & Erlangen, die man gesehen haben muss
ISBN 978-3-7408-0724-5

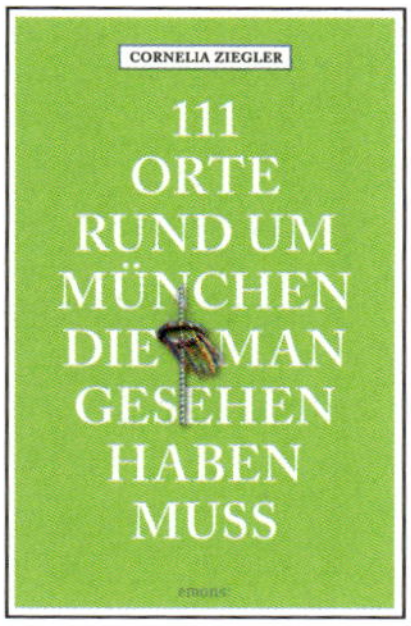

Cornelia Ziegler
111 Orte rund um München, die man gesehen haben muss
ISBN 978-3-7408-0437-4

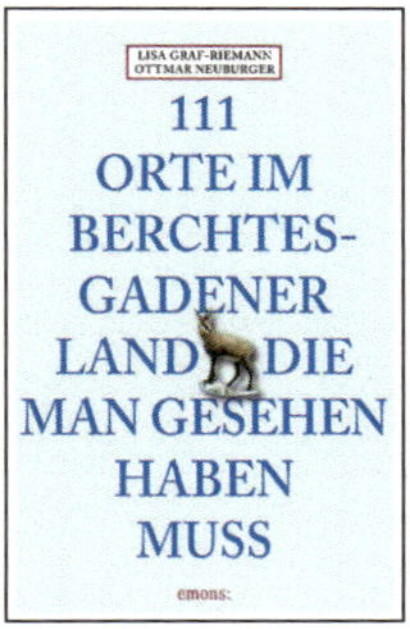

Lisa Graf-Riemann, Ottmar Neuburger
111 Orte im Berchtesgadener Land, die man gesehen haben muss
ISBN 978-3-89705-961-0

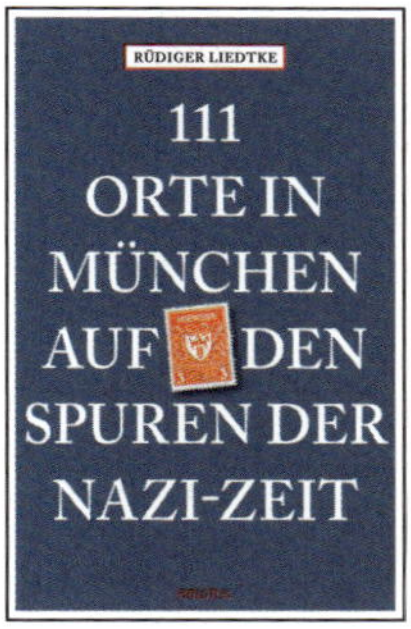

Rüdiger Liedtke
111 Orte in München auf den Spuren der Nazi-Zeit
ISBN 978-3-7408-0354-4

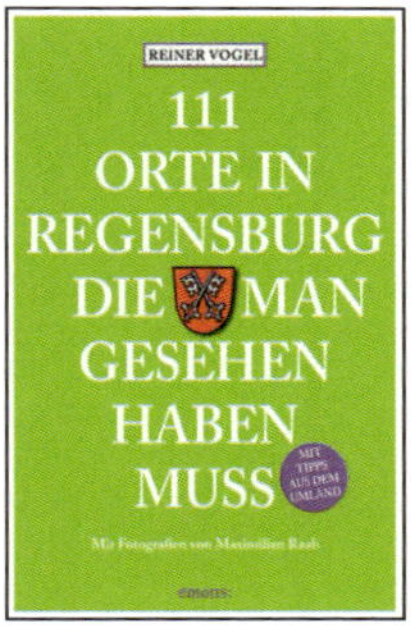

Reiner Vogel
111 Orte in Regensburg, die man gesehen haben muss
ISBN 978-3-95451-054-2

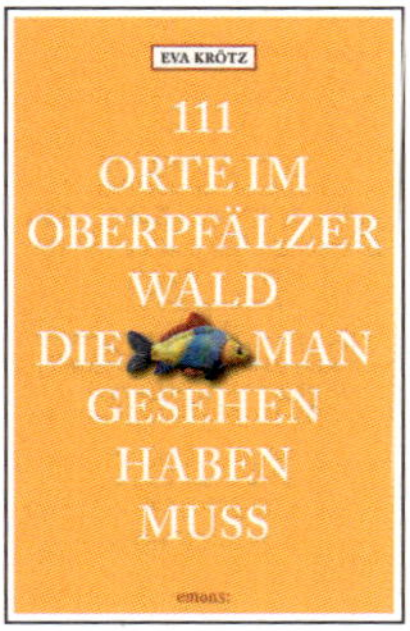

Eva Kroetz
111 Orte im Oberpfälzer Wald, die man gesehen haben muss
ISBN 978-3-7408-0331-5

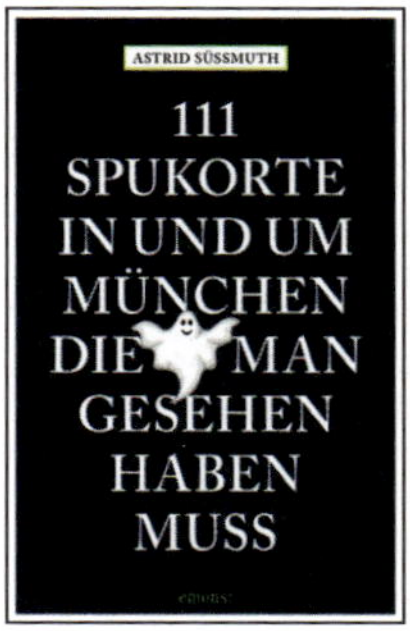

Astrid Süßmuth
111 Spukorte in und um München, die man gesehen haben muss
ISBN 978-3-7408-0336-0

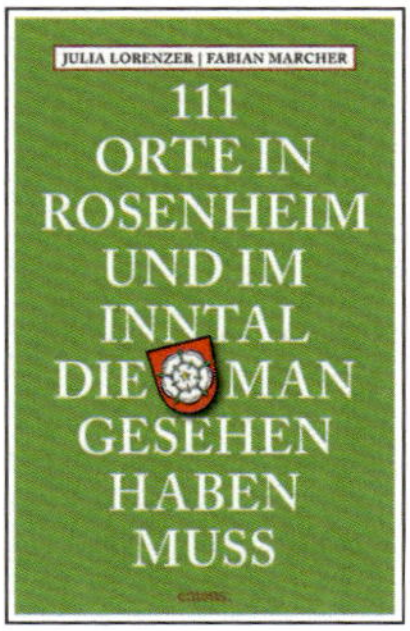

Julia Lorenzer, Fabian Marcher
111 Orte in Rosenheim und im Inntal, die man gesehen haben muss
ISBN 978-3-95451-735-0

Dank

Die Autorin bedankt sich bei den genannten Personen und Institutionen, die Fotos zur Verfügung gestellt haben. Außerdem bei allen, die sie mit Tipps und Informationen unterstützt haben, vor allem auch bei den freundlichen und hilfsbereiten Mitarbeiterinnen und Mitarbeitern in den Touristinformationen und Pressestellen der Gemeinden und Verbände wie auch in den Pfarrämtern und an den Klosterpforten.

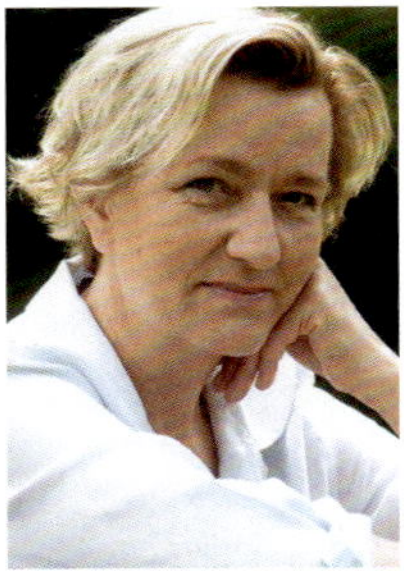

Dorothea Steinbacher, im Chiemgau geboren und aufgewachsen, lebt – nach Studien- und Wanderjahren in der großen weiten Welt – mit ihrer Familie wieder am Chiemsee. Sie studierte Volkskunde und Kunstgeschichte, arbeitet als Verlagslektorin und schreibt Bücher über ihre Lieblingsthemen Bayern, Brauchtum und Aberglauben sowie Kochbücher.